▶ 文化娱乐法制研究系列丛书 ▶

网络视听行业
版权侵权与不正当竞争实务研究

陶 乾 吴 亮 / 主编

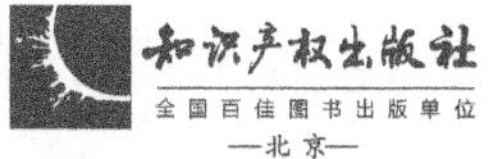

图书在版编目（CIP）数据

网络视听行业版权侵权与不正当竞争实务研究 / 陶乾，吴亮主编. — 北京：知识产权出版社，2022.8

ISBN 978 - 7 - 5130 - 8225 - 9

Ⅰ. ①网… Ⅱ. ①陶… ②吴… Ⅲ. ①互联网络—视听传播—版权—研究—中国 Ⅳ. ① D923.414

中国版本图书馆 CIP 数据核字（2022）第 115491 号

责任编辑：韩婷婷　　**责任校对：**王　岩

封面设计：杨杨工作室·张冀　　**责任印制：**孙婷婷

网络视听行业版权侵权与不正当竞争实务研究

陶　乾　吴　亮　主编

出版发行：	知识产权出版社有限责任公司	**网　　址：**	http://www.ipph.cn
社　　址：	北京市海淀区气象路50号院	**邮　　编：**	100081
责编电话：	010-82000860转8359	**责编邮箱：**	hantingting@cnipr.com
发行电话：	010-82000860转8101/8102	**发行传真：**	010-82000893 / 82005070 / 82000270
印　　刷：	北京虎彩文化传播有限公司	**经　　销：**	新华书店、各大网上书店及相关专业书店
开　　本：	720mm×1000mm　1/16	**印　　张：**	28.5
版　　次：	2022年8月第1版	**印　　次：**	2022年8月第1次印刷
字　　数：	396千字	**定　　价：**	128.00元

ISBN 978-7-5130-8225-9

主　编

陶　乾　　吴　亮

编　委

（以姓氏拼音首字母为序排列）

陈　新　孔　薇　李琳琳　李　双

李一杰　吴　磊　赵芸芸

目录

第一章　概　述

第二章　网络视听行业版权侵权与不正当竞争纠纷案件各类侵权行为

第三章　网络视听行业版权侵权与不正当竞争纠纷案件相关问题

第四章　网络视听行业版权侵权与不正当竞争纠纷案件损害赔偿数额的认定思路与影响因素

第一章　概　述

一、网络视听行业的发展状况

网络视听行业，传统上又称网络视频行业，我国的网络视频行业发展几乎与世界同时起步、平行发展。2005 年，海外网络视频产业迅猛发展，以 Youtube 为代表的视频分享类网站访问量短期内迅速攀升，各传统门户巨头也纷纷开始提供网络视频服务。受国际大环境影响，2006 年起我国网络视频行业也进入发展期，这时已出现土豆网、乐视网、优酷网、56 网、激动网、PPS、PPTV 等 200 多家不同模式的视频网站，2006 年也因此被认为是“中国网络视频产业元年”。

2006 年至 2010 年是网络视频行业的第一个高速发展时期，产业规模初步形成。在这一时期，行业的快速成长也伴生了各种问题，主要体现为内容的低俗化与低质化、高成本与营利模式不清晰之间的矛盾以及侵权盗版普遍存在等方面的问题。针对这些问题，政府主管部门也开始采取监管措施，从 2005 年起，国家版权局、公安部、工信部（原信息产业部）每年开展打击网络侵权盗版专项治理的“剑网行动”，关停数百家违法违规视频网站；2007 年 12 月 29 日广电总局公布《互联网视听节目服务管理规定》并于 2008 年 1 月 31 日起实施，对从事互联网视听节目服务的条件做出了严格限制，对不符合条件擅自从事网络视频经营的行为设定了处罚。实践中，一批视频网站因内容违规被处以警告或责令停止视频节目服务。通过这一过程的“洗牌”，一些头部视频网站开始初步探索出“正版化”的发展模式。2010 年，借鉴美国 Hulu 模式，百度旗下的视频网站奇艺网（后改名“爱奇艺”）成立，宣称所有视频内容均为正版并可供用户免费观看，乐视视频、搜狐视频、优酷网等多家视频网站也相继开展了相似模式的经营，提升了其视频新媒体内容质量，网络版权管理也逐渐规范。到 2010 年“三网融合”政策出台时，我国网络视频行业已基本形成国有媒体网络电视台、门户网站及商业视频网站并存的市场竞争局面。

2010 年至 2020 年，我国视频行业进入了新的发展阶段，在这个十年发展过程中，市场竞争基本上摆脱了普遍违法违规、营利模式备受质疑的产业发展初期无序竞争状态，整个行业逐渐成熟，在经营主体、技术手段、内容、商业模式等方面都呈现多元化、迅速扩张、创新多变的特点。

2011 年 8 月 19 日，我国互联网视频行业领域唯一的国家级行业组织——中国网络视听节目服务协会成立，可以说是我国互联网视频行业开始具有社会影响力的标志。该协会的业务主管单位是国家广播电视总局，协会成员包括广电播出机构、主流新媒体机构、视听节目服务机构、影视节目制作公司及网络技术公司等 700 多家单位，涵盖该行业从内容制作到技术服务、从节目播出平台到运营机构的全产业链。[1]该协会每年主办的“中国网络视听大会”已成为网络视听行业具有年度“风向标”意义的行业盛会。自 2015 年起，该协会每年发布《中国网络视听发展研究报告》，从行业背景、行业数据统计分析、商业模式、用户规模、用户行为、传播媒介转变等方面全面展示网络视听行业的发展状态，为行业从业者提供数据支持和决策依据。

从网络视频经营主体来看，视频网站经历了从“百花齐放”到“巨头博

---

[1] 参见中国网络视听节目服务协会网站，网址：http：//www.cnsa.cn/，访问日期：2021 年 1 月 13 日。

弈”的整合过程。行业内的投资并购在很大程度上推动了网络视频行业经营主体的整合，如2012年8月中国最大的两家视频网站——优酷网、土豆网合并成立优酷土豆集团，后2015年阿里巴巴收购优酷土豆；又如2010年百度成立爱奇艺后，又于2013年并购PPS并将其与爱奇艺合并。到2014年，视频网站基本形成了百度、阿里巴巴、腾讯（简称BAT）三大头部企业竞争的局面。然而这种局面也并非持续不变，随着2013年开始短视频、直播等新兴业务模式的出现和发展，到2018年，除了传统的BAT，资深从业人员对未来网络视听市场的头部格局预测为包括中央广播电视总台、腾讯、优酷、爱奇艺和抖音的“1+3+1”模式。[1]2020年的发展动态在很大程度上验证了这种模式，但在具体竞争格局中，主要集中在传统的视频网站（通常称为“综合视频”）和短视频两个领域，前者的头部企业除了BAT，近年来像芒果TV作为依托由广电平台建立的视频网站，也逐渐形成了自身的竞争力；后者则因其迅速发展而出现了以字节跳动、快手为第一梯队，腾讯、百度为第二梯队的短视频企业，以及在短视频发展过程中出现的洋葱、大禹、Papitube等头部MCN（Muti-Channel Network，即用户原创内容、专业生产内容和职业生产内容）机构。另外值得一提的是，哔哩哔哩网站（以下简称B站）自2009年成立后便迅速发展为国内第一大ACG（Animation、Comic和Game的缩写，华语圈ACG次文化中的一个惯用简称）社区，而后随着网站影响力的扩大，逐渐从最初的二次元社区发展成为以PUGC（Professional User Generated Content，即专业用户生产内容或专家生产内容）作为主要内容生产模式的综合性弹幕视频网站。

从商业模式与市场规模来看，视听行业不断细分领域，取得收入的途径也形成了广告、电商导流以及用户付费等多种模式。2013年至2014年，直播、短视频相继成为相对独立的运营模式，并在市场规模上持续迅速增长成为与综合视频并驾齐驱的领域。2020年10月12日中国网络视听节目

---

[1] 见中国网络视听节目服务协会《2018年中国网络视听发展研究报告》。

服务协会发布的《2020 中国网络视听发展研究报告》认为，视听行业包括综合视频、短视频、网络直播、网络音频、智能电视（OTT）、交互式网络电视（IPTV）和视听内容生产等行业领域。2019 年视听产业市场规模达到 4541.3 亿元，其中，市场规模最大的是短视频领域占比为 29%，其次是综合视频、网络直播领域各占 20% 左右，OTT、IPTV 合计占 13%，内容创作领域占 11%，网络音频领域占 6%。[1]

从用户使用情况来看，使用网络视频的网民数量一直迅速增长。2009 年至 2013 年，网络视频用户规模都以 15% 至 20% 的速度在稳步增长。[2]2020 年 9 月 29 日，中国互联网络信息中心（CNNIC）发布第 46 次《中国互联网络发展状况统计报告》显示，截至 2020 年 6 月，我国网民规模达 9.40 亿，较 2020 年 3 月增长 3625 万，互联网普及率达 67.0%，较 2020 年 3 月提升 2.5 个百分点。[3]2020 年 10 月 12 日中国网络视听节目服务协会发布的《2020 年中国网络视听发展研究报告》显示，截至 2020 年 6 月，我国网络视听用户规模达 9.01 亿，较 2020 年 3 月增长 4380 万，网民使用率为 95.8%。2020 年上半年，受新冠肺炎疫情影响，网民的娱乐需求持续转至线上，带动网络视听类应用使用率、用户规模进一步增长。

网络视频收看终端设备也经历了从传统的 PC 端向多样化发展。2017 年即存在超过四成的用户不再接触传统媒体，同时 PC 端使用情况进一步下滑，网络视频用户（含短视频）的收看终端呈多样化特征。截至 2018 年底，网络视频用户手机终端数量为 7.25 亿，用户使用率为 99.7%，排在首位；其次是台式电脑，终端数量为 3.61 亿，用户使用率为 49.8%；笔记本电脑、平板电脑的使用率分别为 37.9%、32.4%，终端数量分别为 2.75 亿、

---

[1] 见中国网络视听节目服务协会《2020 年中国网络视听发展研究报告》。

[2] 王晓红、谢妍:《中国网络视频产业：历史、现状及挑战》,《现代传播》2016 年第 6 期，第 2 页。

[3] 见中国互联网络信息中心第 46 次《中国互联网络发展状况统计报告》,2020 年 9 月 29 日。

2.35亿。[1]互联网电视作为未来智慧家庭生活娱乐的核心入口，截至2019年年底，覆盖终端2.86亿，激活终端2.19亿，继续保持高速增长态势。[2]

视听节目内容也从原有的传统广播电视节目逐渐扩展出更多创新形式。2015年以前，各综合视频平台播出的内容主要是传统的电视剧、电影、电视综艺节目、动漫等。2015年后，各网络平台纷纷尝试自制节目，表现为网络剧、网络大电影、网络综艺等。如国家新闻出版广电总局网络司网络视听节目备案库数据显示，2016年1月至11月，视频网站备案的网络剧为4430部，共计16938集，微电影、网络电影总计4672部。2018年，各大综合视频平台加大纪实内容开发与投入，网络自制纪录片产量迅速增长。统计数据显示，2018年，腾讯视频和爱奇艺的自制剧占比首次超过版权剧，分别为53%和51%；2019年，视频网站的自制剧占比达到了65%。在影响力上，已经成为可与电视剧比肩的重要一极，甚至在吸引年轻受众方面占据绝对优势。同一时间，随着短视频用户规模的不断扩大，各视频平台纷纷开始进军微剧集、微综艺、中视频等领域，试图满足短视频用户群体对专业化、精细化内容的需求。另外不得不提的是，爱奇艺、腾讯、B站等视频平台自2019年起先后推出了互动视频模块或功能，供用户创作和编辑互动视频，互动视频在满足用户视听需求的基础上给予用户更多不同形式的交互式体验。

二、网络视听行业的版权保护困境与发展状况

技术和版权是网络视听产业的两大核心资源，随着视频格式转换、内容分发以及网络宽带传输等相关技术的不断成熟，版权对视听产业发展的重要性逐渐凸显。视听行业自2006年起步以来不到20年的发展历程中，一直伴随着来自盗版等各种侵权行为和不正当竞争的困境和挑战。一方

[1] 见中国网络视听节目服务协会《2019年中国网络视听发展研究报告》。

[2] 见中国网络视听节目服务协会《2020年中国网络视听发展研究报告》。

面，网络视听作品复制、传播的技术门槛不高，无论对大平台还是新设立的小规模企业，盗版盗播都几乎没有技术难度，而侵权赔偿的额度有限且普遍较低，对打击盗版等各种侵权行为也造成了困难。另一方面，网络视频行业是一个富有创造性的产业，特别是2010年之后，网络视频行业几乎每一两年就会产生出一种或数种新形式的网络视听节目，涉及网络剧、网络大电影、网络综艺、网络纪录片、网络直播、短视频、互动视频、基于信息流推送技术而传播的视频等形式，对于这些新型网络视听节目及传播方式，现行法律体系对其的规制可能存在缺失或滞后。

网络视听行业所涉及的版权法律保护包括政府监管和司法保护两个层面。在政府监管层面，一是通过每年持续开展维护市场秩序、打击侵权盗版的“剑网行动”，对侵权盗版进行持续专项调查与处罚；二是对视频行业从业主体加以规制，如2007年《互联网视听节目服务管理规定》要求提供互联网视听节目服务的单位取得相应许可证，而许可证数量是有限制的，从而使网络视听行业中的违法违规视频平台被淘汰出局；三是针对各类新产生的业务模式进行规范，明确准入门槛或建立许可制度以防止不正当竞争或侵权盗版的发生，如互联网出版、直播、OTT/IPTV等。

在司法保护层面，视听行业的版权维权主要通过民事诉讼途径，基于《中华人民共和国著作权法》（以下简称《著作权法》）和《中华人民共和国反不正当竞争法》（以下简称《反不正当竞争法》），分别从著作权侵权和不正当竞争两个方面，实现对网络视听节目权利人的保护和维护视频行业健康良性发展的秩序。按照2020年修正的《民事案件案由规定》，网络视听节目相关案件的案由集中在第五部分“知识产权与竞争纠纷”，其中最多的是第十四类“知识产权权属、侵权纠纷”下的著作权权属、侵权纠纷，以及第十五类“不正当竞争纠纷”下的网络不正当竞争纠纷。在网络视频行业发展的过程中，涉及著作权侵权纠纷的案件不仅数量逐年上升，而且在具体案件所涉事项上也不断“创新”，比如首例短视频著作权侵权案件、首例网络直播侵权案件、首例体育赛事节目著作权侵权案件等，不断涌现的网络视听作品形式和传播使用的技术手段，使法院审理该领域著作权侵权纠纷和不正当竞争纠纷案件需要面对更多新问题。为了统一裁量标准，最高人民法院及北京市高级人民法院等地方高院先后出台了一系列提升审判质量、防止标准不统一的规定和指引，如最高人民法院 2006 年修正了《最高人民法院关于审理涉及计算机网络著作权纠纷案件适用法律若干问题的解释》，2020 年修正了《最高人民法院关于审理著作权民事纠纷案件适用法律若干问题的解释》《最高人民法院关于审理侵害信息网络传播权民事纠纷案件适用法律若干问题的规定》《最高人民法院关于审理不正当竞争民事案件应用法律若干问题的解释》。北京、天津、山东、广东、浙江、安徽、湖南等地高级人民法院也相继出台审理著作权民事纠纷案件适用法律的指引。以北京为例，北京市高级人民法院 2012 年出台《关于视频分享著作权纠纷案件的审理指南》,2015 年发布《关于审理涉及综艺节目著作权纠纷案件若干问题的解答》。2018 年，北京市高级人民法院又发布《侵害著作权案件审理指南》，从基本规定、权利客体、权利归属、侵权认定（包括著作人身权、著作财产权、邻接权）、抗辩事由、法律责任、侵害信息网络传播权的认定、侵害影视作品著作权的认定、侵害计算机软件著作权的认定等 11 个方面，对侵害著作权案件做出指引。综上，可以看出，网络视听行业相关的司法审判案件，具有数量众多、事实情况复杂多样、适用与解释法律规则的创新点多、相关规范及指引文件纷繁复杂等特征。

三、本报告的数据来源及数据分析方法

网络视听行业相关的著作权侵权及不正当竞争案件审判，为相关从业主体及人员提供了丰富的知识、经验和专业指引，对网络视听行业从业者来说，无论是律师、法务工作人员还是有关业务决策者，对这些案件进行分析都将受益匪浅，而且这也是理解著作权及其保护和应对侵权，更好从事网络视听行业所必需的。本报告的研究与写作，正是从全方位、多角度

透视网络视听行业相关案件、梳理相关法律法规和审判思路的角度展开。

本报告重点关注了2017年至2020年上半年期间的网络视听行业版权侵权与不正当竞争纠纷案件，这一时期与之前相比，案件数量明显逐年上升。我们借助查询alpha等案例搜集平台，选取了北京、上海、广东、浙江这四个互联网审判较为集中（专门设有互联网法院、知识产权法院）的地区作为搜索条件，将案由限定为不正当竞争案件和侵害信息网络传播权案件两类，再以“播放”作为关键词进行搜索，搜索的结果是侵害信息网络传播权案件3647件，不正当竞争案件148件（“信息网络传播权”及“不正当竞争”仅为搜索目的设置的关键词，既非原告在庭审中确定主张的案由，也非法院最终认定侵害的权益）。在本报告写作过程中，为了更全面地阐述与视听作品/制品网络传播侵权纠纷相关的问题，我们通过如下方式对案例进行补充搜集：在讨论涉及网络直播、IPTV、OTT、私人影吧、游戏等可能涉广播权、放映权、改编权或著作权兜底权项等的案例时，为了弥补将“信息网络传播权”及“不正当竞争”作为关键词进行搜索的局限，我们将侵权行为的模式如“网络直播”“IPTV”等及其他著作权权项“广播权”“放映权”等同时设置为关键词，对案例进行了补充搜集，同时对2017年之前的部分典型案例进行了补充搜集，最终搜集案例总数为4069件。其中，判决书3447份，裁定书622份。判决书中一审判决书2551份，二审判决书883份，再审判决书13份（图1.1）。

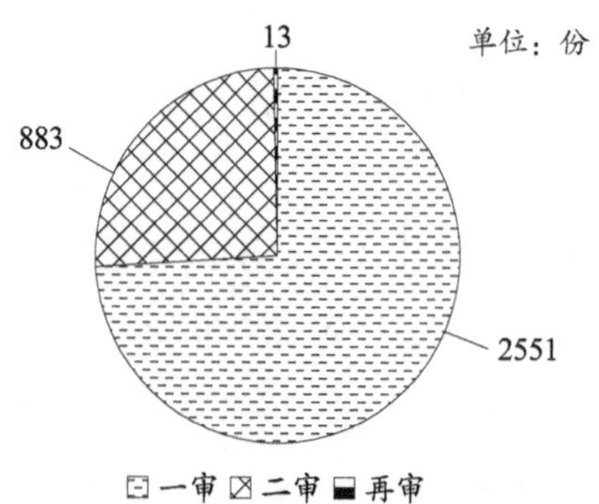

图1.1　2017年至2020年6月网络视听行业信息网络传播权侵权纠纷案件判决情况统计

原告起诉时选择的案由包括侵害作品信息网络传播权纠纷，著作权权属、侵权纠纷，不正当竞争纠纷，复合案由以及其他案由（如侵害作品广播权纠纷、侵害作品放映权纠纷、侵害录音录像制作权纠纷、侵害其他著作财产权纠纷等）（图 1.2）。

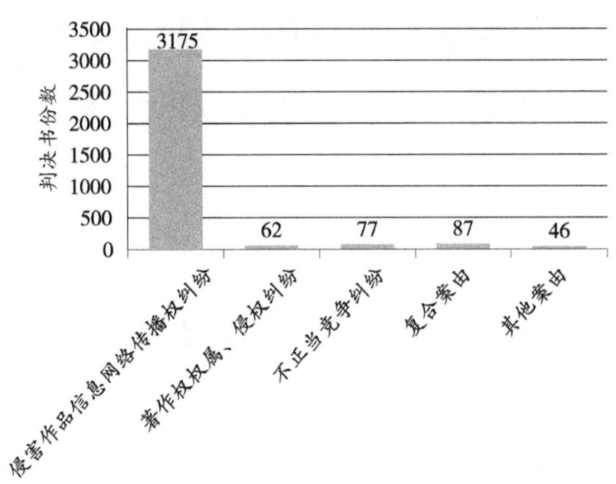

图 1.2 2017 年至 2020 年 6 月网络视听行业信息网络传播权侵权纠纷案件案由统计

基于本报告搜集的案例数据，下文将主要从案例的角度出发，结合新修正的《著作权法》、司法解释以及相关的规范性法律文件，对网络视听行业中存在的较为典型的侵权行为模式进行分析，进而探讨法院在特定类型案件中的裁判逻辑。在此基础上，我们着重分析视听作品 / 制品网络传播侵权案例中的焦点问题（如权属、信息流、在线取证等）和赔偿额的考量因素，从中提炼可用于支持实践的经验。

第二章　网络视听行业版权侵权与不正当竞争纠纷案件各类侵权行为

第一节　涉视频类的信息存储空间服务

一、侵权行为模式

（一）网盘、云盘等以提供在线存储空间服务为主要业务的平台，其用户未经许可可上传侵权视频

案例一　【北京焦点互动信息服务有限公司南京分公司 诉 北京百度网讯科技有限公司】

南京市中级人民法院（2017）苏01民初2340号【一审】

江苏省高级人民法院（2018）苏民终1514号【二审】

【涉案作品：电视剧《匆匆那年》】

侵权行为

原告已明确告知被告百度网盘服务器中存在涉案侵权视频，

并提供了涉案视频文件的标准MD5值用于定位，要求被告根据MD5值等文件校验值从百度网盘的服务器中全面、彻底地删除这些侵权文件，被告未按原告要求予以删除。

判决摘要

一审法院认为，百度网盘系信息存储空间服务平台，但百度网讯科技有限公司作为网络服务提供者应承担相应的审查义务和责任，在原告明确告知百度网盘中存在与涉案作品相同的视频后应予删除，百度网讯科技有限公司未采取任何行动，存在过错，判决其承担赔偿责任并删除相关视频。

1. 百度网讯科技有限公司所经营的百度网盘向网络用户提供互联网信息存储空间服务，公众或百度网盘的普通用户并不能在其个人选定的时间和地点以下载、浏览或者其他方式获得涉案影视作品。

2. 被告百度网讯科技有限公司应当承担与百度网盘的性质和功能相适应的审查注意义务。百度网盘用户不仅可以上传相关的信息资源，还可以对其百度网盘中的信息资源以“公开”或“加密”的方式创建分享链接，从而分享给其指定的用户或者相关公众。被告作为百度网盘的经营者，应当承担百度网盘的经营风险以及其作为网络服务提供者的审查义务和责任，在原告已明确告知百度网盘存在与其享有信息网络传播权的涉案影视作品《匆匆那年》相同的作品时，被告不采取任何行动，存在过错。

二审法院认为原告方仅证明百度网盘中存储有涉案视频文件，未提供出于传播涉案作品目的的分享链接，也未提供便捷定位侵权传播行为及实施人的具体内容，关于涉案作品侵权传播行为实施主体和客观状态并不清晰，要求百度网讯科技有限公司删除相关文件缺乏法律和事实依据，判决撤销一审判决并驳回原告全部诉讼请求。

首先，百度网盘用户将涉案被控侵权视频文件存储于百度网盘中，网盘用户的存储行为以及百度网讯科技有限公司提供存储空间的行为均不构成侵犯涉案作品的信息网络传播权。根据百度网盘的用户协议，“百度网盘是一个向广大用户提供数据存储、同步、管理和分享等的在线服务。百度网盘是信息存储空间平台，其本身不直接上传、提供内容，对用户传输内容不做任何修改或编辑”。……作为网络存储空间使用者的网盘用户而言，存储行为具有一定程度的独立性，有别于不同网络用户之间出于文件传播目的而发起的分享行为，存储行为本身不代表存储行为的实施主体同时具有传播特定作品的主观意思，故不能将特定作品文件的存储行为简单等同于特定作品文件的传播行为，单纯的存储行为亦不必然构成对相关作品信息网络传播权的侵害。

其次，焦点南京分公司投诉的涉及《匆匆那年》作品的直接侵权传播行为并不清晰。在焦点南京分公司向百度网讯科技有限公司发送的《告知函》中，焦点南京分公司虽然要求百度网讯科技有限公司断开、删除分享链接，但是在《告知函》附件中并未提供任何出于传播涉案作品目的的分享链接，故焦点南京分公司投诉中提出的关于涉案作品侵权传播行为实施主体和客观状态的指向并不明确。

最后，焦点南京分公司向百度网讯科技有限公司发送的《告知函》不构成有效通知。本案焦点南京分公司发出的《告知函》中并不存在任何侵权分享链接，也不存在其他能使百度网讯科技有限公司方便快捷定位侵权传播行为及实施人的具体内容。……在未有指明百度网盘用户使用百度网盘直接实施涉案作品侵权传播行为的情形下，焦点南京分公司发出的《告知函》其实质是相当于要求百度公司根据《告知函》内容，对百度网盘内所有文件

进行完全排查或进行相应技术改造以实现快速定位，该要求显然不适当地加重了百度网讯科技有限公司作为网络服务提供者的负担，亦可能不当损害网盘用户基于合法目的使用作品而享有的合法权益，因此法院认定该《告知函》不属于有效通知。

案例二　【央视国际网络有限公司 诉 乐视网信息技术（北京）股份有限公司】

北京市海淀区人民法院（2017）京 0108 民初 40681 号【一审】

【涉案作品：1983 年至 2014 年的中央电视台春节联欢晚会节目】

侵权行为

被告经营的“乐视云盘”软件在“乐腕儿”板块对于用户上传的侵权视频进行编辑、整理，置于首页推荐位置，乐视网公司应当注意到侵权视频，但未采取必要的版权保护技术措施进行过滤。

判决摘要

法院认为侵权视频位于被告经营的“乐视云盘”软件中“乐腕儿”板块首页位置，标题醒目易于发现，并经被告编排、整理，被告未尽到注意义务，判决由被告承担侵权责任。

《信息网络传播权保护条例》第二十二条对信息存储空间的网络服务提供商的免责条件进行了限定，须同时满足“不知道也没有合理的理由应当知道服务对象提供的作品、表演、录音录像制品侵权”等五个条件。综合双方提交的证据来看，乐视公司系乐视网盘的运营者，其中乐腕儿板块系信息网络存储空间服务，由用户自行上传。从涉案节目来看确系用户个人上传至乐腕儿板块，乐视公司辩称涉案节目只在特定群组分享，结合央视网公司提交的证据来看，其登录后即可观看，且涉案节目直接在乐腕儿板块首页位置，无须通过搜索即可得到涉案作品的链接，且标题较为醒目，出现“央视”“春晚”等字样。点击进入后，界面显示导演、剧情介绍等信息。其对节目进行了完整编排、整理，使得节目更具有可看性。因此，可以认定乐视网公司应当知道服务对象提供的涉案作品侵权，故其不符合《信息网络传播权保护条例》第二十二条规定的免责条件。法院认为乐视网公司应当注意到上述节目的信息，但未采取必要的版权保护技术措施进行过滤。公众可以通过乐视网盘在线观看、下载涉案节目，该行为已经侵害了央视网公司享有的独占信息网络传播权，乐视网公司未尽到注意义务，应当承担侵权责任，赔偿央视网公司经济损失。

（二）主要内容由用户上传、供用户间分享的短视频平台，如抖音、快手、伙拍小视频等，其用户未经许可使用上传侵权视频

案例一 【北京快手科技有限公司 诉 广州华多网络科技有限公司】

北京市海淀区人民法院（2017）京 0108 民初 49079 号【一审】

【涉案作品：用户创作的系列短视频】

侵权行为

被告运营的“补刀小视频”App 上有用户上传、传播原告拥有版权的系列短视频。

判决摘要

由于广州华多网络科技有限公司（简称华多公司）未能提交有效的用户信息，一审法院认为华多公司是涉案侵权视频的直接提供者，判决其承担赔偿责任。

在华多公司未能提交涉案视频系由用户上传的相关证据，且虽称涉案视频用户系以第三方账号登录，但亦未提交证据说明系何第三方账号的情况下，难以合理解释若确系用户在其经营的“补刀小视频”App中发布视频却无法提供有效用户信息之情形，据此，法院认为涉案视频应为华多公司自行上传并发布。华多公司系“补刀小视频”App iOS端上涉案视频的发布者，其虽提交第7691号公证书以证明其为网络服务提供者，但不足以证明涉案视频即由用户上传且发布。

案例二　【北京微播视界科技有限公司 诉 百度在线网络技术（北京）有限公司、百度网讯科技有限公司】

北京互联网法院（2018）京0491民初1号**【一审】**

【涉案作品：用户创作的系列短视频】

侵权行为

被告运营的“伙拍小视频”软件上有用户上传、传播原告拥有版权的系列短视频。

判决摘要

二被告提交了有效用户信息，法院认为其作为网络服务提供者收到通知后及时删除被控短视频即可按照“避风港原则”不承担赔偿责任，判决驳回原告诉讼请求。

二被告在提供“伙拍小视频”手机软件服务时，对外公示了其用户协议。该协议显示“伙拍小视频”手机软件具有供用户发布信息的功能，并对用户上传内容不得侵害他人知识产权进行了告知，公布了联系方式，且其提交的后台记录载明被控侵权短视频上传者的用户名、注册IP地址、注册时间、上传IP地址、上传时间以及联系方式等信息。可以认定被控侵权短视频系案外人上传，二被告为信息存储空间服务提供者。

现有证据无法证明二被告对于被控侵权短视频是否侵权存在明知或应知的主观过错，且在收到原告的通知后，二被告及时删除了被控侵权短视频，法院认定二被告的行为符合进入“避风港”的要件。在此情形下，无论“伙拍小视频”手机软件的涉案用户是否构成侵权，二被告作为网络服务提供者，均不构成侵权，不应承担责任。

（三）开展UGC（用户生产内容）、PGC（专业生产内容）业务的长视频平台、视频类App，如优酷网、腾讯视频等，其用户未经许可上传侵权视频

案例一 【北京优朋普乐科技有限公司 诉 上海宽娱数码科技有限公司】

北京市西城区人民法院（2018）京0102民初4506号【一审】

北京知识产权法院（2018）京73民终1101号【二审】

【涉案作品：电影《九龙冰室》】

侵权行为

被告运营的哔哩哔哩网站（www.bilibili.com，简称B站）上有用户上传涉案电影的完整视频，被告未能尽到相应的注意义务阻止用户侵权，还通过分类、排序等方式为上传用户上传提供便利。

判决摘要

一审法院认为被告对侵权视频进行了分类、排序，主观上存在过错，判决其承担相应的赔偿损失责任，二审法院予以维持。

根据《最高人民法院关于审理侵害信息网络传播权民事纠纷案件适用法律若干问题的规定》(以下简称《规定》)规定，虽然原告北京优朋普乐科技有限公司（简称优朋普乐公司）有初步证据证明网络服务提供者提供了相关作品、表演、录音录像制品，但网络服务提供者能够证明仅提供网络服务，且无过错，人民法院不应认定为构成侵权。但该《规定》同时还规定，有下列情形之一的，人民法院可以根据案件具体情况，认定提供信息存储空间服务的网络服务提供者应知网络用户侵害信息网络传播权：将热播影视作品等置于首页或者其他主要页面等能够为网络服务提供者明显感知的位置的；对热播影视作品等主题、内容主动进行选择、编辑、整理、推荐，或者为其设立专门的排行榜的；其他可以明显感知相关作品、表演、录音录像制品为未经许可提供，仍未采取合理措施的情形。根据本案查明的事实，在点击进入上海宽娱数码科技有限公司（简称宽娱公司）经营的网站后，网站首页出现了排序、时长、分区等分类，在排序里又分为最多点击、最新发布、最多弹幕、最多收藏等。在时长里分为10分钟以下、10分钟到30分钟、30分钟到60分钟、60分钟以上等。在分区里分为动画、影视、游戏、音乐、电视剧等内容。虽然涉案影片播放时显示出了上传网友的信息，但大量影视作品上传，通常情况下，一般网友很难获得相应的权利，而权利人一般也不会允许将其作品上传分享到社会网站，供公众在线播放观看。一审法院认为，宽娱公司作为国内较为知名的视频网站，对网站内容可能涉及侵权应当有一个基本的认知，予以高度的注意，其非但未能尽到相应的注意义务，且还通过分类、排序等方式为网友上传提供便利，主观上存在着过错，故一审法院对其辩解意见不予采信。

案例二 【乐视网信息技术（北京）股份有限公司 诉 优酷信息技术（北京）有限公司 】

北京互联网法院（2019）京0491民初17106号【一审】

北京知识产权法院（2020）京73民终386号【二审】

【涉案作品：电影《爱情维修站》】

侵权行为

被告运营的优酷网以及优酷软件（安卓手机端、iPad端）上有用户上传涉案影片的完整视频，其没有履行与其能力相匹配的阻止侵权义务。

判决摘要

一审法院认为优酷平台主要依赖其自有版权的影视作品，较一般意义上的信息存储空间平台应负更高的注意义务，而涉案影片是专业制作且内容完整的影视作品，作为侵权视频易于识别，被告存在主观过错，判决其承担赔偿责任。二审法院予以维持。

关于上诉人优酷北京公司提出其系为服务对象提供信息存储空间服务且无过错的上诉理由，法院注意到如下事实：一是优酷北京公司系平台上音视频产品提供者，其使用网友上传的电影、电视剧和原创视频作品等各类视频文件以丰富充实优酷网内容、吸引网络用户关注和增加优酷网浏览量，并通过商业运作视频文件获取版权收入以及吸引广告投放以获取经济利益，在该意义上优酷网站已非一般意义上的信息存储空间；二是在特定情况下，

优酷北京公司应承担审查网友上传至优酷网的电影、电视剧视频文件是否侵犯他人著作权之义务，而不能放任侵权视频存在逃避其应负的与其所享有的权利与利益相匹配的义务；三是从搜索到的涉案电影的筛选结果可以明显看出涉案影片是专业制作且内容完整的影视作品。上传该影片的网友取得相关权利人合法授权的可能性极小。同时根据常理，目前没有任何一家中外著名电影制片公司许可任何网站和个人免费提供其摄制的影视作品。综合上述事实，可以推定优酷北京公司应属于能够合理地认识到网络用户提供涉案作品、表演、录音录像制品未经权利人的许可之情形。

案例三 【北京爱奇艺科技有限公司 诉 上海全土豆文化传播有限公司 】

上海市徐汇区人民法院（2018）沪0104民初19211号**【一审】**

【涉案作品：电视剧《爱情公寓4》】

侵权行为

被告上海全土豆文化传播有限公司（简称全土豆公司）运营的土豆网上有用户上传涉案电视剧第17集的完整视频，针对知名度很高且被列入国家版权局发布的重点作品版权保护预警名单的涉案作品，被告没有履行与其能力相匹配的阻止侵权义务。

判决摘要

法院认为涉案作品为用户上传的完整剧集视频且知名度很高，且被纳入国家版权局发布的重点作品版权保护预警名单，平台方应负更高的注意义务，采取措施及时发现并删除侵权视频，被告未履行与其能力相匹配的阻止侵权义务，构成帮助侵权，判决其承担赔偿责任。

《最高人民法院关于审理侵害信息网络传播权民事纠纷案件适用法律若干问题的规定》规定，人民法院应当根据网络服务提供者的过错，确定其是否承担侵权责任。法院注意到：其一，权利视频为类电影作品，其制作需要投入较大的成本、专业的制作团队和较长的制作周期，因此网络个人用户一般不会成为电视剧的权利人，而相关权利人亦不会免费许可他人将作品上传分享到网站上；其二，权利视频所属的《爱情公寓 4》在业内具有相当的知名度，自公映以来收视率处于高位，仅从涉案视频上传时点至公证时点已经逾 5000 次的播放频率来看，即便在热映期后三年左右的时间，其仍对相关浏览公众保持着相当的吸引力。尤其是在《爱情公寓 4》已明确纳入国家版权局发布的重点作品版权保护预警名单，定位为极易遭受侵权播放电视剧的情况下，对于明显有别于剪辑片花，时长 46 分 59 秒，包含完整一集的涉案视频而言，全土豆公司完全有能力通过视频片长筛选与简单名称检索相结合等手段及时对涉案视频予以发现并即刻删除，但显然全土豆公司未能对本应注意的内容予以重视，亦未采取任何措施预防侵权行为的发生以及防止侵权后果的扩大，没有履行与其能力相匹配的阻止侵权义务，客观上帮助了侵权后果的扩大。综上，法院认定全土豆公司对涉案视频的侵权播放负有过错，构成帮助侵权，理应承担相关法律责任。

案例四 【上海新梨视网络科技有限公司 诉 北京字节跳动科技有限公司】

上海市杨浦区人民法院（2019）沪 0110 民初 6817 号【一审】

上海知识产权法院（2019）沪 73 民终 407 号【二审】

【涉案作品：用户创作的系列短视频】

侵权行为

原告多次通知被告其运营的今日头条网站内有用户上传侵权视频，并明确要求封禁多次侵权的用户，被告未采取合理措施制止重复侵权者。

判决摘要

一审法院认为，被告北京字节跳动科技有限公司（简称字节跳动公司）在收到投诉后未对上传用户采取合理措施，阻止其持续多次上传侵权视频，构成帮助侵权，判决其承担赔偿责任。二审法院予以维持。

字节跳动公司的用户“葡萄没有架”未经许可将涉案视频上传至字节跳动公司网站，构成侵权。新梨视公司在2017年5月2日、3日、10日通知字节跳动公司，告知其用户“葡萄没有架”上传的视频大多为侵权视频，字节跳动公司在收到网络投诉及书面投诉后，知道或者应当知道其用户“葡萄没有架”上传的视频多为侵权视频，并未立即采取积极的防止侵权行为继续发生的必要措施，直至2017年7月24日才对该用户进行封禁处理。而“葡萄没有架”在字节跳动公司收到投诉至封禁期间，于2017年5月23日还继续上传涉案视频。故字节跳动公司怠于对该用户账号采取必要的措施，未尽到合理的注意义务，应当承担相应的帮助侵权责任。

类似案例一　【优酷信息技术（北京）有限公司 诉 北京静静科技有限公司】

北京市海淀区人民法院（2018）京0108民初25079号【一审】

【涉案作品：电视剧《虎啸龙吟》】

类似案例二 【北京爱奇艺科技有限公司 诉 上海宽娱数码科技有限公司】

上海知识产权法院（2018）沪73民终316号【二审】

【涉案作品：电视剧《爱情回来了》】

（四）可以分享视频的社交平台、论坛、其他网站等，如新浪微博等，其用户未经许可上传侵权视频

类似案例 【环球音乐出版有限公司 诉 福建南平南孚电池有限公司、北京微梦创科网络技术有限公司】

北京市海淀区人民法院（2017）京0108民初36652号【一审】

【涉案作品：歌曲《悟空》的录音制品】

侵权行为

新浪微博用户“新闻晨报”在其新浪微博上传附有涉案视频，未经授权擅自将涉案歌曲作为背景音乐使用。

判决摘要

北京微梦创科网络技术有限公司（简称微梦公司）作为新浪微博的经营者，是信息存储空间服务提供商。根据现有证据，涉案微博并非处于新浪微博的显要位置，在收到通知之前，微梦公司未注意到涉案微博并无过错。微梦公司在收到本案起诉状后，经查找涉案微博已经删除，已履行适当注意义务，不应承担相应侵权责任。

类似案例　【北京儒意欣欣影业投资有限公司 诉 北京豆网科技有限公司】

北京市朝阳区人民法院（2017）京 0105 民初 10032 号【一审】

【涉案作品：电视剧《北平无战事》】

侵权行为

被告运营的“豆瓣网”（douban.com）下的“豆瓣电影”（movie.douban.com）栏目，有用户上传涉案电视剧的截图、海报。

判决摘要

信息存储空间服务提供者承担责任的前提是用户存在侵权行为，法院认为豆瓣用户使用涉案作品截图系合理使用，因此被告北京豆网科技有限公司（简称豆网公司）也不构成侵权，判决驳回原告全部诉讼请求。

首先，涉案截图已经随影视作品的发行而先于涉案行为实施前发表。其次，网络用户使用涉案截图是为了在介绍评论涉案电视剧时，更加形象直观地抒发和交流对影视作品的预期与观感，这种使用方式有利于扩大涉案电视剧的宣传影响，符合著作权人利益需求。最后，涉案截图……数量有限，亦无法通过截图的前后连续组合表达出完整的故事情节……并未实质性地再现涉案电视剧，客观上未对涉案电视剧起到替代作用，不足以对其市场价值造成实质性影响……因此，该行为属于对北京儒意欣欣影业投资有限公司（简称儒意欣欣公司）作品的合理使用，并未构成对儒意欣欣公司信息网络传播权的侵犯。

豆网公司经营的“豆瓣电影”网站，系网络用户围绕影视剧进行评论、交流的信息分享平台，该网站为网络用户所发布的内

> 容提供信息存储空间，豆网公司系信息存储空间服务提供者。信息网络存储空间服务提供者构成侵权的前提是明知或者应知其平台上有侵权内容而未及时采取措施。本案中，网络用户上传截图的行为并不侵权，故豆网公司也不构成侵权。豆网公司允许网络用户在“豆瓣电影”网站上合理使用儒意欣欣公司涉案作品，既没有损害著作权人的合法利益，亦不影响著作权人正常使用其作品，且有利于促进涉案作品的推广与传播。

目前我们在公开渠道尚未找到版权方起诉新浪微博侵犯视频信息网络传播权的类似案例，微博用户传播视频侵犯音乐著作权的类似案例可以作为参考，但作品类型对平台方行为性质与责任的判断没有实质影响。

二、案件焦点分析

（一）平台方应就其“仅提供信息网络存储空间服务”举证

除上文所述的几类常见平台外，任何网站或 App 为用户开通上传视频功能的同时，即开始为用户提供信息存储空间服务；为用户提供上传视频 / 短视频服务的同时，也存在因用户的侵权行为而承担法律责任的风险。关于平台方的侵权责任，由于《信息网络传播权保护条例》规定了“避风港原则”，大多数在线存储平台、短视频平台、长视频平台的经营者在面临用户上传侵权视频的情况下都会利用“通知—删除”规则，主张平台方仅提供信息存储空间服务，且及时删除了侵权视频，不应承担赔偿责任。根据《最高人民法院关于审理侵害信息网络传播权民事纠纷案件适用法律若干问题的规定》（2020 年修正）（以下简称《信网权适用法律规定》）的要求，平台方应对其“仅提供信息网络存储空间服务”承担举证责任。如果平台方不能完成举证，则可能被认定为侵权视频直接提供者，继而承担侵权责任。例如上述（2017）京 0108 民初 49079 号快手诉华多“补刀小

视频”App 侵权一案中，华多公司由于未能提交用户信息，证明涉案视频即由用户上传且发布，被法院认定为涉案视频的直接提供者。

关于是否能认定平台“仅提供信息网络存储空间服务”，法院一般考虑如下几个方面：（1）被告提供的证据是否可以证明其网站 /App 具备为服务对象提供信息存储空间服务的功能；（2）被告网站中的相关内容是否明确标示了为服务对象提供信息存储空间服务；（3）被告是否能够提供上传者的用户名、注册 IP 地址、注册时间、上传 IP 地址、联系方式以及上传时间、上传信息等证据。

（二）信息网络存储空间服务提供者因为主观过错而承担帮助侵权等间接侵权责任的情形

根据《信息网络传播权保护条例》的规定，要免于承担赔偿责任，信息网络存储空间服务提供者除证明侵权视频确由其用户上传外，还应满足“未改变用户上传的视频”“不知道也没有合理的理由感知用户上传的视频侵权”“未直接获得经济利益”“采取合理措施及时删除侵权视频”等条件，即要求其尽到合理注意义务，不存在主观过错。具体阐述如下：

1. 关于平台方是否“改变”用户上传的视频，实践中仅将对用户上传视频的内容进行实质改变的行为视为平台方过错，而改变存储格式、加注网站水印、添加通用的片前广告等行为不被认为是平台方“改变”用户上传视频。

2. 关于平台方是否直接从涉案视频获得经济利益，根据《信网权适用法律规定》等法律文件的规定，因提供网络服务而收取一般性广告费、服务费等不构成上述“直接获得经济利益”。要证明平台方“直接获得经济利益”，原告需要举证证明平台方针对特定作品、表演、录音录像制品投放广告获取收益，或者获取经济利益与其传播的作品、表演、录音录像制品存在其他特定联系。

3. 关于平台方是否存在“明知”或“应知”的故意，人民法院应当根据网络用户侵害信息网络传播权的具体事实是否明显，综合考虑基于网络服务提供者提供服务的性质、方式及其引发侵权的可能性大小，应当具备的管理信息的能力等众多因素，是否构成“明知或应知”是法院判断平台方是否存在主观过错的诸项考察中最为复杂也最易产生争议的一项。司法实践中可操作性较强的判断思路，一般从“平台方能否合理地认识到侵权视频在该平台传播”“平台方能否合理地认识到该视频未经权利人的许可”两个方面进行考察。

（1）涉案侵权视频及相关信息位于网站或 App 首页、各栏目首页或者其他主要页面等可被明显感知的位置，或者平台方对侵权视频的主题或者内容主动进行选择、编辑、修改、整理、推荐或者为其设立专门排行榜等情形，可以推定平台方能够接触并知晓该侵权视频的存在。例如前述（2018）京 73 民终 1101 号优朋普乐公司诉宽娱公司一案，法院即认为 B 站内容的分区、排序属于编辑、整理，为用户侵权提供便利，应当承担侵权责任。

（2）涉案作品知名度高、正处于热播期或者侵权视频内容专业且时长完整、远超一般用户制作能力等情形，可以推定其侵权信息明显，平台方能够认识到该视频未经权利人许可。例如前述（2020）京 73 民终 386 号乐视网诉优酷网一案，法院认为涉案影片是专业制作且内容完整的影视作品，上传用户取得相关权利人合法授权的可能性极小，平台方能够合理地认识到该视频侵权。

（3）如果涉案作品知名度很高，尤其是被国家版权局列入重点作品版权保护预警名单的作品，平台方不仅能够判断该视频侵权，还应通过设置关键词等方式阻止用户上传侵权视频。例如前述（2018）沪 0104 民初 19211 号爱奇艺诉全土豆公司一案，由于涉案作品被纳入国家版权局发布的重点作品版权保护预警名单，定位为极易遭受侵权播放的电视剧，法院认为平台方应负有更高的注意义务，主动采取措施发现并阻止侵权视频。

4. 关于平台是否采取合理措施、是否及时删除侵权视频方面，按照《信息网络传播权保护条例》相关规定，应先由权利人发送包含权利人的

姓名（名称）、联系方式和地址、要求删除或者断开链接的侵权作品、表演、录音录像制品的名称和网络地址以及构成侵权的初步证明材料的有效通知，平台方收到通知后及时对侵权链接进行删除。司法实践中，未提供侵权视频的网络地址但根据通知的信息可以准确定位到侵权视频的，也可以被认定为“有效通知”。

仅声明权利人对特定作品享有权利而未指向特定侵权行为的权利声明、预警函，以及针对相关侵权行为发送的通知（如针对该平台上同一作品、同一上传用户的侵权行为发送的通知），不属于对特定侵权行为的“有效通知”。但《信网权适用法律规定》对信息存储空间服务提供者还设置了积极采取预防侵权的合理措施、对重复侵权的用户采取合理措施等义务，在实践中包括删除相同内容的侵权视频、封禁重复侵权的用户等。尤其是开展 UGC、PGC 业务的专业视频网站或 App，法院倾向于认定其引发侵权的可能性更大、管理信息的能力更高，有能力采取更多措施阻止其用户侵权。因此，权利声明、预警函以及针对相关侵权行为发送的通知，结合平台性质、作品知名度等因素，也可以提高平台方注意义务。前述（2019）沪 73 民终 407 号上海新梨视公司诉字节跳动一案，即是权利人认为有用户重复侵权、提出将其封禁的需求的情况下，平台方未及时处置而被法院认为存在主观过错。

关于“及时”的具体标准，由法院根据通知的形式，通知的准确程度，平台采取措施的难易程度，涉案作品类型、知名度、数量等因素综合判断。

5. 是否存在其他过错行为，如采取奖励积分等方式诱导、鼓励用户上传视频的，可能被法院认定构成教唆侵权行为等。司法实践中，法院认定平台方诱导、鼓励用户上传视频构成教唆侵权，也以平台方存在主观过错为前提。如（2018）京 0108 民初 25079 号优酷网诉范特西视频网站案中，被诉网站通过“奖励”的方式鼓励网络用户任意上传电影、电视剧的资源，被法院认定为教唆侵权；而（2018）沪 73 民终 316 号爱奇艺诉宽娱公司（B 站的运营者）一案中，法院认为，B 站（哔哩哔哩网站）设置的

"硬币制度、创作激励计划、充电计划以及贝壳制度"虽客观上对其用户起到激励作用，有关创作激励计划、充电计划以及贝壳制度的介绍中包含有"自制作品""鼓励自制""提高原创积极性"的表述，反映相关激励措施的目的并非教唆其网络用户上传侵权视频实施侵权行为，而且用户获取硬币的方式并不限于上传视频，最终未认定B站构成教唆侵权。

三、相关法律文件[1]

《信息网络传播权保护条例》

实施日期：2013年3月1日

第二十二条　网络服务提供者为服务对象提供信息存储空间，供服务对象通过信息网络向公众提供作品、表演、录音录像制品，并具备下列条件的，不承担赔偿责任：

（一）明确标示该信息存储空间是为服务对象所提供，并公开网络服务提供者的名称、联系人、网络地址；

（二）未改变服务对象所提供的作品、表演、录音录像制品；

（三）不知道也没有合理的理由应当知道服务对象提供的作品、表演、录音录像制品侵权；

（四）未从服务对象提供作品、表演、录音录像制品中直接获得经济利益；

（五）在接到权利人的通知书后，根据本条例规定删除权利人认为侵权的作品、表演、录音录像制品。

---

[1] 本书"相关法律文件"部分列举的是判决时法院所依据的法律。

《最高人民法院关于审理侵害信息网络传播权民事纠纷案件适用法律若干问题的规定》（2020年修正）

实施日期：2021年1月1日

第三条　第二款

通过上传到网络服务器、设置共享文件或者利用文件分享软件等方式，将作品、表演、录音录像制品置于信息网络中，使公众能够在个人选定的时间和地点以下载、浏览或者其他方式获得的，人民法院应当认定其实施了前款规定的提供行为。

第四条　第二款

网络服务提供者能够证明其仅提供自动接入、自动传输、信息存储空间、搜索、链接、文件分享技术等网络服务，主张其不构成共同侵权行为的，人民法院应予支持。

第七条　第二款

网络服务提供者以言语、推介技术支持、奖励积分等方式诱导、鼓励网络用户实施侵害信息网络传播权行为的，人民法院应当认定其构成教唆侵权行为。

第九条　人民法院应当根据网络用户侵害信息网络传播权的具体事实是否明显，综合考虑以下因素，认定网络服务提供者是否构成应知：

（一）基于网络服务提供者提供服务的性质、方式及其引发侵权的可能性大小，应当具备的管理信息的能力；

（二）传播的作品、表演、录音录像制品的类型、知名度及侵权信息的明显程度；

（三）网络服务提供者是否主动对作品、表演、录音录像制品进行了选择、编辑、修改、推荐等；

（四）网络服务提供者是否积极采取了预防侵权的合理措施；

（五）网络服务提供者是否设置便捷程序接收侵权通知并及时对侵权通知作出合理的反应；

（六）网络服务提供者是否针对同一网络用户的重复侵权行为采取了相应的合理措施；

（七）其他相关因素。

第十条　网络服务提供者在提供网络服务时，对热播影视作品等以设置榜单、目录、索引、描述性段落、内容简介等方式进行推荐，且公众可以在其网页上直接以下载、浏览或者其他方式获得的，人民法院可以认定其应知网络用户侵害信息网络传播权。

第十一条　第二款

网络服务提供者针对特定作品、表演、录音录像制品投放广告获取收益，或者获取与其传播的作品、表演、录音录像制品存在其他特定联系的经济利益，应当认定为前款规定的直接获得经济利益。网络服务提供者因提供网络服务而收取一般性广告费、服务费等，不属于本款规定的情形。

第十二条　有下列情形之一的，人民法院可以根据案件具体情况，认定提供信息存储空间服务的网络服务提供者应知网络用户侵害信息网络传播权：

（一）将热播影视作品等置于首页或者其他主要页面等能够为网络服务提供者明显感知的位置的；

（二）对热播影视作品等的主题、内容主动进行选择、编辑、整理、推荐，或者为其设立专门的排行榜的；

（三）其他可以明显感知相关作品、表演、录音录像制品为未经许可提供，仍未采取合理措施的情形。

第十三条　网络服务提供者接到权利人以书信、传真、电子邮件等方式提交的通知及构成侵权的初步证据，未及时根据初步证据和服务类型采取必要措施的，人民法院应当认定其明知相关侵害信息网络传播权行为。

第十四条　人民法院认定网络服务提供者转送通知、采取必要措施是否及时，应当根据权利人提交通知的形式，通知的准确程度，采取措施的

难易程度，网络服务的性质，所涉作品、表演、录音录像制品的类型、知名度、数量等因素综合判断。

《北京市高级人民法院侵害著作权案件审理指南》

实施日期：2018 年 4 月 20 日

9.3【被告举证责任】

被告主张其仅提供自动接入、自动传输、信息存储空间、搜索、链接、文件分享技术等网络技术服务的，应承担举证证明责任，被告未提供充分证据证明其系仅提供自动接入、自动传输、信息存储空间、搜索、链接、文件分享技术等技术服务的，对其前述主张不予支持。

被告应当就涉案作品、表演、录音录像制品的提供主体或者其与提供主体之间的关系提供相应证据。被告未提交充分证据证明，但原告已经初步举证的情况下，被告主张未实施提供内容行为的，不予支持。

9.10【提供信息存储空间服务的认定】

被告主张提供信息存储空间服务的，一般综合下列因素予以认定：

（1）被告提供的证据可以证明其网站具备为服务对象提供信息存储空间服务的功能；

（2）被告网站中的相关内容明确标示了为服务对象提供信息存储空间服务；

（3）被告能够提供上传者的用户名、注册 IP 地址、注册时间、上传 IP 地址、联系方式以及上传时间、上传信息等证据；

（4）其他因素。

9.11【信息存储空间服务提供者“应知”的判断】

信息存储空间服务提供者同时符合下列条件的，可以认定其具有“应知”的过错：

（1）能够合理地认识到涉案作品、表演、录音录像制品在其存储空间传播；

（2）能够合理地认识到网络用户未经权利人的许可提供涉案作品、表演、录音录像制品。

9.12【信息存储空间服务提供者“应知”的判断】

有以下情形之一的，可以推定信息存储空间服务提供者“能够合理地认识到涉案作品、表演、录音录像制品在其存储空间传播”，但有相反证据的除外：

（1）涉案作品、表演、录音录像制品或者与其相关的信息位于首页、各栏目首页或者其他主要页面等可被明显感知的位置；

（2）对涉案作品、表演、录音录像制品的主题或者内容主动进行选择、编辑、修改、整理、推荐或者为其设立专门排行榜的；

（3）其他情形。

9.13【信息存储空间服务提供者“应知”的判断】

有以下情形之一的，可以推定信息存储空间网络服务提供者“能够合理地认识到网络用户提供涉案作品、表演、录音录像制品未经权利人的许可”，但有相反证据的除外：

（1）网络用户提供的是专业制作且内容完整的影视作品、音乐作品、表演、录音录像制品，或者处于热播、热映期间的影视作品、知名度较高的其他作品以及相关的表演、录音录像制品；

（2）网络用户提供的是正在制作过程中且按照常理制作者不可能准许其传播的影视作品、音乐作品、表演、录音录像制品；

（3）其他明显的侵权事实。

9.18【“改变”的理解】

《信息网络传播权保护条例》第二十二条规定所称“改变”，是指对服务对象提供的作品、表演、录音录像制品的内容进行了改变。

下列行为不应视为对服务对象提供的作品、表演、录音录像制品进行了改变：

（1）仅对作品、表演、录音录像制品的存储格式进行了改变；

（2）对作品、表演、录音录像加注数字水印等网站标识；

（3）在作品、表演、录音录像之前或者结尾处投放广告以及在作品、表演、录音录像中插播广告。

9.19【直接获得经济利益的理解】

网络服务提供者因提供信息存储空间服务，按照时间、流量等向用户收取标准服务费用的，不属于《信息网络传播权保护条例》第二十二条第四项所称的“从服务对象提供作品、表演、录音录像制品中直接获得经济利益”。

网络服务提供者因提供信息存储空间服务而收取的一般性广告费，不认定为直接获得的经济利益。

第二节　涉视频类的链接服务

一、侵权行为模式

（一）普通链接 / 浅层链接：平台方提供普通链接，即仅向公众提供被链网页或作品的网络地址信息，引导网络用户跳转至被链网站获得作品

案例一　【捷成华视网聚（常州）文化传媒有限公司 诉 北京百度网讯科技有限公司】

北京知识产权法院（2017）京 73 民终 2104 号【二审】

【涉案作品：电影《HOLD 住爱》】

侵权行为

被告运营的“百度视频”网站上存在涉案作品众多播放链接。

判决摘要

被告运营的“百度视频”网站提供典型的视频搜索链接服务——即链接结果公开（展示全网搜索结果）、跳转至被链网站进行播放，法院适用“避风港原则”予以免责

本案中，原告通过百度浏览器搜索框输入“HOLD住爱”进行搜索，搜索结果页面包括海报、主演、导演、简介等信息，并在下方显示共有14849条时长不等的搜索结果。选择点击爱奇艺按钮后，跳转至爱奇艺网站进行播放。通过上述事实，法院认可百度公司提供了涉案视频的链接服务。对于百度公司对其提供链接的作品侵权是否具有过错，法院认为，本案所链接的网站系专业视频网站，侵权可能性较低；百度公司未主动对作品进行编辑整理等；百度公司已公示其搜索链接模式以及侵权通知的联系地址及联系方式；得知链接内容侵权后，已及时断开链接；百度公司未从涉案作品中直接获得经济利益等。综合上述分析，百度公司不存在应负更高注意义务的情形，其对涉案影片的侵权没有过错，根据前述法律规定，百度公司不应承担赔偿责任。

案例二 【捷成华视网聚（常州）文化传媒有限公司 诉 北京百度网讯科技有限公司】

北京市海淀区人民法院（2018）京0108民初18640号【一审】

【涉案作品：电影《边境风云》】

侵权行为

被告作为“百度视频”网站的运营方未尽合理注意义务，就涉案作品提供定向链接，被链网站是明显侵权的非法网站。

判决摘要

同为"百度视频"网站的设链行为，由于定向链接至"非法网站"，法院认为运营方存在过错，判决其承担帮助侵权的责任。

百度公司未经许可，通过桌面百度软件提供的垂直搜索结果及跳转链接服务，系定向链接至并未获得合法授权的非法网站"九七电影院"网站，使用户通过该软件提供的搜索及跳转链接服务即可播放涉案影片。结合"九七电影院"网站尾部的声明及无备案的情况，法院认为"九七电影院"网站未经许可提供涉案作品的侵权行为明显，百度公司的链接行为并未尽到合理的注意义务，其行为已构成侵权，应依法承担侵权责任。

案例三 【西安佳韵社数字娱乐发行股份有限公司 诉 江苏海豚网络科技有限公司】

北京知识产权法院（2020）京73民终113号【二审】

【涉案作品：电视剧《大秦帝国之崛起》】

侵权行为

提供搜索链接服务的平台方未尽合理注意义务，链接至明显侵权的非法网站，并对相关内容进行编辑、整理。

判决摘要

被告江苏海豚网络科技有限公司（简称江苏海豚公司）运营的"neets" App提供涉案作品在优酷网、华数TV、搜狐视频、百度云、97影院等播放路径，设置"推荐""国产""美剧"等栏目，搜索结果中基本限于有限的第三方网站，法院认为被告对搜索结果进行了选择、编辑和整理，存在明知或应知侵权行为而放任的过错，应当承担侵权责任。

江苏海豚公司虽然不负有事先审查义务，但基于其具有相应的管理能力和控制能力，仍应承担一定的合理注意义务。江苏海豚公司应当预见到有权提供影视作品全集播放服务的通常是为数不多的获得合法授权的视频内容提供商，权利人尤其不可能将影视作品授权给未经合法备案的非法网站。江苏海豚公司在对涉案软件的搜索结果进行选择、编辑和整理的过程中应当对所链接的内容是否属于正版传播内容进行一定的了解，并尽可能将其链接服务指向合法网站的内容。当其所链网站为未经合法备案的非法网站时，在其应当预见可能有侵权行为发生的情况下，其依然将未经合法备案的非法网站排在搜索结果的前列，并且还标注了“无广告”等特点，极易将用户引导至非知名网站在线观看涉案作品，其放任了侵权行为的发生。

类似案例 **【湖南快乐阳光互动娱乐传媒有限公司 诉 同方股份有限公司】**

北京知识产权法院（2015）京知民终字第 2412 号【二审】

【涉案作品：综艺节目《快乐大本营》】

（二）深层链接 / 深度链接：平台方提供深度链接，即设链平台（网站或 App）所提供的链接服务使得用户在未脱离设链平台页面的情况下，即可获得被链接网站上的内容（换言之，①网页地址栏显示的是设链平台的网址，而非被链接网站的网址；②相关内容并非存储于设链平台，而是存储于被链接网站）

1. 一般性的深层链接

【注：在如下案例中，法院判决并未特别就“盗链”或“故意避开或破坏技术措施”问题展开阐述，或者，原告并未特别就“盗链”问题提出

主张，我们据此将此类案例归为“一般性的深层链接”案例 】

下述案例主要涉及著作权侵权的认定。

（1）认定直接侵权——判决理由主要采用“用户感知标准”：认定构成“提供内容行为”而非“提供技术服务行为”

案　例【中国三环音像社 诉 北京衡准科技有限公司】

北京市海淀区人民法院（2008）海民初字第 22561 号【一审】

【涉案作品：电视剧《士兵突击》】

【涉案平台：e 准网（网址为 www.ezhun.com）】

侵权行为

被告北京衡准科技有限公司（简称衡准公司）未经许可在其经营的 e 准网（网址为 www.ezhun.com）提供涉案作品的在线播放：e 准网提供涉案作品的分集视频，用户可以点击进行在线播放，从播放时直接呈现在视频上的标志、视频右侧显示的来源地址等信息，可以确认上述内容来源于酷溜网、土豆网等多个视频网站。

判决摘要

由于被告设链平台直接向用户提供视频内容的浏览，且网页地址栏显示的是设链平台的网址，因此，法院认定，设链平台为网络内容提供者，不再是搜索服务提供者。

法院认为，被告衡准公司表示 e 准网是搜索引擎提供者，采用嵌套式链接的方式，不直接提供内容。但在正常情形下，搜索引擎服务的提供者应当通过软件程序对网络资源进行搜索，找出与关键词相关的网络资源，向用户提供索引和来源网页的链接地址，网络用户可以直接到来源网站浏览搜索内容，而不应由搜索网站直接展示内容。原告公证的内容证实 e 准网在点击播放电视剧《士兵突击》的分集视频时，网页地址始终在 ezhun.com 项下，上述情形并非搜索引擎服务的提供方式，而是由 e 准网直接向用户提供视频内容的浏览，只是该内容由 e 准网从其他多家网站获取。e 准网通过上述方式，为用户提供电视剧《士兵突击》的分集视频，上述行为应定性为直接使用传播的行为。

类似案例一 【广东梦通文化发展有限公司 诉 北京衡准科技有限公司】

北京市海淀区人民法院（2007）海民初字第 25153 号**【一审】**

【涉案作品：电视剧《贞观长歌》】

【涉案平台：e 准网（网址为 www.ezhun.com）】

类似案例二 【上海激动网络有限公司 诉 北京赛金传媒科技有限公司】

北京市朝阳区人民法院（2009）朝民初字第 19939 号、19940 号**【一审】**

北京市第二中级人民法院（2009）二中民终字第 23321 号、23320 号**【二审】**

【涉案作品：电影《精武门》、电视剧《我的丑娘》】

【涉案平台：openv.com 网站】

[注：以下类似案例三至案例五为 2004 年三大唱片公司（华纳、正东、新力）诉 北京世纪悦博科技有限公司案]

一审判决（3 案认定结论相同）：认定构成直接侵权（判决相关表述成为后来的国内“用户感知标准”等直接侵权学说最早

而且最重要的来源（见刘家瑞《为何历史选择了服务器标准——兼论聚合链接的归责原则》，载《知识产权》，2017 年第 2 期）。

二审判决（新力诉世纪悦博案）：维持一审认定，认定构成直接侵权。

类似案例三　【华纳唱片有限公司 诉 北京世纪悦博科技有限公司】

北京市第一中级人民法院（2003）一中民初字第 12189 号【一审】（认定直接侵权）

北京市高级人民法院（2004）高民终字第 1303 号【二审】（推翻认定直接侵权的一审判决，认定间接侵权）

类似案例四　【正东唱片有限公司 诉 北京世纪悦博科技有限公司】

北京市第一中级人民法院（2004）一中民初字第 400 号【一审】（认定直接侵权）

北京市高级人民法院（2004）高民终字第 713 号【二审】（推翻认定直接侵权的一审判决，认定间接侵权）

类似案例五　【新力唱片（香港）有限公司 诉 北京世纪悦博科技有限公司】

北京市第一中级人民法院（2004）一中民初字第 428 号【一审】（认定直接侵权）

北京市高级人民法院（2004）高民终字第 714 号【二审】（认定直接侵权）

【涉案平台：CHINAMP3 音乐极限网站（http：//www.chinamp3.com）】

类似案例六　【上海步升音乐文化传播有限公司 诉 北京百度网讯科技有限公司】

北京市海淀区人民法院（2005）海民初字第14665号【一审】（二审调解结案）

◉【涉案平台：百度 www.baidu.com】

（2）认定直接侵权——判决理由主要采用“实质性替代标准”：认定构成“提供内容行为”而非“提供技术服务行为”

案例一 【深圳市腾讯计算机系统有限公司 诉 北京易联伟达科技有限公司】

北京市海淀区人民法院（2015）海民（知）初字第40920号【一审】（认定直接侵权）

北京知识产权法院（2016）京73民终143号【二审】（推翻认定直接侵权的一审判决）

◉【涉案作品：电视剧《宫锁连城》】

◉【涉案平台：“快看影视”手机端】

侵权行为

被告北京易联伟达科技有限公司（简称易联伟达公司）通过技术手段抓取乐视网等视频网站的相关视频，聚合到“快看影视”App中；用户通过“快看影视”App能够搜索到涉案作品，并可直接播放，播放时无任何前置广告及暂停播放时的广告；同时，对涉案作品进行了选择、编辑、整理、专题分类、缓存等服务。

判决摘要

一审法院认为，用户可以在“快看影视”App上直接实现对涉案作品的观看，“快看影视”App发挥了向用户“提供”视频内

容的作用，产生了实质性替代效果，因此其行为性质不属于提供链接服务，结合盗链及编辑、整理、推荐等主观过错，判决被告构成侵权。

易联伟达公司辩称，其仅提供了链接服务，而被链内容是经过合法授权的乐视网相关视频，故其帮助传播的行为不构成侵权。一审法院认为，在技术飞速发展的背景下，不能将“提供”行为仅限于“上传到网络服务器”一种行为方式，还必须合理认定技术发展所带来的其他“向公众提供作品”的行为方式，科学界定聚合平台提供服务的性质。本案中公证书显示，“快看影视”App不仅提供了深度定向链接，还进行了选择、编排、整理等工作，如制作节目列表、提供节目简介、设置播放界面和观看模式、去除视频来源的权利管理电子信息及被链网站广告、设置专题分类等，其行为已超出了单纯提供搜索、链接服务的范畴，使得用户的搜索选择或在专题中点选的行为与设链网站上具体视频之间形成了深层对应关系，用户得以在该聚合平台上直接实现对涉案作品的观看。“快看影视”App的具体服务提供方式，扩大了作品的域名渠道、可接触用户群体等网络传播范围，分流了相关获得合法授权视频网站的流量和收益，客观上发挥了在聚合平台上向用户“提供”视频内容的作用，产生了实质性替代效果，却未向权利人支付获取分销授权的成本支出。故一审法院对易联伟达公司有关仅提供链接服务不构成侵权的辩称不予采信。

案例二 【华视网聚（常州）文化传媒有限公司 诉 上海看看牛视网络传播有限公司、上海幻电信息科技有限公司】

上海市浦东新区人民法院（2014）浦民三（知）初字第1144号【一审】（认定直接侵权）

上海知识产权法院（2015）沪知民终字第269号【二审】（推翻

认定直接侵权的一审判决）

【涉案作品：电影《校花诡异事件》《爱爱囧事》《石器时代之百万大侦探》《百万爱情宝贝》和电视剧《代号九耳犬》】

【涉案平台：哔哩哔哩弹幕网（网址为 www.bilibili.com、www.bilibili.kankanews.com）和哔哩哔哩动画软件（iPhone 手机客户端、安卓系统手机客户端）】

侵权行为

被告上海幻电信息科技有限公司（简称幻电公司）、上海看看牛视网络传播有限公司（简称看看公司）共同经营哔哩哔哩弹幕网（网址为 www.bilibili.com、www.bilibili.kankanews.com）和哔哩哔哩动画软件（iPhone 手机客户端、安卓系统手机客户端），未经原告华视网聚（常州）文化传媒有限公司（简称华视公司）许可，通过上述网站、软件向公众直接提供了涉案作品的在线播放服务：哔哩哔哩弹幕网的注册用户将相关视频所在播放页面的网络地址复制或者填写到哔哩哔哩弹幕网的投稿页面，并按哔哩哔哩弹幕网的投稿要求填写视频的标题、标签、隶属栏目、投稿类型、简介、缩略图、视频出处等信息，哔哩哔哩弹幕网通过其内部软件根据上述地址提取视频在其所在网站的代码（用户亦可直接向哔哩哔哩弹幕网提供代码），根据该代码向视频所在网站服务器发送请求，根据视频所在网站服务器的回复，提取视频文件数据在哔哩哔哩弹幕网的播放器中进行播放。

判决摘要

一审法院认为被告其经营的看看新闻网、哔哩哔哩弹幕网网站内提供涉案视频的深度链接，超出链接服务的范围构成对被链

网站的"实质替代"，即认为深度链接的行为属于提供作品，构成直接侵权，判决被告承担侵权责任。

根据查明的案件事实，结合相关生效案件对幻电公司经营的哔哩哔哩弹幕网所播放视频的视频源地址的勘验等情况，可以认定哔哩哔哩弹幕网的注册用户向哔哩哔哩弹幕网上传了涉案作品在案外网站上的视频源地址，哔哩哔哩弹幕网基于该视频源地址，通过技术手段将案外网站上的涉案作品链接到其网站上并实现在线播放。涉案作品虽存储在案外网站上，但哔哩哔哩弹幕网通过技术手段使得网络用户能够在其网站上直接观看涉案作品，且观看过程中网页未跳转至存储涉案作品的案外网站，播放页面也未提示涉案作品来源于案外网站，故哔哩哔哩弹幕网的上述行为已经超出网络服务提供商通过提供搜索、设置链接等服务以帮助用户定位相关网络信息的正当范围，在实质上替代了相关案外网站向公众提供作品，存储涉案作品的被链案外网站的服务器在本案中在一定程度上实际已成为哔哩哔哩弹幕网的远程服务器，使得公众可以在其个人选定的时间和地点在哔哩哔哩弹幕网上直接获得涉案作品。因此，哔哩哔哩弹幕网即幻电公司向公众提供了涉案作品，具有主观过错，损害了权利人对涉案作品享有的合法权益，而上述侵权行为发生在华视公司享有的授权地域、授权期限内，故已经构成侵害华视公司的信息网络传播权。

类似案例　**【西安佳韵社数字娱乐发行有限公司 诉 上海道升信息技术有限公司、东方有线网络有限公司】**

上海市浦东新区人民法院（2015）浦民三（知）初字第150号【一审】

上海知识产权法院（2015）沪知民终字第456号【二审】（维持直接认定侵权的一审判决）

【涉案作品：电视剧《一起来看流星雨》】

【涉案平台："easyTV 天天看"网站】

（3）认定直接侵权——判决理由主要采用"服务器标准"，由于被告举证不能，因而认定直接侵权：根据原告初步证据，推定构成"提供内容行为"，被告承担举证责任，不足以证明其仅"提供技术服务行为"

深层链接行为的外在表现形式与信息网络传播行为/提供内容行为差别不大，权利人在其取证过程中有合理理由相信该行为系信息网络传播行为。因此，司法实践中，法院通常会将深层链接行为的外在表现形式视为原告的初步证据，推定被诉行为系信息网络传播行为。如果深层链接服务提供者对此予以否认，则其有义务提交反证以证明。[1]

案例一 【北京慈文影视制作有限公司 诉 中国网络通信集团公司海南省分公司】

海南省海口市中级人民法院（2006）海中法民三初字第 2 号【一审】

海南省高级人民法院（2006）琼民二终字第 29 号【二审】

最高人民法院（2009）民提字第 17 号【再审】（撤销一审、二审判决）

【涉案作品：电影《七剑》】

【涉案平台：www.hai169.com】

侵权行为

中国网络通信集团公司海南省分公司（简称海南网通公司）在其经营的网站 www.hai169.com 上向公众提供涉案电影的在线

[1] 摘自北京知识产权法院（2016）京 73 民终 143 号（审理法官：陈锦川、芮松艳、冯刚）

播放服务。

判决摘要

原告提交的证据足以证明：可在被告设链平台上观看涉案作品，且网页地址亦显示为设链平台，被告未提交证据证明其仅提供指向第三方网站的链接服务，因此，构成“直接侵权”。

最高人民法院再审认为，北京慈文影视制作有限公司（简称慈文公司）提交的公证书显示，通过互联网进入海南网通公司的网站，点击其首页上的“影视频道”，即可在进入的页面上操作观看电影《七剑》。进入的网页上虽然有“影视天地”的名称，但该网页上没有显示任何对应的域名或者网站名称等信息可以表明该网页属于第三方所有。该网页的IP地址亦不能证明该网页另属其他主体所有，故从慈文公司及其他社会公众的角度，播放《七剑》电影的网页至少从表面上属于海南网通公司。海南网通公司如欲证明该网页仅是其链接的第三方网站，其不应为该网页上的侵权行为承担责任，应提交相应的证据。因该网页的IP地址位于海南网通公司管理的地址段范围内，海南网通公司能够提供该证据，而包括慈文公司在内的社会公众均无法获得。在海南网通公司未提供相关证据的情况下，其关于仅提供链接服务的抗辩不能得到支持，其应对该网页上播放慈文公司享有著作权的电影作品的侵权行为承担相应的法律责任。即使该网页确属第三方主体所有或实际经营，因该“影视频道”与海南网通公司网站“主页”“新闻频道”“文学频道”等并列，海南网通公司将该网页内容作为其内容频道向公众提供，且从其在原审中提交公证书显示被诉后即变更了该“影视频道”内容来看，该选择完全是海南网通公司自主进行的，因此，此种行为与仅提供指向第三方网站的普通链接不同，海南网通公司对该频道上的内容亦有一定程度的审核义务，其至少应对该网站的实际所有者或经营者的主体资质进行一定的审核。本案中海南网通公司至今称其并不知晓该网页的实际经营主体，其未尽到最低程度的注意义务，对该网页上出现的侵权行为亦应承担连带责任。综上，原审法院对海南网通公司仅提供链接服务、得知侵权后断开链接即不承担侵权责任的认定不当，法院予以纠正。海南网通公司应对侵犯慈文公司信息网络传播权的行为承担停止侵权、赔偿损失等民事责任。

案例二 【北京搜狐互联网信息服务有限公司 诉 芭乐互动（北京）文化传媒有限公司】

北京市石景山区人民法院（2013）石民初字第1528、1529号【一审】

【涉案作品：电视剧《屌丝男士》《猫人女王》】

【涉案平台："芭乐影视"软件】

侵权行为

被告芭乐互动（北京）文化传媒有限公司（以下简称芭乐公司）未经许可允许用户通过"芭乐影视"iOS客户端软件播放涉案作品：直接播放涉案作品，在播放页面会出现来源网站的水印，没有跳转过程，没有来源网页的具体URL地址，没有播放来源网页的广告，不需要下载来源网页的播放器。

判决摘要

虽然设链平台上播放涉案作品时的界面显示了被链网站的水印，但未显示被链网站的网址，法院认定，此不足以证明涉案作品来源于被链网站，不足以证明被告实施的是链接服务行为。由此推定，设链平台实施了信息网络传播行为，由于被告无法提交

证据证明其仅提供搜索链接服务，因此，认定其构成“内容直接提供行为”。

法院认为，被告芭乐公司在答辩中主张涉案电视剧来源于搜狐视频（tv.sohu.com）网站，系通过涉案软件的搜索链接功能实现在 iPad 平板电脑上全部完整在线播放，且搜索结果页面中所显示的内容系软件自动生成而非人为操作形成。对此，法院认为，首先，在软件播放涉案电视剧的过程中，虽然显示为搜狐视频的页面及水印，但是不能显示具体的网页链接地址，视频播放界面仍属于软件的组成部分，不能说明涉案电视剧系来源于搜狐视频网站；其次，尽管涉案软件具有影视剧的搜索链接功能，但是在涉案软件播放界面未显示涉案电视剧来源的情形下，无法仅凭页面及水印认定涉案电视剧必然来自搜狐视频网站。因此，在芭乐公司的抗辩主张缺乏证据予以证明的情形下，法院推定芭乐公司系涉案电视剧的内容服务提供者并实施了通过信息网络向公众传播涉案电视剧的行为。本案中，被告芭乐公司作为网络服务提供者在应知原告北京搜狐互联网信息服务有限公司（简称搜狐公司）出具版权声明的情况下，仍然通过涉案软件在信息网络上为公众提供涉案电视剧的播放服务，并且在涉案软件的播放页面中提供涉案电视剧的内容简介、目录索引，其实施的上述信息网络传播行为侵犯原告搜狐公司对涉案电视剧所享有的信息网络传播权，应当承担赔偿损失的民事责任。

类似案例一　【杭州锋线文化信息咨询有限公司 诉 西安信利软件科技有限公司、中国电信股份有限公司】

北京市西城区人民法院（2014）西民初字第 13440 号、13443 号、13439 号**【一审】**

北京知识产权法院（2015）京知民终字第 290 号、291 号、

296 号【二审】

◉【涉案作品：电视剧《喋血钱塘江》《特殊争夺》《铁梨花》】

◉【涉案平台："逗点影视"手机应用软件】

类似案例二 【乐视网信息技术（北京）股份有限公司 诉 北京风网信息技术有限公司】

北京市朝阳区人民法院（2013）朝民初字第 6665 号【一审】

◉【涉案作品：电视剧《我是特种兵》】

◉【涉案平台："100TV 高清播放器"手机客户端】

类似案例三 【乐视网信息技术（北京）股份有限公司 诉 北京风网信息技术有限公司】

北京市朝阳区人民法院（2013）朝民初字第 6663 号【一审】

◉【涉案作品：电影《山楂树之恋》】

◉【涉案平台："100TV 高清播放器"手机客户端】

类似案例四 【央视国际网络有限公司 诉 北京卓易讯畅科技有限公司】

北京知识产权法院（2015）京知民终字第 2446 号【二审】

◉【涉案作品：纪录片《舌尖上的中国》（第二季）】

◉【涉案平台："豌豆荚"软件】

类似案例五 【北京华视聚合文化传媒有限公司 诉 蔡云仪、叶建放】

北京知识产权法院（2019）京 73 民终 1386 号【二审】

【涉案作品：电影《缝纫机乐队》】

【涉案平台：爱皮影院网站】

（4）认定不构成直接侵权，构成间接侵权——判决理由主要采用“服务器标准”：认定不构成“提供内容行为”，但存在过错，构成间接侵权

构成间接侵权的认定要件：①被链接网站构成直接侵权；②设链平台具有主观过错。

案例一【湖南快乐阳光互动娱乐传媒有限公司 诉 北京电信通电信工程有限公司、北京宽带通电信技术有限公司】

北京市海淀区人民法院（2015）海民（知）初字第 9279 号、9288 号【一审】（认定直接侵权）

北京知识产权法院（2015）京知民终字第 1175 号、1166 号【二审】（推翻认定直接侵权的一审判决）

【涉案作品：综艺节目《快乐大本营》】

【涉案平台：www.btte.com.cn 网站】

侵权行为

被告北京电信通电信工程有限公司（简称电信通公司）、北京宽带通电信技术有限公司（简称宽带通公司）未经许可在共同经营的 www.btte.com.cn 网站上提供涉案节目在线播放服务：在节目播放过程中，网站左下角显示的视频网址均为搜狐网网址，且在视频播放页面右上角显示“搜狐视频 tv.sohu.com”；之所以能在线播放涉案节目，是由于其网站测试软件与搜狐网设置了链接。

判决摘要

二审法院认定，涉案作品并未存储于被告设链平台的服务器中，而是存储在被链网站，由此，认定不构成信息网络传播行为，被告仅提供链接服务。但由于被告存在过错，应知被链网站侵权，仍提供链接服务，因此，认定构成间接侵权。

（一）被诉行为是否属于信息网络传播行为，该行为是否构成直接侵权行为

依据上述规定，判断被诉行为是否属于信息网络传播行为，取决于涉案内容是否存储于电信通公司 / 宽带通公司的服务器中。由公证书中显示的播放过程可以看出，虽然整个过程并未进入搜狐网，但在视频播放页面左下角短暂显示有“http：//tv.sohu.com/upload/……”等字样，在涉案节目加载完成后，取而代之为“完成”字样。因该显示内容通常系视频播放过程中，浏览器对播放视频所存储网址的自动显示，设链网站较难对其进行更改，故在无相反证据的情况下，依据这一显示内容，法院合理认为涉案内容系存储于搜狐网站，而非电信通公司 / 宽带通公司网站。综上，电信通公司 / 宽带通公司认为涉案内容并未存储于其网站，其仅提供的是链接服务的主张成立。相应地，其认为被诉行为并未构成直接侵权行为的主张亦成立，法院予以支持。

（二）被诉行为是否构成共同侵权行为

1. 基于在案证据，法院认定被链接网站中对于涉案节目的传播系未经许可的传播行为，构成直接侵犯信息网络传播权的行为。

2. 其一，电信通公司 / 宽带通公司对于被链接内容进行了编辑整理，并进行了分类，涉案节目系在“影视”栏目下进行的播放。因这一栏目设置通常是人工编辑的结果，而电信通公司 / 宽带通公司在人工编辑过程中，必然会接触到被编辑整理的内容，据此，电信通公司 / 宽带通公司对于涉案节目或与之相关的信息

均具有接触的可能性，其应知晓被链接的内容中存在涉案节目。其二，……就链接方式而言，相对于被动的全网搜索链接服务提供行为，主动的定向链接服务行为（即提供者对于被链接内容进行主动整理编排，且其链接仅指向少量有限网站）提供者应负有更高的注意义务。……之所以作此认定：（1）系考虑到主动定向链接中，链接提供者进行的选择、编排或整理等系基于网络用户的用户体验考虑而主动设置，这一做法一方面会为网络用户提供更具有针对性的指引，使得搜索、链接网站具有更大的用户黏性，并进而带来更多的经济利益；另一方面亦会在被链接网站的行为构成侵权的情况下，为权利人造成更大的损害。而上述情形对于被动全网链接显然均不存在，在此情况下，如认定主动定向链接提供者与被动全网链接提供者具有相同的认知义务，显然有失公平。（2）对于被链接内容而言，影视类作品与其他类型的作品有所不同，权利人虽亦会授权网站予以传播，但此类内容的权利人数量并不多，且被授权的正版网站的数量通常较为有限，因此即便要求主动定向链接服务提供者应对于上述作品的正版网站有所认知，并尽量做到仅提供针对正版网站的链接，亦不会为其带来过重的负担。反之，如果不对其赋予这一义务，则很可能出现的情形是，即便主动定向链接服务提供者知道被链接内容并非合法传播，但因其对这一情形并无了解的义务，因此，其仍会主张主观并不知道。但这一情形显然会使得著作权人利益客观上受到损害，却无法获得保护。据此，对于主动定向链接提供者赋予上述义务较为合理。综上，鉴于电信通公司 / 宽带通公司知晓被链接网站中存在涉案节目，且其对于该内容是否为合法传播具有认知义务，在涉案节目系未经湖南快乐阳光互动娱乐传媒有限公司许可而传播的情况下，电信通公司 / 宽带通公司应对此有所认知，但其仍然提供涉案节目的链接服务，其主观状态属于应知，因此，被诉行为构成共同侵权行为。

案例二 【北京奇艺世纪科技有限公司 诉 上海幻电信息科技有限公司】

上海市浦东新区人民法院（2014）浦民三（知）初字第1137号【一审】（认定直接侵权）

上海知识产权法院（2015）沪知民终字第213号【二审】（推翻认定直接侵权的一审判决）

【涉案作品：综艺节目《快乐大本营》】

【涉案平台："哔哩哔哩"（www.bilibili.com）网站及客户端】

侵权行为

被告上海幻电信息科技有限公司（简称幻电公司）未经授权在其运营的"哔哩哔哩"（www.bilibili.com）网站及客户端播出《快乐大本营－××××××××小时代之男神》："哔哩哔哩"（www.bilibili.com）网站的注册用户可以将新浪网、优酷网、腾讯网上的视频投稿到幻电公司网站，供他人观看和评论。具体过程为：用户将该视频所在播放页面的网络地址复制或填写到幻电公司网站的投稿页面，并填写标题、标签等信息，幻电公司网站内部软件根据该地址提取视频在其所在网站的代码。用户亦可直接提供代码。随后，幻电公司网站根据该代码向视频所在网站服务器发送请求，并根据视频所在网站服务器的回复，提取视频文件数据在幻电公司网站的播放器中进行播放。通过LiveHTTPheaders插件查看幻电公司网站所播放的投稿视频的访问地址，显示为视频源地址，而非幻电公司地址。

判决摘要

二审法院认为，信息网络传播权所控制的行为应具备向公众提供作品即将作品置于信息网络中之条件。设链平台对涉案作品的传播受控于被链的来源网站是否存在涉案作品，被链网站上存在涉案作品是被告设链平台得以链接的前提。被告被链网站并未实施将作品置于网络中的行为，因而不构成直接侵权。但因为存在过错，构成间接侵权。

（一）不构成直接侵权

本案被告幻电公司通过技术手段为涉案节目的传播提供搜索、链接服务，并不存在将作品置于网络中的行为，未直接提供作品，故不构成作品提供行为，亦不涉及直接侵权责任问题。（1）现有法律规定信息网络传播权所控制的行为应具备向公众提供作品即将作品置于信息网络中之条件，并未规定社会公众感知标准，因此北京奇艺世纪科技有限公司（简称奇艺公司）关于幻电公司未直接上传涉案节目的链接行为属于作品提供行为，构成直接侵权的观点缺乏法律依据，法院不予采信。（2）一审法院认定幻电公司网站已经在实质上替代了被链网站向公众传播作品，其对链接服务实施了人工干预，构成作品提供行为。法院认为，虽然幻电公司网站未将公众指引到被链网站观看涉案节目，但这不能改变涉案节目来源于乐视网的事实，幻电公司对涉案节目的传播受控于乐视网是否存在涉案节目，乐视网上存在涉案节目是幻电公司得以链接的前提，因此幻电公司的链接行为不能认定为其实施了将作品置于信息网络中从而构成作品提供行为。一审法院上述认定法院不予认同。（3）法院注意到一审法院从权利人利益角度、网络服务提供者的利益角度以及社会公众角度充分阐述了幻电公司涉案行为对权利人、互联网生态以及社会公众的损害和不正当性。法院认为，根据知识产权权利法定原则，在判定信息网络传播权侵权与否时应当审查判断被诉行为是否属于信息网络传播权所控制的行为，而被诉行为从权利人利益角度、网络服务提供者的利益角度以及社会公众角度是否具有不正当性并不在信息网络传播权侵权案件的审理范围之内。

（二）构成间接侵权

幻电公司对涉案节目的传播提供搜索、链接服务，属于网络服务提供者。……该种搜索、链接模式一方面为网络用户提供更有针对性的指引，使得搜索、链接网站具有更大的用户黏性，进而为其带来更多的经济利益；另一方面也会在被链网站行为构成侵权的情况下，对权利人造成更大的损害。故对该种网络服务提供者应当科以较高的注意义务。法院认为，幻电公司在向被链网站服务器发送请求、提取视频文件数据内容过程中，应当负有对视频文件授权情况的注意义务。本案中，……幻电公司主观上应当知道该节目具有较大侵权可能性，客观上对于未经授权的涉案节目未采取任何预防或者避免侵权发生的措施，从而帮助了涉案节目侵权后果的扩大。因此，幻电公司的行为侵犯了奇艺公司的信息网络传播权，构成侵权。

类似案例一 【上海激动网络有限公司 诉 北京赛金传媒科技有限公司】

北京市朝阳区人民法院（2009）朝民初字第33988号【一审】

（一审终结，因当事人二审撤回上诉）

【涉案作品：电视剧《纯白之恋》】

【涉案平台：openv.com 网站】

类似案例二 【上海激动网络有限公司 诉 北京赛金传媒科技有限公司】

北京市朝阳区人民法院（2009）朝民初字第33989号【一审】

（一审终结，因当事人二审撤回上诉）

【涉案作品：电视剧《锁清秋》】

【涉案平台：openv.com 网站】

类似案例三　【华纳唱片有限公司 诉 北京世纪悦博科技有限公司】

北京市第一中级人民法院（2003）一中民初字第 12189 号【一审】（认定直接侵权）

北京市高级人民法院（2004）高民终字第 1303 号【二审】（推翻认定直接侵权的一审判决，认定间接侵权）

类似案例四　【正东唱片有限公司 诉 北京世纪悦博科技有限公司】

北京市第一中级人民法院（2004）一中民初字第 400 号【一审】（认定直接侵权）

北京市高级人民法院（2004）高民终字第 713 号【二审】（推翻认定直接侵权的一审判决，认定间接侵权）

【涉案平台：CHINAMP3 音乐极限网站（http：//www.chinamp3.com）】

二审法院（华纳、正东诉世纪悦博两个案例认定结论一致）纠正认定“直接侵权”的一审判决，认定构成“间接侵权”［首次在我国确立了以服务器标准为基础的网络服务商间接侵权归责原则，比美国最早的同类判例（Perfect 10 v. Google，Inc.，416 F. Supp. 2d 828（C. D. Cal. 2006）还要早一年多］

类似案例五　十一大唱片公司诉阿里巴巴案

【EMI 集团香港有限公司 诉 北京阿里巴巴信息技术有限公司】

北京市第二中级人民法院（2007）二中民初字第02621号【一审】

北京市高级人民法院（2007）高民终字第1193号【二审】

类似案例六　【环球唱片有限公司 诉 北京阿里巴巴信息技术有限公司】

北京市第二中级人民法院（2007）二中民初字第02622号【一审】

北京市高级人民法院（2007）高民终字第1188号【二审】

类似案例七　【科艺百代股份有限公司 诉 北京阿里巴巴信息技术有限公司】

北京市第二中级人民法院（2007）二中民初字第02623号【一审】

北京市高级人民法院（2007）高民终字第1192号【二审】

类似案例八　【新力博德曼音乐娱乐股份有限公司 诉 北京阿里巴巴信息技术有限公司】

北京市第二中级人民法院（2007）二中民初字第02624号【一审】

北京市高级人民法院（2007）高民终字第1189号【二审】

类似案例九　【华纳唱片有限公司 诉 北京阿里巴巴信息技术有限公司】

北京市第二中级人民法院（2007）二中民初字第02625号【一审】

北京市高级人民法院（2007）高民终字第1187号【二审】

类似案例十　【环球国际唱片股份有限公司 诉 北京阿里巴巴信息技术有限公司】

北京市第二中级人民法院（2007）二中民初字第 02626 号【一审】

北京市高级人民法院（2007）高民终字第 1190 号【二审】

类似案例十一【正东唱片有限公司 诉 北京阿里巴巴信息技术有限公司】

北京市第二中级人民法院（2007）二中民初字第 02627 号【一审】

北京市高级人民法院（2007）高民终字第 1191 号【二审】

类似案例十二【索尼博得曼音乐娱乐 诉 北京阿里巴巴信息技术有限公司】

北京市第二中级人民法院（2007）二中民初字第 02628 号【一审】

北京市高级人民法院（2007）高民终字第 1239 号【二审】

类似案例十三【水星唱片有限公司 诉 北京阿里巴巴信息技术有限公司】

北京市第二中级人民法院（2007）二中民初字第 02629 号【一审】

北京市高级人民法院（2007）高民终字第 1184 号【二审】

类似案例十四【华纳唱片公司 诉 北京阿里巴巴信息技术有限公司】

北京市第二中级人民法院（2007）二中民初字第 02630 号【一审】

北京市高级人民法院（2007）高民终字第 1186 号【二审】

类似案例十五【百代唱片有限公司 诉 北京阿里巴巴信息技术有限公司】

北京市第二中级人民法院（2007）二中民初字第 02631 号【一审】

北京市高级人民法院（2007）高民终字第 1185 号【二审】

【涉案平台：雅虎中文网站】

类似案例十六【浙江泛亚电子商务有限公司 诉 北京百度网讯科技有限公司、百度在线网络技术（北京）有限公司】

北京市高级人民法院（2007）高民初字第 1201 号【一审】

最高人民法院（2009）民三终字第 2 号【二审】

【涉案平台：百度 www.baidu.com】

（5）认定不构成直接侵权，亦不构成间接侵权——判决理由主要采用“服务器标准”：认定不构成“提供内容行为”。

不构成间接侵权的认定要件：被链接网站经权利方授权，不构成直接侵权，因此，设链平台亦不构成间接侵权。

案例一【华视网聚（常州）文化传媒有限公司 诉 上海看看牛视网络传播有限公司、上海幻电信息科技有限公司】

上海市浦东新区人民法院（2014）浦民三（知）初字第 1144 号【一审】（认定直接侵权）

上海知识产权法院（2015）沪知民终字第 269 号【二审】（推翻认定直接侵权的一审判决）

【涉案作品：电影《校花诡异事件》《爱爱囧事》《石器时代之百万大侦探》《百万爱情宝贝》和电视剧《代号九耳犬》】

【涉案平台：哔哩哔哩弹幕网（网址为 www.bilibili.com、www.

bilibili.kankanews.com）和哔哩哔哩动画软件（iPhone 手机客户端、安卓系统手机客户端）】

侵权行为

上海幻电信息科技有限公司（简称幻电公司）、上海看看牛视网络传播有限公司（简称看看公司）共同经营哔哩哔哩弹幕网（网址为 www.bilibili.com、www.bilibili.kankanews.com）和哔哩哔哩动画软件（iPhone 手机客户端、安卓系统手机客户端），未经华视网聚（常州）文化传媒有限公司（简称华视公司）许可，通过上述网站、软件向公众直接提供了上述作品的在线播放服务。

判决摘要

二审法院认为《信网权适用法律规定》对于“提供行为”有明确规定，仅指“最初将作品置于网络中的行为”，纠正了一审法院“哔哩哔哩弹幕网的行为已经在实质上替代了被链网站向公众传播作品，构成作品提供行为”的观点，认为被告方仅提供搜索链接服务，被链网站系合法传播，被告方也无须承担责任。

结合上述法律及司法解释可知，著作权法所限定的提供行为指的是内容提供行为，与其相对的是其他信息网络传播行为，对应的责任是直接侵权责任，其判定的标准系是否将作品置于信息网络中，使公众能够在个人选定的时间和地点以下载、浏览或者其他方式获得。而“置于信息网络中”系事实认定问题，结合司法解释的列举式规定“上传到网络服务器、设置共享文件或者利用文件分享软件等方式”可知，其指最初将作品置于网络中的行为。本案中，哔哩哔哩弹幕网通过技术手段将案外网站上的视频文件链接到其网站上实现在线播放，其提供的是网络链接服务，并不存在将作品置于网络中的行为，故不构成作品提供行为，亦不涉及直接侵权责任问题。一审法院认定哔哩哔哩弹幕网的行为已经在实质上替代了被链网站向公众传播作品，构成作品提供行为的观点，法院不予赞同，在此予以纠正。

本案中，哔哩哔哩弹幕网通过技术手段将乐视网、腾讯网上的涉案视频文件链接到其网站上实现在线播放，而华视公司亦认可乐视网、腾讯网就涉案五部作品的播放属于有权播放，即被链接网站的传播行为属于合法传播。在此情况下，哔哩哔哩弹幕网自然不会因链接到乐视网、腾讯网上合法传播的视频文件而被认定构成间接侵权。

案例二 【深圳市腾讯计算机系统有限公司 诉 北京易联伟达科技有限公司】

北京市海淀区人民法院（2015）海民（知）初字第40920号【一审】（认定直接侵权）

北京知识产权法院（2016）京73民终143号【二审】（推翻认定直接侵权的一审判决）

【涉案作品：电视剧《宫锁连城》】

【涉案平台："快看影视"手机端】

侵权行为

被告北京易联伟达科技有限公司（简称易联伟达公司）通过技术手段抓取乐视网等视频网站的相关视频，聚合到"快看影视"App中；用户通过"快看影视"App能够搜索到涉案作品，并可直接播放，播放时无任何前置广告及暂停播放时的广告；同时，被告对涉案作品进行了选择、编辑、整理、专题分类、缓存等服务。

判决摘要

二审法院纠正了一审法院以“用户感知标准”“实质替代标准”判断信息网络传播中“提供行为”的做法，重申“服务器标准”，并认为“快看影视”App聚合链接的行为仍属于提供搜索链接服务，由于被链网站系合法传播，被告方也无须承担侵权责任。

法院认为，服务器标准与信息网络传播行为的性质最为契合，《最高人民法院关于审理侵害信息网络传播权民事纠纷案件适用法律若干问题的规定》虽未采用服务器标准的概念，但其对作品提供行为的判断标准实质上与服务器标准并无差别，同方案判决中所引用的最高人民法院相关判决亦可佐证这一事实。

依据服务器标准，如果被诉行为系将涉案内容置于向公众开放的服务器中的行为，则该行为系信息网络传播行为。本案中，上诉人向用户提供“快看影视”App，虽然用户在该App界面下即可以实现对涉案作品的在线观看，但由公证书可看出，其内容播放页面中显示了乐视网相应页面的地址，且点击该地址可进入乐视网页面。上述事实说明，将涉案内容置于网络中传播的是乐视网，而非上诉人，上诉人仅提供了指向乐视网中涉案内容的链接。

被上诉人并不否认该内容来源于乐视网，但其主张该链接系通过破坏乐视网技术措施的方式设置的链接。但法院在前文中已提及，即便链接服务提供者是通过破坏技术措施而实现的链接，该行为与链接行为仍为相互独立的两个行为，破坏技术措施行为的存在并不会对链接行为这一事实的认定产生影响。据此，在上诉人未实施将涉案作品置于向公众开放的服务器中的行为的情况下，其虽然实施了破坏技术措施的行为，但该行为仍不构成对涉案作品信息网络传播权的直接侵犯，一审法院作出的被诉行为侵犯被上诉人信息网络传播权的认定有误，法院予以纠正。

只有在存在直接侵权行为的情况下，教唆或帮助行为才会与该行为构成共同侵权行为。本案中，因乐视网系合法授权网站，其传播行为属于合法行为，故虽被诉行为对乐视网的传播行为起到帮助作用，但被诉行为仍不符合帮助侵权行为的认定要件，该行为不构成共同侵权行为，不应承担相应民事责任。至于一审判决所考虑的被诉行为是否属于主动定向链接，上诉人是否进行了选择、整理及编排等因素，则只有在被链接网站的传播行为构成直接侵权的情况下，才可能对上诉人的主观过错认定产生影响，并进而影响对被诉行为是否构成共同侵权行为的认定。在被链接网站已获合法授权的情况下，上述因素的存在并不会使被诉行为被认定为共同侵权行为。

综上，在被诉行为既未构成对被上诉人信息网络传播权的直接侵犯，亦未构成共同侵权行为的情况下，一审判决有关民事责任的认定有误，法院依法予以改判。

类似案例一 【上海激动网络股份有限公司 诉 武汉市广播影视局、武汉网络电视股份有限公司】

湖北省武汉市中级人民法院（2012）鄂武汉中知初字第3号**【一审】**

【涉案作品：电视剧《老大的幸福》】

【涉案平台："黄鹤TV"网站（网址www.whtv.com.cn）】

类似案例二 【北京盛世骄阳文化传播有限公司 诉 北京动艺时光网络科技有限公司】

北京市朝阳区人民法院（2015）朝民（知）初字第5252号**【一审】**[认定构成直接侵权（分工合作）]

北京知识产权法院（2015）京知民终字第796号**【二审】**[推

翻认定构成直接侵权（分工合作）的一审判决]

【涉案作品：电影《嘻游记》】

【涉案平台：www.mtime.com 时光网】

类似案例三 【浙江泛亚电子商务有限公司 诉 百度在线网络技术（北京）有限公司、北京百度网讯科技有限公司】

北京市第一中级人民法院（2006）一中民初字第6273号**【一审】**

北京市高级人民法院（2007）高民终字第118号**【二审】**

【涉案平台：百度音乐网站（网址为 http：//mp3.baidu.com）】

[注：以下类似案例四至十为七大唱片公司（金牌、正东、环球、新艺宝、EMI、华纳、SONYBMG）诉百度案]

类似案例四 【金牌娱乐事业有限公司 诉 北京百度网讯科技有限公司】

北京市第一中级人民法院（2005）一中民初字第7965号**【一审】**

类似案例五 【正东唱片有限公司 诉 北京百度网讯科技有限公司】

北京市第一中级人民法院（2005）一中民初字第7978号**【一审】**

北京市高级人民法院（2007）高民终字第599号**【二审】**

类似案例六 【环球唱片有限公司 诉 北京百度网讯科技有限公司】

北京市第一中级人民法院（2005）一中民初字第8474号**【一审】**

北京市高级人民法院（2007）高民终字第594号**【二审】**

类似案例七 【新艺宝唱片有限公司 诉 北京百度网讯科技有限公司】

北京市第一中级人民法院（2005）一中民初字第 8478 号【一审】

北京市高级人民法院（2007）高民终字第 595 号【二审】

类似案例八 【EMI 集团香港有限公司 诉 北京百度网讯科技有限公司】

北京市第一中级人民法院（2005）一中民初字第 8488 号【一审】

类似案例九 【华纳唱片有限公司 诉 北京百度网讯科技有限公司】

北京市第一中级人民法院（2005）一中民初字第 8995 号【一审】

北京市高级人民法院（2007）高民终字第 598 号【二审】

类似案例十 【SONYBMG 音乐娱乐（香港）有限公司 诉 北京百度网讯科技有限公司】

北京市第一中级人民法院（2005）一中民初字第 10170 号【一审】

北京市高级人民法院（2007）高民终字第 596 号【二审】

【涉案平台：百度 www.baidu.com】

2.“盗链”类深度链接：故意避开或者破坏技术措施的深度链接

【注：在如下案例中，法院判决的焦点问题在于“盗链”或“故意避开或破坏技术措施”问题】

（1）著作权侵权认定

1）认定直接侵权（构成“提供内容行为”）+故意避开或破坏技术措施

（本案主审法官在其就此案的评论文章[1]中指出：在盗链的情况下，聚

---

[1] 林子英、崔树磊：《“盗链”类视频聚合平台直接侵犯著作权》，《中国知识产权报》2016 年 7 月 8 日第 10 版。

合平台软件实际上导致作品“第二次”处于可获取的状态，而且是一个新的、独立的“为公众所获得的状态”，因此属于“提供”行为）

案例一 【乐视网信息技术（北京）股份有限公司 诉 上海千杉网络技术发展有限公司】

北京市朝阳区人民法院（2015）朝民（知）初字第44290号【一审】

【涉案作品：电影《道士下山》、电视剧《老严有女不愁嫁》《顾家乐的幸福生活》】

【涉案平台：电视猫视频（MoreTV）软件】

侵权行为

被告上海千杉网络技术发展有限公司（简称千杉公司）经营的电视猫视频（MoreTV）软件，故意避开并破坏乐视网信息技术（北京）股份有限公司（简称乐视网公司）所采取的技术措施，以“盗链”的形式通过互联网向公众传播、提供涉案作品。

判决摘要

法院认为，涉案平台非法解析盗链行为虽然没有将涉案作品存储在其服务器上，但其行为显然是将他人的服务器作为其向用户提供视频资源的存储来源，达到了向用户提供视频资源的目的。该等实际获取、控制及提供的过程构成直接侵权。同时，盗链行为由于故意避开或破坏技术措施，具有单独可责性。

（一）“盗链”实施“提供”行为，从而构成直接侵权

被告千杉公司通过破解视频资源URL链接地址参数的方式，达到获取可用链接以向其用户提供视频播放的目的。由此，可以认定千杉公司的涉案解析行为，是一种非法的盗取行为。该盗取

行为，显然不同于网络中的合法、普通链接行为：一、合法、普通的链接所链接的是被链网站允许直接访问的服务器、URL地址对应的页面，而电视猫软件通过非法解析手段获取的是乐视网公司不允许直接访问的服务器及URL地址；二、合法、普通的链接实现了完整跳转并完全呈现被链接网站的全部内容，而使用电视猫软件呈现的结果仍是在其下；三、合法、普通的链接在符合互联互通的互联网基本精神的前提下，为被链接网站所欢迎和接受，而电视猫软件实施的手段，恰恰是乐视网公司采取了多重手段予以防范的对象，说明了电视猫软件实施的行为违背乐视网公司的基本意愿；四、合法、普通的链接是全网进行，有一定的随机性，而电视猫软件通过非法解析手段，选择特定对象，即涉案的视频源，将其资源整合至自己的软件当中。综上，千杉公司的涉案非法盗取行为，无论从技术的角度上来看，还是从法律规定的角度上来看，均不属于链接行为，也绝不等同于链接。

不可否认，千杉公司的涉案行为，没有将涉案作品存储在其服务器上，但其行为显然是将他人的服务器作为其向用户提供视频资源的存储来源，达到了向用户提供视频资源的目的……千杉公司的涉案行为，对涉案作品所对应的绝对URL地址达到了实际的有效获取和控制，从而达到对涉案作品进行提供与传播的直接控制，以最终提供用户，进而产生损害的后果。这种实际获取、控制及提供的过程，给乐视网公司造成了直接的损害，构成了对乐视网公司涉案作品信息网络传播权的直接侵害，即属直接侵权。

如果将千杉公司的涉案行为仅仅界定在链接服务的提供上，则根据法律及相关司法解释的规定，千杉公司的行为只可能构成间接侵权行为，但应当注意到，间接侵权行为存在的前提是直接侵权行为。而本案中，被千杉公司“链接”的网站正是享有信息

网络传播权的乐视网公司，即不存在直接侵权的前提。这种情况下，因直接侵权的不存在，而千杉公司的行为本质上符合侵权行为构成要件，但却不具有法律上的可责性，这显然不符合《最高人民法院关于审理侵害信息网络传播权民事纠纷案件适用法律若干问题的规定》……

（二）"盗链"构成"故意避开或破坏技术措施"，具单独可责性

千杉公司使用涉案手段，通过其播放器实现了未经乐视网公司许可的视频播放，应认定属于避开或者破坏技术措施的行为，构成著作权侵权，应承担相应的法律责任。

案例二【深圳市腾讯计算机系统有限公司 诉 上海千杉网络技术发展有限公司】

广东省深圳市南山区人民法院（2016）粤 0305 民初 3636 号【一审】

广东省深圳市中级人民法院（2018）粤 03 民终 8807 号【二审】

【涉案作品：电视剧《北京爱情故事》】

【涉案平台："电视猫"视频软件】

侵权行为

被告上海千杉网络技术发展有限公司（简称千杉公司）通过破解深圳市腾讯计算机系统有限公司（简称腾讯公司）的技术措施获取涉案作品，在其运营的电视猫平台对外提供涉案电视剧作品的在线播放及下载服务。

判决摘要

一审、二审法院均认定被告的行为构成“再提供行为”，构成直接侵权；并认定构成“故意避开或破坏技术措施”。

一审法院认定摘要如下：

本案千杉公司通过破坏腾讯公司的技术措施获取涉案作品，并在“电视猫”上进行播放……千杉公司的行为已构成侵权。《最高人民法院关于审理侵害信息网络传播权民事纠纷案件适用法律若干问题的规定》第三条第二款规定对“提供行为”进行了解释和认定，但并未将“提供行为”局限为上述规定所列举的几种方式，结合本案，从千杉公司的行为表现看，其主观上具有在其软件上直接为用户呈现涉案作品的意图，客观上也使用户在其软件上获得涉案作品，同时使得涉案作品的传播超出了腾讯公司的控制权范围，构成未经许可的作品再提供，侵害了腾讯公司的信息网络传播权，应当承担相应的侵权责任。

二审法院认定摘要如下：

“电视猫”视频应用软件在破解技术措施后，访问的是腾讯公司通过密钥保护，无法公开检索到的视频文件地址。因此，“电视猫”视频应用软件实施的行为，在实现技术和设链（或访问）目标方面均与链接行为存在区别……从实现效果上看，千杉公司破解技术措施，提供涉案影片播放的行为，亦使得其用户可以在其个人选定的时间和地点获得涉案作品。从传播范围看，腾讯公司通过设定相应的加密算法，限定涉案作品仅在特定的网站或软件传播；千杉公司的行为，使得涉案作品的传播范围超越了腾讯公司控制权的范围，即在权利人意愿之外扩张了涉案作品的传播范围，构成对腾讯公司信息网络传播权的专有控制权的直接侵害，其行为属于未经许可的作品再提供，应承担相应的法律责任。

2）认定不构成直接侵权（因不构成“提供内容行为”），亦不构成间接侵权（因被设链的平台系合法授权，不构成直接侵权），但构成“故意避开或破坏技术措施”的侵权行为

案例一　【深圳市腾讯计算机系统有限公司 诉 上海真彩多媒体有限公司】

上海市杨浦区人民法院（2017）沪 0110 民初 21339 号【一审】

上海知识产权法院（2018）沪 73 民终 319 号【二审】

【涉案作品：电视剧《北京爱情故事》】

【涉案平台：“千寻影视”网络视频软件】

侵权行为

被告上海真彩多媒体有限公司（简称真彩公司）开发运营的“千寻影视”网络视频软件破坏深圳市腾讯计算机系统有限公司（简称腾讯公司）视频播放地址加密保护措施，擅自盗链涉案影视作品在腾讯公司平台的视频正片播放地址，使用户不需要再访问腾讯公司视频网站或下载腾讯公司的播放器客户端即可观看涉案影视作品。同时，真彩公司播放涉案视频时屏蔽了腾讯公司片前、暂停时出现的广告，破解了腾讯公司的会员验证机制。

判决摘要

二审法院认定:（1）盗链平台未实施“提供”行为，不构成直接侵权;（2）由于被设链的平台系合法授权，亦不构成间接侵权;（3）强调破坏技术措施的行为与侵犯信息网络传播权的行为是两类不同性质的侵权行为。[1]

真彩公司向用户提供千寻影视播放软件，虽然用户利用该软件可以实现对涉案作品的在线观看，但由于在涉案影片的播放中显示了腾讯网相应页面的地址，且腾讯网上确实存在涉案影片，上述事实可以说明腾讯公司将涉案作品置于网络中传播，被告仅提供了链接服务，并未实施将作品上传至网络的行为。……破坏技术措施的行为与侵犯信息网络传播权的行为是两类不同性质的侵权行为，即使真彩公司通过破坏技术措施的方式设置链接，破坏技术措施行为的存在并不能够当然得出侵犯信息网络传播权的结论。在真彩公司未实施将涉案作品置于公众开放的服务器中的行为的情况下，其虽然实施了破坏技术措施的行为，但仍不构成对涉案作品信息网络传播权的直接侵犯。本案中，腾讯公司系合法授权的网站，在腾讯公司不构成直接侵权的情况下，真彩公司提供链接的行为亦不可能构成共同侵权。腾讯公司所称的编辑整理、定向链接等因素只有在被链网站构成直接侵权的情况下才会对真彩公司的主观过错的认定产生影响，并进而认定其行为是否构成共同侵权。综上，法院认为，真彩公司的行为既不构成对腾讯公司的信息网络传播权的直接侵犯，也不构成共同侵权。

一审法院认定构成“故意避开或者破坏技术措施”，二审法院亦维持该等认定。

……真彩公司故意避开或破坏腾讯公司为保护涉案作品信息

---

[1] 王迁:《认定聚合行为性质的正确思路：评腾讯诉真彩案》(载《中国版权》2019 年第 2 期）摘要：该论述清楚地区分了两种不同性质的行为，也纠正了此前司法实践中的偏差。诚然，在某些情况下规避技术措施是侵犯信息网络传播权的手段，如对于他人通过技术措施仅限于内部访问的作品，在破坏技术措施之后使之可被公众所获得。此时权利人仅追究此人侵犯信息网络传播权的责任就足以保护自己的利益。但在本案中，涉案影视剧本身就已在视频网站服务器上向公众传播，设链行为本身并没有创造新的“传播源”、形成新的传播行为，并不属于对信息网络传播权的侵权。此时破坏技术措施就会导致独立的法律后果。

网络传播权而采取的技术措施，应承担违反著作权法的责任。

案例二　【飞狐信息技术（天津）有限公司 诉 深圳市迅雷网络技术有限公司】

深圳市南山区人民法院（2015）深南法知民初字第498号【一审】（认定直接侵权）

广东省深圳市中级人民法院（2016）粤03民终4741号【二审】（推翻认定直接侵权的一审判决）

【涉案作品：电视剧《杜拉拉之似水年华》《金玉良缘》《买房夫妻》《妻子的秘密》《我的经济适用男》《新洛神》《轩辕剑之天之痕》】

【涉案平台："迅雷HD"软件】

侵权行为

深圳市迅雷网络技术有限公司（简称迅雷公司）通过"迅雷HD"软件向用户提供涉案影视作品的搜索及播放服务。其通过技术手段分析、破解"搜狐视频"的相关代码后私自取得涉案影视作品信息，使得公众无须登录"搜狐视频"，通过迅雷公司的"迅雷HD"软件即可实现涉案作品的在线观看。

判决摘要

1. 二审法院推翻一审法院"直接侵权"的认定，认定"不属于直接提供作品"，从而不构成直接侵权。

从飞狐信息技术（天津）有限公司（简称飞狐公司）的举证来看，"迅雷—免费云播和加速下载"软件在播放涉案作品时，画面左上角有"搜狐视频""tv.sohu.com"字样，地址栏也出现含有"tv.sohu.com"的URL地址。同时，迅雷公司还进一步举证证明涉案作品在"搜狐视频"网站播放第一集时的URL地址，与飞狐公司公证取证时显示的“迅雷—免费云播和加速下载”软件播放涉案作品第一集的地址完全相同。可见，迅雷公司的侵权方式显然……不属于直接提供作品，而是提供搜索链接服务。

2. 二审法院认定亦不构成间接侵权。

至于迅雷公司的“迅雷—免费云播和加速下载”软件有无构成著作权帮助侵权的问题，由于帮助侵权的成立必须以直接侵权行为为基础，从本案来看，该软件链接的涉案作品来自“搜狐视频”，“搜狐视频”作为国内大型影视作品的在线播放平台，设链者有理由相信该平台的作品均已获得合法授权。故迅雷公司并不具备帮助侵权的主观故意，客观上也并未针对直接侵权行为提供帮助，不构成帮助侵权。

3. 二审法院认定构成“故意避开或破坏技术措施”。

迅雷公司在本案中故意避开或者破坏被上诉人为涉案作品采取的保护信息网络传播权的技术措施，已构成侵权。

3）不正当竞争认定

①认定构成不正当竞争

案　例　【乐视网信息技术（北京）股份有限公司 诉 上海千杉网络技术发展有限公司】

北京市朝阳区人民法院（2015）朝民（知）初字第44290号**【一审】**

【涉案作品：电影《道士下山》、电视剧《老严有女不愁嫁》《顾家乐的幸福生活》】

【涉案平台：电视猫视频（MoreTV）软件】

侵权行为

被告上海千杉网络技术发展有限公司（简称千杉公司）经营的电视猫视频（MoreTV）软件，故意避开并破坏乐视网信息技术（北京）股份有限公司（简称乐视公司）所采取的技术措施，以“盗链”的形式通过互联网向公众传播、提供涉案作品。

判决摘要

设链平台破坏了被盗链网站设置的会员收费机制、广告播放的实现，并无偿占用其带宽资源，构成不正当竞争。

法院认为，从双方核准的经营范围看，就电视猫软件而言，千杉公司是从事的软件开发服务，该软件适用于互联网电视集成平台（电视端与手机端）；乐视公司经营互联网信息业务，提供视频服务，二者经营范围、提供的服务有所区别。在千杉公司严格遵循行业规则的情况下，二者不应存在直接的利益冲突与竞争关系。但根据已查证的事实，千杉公司通过其电视猫视频软件所提供的已经不仅仅是一种软件开发服务，其目的意在向用户提供视频资源。双方的服务在对象、目的、途径、平台上具有一致性，致使二者实际上在争取互联网用户方面存在竞争关系、具有直接冲突的竞争利益。符合反不正当竞争法调整的竞争关系。

本案中，从千杉公司电视猫视频软件盗取行为的途径上看，该解析导致的播放结果，避开了乐视公司为保护其视频资源设置的播放器要求、通过其自身播放器验证实现的收费环节，即破坏了乐视公司设置的会员收费机制、广告播放的实现，并无偿占用其宽带资源。网络视频行业，通过支付相应对价购买正版影视作品，其回收成本、赢取收益的主要途径就是在其特定的播放器上播放广告，以及通过构建的会员机制收取会费；其购买宽带资源是实现上述收益的基础投入。但千杉公司的上述涉案行为，使乐视公司广告投放及会员收费的利益均无法实现；同时千杉公司占用了乐视公司的宽带资源。故千杉公司的行为，从根本上全面损害了乐视公司基于涉案作品应当获取的正当利益；此外，千杉公司不正当地抢夺了乐视公司的客户资源，其行为违反了诚实信用原则，扰乱了正当的市场经营秩序，构成了不正当竞争，应承担相应的法律责任。

类似案例 【北京爱奇艺科技有限公司 诉 深圳聚网视科技有限公司】

上海市杨浦区人民法院（2015）杨民三（知）初字第1号【一审】

上海知识产权法院（2015）沪知民终字第728号【二审】

【涉案平台："VST 全聚合"软件】

②关于"盗链"/"破坏技术措施"的行为认定不适用"反不正当竞争法"予以保护（因已做出著作权侵权认定）

案　例 【深圳市腾讯计算机系统有限公司 诉 上海真彩多媒体有限公司】

上海市杨浦区人民法院（2017）沪0110民初21339号【一审】

上海知识产权法院（2018）沪73民终319号【二审】

【涉案作品：电视剧《北京爱情故事》】

【涉案平台："千寻影视"网络视频软件】

侵权行为

被告上海真彩多媒体有限公司（简称真彩公司）开发运营的"千寻影视"网络视频软件破坏深圳市腾讯计算机系统有限公司（简称腾讯公司）视频播放地址加密保护措施，擅自盗链涉案影

视作品在腾讯平台的视频正片播放地址，使用户不需要再访问腾讯视频网站或下载腾讯的播放器客户端即可观看涉案影视作品，同时，真彩公司播放涉案视频时屏蔽了腾讯片前、暂停时出现的广告，破解了腾讯的会员验证机制。

判决摘要

法院认定：已适用《著作权法》（知识产权专门法）予以保护，因此不再援引《反不正当竞争法》给予额外保护。

一审法院认为：《著作权法》《反不正当竞争法》有其各自的立法政策、保护对象及保护条件。《反不正当竞争法》对于《著作权法》起到兜底和补充的作用。《反不正当竞争法》第二条适用的前提是：（1）法律对该种竞争行为未作出特别规定；（2）其他经营者的合法权益确因该竞争行为而受到了实际损害；（3）该种竞争行为因确属违反诚实信用原则和公认的商业道德而具有不正当性或者说可责性。凡是在专门法中已作穷尽性保护的，不能再在《反不正当竞争法》中寻求额外的保护。本案中真彩公司故意避开或破坏腾讯公司为保护涉案作品信息网络传播权而采取的技术措施，造成了无须登录腾讯视频即可观看涉案作品、非腾讯会员在观影中可以直接屏蔽广告的后果。法院已对真彩公司避开或破坏腾讯公司对涉案作品采取的技术措施是否违反《著作权法》进行了认定，不应再适用《反不正当竞争法》第二条给予腾讯公司额外的保护。

二、案件焦点分析

鉴于本节重点针对著作权侵权认定的案例做出梳理与评析，因此，下文主要针对“链接”服务涉及的几个著作权侵权的焦点问题展开讨论，涉及不正当竞争问题的阐述与分析在其他章节展开。

（一）设置“深度链接”的行为是否属于提供技术服务的行为

根据《信网权适用法律规定》，信息网络传播权所规制的通过信息网络“提供”权利作品的行为，其中的“提供”是指“将作品、表演、录音录像制品置于信息网络中”。早期司法实践形成了用以判断信息网络传播行为的“服务器标准”——信息网络传播行为是指将作品置于向公众开放的服务器中的行为。此处的“服务器”系广义概念，泛指一切可存储信息的硬件介质，包括通常意义上的网站服务器，也包括个人电脑、手机等现有以及将来可能出现的任何存储介质。

由于内部链接、嵌入链接、加框链接等新技术的出现和广泛应用，以及影视聚合平台的兴起，有学者开始反思“服务器标准”下著作权能否得到充分保护，提出“用户感知标准”“实质呈现标准”等替代标准。司法实践中也大量出现“服务器标准”与“用户感知标准”“实质替代标准”的分歧，前述（2014）浦民三（知）初字第1144号华视网聚诉B站案、（2015）年海民（知）初字第40920号腾讯诉快看影视案，一审法院均采用“实质替代标准”“用户感知标准”，认为深层链接构成信息网络传播中的提供行为。而其上级法院坚持“服务器标准”，在二审中纠正了一审判决。上海、北京知识产权法院相继在判决中纠正一审法院观点并重申了“服务器标准”，认为设置深层链接的行为仍属于提供搜索链接服务，追究平台方责任需要结合其主观过错。不过由于深度链接行为的外在表现形式与信息网络传播行为差别不大，权利人在其取证过程中有合理理由相信该行为系信息网络传播行为，因此，司法实践中，法院通常会将深层链接行为的外在表现形式视为原告的初步证据，推定被诉行为系信息网络传播行为。如果深层链接服务提供者对此予以否认，则其有义务提交反证以证明，而且其提供的证据应足以证明涉诉的特定视频存储于第三方网站。

对于深度链接的法律问题在理论界一直争议不断，司法实践中也出现

了多起同案不同判的情况，为了更好地平衡设链网站、被链网站、著作权人及相关权益主体的利益，在关于深度链接的概念、范围及法律定性及规制的各类观点持续碰撞和交锋后，亟待在《著作权法》或《反不正当竞争法》的框架下形成一套关于此类行为的有效认定和规范机制。

（二）链接服务提供者因为主观过错而承担帮助侵权等间接侵权责任的情形

根据《信息网络传播权保护条例》及《信网权适用法律规定》的相关规定，免于承担赔偿责任的信息网络存储空间服务提供者，除证明侵权视频链接自第三方网站外，还应尽到包括接到通知后及时删除在内的合理注意义务，不存在主观过错。

搜索链接服务提供者的主观过错，主要是指明知或应知被诉链接侵权的情况，如：

（1）对搜索结果进行选择、编辑、整理、推荐，如设置榜单、索引、定向链接等行为；

（2）平台或 App 定向链接特定网站，这种链接实际上是按照预先设定的条件抓取页面从而导致搜索结果指向的特定化，体现了设链者自身的主观意图和对被链网站的选择。设链网站和被链网站存在合作、共同侵权的情况下，外在表现也会出现定向链接的特征，但即使不构成共同侵权，定向链接作为平台方主动选择的结果，也使平台方应对搜索结果负有更高的注意义务。参见前述（2017）京 73 民终 2104 号、（2018）京 0108 民初 18640 号华视网聚诉百度视频两案，常规搜索链接服务其搜索结果展现“全网搜索”或“开放式搜索”，而定向链接服务其搜索结果则呈现特定性和指向性。

（三）盗链行为的法律认定

《信息网络传播权保护条例》规定，任何组织或者个人不得故意避开或者破坏技术措施，不得故意制造、进口或者向公众提供主要用于避开或者破坏技术措施的装置或者部件，不得故意为他人避开或者破坏技术措施提供技术服务。盗链行为故意避开或者破坏被链网站的技术措施，属于违法行为，无须再考虑其网络服务提供者的身份是否适用“避风港原则”，可以直接依《信息网络传播权保护条例》第十八条的规定要求盗链行为实施者承担侵权责任。《北京市高级人民法院侵害著作权案件审理指南》也提到“对于通过破坏或者避开技术措施设置链接的行为，原告依据著作权法第十条第一款第十二项主张权利的，可以根据案件情况予以支持”，如在上述上海知识产权法院（2018）沪73民终319号及广东省深圳市中级人民法院（2016）粤03民终4741号案件中，法院均仅针对“盗链”的行为单独进行了侵权认定。

三、相关法律文件

《著作权法》（2010年修正）

实施日期：2010年4月1日

第十条 著作权包括下列人身权和财产权：……（十二）信息网络传播权，即以有线或者无线方式向公众提供作品，使公众可以在其个人选定的时间和地点获得作品的权利；……

第四十八条 有下列侵权行为的，应当根据情况，承担停止侵害、消除影响、赔礼道歉、赔偿损失等民事责任；同时损害公共利益的，可以由著作权行政管理部门责令停止侵权行为，没收违法所得，没收、销毁侵权复制品，并可处以罚款；情节严重的，著作权行政管理部门还可以没收主要用于制作侵权复制品的材料、工具、设备等；构成犯罪的，依法追究刑事责任：……（六）未经著作权人或者与著作权有关的权利人许可，故意避开或者破坏权利人为其作品、录音录像制品等采取的保护著作权或者与

著作权有关的权利的技术措施的，法律、行政法规另有规定的除外；……

《信息网络传播权保护条例》（2013年修订）

实施日期：2013年3月1日

第四条 为了保护信息网络传播权，权利人可以采取技术措施。

任何组织或者个人不得故意避开或者破坏技术措施，不得故意制造、进口或者向公众提供主要用于避开或者破坏技术措施的装置或者部件，不得故意为他人避开或者破坏技术措施提供技术服务。但是，法律、行政法规规定可以避开的除外。

第十八条　违反本条例规定，有下列侵权行为之一的，根据情况承担停止侵害、消除影响、赔礼道歉、赔偿损失等民事责任；同时损害公共利益的，可以由著作权行政管理部门责令停止侵权行为，没收违法所得，非法经营额5万元以上的，可处非法经营额1倍以上5倍以下的罚款；没有非法经营额或者非法经营额5万元以下的，根据情节轻重，可处25万元以下的罚款；情节严重的，著作权行政管理部门可以没收主要用于提供网络服务的计算机等设备；构成犯罪的，依法追究刑事责任：

（一）通过信息网络擅自向公众提供他人的作品、表演、录音录像制品的；

（二）故意避开或者破坏技术措施的；

……

第十九条 违反本条例规定，有下列行为之一的，由著作权行政管理部门予以警告，没收违法所得，没收主要用于避开、破坏技术措施的装置或者部件；情节严重的，可以没收主要用于提供网络服务的计算机等设备；非法经营额5万元以上的，可处非法经营额1倍以上5倍以下的罚款；没有非法经营额或者非法经营额5万元以下的，根据情节轻重，可处25万元以下的罚款；构成犯罪的，依法追究刑事责任：

（一）故意制造、进口或者向他人提供主要用于避开、破坏技术措施的装置或者部件，或者故意为他人避开或者破坏技术措施提供技术服务的；

（二）通过信息网络提供他人的作品、表演、录音录像制品，获得经济利益的；

……

第二十六条 本条例下列用语的含义：

信息网络传播权，是指以有线或者无线方式向公众提供作品、表演或者录音录像制品，使公众可以在其个人选定的时间和地点获得作品、表演或者录音录像制品的权利。

技术措施，是指用于防止、限制未经权利人许可浏览、欣赏作品、表演、录音录像制品的或者通过信息网络向公众提供作品、表演、录音录像制品的有效技术、装置或者部件。

……

《最高人民法院关于审理侵害信息网络传播权民事纠纷案件适用法律若干问题的规定》（2020年修正）

实施日期：2021年1月1日

第一条　人民法院审理侵害信息网络传播权民事纠纷案件，在依法行使裁量权时，应当兼顾权利人、网络服务提供者和社会公众的利益。

第二条　本规定所称信息网络，包括以计算机、电视机、固定电话机、移动电话机等电子设备为终端的计算机互联网、广播电视网、固定通信网、移动通信网等信息网络，以及向公众开放的局域网络。

第三条　网络用户、网络服务提供者未经许可，通过信息网络提供权利人享有信息网络传播权的作品、表演、录音录像制品，除法律、行政法规另有规定外，人民法院应当认定其构成侵害信息网络传播权行为。

通过上传到网络服务器、设置共享文件或者利用文件分享软件等方

式，将作品、表演、录音录像制品置于信息网络中，使公众能够在个人选定的时间和地点以下载、浏览或者其他方式获得的，人民法院应当认定其实施了前款规定的提供行为。

第五条　网络服务提供者以提供网页快照、缩略图等方式实质替代其他网络服务提供者向公众提供相关作品的，人民法院应当认定其构成提供行为。

前款规定的提供行为不影响相关作品的正常使用，且未不合理损害权利人对该作品的合法权益，网络服务提供者主张其未侵害信息网络传播权的，人民法院应予支持。

第六条　原告有初步证据证明网络服务提供者提供了相关作品、表演、录音录像制品，但网络服务提供者能够证明其仅提供网络服务，且无过错的，人民法院不应认定为构成侵权。

《北京市高级人民法院侵害著作权案件审理指南》

实施日期：2018 年 4 月 20 日

9.1 【侵害信息网络传播权行为】

在侵害信息网络传播权案件中，应当将被诉侵权行为区分提供内容（作品、表演、录音录像制品）行为和提供技术服务行为。

9.2 【原告举证责任】

原告主张被告单独或者与他人共同实施了提供作品、表演、录音录像制品行为的，应当承担举证证明责任。

原告初步举证证明通过被告网站能够播放、下载或者以其他方式获得涉案作品、表演、录音录像制品，被告仍主张其未实施提供内容行为的，由被告承担相应的举证证明责任。

9.3 【被告举证责任】

被告主张其仅提供自动接入、自动传输、信息存储空间、搜索、链接、文件分享技术等网络技术服务的，应承担举证证明责任，被告未提供充分证据证明其系仅提供自动接入、自动传输、信息存储空间、搜索、链接、文件分享技术等技术服务的，对其前述主张不予支持。

被告应当就涉案作品、表演、录音录像制品的提供主体或者其与提供主体之间的关系提供相应证据。被告未提交充分证据证明，但原告已经初步举证的情况下，被告主张未实施提供内容行为的，不予支持。

9.14 【提供链接服务行为的认定】

被告能够举证证明存在以下情形之一的，可以初步认定其提供的是链接服务：

（1）涉案作品、表演、录音录像制品的播放是自被告网站跳转至第三方网站进行的；

（2）涉案作品、表演、录音录像制品的播放虽在被告网站进行，但其提供的证据足以证明涉案作品、表演、录音录像制品置于第三方网站的；

（3）其他情形。

单独依据播放画面的水印或者影片介绍中播放来源的图标、文字等，不宜认定被告实施的是链接服务行为。

9.15 【链接服务提供者“应知”的判断】

有下列情形之一的，可以认定链接服务提供者具有“应知”的过错：

（1）链接服务提供者对被链接的涉案作品、表演、录音录像制品进行了主动的选择、编辑、推荐，公众可以在设链网站上可以直接下载、浏览或者其他方式获得的；

（2）链接服务提供者设置定向链接，且被链接网站未经许可提供涉案作品、表演、录音录像制品侵权行为明显的；

（3）其他情形。

9.16 【通过破坏或者避开技术措施设置链接的行为】

对于通过破坏或者避开技术措施设置链接的行为，原告依据著作权法第十条第一款第十二项主张权利的，可以根据案件情况予以支持。

9.26 【技术措施的类型】

信息网络传播权保护条例第二十六条规定的技术措施是指为保护权利人在著作权法上的正当利益而采取的控制浏览、欣赏或者控制使用作品、表演、录音录像制品的技术措施。

下列情形中的技术措施不属于受著作权法保护的技术措施；

（1）用于实现作品、表演、录音录像制品与产品或者服务的捆绑销售；

（2）用于实现作品、表演、录音录像制品价格区域划分；

（3）用于破坏未经许可使用作品、表演、录音录像制品的用户的计算机系统；

（4）其他与权利人在著作权法上的正当利益无关的技术措施。

9.27 【技术措施的认定标准】

受著作权法保护的技术措施应为有效的技术措施。技术措施是否有效，应当以一般用户掌握的通常方法是否能够避开或者破解为标准。技术人员、能够通过某种方式避开或者破解技术措施的，不影响技术措施的有效性。

《北京市高级人民法院关于审理涉及网络环境下著作权纠纷案件若干问题的指导意见（一）（试行）》

实施日期：2010年5月19日

二、信息网络传播行为的判断及其法律调整

…………

2. 信息网络传播行为是指将作品、表演、录音录像制品上传至或以其他方式将其置于向公众开放的网络服务器中，使公众可以在选定的时间和地点获得作品、表演、录音录像制品的行为。

将作品、表演、录音录像制品上传至或以其他方式置于向公众开放的网络服务器中，使作品、表演、录音录像制品处于公众可以在选定的时间和地点下载、浏览或以其他方式在线获得，即构成信息网络传播行为，无需当事人举证证明实际进行过下载、浏览或以其他方式在线获得的事实。

3. 网络服务提供者为服务对象提供自动接入、自动传输、信息存储空间、搜索、链接、P2P（点对点）等服务的，属于为服务对象传播的信息在网络上传播提供技术、设施支持的帮助行为，不构成直接的信息网络传播行为。

4. 网络服务提供者的行为是否构成信息网络传播行为，通常应以传播的作品、表演、录音录像制品是否由网络服务提供者上传或以其他方式置于向公众开放的网络服务器上为标准。

原告主张网络服务提供者所提供服务的形式使用户误认为系网络服务提供者传播作品、表演、录音录像制品，但网络服务提供者能够提供证据证明其提供的仅是自动接入、自动传输、信息存储空间、搜索、链接、P2P（点对点）等服务的，不应认为网络服务提供者的行为构成信息网络传播行为。

7. 提供搜索、链接服务的网络服务提供者所提供服务的形式使用户误认为系其提供作品、表演、录音录像制品，被链网站经营者主张其构成侵权的，可以依据反不正当竞争法予以调整。

8. 网络服务提供者主张其仅为被诉侵权的作品、表演、录音录像制品提供了信息存储空间、搜索、链接、P2P（点对点）等服务的，应举证证明。网络服务提供者不能提供证据证明被诉侵权的作品、表演、录音录像制品系由他人提供并置于向公众开放的网络服务器中的，可以推定该服务提供者实施了信息网络传播行为。

……

三、网络技术、设备服务提供行为的法律性质、服务提供者的过错判断及其法律适用

（一）网络技术、设备服务行为的法律性质

14. 提供信息存储空间、搜索、链接、P2P（点对点）等服务的网络服

务提供者通过网络参与、教唆、帮助他人实施侵犯著作权、表演者权、录音录像制作者权的行为，并有过错的，承担共同侵权责任。

15. 提供信息存储空间、搜索、链接、P2P（点对点）等服务的网络服务提供者构成侵权应当以他人实施了直接侵权行为为前提条件，即第三人利用信息存储空间、搜索、链接、P2P（点对点）等服务传播作品、表演、录音录像制品的行为系侵犯他人的信息网络传播权的行为。

……

四、技术措施

32.《信息网络传播权保护条例》第二十六条规定的技术措施是指为保护权利人在著作权法上的正当利益而采取的控制浏览、欣赏或者控制使用作品、表演、录音录像制品的技术措施。

下列情形中的技术措施不应认定为应受著作权法保护的技术措施。

（1）用于实现作品、表演、录音录像制品与产品或者服务的捆绑销售的；

（2）用于实现作品、表演、录音录像制品价格区域划分的；

（3）用于破坏未经许可使用作品、表演、录音录像制品的用户的计算机系统的；

（4）其他妨害公共利益保护、与权利人在著作权法上的正当利益无关的技术措施。

33. 受著作权法保护的技术措施应为有效的技术措施。技术措施是否有效，应以一般用户掌握的通常方法是否能够避开或者破解位标准。技术专家能够通过某种方式避开或者破解技术措施的，不影响技术措施的有效性。

《最高人民法院关于审理侵害信息网络传播权民事纠纷案件适用法律若干问题的规定》
——最高人民法院知识产权庭负责人答记者问（节选）

（2012年12月27日）

……

在起草过程中，我们深入总结人民法院审理信息网络传播权案件中认可度较高的审判实践，对于成熟的、没有争议的问题进行了规定，对于实践中争议较大、一时还看不清楚或者实践需求不大等问题没有规定，留给实践中根据实际情况解决。

……

随着技术的发展，不经过服务器的存储或中转，通过文件分享等技术也可以使相关作品置于信息网络之中，以单纯的“服务器标准”技术标准界定信息网络传播行为不够准确，也难以应对网络技术的飞速发展，因此应将信息网络传播行为作广义的理解，以是否直接提供权利人的作品的法律标准取代“服务器标准”来界定信息网络传播行为，将信息网络传播行为区分为作品的提供行为与其他信息网络传播行为，而其他信息网络传播行为则是以其技术、设施提供网络中间性服务的行为，即一种提供服务而非直接提供作品等的行为。将信息网络传播行为区分为作品提供行为和网络服务提供行为，对于构建网络环境下著作权保护的责任体系具有基础性意义。在这种区分的基础之上，产生了直接侵权责任与间接侵权责任的区分，直接侵权责任对应作品提供行为，而间接侵权责任对应网络服务提供行为。

……

《山东省高级人民法院关于审理网络著作权侵权纠纷案件的指导意见（试行）》

实施日期：2011 年 1 月 6 日

24. 信息虽未存储在其服务器上，但网络服务提供者对信息的上传、修改、删减等行为可以控制的，可以认定其直接实施了信息网络传播行为。

（二）共同侵权认定的举证责任分配

26. 原告主张网络服务提供者所提供服务的形式使用户误认为系网络服务提供者传播作品、表演、录音录像制品，但网络服务提供者能够提供证据证明其提供的仅是自动接入、自动传输、信息存储空间、搜索、链接、P2P（点对点）等服务的，不应认为网络服务提供者实施了信息网络传播行为。

27. 网络服务提供者主张其行为属提供信息存储空间、搜索引擎、链接、P2P（点对点）传输等帮助行为的，应承担举证责任。网络服务提供者不能提供证据证明被诉侵权的作品、表演、录音录像制品系由他人提供并置于向公众开放的网络服务器中的，可以推定该服务提供者实施了信息网络传播行为。

28. 网络服务提供者主张其提供搜索、链接服务的，可考虑采用下列方法进行举证：一是采用客观性较强的公用软件，对信息地址来源进行解析；二是采用远程登陆后台的方式对其链接历史进行回顾；三是采用对比其服务器容量与视频大小的方式进行排除。人民法院可以根据上述情况综合认定。

29. 如网页或网站上没有显示任何对应的域名或者网站名称等信息可以表明该网页属于第三方所有，不能认定该网络服务提供者系提供链接服务。但网络服表提供者提供相反证据的除外。

《关于信息网络传播权纠纷案件若干问题的规定（建议稿）》
（上海市第一中级人民法院承担最高人民法院重点调研课题）
（2011 年）

对于网络传播权行为究竟是采用用户感知标准还是服务器标准，学界有争议，本条采用服务器标准。

第三节　长视频剪辑成短视频

一、侵权行为模式

（一）静态画面剪辑：截取动态影视剧的静态画面（娱乐消费场景和电商宣传场景）

案例一　【优酷网络技术（北京）有限公司 诉 深圳市蜀黍科技有限公司】（“图解电影案”）

北京互联网法院（2019）京 0491 民初 663 号、（2019）京 0491 民初 665 号**【一审】**

【涉案作品：电视剧《三生三世十里桃花》《大军师司马懿之军师联盟》】

侵权行为

被告在其开发运营的“图解电影”平台上的剧集栏目中提供涉案剧集的连续图集，基本涵盖了涉案剧集的主要画面和全部情节。

判决摘要

1. 对动态影视剧集的静态画面截取亦属于作品信息网络传播权的保护范围

涉案剧集是连续动态的影视画面，而涉案图片集是静态图片，虽然两者表现形式不同，但判断是否存在提供作品的行为，关键需要考察涉案图片集是否使用了涉案剧集具有独创性的表达……类电作品中一帧帧的画面是该作品的组成部分……涉案图片集过滤了涉案剧集的音效内容，截取了涉案剧集中的382幅画面，其截取的画面并非进入公有领域的创作元素，而为原涉案剧集中具有独创性表达的部分内容，因此，提供涉案图片集的行为构成提供作品的行为。被控侵权行为通过网络在线方式，使公众可以在其个人选定时间和地点获得涉案图片集，该行为落入涉案剧集信息网络传播权的控制范围。

2. "静态画面剪辑"不构成合理使用，已超过适当引用的必要限度，影响涉案剧集的正常使用，损害权利人的合法权益

第一，…… 涉案图片集几乎全部为原有剧集已有的表达，或者说，虽改变了表现形式，但具体表达内容并未发生实质性变化，远远超出以评论为目的适当引用必要性的限度。

第二，本案中，涉案图片集为分散地从整部作品中采集的图片，加之文字解说对动态剧情的描述，能够实质呈现整部剧集的具体表达，包括具体情节、主要画面、主要台词等，公众可通过浏览上述图片集快捷地获悉涉案剧集的关键画面、主要情节。提供图片集的行为对涉案剧集起到了实质性替代作用，影响了作品的正常使用。

第三，是否不合理地损害著作权人合法权益。由于涉案图片集替代效应的发生，本应由权利人享有的相应市场份额将被对图片集的访问行为所占据，提供图片集的行为将对原作品市场价值

造成实质性影响。虽被告认为涉案图片集部分提供的行为对原作品具有“宣传效果”，但从市场角度，以宣传为目的与以替代为目的的提供行为存在显著区别。就涉案图片集提供的主要功能来看，其并非向公众提供保留剧情悬念的推介、宣传信息，而涵盖了涉案剧集的主要剧情和关键画面，在一般情况下，难以起到激发观众进一步观影兴趣的作用，不具备符合权利人利益需求的宣传效果，损害了权利人的合法权益。

案例二 【新丽电视文化投资有限公司 诉 海盐县澉浦镇凯鑫服装厂、杭州阿里巴巴广告有限公司】

杭州互联网法院（2018）浙0192民初622号【一审】

【涉案作品：电视剧《我的前半生》】

侵权行为

被告在1688网站开设的店铺擅自使用《我的前半生》13张剧照或截图对其销售的服装进行宣传。

判决摘要

1. 电视剧画面截图作为摄影作品受到著作权法保护

就本案所涉以类似摄制电影方法创作的作品中符合法定要件的特定帧静态图像而言，以摄影作品加以保护，不会为权利人带来超出其创造性劳动价值之外的保护，也不会给社会公众添加额外的负担，或损及他人及社会公共利益。再次，《著作权法》第十五条虽然规定电影作品和以类似摄制电影的方法创作的作品的著作权由制片者完整享有，但并未排除制片者对以类似摄制电影方法创作的作品中所包含的其他作品享有著作权的可能。易言

之，制片者同时对以类似摄制电影方法创作的作品以及该作品中可析出的其他作品享有著作权并不违反现行著作权法的规定。

鉴于涉案电视剧特定帧画面达到了著作权法所要求的独创性高度，法院认为其符合我国著作权法关于作品要件的规定，属于摄影作品。因涉案电视剧出版物上署名包括新丽电视文化投资有限公司（简称新丽电视公司）及其他各方主体，在无相反证据推翻的前提下，应当认定署名方是该作品的著作权人。在其他各署名方声明该电视剧、剧照、截图著作权由新丽电视公司享有的前提下，法院对此予以确认。即新丽电视公司对其所主张摄影作品依法享有著作权，具有提起本案诉讼的主体资格。

2. 被告在网店所售商品详情页面中展示涉案电视剧剧照、截图属于信息网络传播行为

海盐县澉浦镇凯鑫服装厂作为商品销售者，在其网店页面展示被控侵权图片的目的不在于展示图片本身，而在于利用这些图片介绍自身所销售产品，达到宣传效果。这与通常情形下对作品的传播行为在目的上存在区别。但著作权法对信息网络传播行为的界定并无目的性限制，无论是出于直接传播作品的目的，还是借作品实现其他目的，只要符合著作权法所规定的要件，均属信息网络传播行为。

类似案例一　**【新丽电视文化投资有限公司 诉 扬州鑫耀家居贸易有限公司、杭州阿里巴巴广告有限公司】**

杭州铁路运输法院（2017）浙 8601 民初 1332 号**【一审】**

【涉案作品：电视剧《小丈夫》】

类似案例二　**【杭州数强知识产权代理有限公司 诉 车涵宇、浙江淘宝网络有限公司】**

杭州互联网法院（2019）浙 0192 民初 206 号

【涉案作品：电视剧《美好生活》】

类似案例三 【杭州数强知识产权代理有限公司 诉 义乌市博钗电子商务商行、浙江淘宝网络有限公司】

杭州互联网法院（2018）浙 0192 民初 3179 号【一审】

浙江省杭州市中级人民法院（2019）浙01民终3247号【二审】

【涉案作品：电视剧《猎场》】

（二）长视频剪辑成短视频（机械剪辑）：将影视、综艺、体育赛事等完整时长的视频按照某主题（例如角色、剧情等）简单剪辑成时长不等的片段（短视频）

1. 长视频机械剪切成数个片段

案　例 【央视国际网络有限公司 诉 广州市动景计算机科技有限公司】

北京市海淀区人民法院（2018）京 0108 民初 1714 号【一审】

【涉案作品：综艺节目《2017 年中央电视台春节联欢晚会》】

侵权行为

将《2017 年中央电视台春节联欢晚会》剪切成 14 段单个节目为单位的短视频，通过“哔哩哔哩”网站（域名：bilibili.com）传播。

判决摘要

法院未展开详细阐述分析，认定构成侵权。

类似案例 **【湖南快乐阳光互动娱乐传媒有限公司 诉 上海宽娱数码科技有限公司】**

湖南省长沙县人民法院（2019）湘 0121 民初 7387 号【一审】

【涉案作品：综艺节目《歌手 2019》】

2. 将机械剪切片段拼接成数分钟的 CUT/ 合集，例如，×× 演员 CUT、精彩片段

案　例 **【北京爱奇艺科技有限公司 诉 上海宽娱数码科技有限公司】**

上海市杨浦区人民法院（2018）沪 0110 民初 3628 号【一审】

上海知识产权法院（2018）沪 73 民终 315 号【二审】

【涉案作品：电视剧《爱情公寓 4》】

侵权行为

在单集电视剧基础上剪辑片段或者剪辑多集电视剧片段综合而成，剪辑具体角色出现的场景（即"美嘉 × 子乔 cut"），总时长超过 120 分钟，并非仅仅是花絮，本案中三个视频的内容与对应正片中的内容一致。

判决摘要

法院认定被告行为构成侵权。

原告享有《爱情公寓 4》独占的信息网络传播权。被告网站上“【胡歌】《爱情公寓四》CUT合并1080P”“胡歌－迪诺哥【个人】剪辑【爱情公寓】”和“爱情公寓四美嘉×子乔cut”视频的内容均截取自《爱情公寓4》，总时长较长，均系以某角色为中心进行机械剪切而制作，且未显示相关视频存在评论性质的画面，不论上述视频中的内容是截取电视剧中的连续片段抑或截取多个小片段，均不能构成对《爱情公寓4》的合理使用。被告亦没有证据证明网络用户上传视频至其服务器向公众传播的行为已得到原告合法授权，也未就其主张涉案视频具有评论性质、符合合理使用的法定要件进行举证，因此，网络用户上传涉案视频向公众传播的行为侵害了原告的信息网络传播权。

类似案例一 【北京爱奇艺科技有限公司 诉 上海宽娱数码科技有限公司】

上海市杨浦区人民法院（2018）沪0110民初3629号**【一审】**

上海知识产权法院（2018）沪73民终316号**【二审】**

【涉案作品：电视剧《爱情回来了》】

类似案例二 【北京爱奇艺科技有限公司 诉 上海宽娱数码科技有限公司】

北京市海淀区人民法院（2017）京0108民初17870号**【一审】**

【涉案作品：电视剧《蜀山战纪》】

类似案例三 【北京爱奇艺科技有限公司 诉 上海宽娱数码科技有限公司】

上海市杨浦区人民法院（2016）沪0110民初3793号**【一审】**

上海知识产权法院（2017）沪73民终5号**【二审】**

【涉案作品：电视剧《欢天喜地俏冤家》】

类似案例四 【北京爱奇艺科技有限公司 诉 上海宽娱数码科技有限公司】
上海市杨浦区人民法院（2016）沪 0110 民初 3275 号【一审】
上海知识产权法院（2017）沪 73 民终 4 号【二审】

【涉案作品：电视剧《生活启示录》】

3. 混剪成的极为简短的小视频（时长极短）

案　例 【优酷网络技术（北京）有限公司 诉 北京优友动量网络技术有限公司】
北京互联网法院（2019）京 0491 民初 30972 号【一审】

【涉案作品：电视剧《三生三世十里桃花》】

侵权行为

将剧集中部分特定人物画面进行剪辑，涉案视频时长分别为 16 秒、20 秒、4 秒、116 秒。

判决摘要

法院认定被告行为构成侵权。

“部分再现了原告享有著作权的涉案作品”，但法院考虑相较于整部剧集所占比例较小；仅将剧集中部分特定人物画面进行剪辑，有关剧集核心的情节、内容所占比例较小；酌情减少赔偿金额。

（三）长视频剪辑成短视频片段，而后以短视频为素材重新进行配音等演绎行为 / 改编

案　例【优酷信息技术（北京）有限公司 诉 杭州秀秀科技有限公司】

杭州互联网法院（2019）浙 0192 民初 4516 ～ 4524 号**【一审】**

【涉案作品：电视剧《媚者无疆》《镇魂街》《三生三世十里桃花》《热血长安》《寒武纪》《萌妃驾到》《大军师司马懿之虎啸龙吟》《大军师司马懿之军师联盟》《东宫》】

侵权行为

杭州秀秀科技有限公司（简称秀秀公司）将涉案作品剪切成数量众多的片段，并通过其运营的“配音秀”App 向用户提供该等片段，用作配音素材。用户完成配音后再将这些片段上传至秀秀公司平台或者其他平台向公众传播。

【类同】魔方天空科技（北京）有限公司通过其运营的“玩电影”App 向用户提供涉案作品精彩片段，用作配音素材。用户完成配音后再将这些片段上传至被告平台向公众传播。

判决摘要

1. 不构成合理使用

本案中，秀秀公司运营的“配音秀”App 中的被控侵权视频的画面均为原涉案作品的视频片段，秀秀公司系对原作品视频内容进行再配音，并非为介绍、评论某一作品或者说明某一问题。而且被控侵权配音视频的所有画面均来自原涉案作品，超出了适

当引用必要性的限度。因此，法院认为秀秀公司的被控侵权行为不构成合理使用。

2. 对剪辑后的视频片段重新配音并未形成新的改编作品

首先，用户对配音素材的重新配音行为仅系对涉案作品的声音重新做了配音，且用户配音的目的亦是希望与涉案作品原声达到相似或相同的效果。同时，用户并未对其他例如节目素材选择、场景选择、摄影画面等构成独创性表达的主要部分的改变，故该种行为无法形成有别于原作品的独创性表达，不构成新的改编作品。

其次，即使构成新的改编作品，……改编人在对原作品改编时，亦不得侵犯原作品的著作权。应当明确的是，著作权专有权利的作用不在于确认权利人有为某种行为的自由，而在于阻止他人未经许可利用作品。承认未经原作品著作权人同意非法改编作品可以产生著作权，并不等于承认改编人可以随意使用或者许可他人使用改编作品。

最后，由于著作权法保护的是独创性表达，只要使用了作品具有独创性表达的部分，原作品著作权人仍然可以就侵犯其具有独创性部分的作品的侵权行为行使各项著作权权项加以规制。

综上，用户对素材重新配音后上传的配音作品的行为依然落入优酷公司对涉案作品的信息网络传播权控制范围。

类似案例一　【湖南快乐阳光互动娱乐传媒有限公司 诉 杭州秀秀科技有限公司】

杭州互联网法院（2019）浙 0192 民初 10761 ～ 10762 号【一审】

浙江省杭州市中级人民法院（2020）浙 01 民终 5386 ～ 5387 号【二审】

【涉案作品：综艺节目《声临其境第一季》《声临其境第二季》】

类似案例二 【优酷信息技术（北京）有限公司 诉 魔方天空科技（北京）有限公司】

北京互联网法院（2019）京0491民初15706号、15714号【一审】

北京知识产权法院（2020）京73民终1636号【二审】

【涉案作品：电视剧《微微一笑很倾城》《三生三世十里桃花》】

（四）评论、介绍、说明类剪辑

1. 国内案例

案例一 【保利影业投资有限公司 诉 广州网易计算机系统有限公司】

广州市天河区人民法院（2015）穗天法知民初字第1036号【一审】

广州知识产权法院（2016）粤73民终699号【二审】

【涉案作品：电影《美人草》】

侵权行为

被控侵权视频《刘烨舒淇相恋〈美人草〉》为对涉案作品的剪辑，包括电影片段以及主持人评价与介绍。

判决摘要

法院认为被控侵权视频不构成合理使用。

涉案视频虽标记有《我爱看电影》，但其中主持人介绍、评论涉案作品的时间很短，大部分时间是直接播放涉案作品，不能

以“适当引用”而免责。

案例二　【央视国际网络有限公司 诉 上海聚力传媒技术有限公司】

上海市浦东新区人民法院（2017）沪0115民初88829号【一审】

【涉案作品：足球赛事节目2016年欧洲足球锦标赛“法国VS罗马尼亚”“瑞士VS阿尔巴尼亚”两场足球赛事节目】

侵权行为

在被告制作的《智取法兰西》节目中，涉案足球赛事节目以背景屏幕的方式予以呈现，四位嘉宾坐在演播室中央针对赛事节目进行解说。被告辩称，在其制作的《智取法兰西》节目中，涉案足球赛事节目以背景屏幕的方式予以呈现，是为了配合节目的录制而对涉案足球赛事节目的适当引用。

判决摘要

被告行为不构成合理使用。

法院认为，《著作权法》设置合理使用制度的主要目的是避免著作权人权利的过度扩张，损害创作自由，保障著作权人利益和社会公众利益的合理平衡，其适用应严格遵循法律规定。为此，《著作权法实施条例》第二十一条对合理使用的适用条件作了规定，即：不得影响该作品的正常使用、不得不合理地损害著作权人的合法利益。

法院认为，根据上述法律规定，判断某一行为是否属于《著作权法》第二十二条规定的为介绍、评论某一作品而适当引用他人作品的合理使用行为，一般可从以下几个方面加以考量：（1）作品使用行为的性质和目的；（2）被使用作品的性质；（3）被使用部分的数量和质量;（4）使用对作品潜在市场或价值的影响。

现结合被告对涉案足球比赛节目的使用方式论述如下：被告制作的涉案《智取法兰西》节目系一种商业行为，在节目播出前的贴片广告以及节目播出过程中不时出现商业广告表明，其制作该节目的目的是营利而非公共利益。在使用方式上，被告以背景大屏幕的方式实时播出了涉案两场足球比赛节目的全部内容，该背景大屏幕位居被告播出节目画面的中央且面积超过整体画面的三分之一，该种使用方式不仅超出适当引用中“合理适度”的要求，也实质性替代了原告向相关公众提供涉案足球赛事节目。

涉案足球比赛节目系原告及其关联公司花费高额资金从权利方处购买，被告的该种使用方式严重影响了原告通过独家转播或通过分授权获得相应收益的能力，被告的该种使用方式与原告对涉案足球赛事节目的正常使用相冲突，同时亦会不合理地损害原告的正当利益，故被告的该种使用方式不符合《著作权法》第二十二条“为介绍、评论某一作品或者说明某一问题，在作品中适当引用他人已经发表的作品”的规定，不构成合理使用，应当承担相应的著作权侵权责任。

2. 域外案例

案　例　美国纽约南区美国联邦地区法院 276 F.Supp.3d 34（S.D.N.Y.2017）
【Matt Hosseinzadeh 诉 Ethan Klein and Hila Klein】

侵权行为

原告创作了时长 5 分 24 秒的短视频作品，上传至 YouTube，被控侵权视频时长 14 分钟，视频以被告二人的评论与讨论开场，

穿插涉案作品的片段（播出一部分片段、暂停、评论、继续播放、暂停、继续评论的模式，总计包含了涉案作品3分15秒的内容，使用篇幅达到70%以上），被控侵权视频大部分是对涉案作品的严厉批评。

判决摘要

法院认为被告对原告视频的使用构成转换性使用，因为被告对原作的使用属于“批评”和“评论”，属于一种目的性转换。被告的这种批评和评论是通过对原告碎片化视频穿插使用实现的……其目的是表达被告新的价值和观点，因而具有较高程度的目的转换性。虽然被告大量使用了原告的视频，但法院指出“这些数量和程度都是为了实现被告转换性的评判和评论目的所必需”。最后法院指出，被告的影评短视频与原作之间不具有竞争替代关系，并不会剥夺原本属于原作的市场价值。因为观看原作与被告视频有着完全不同的观赏体验，被告通过对原作视频的转换形成了一个时刻夹杂着评论的“风趣、刻薄”的作品。法院据此最终判定被告对原作的使用构成合理使用。[1]

3. 相关案件

案 件

《一个馒头引发的血案》：使用电影《无极》的原始画面，又通过剪辑、配音和配乐等创作出新的故事情节。此案以原告撤诉结案，并无司法判决。学术界则侧重对“戏仿”［讽刺性模仿

[1] 袁锋：《网络影评类短视频合理使用问题研究——以转换性使用为视角》，《中国出版》2019年第3期，第41—44页。

（批判性评论）］构成合理使用的讨论。

谷阿莫：未经许可截取了他人视听作品 3~5 分钟片段，再配上个人对电影的评论及解说，制作名为“× 分钟带你看完电影”等一系列网络影评类短视频。

2017 年 4 月 25 日，影音平台 KKTV、电影公司“又水整合”、迪士尼、得利、车库等多家电影公司以谷阿莫在未经授权的情况下使用电影片段改编、重制，违反我国台湾地区“著作权法”为由状告谷阿莫。

2018 年 6 月 7 日，谷阿莫被台北地检署正式起诉，认为其有侵权行为，而谷阿莫则辩称他的行为是合理使用，并未侵权。

目前该案尚在调解阶段，尚无判决。

（五）互动视频：将视听作品 / 制品进行剪辑，添加互动形态和互动表现手法，增强观众的代入感与沉浸式体验

需结合案情具体分析，如果观众的互动体验有限，而观影体验占多，能够起到实质性替代原作品的效果，则其并不满足“转换性使用”的构成要件，则这类互动视频如未经权利人许可，构成侵权的概率较大。

目前我国尚无此类司法判决。如下为互动视频涉嫌侵犯文字作品著作权的案例，但目前法院尚未做出判决。

案　件

上海玄霆娱乐信息科技有限公司诉上海宽娱数码科技有限公司著作权侵权纠纷（上海市浦东新区人民法院（2020）沪 0115 民初 11602 号、11603 号）（原告已撤诉）

原告玄霆公司诉称，被告宽娱公司在其运营的“www.bilibili.com”中向用户提供的互动视频的人物、情节、文字等元素来源于原告享有著作权的小说《我有一座冒险屋》。

二、案件焦点分析

目前我国司法实践对于上述前3种侵权模式基本已有定论，认为构成侵权。但对于第4种侵权模式“评论性质的视频剪辑”尚无相关司法判决，法学界讨论情况梳理如下。

（一）我国、外国立法及国际条约 / 公约中对“合理使用”的规定

“合理使用”制度的设置目的即为实现著作权与社会公共利益之间的平衡。2020年修正的《著作权法》改变旧法的封闭式列举模式，增加“其他情形”弹性条款。一方面，适当缓解了立法面对现代技术现实需求所存在的“僵化”的问题；另一方面，将“合理使用”权利限制问题留给司法机关在一定原则与规则的约束下进行裁量。[1]

1. 国内法律法规

《著作权法》（2020年修正）

实施日期：2021年6月1日

第二十四条　在下列情况下使用作品，可以不经著作权人许可，不向其支付报酬，但应当指明作者姓名或者名称、作品名称，并且不得影响该作品的正常使用，也不得不合理地损害著作权人的合法权益：……（二）为介

[1] 李琛：《论我国著作权法修订中“合理使用”的立法技术》，《知识产权》2013年第1期，第12—18页：在现实中，著作权人往往不是作为个体的实际创作者，而是商业组织，他们具有很强的游说立法的能力。相反，作为使用者的社会公众由于力量的分散，缺乏统一有力的意见代表，反而在立法博弈中居于弱势，因此司法机关有必要在个案的利益平衡中发挥更大的作用。田村善之认为，引入著作权限制的一般性条款的真正意义在于，将著作权限制的具体化任务从立法转移到司法。

绍、评论某一作品或者说明某一问题，在作品中适当引用他人已经发表的作品；……（十三）法律、行政法规规定的其他情形。

《著作权法》（2010年修正）

实施日期：2010年4月1日

第二十二条　在下列情况下使用作品，可以不经著作权人许可，不向其支付报酬，但应当指明作者姓名、作品名称，并且不得侵犯著作权人依照本法享有的其他权利：……（二）为介绍、评论某一作品或者说明某一问题，在作品中适当引用他人已经发表的作品；……

《著作权法实施条例》

实施日期：2013年3月1日

第二十一条　依照著作权法有关规定，使用可以不经著作权人许可的已经发表的作品的，不得影响该作品的正常使用，也不得不合理地损害著作权人的合法利益。

《最高人民法院印发〈关于充分发挥知识产权审判职能作用推动社会主义文化大发展大繁荣和促进经济自主协调发展若干问题的意见〉的通知》

印发时间：2011年12月16日

8. 妥当运用著作权的限制和例外规定，正确判定被诉侵权行为的合法性，促进商业和技术创新，充分保障人民基本文化权益。正确认定合理使用和法定许可行为，依法保护作品的正当利用和传播。在促进技术创新和商业发展确有必要的特殊情形下，考虑作品使用行为的性质和目的、被使

用作品的性质、被使用部分的数量和质量、使用对作品潜在市场或价值的影响等因素，如果该使用行为既不与作品的正常使用相冲突，也不至于不合理地损害作者的正当利益，可以认定为合理使用。对设置或者陈列在室外社会公共场所的艺术作品进行临摹、绘画、摄影或者录像，并对其成果以合理的方式和范围再行使用，无论该使用行为是否具有商业目的，均可认定为合理使用。

《信息网络传播权保护条例》

实施日期：2013 年 3 月 1 日

第六条　通过信息网络提供他人作品，属于下列情形的，可以不经著作权人许可，不向其支付报酬：（一）为介绍、评论某一作品或者说明某一问题，在向公众提供的作品中适当引用已经发表的作品；……

2. 外国立法例以及国际公约

《保护文学和艺术作品伯尔尼公约》

(*Berne Convention for the Protection of Literary and Artistic Works*)

（我国于 1992 年 10 月 15 日加入巴黎文本）

第 9 条第（2）款　“三步检测法”:（1）只能作为特殊情况而存在;（2）不与作品的正常使用相抵触;（3）不得无理损害著作权人的合法利益。

《与贸易有关的知识产权协议》

（*Agreement on Trade-Related Aspects of Intellectual Property Rights*）

（我国于2001年12月11日加入）

第13条　限制与例外：各成员应将各种专有权的限制或例外局限于某些特殊情形，而这些情形是与作品的正常利用不相冲突，并且不会不合理地损害权利持有人的合法利益的。

《美国版权法》（*Copyright Law of the United States*）

第107条　对合理使用制度进行了开放式的规定，判断是否属于合理使用需要考虑4个要素，包括：（1）使用的目的和性质；（2）使用的版权作品的性质；（3）使用部分所占的数量和程度；（4）该使用对版权作品潜在市场或价值的影响。

“转换性使用”：并未在美国《版权法》明确界定，而是美国法院司法判例中总结的标准与规则［最初是由勒瓦尔（Leval）法官1990年在《哈佛法律评论》发表的文章中提出；1994年美国联邦最高法院首次在“坎贝尔案”（Campell）中适用］。王迁将之界定为“原作的使用并非为了单纯地再现原作本身的文学艺术价值或实现其内在功能或目的，而是通过增加新的美学内容、新的视角、新的理念或通过其他方式，使原作在被使用过程中具有了新的价值、功能或性质”。[1]

---

[1] 王迁：《论认定“模仿讽刺作品”构成“合理使用”的法律规则——兼评〈一个馒头引发的血案〉涉及的著作权问题》，《科技与法律》2006年第1期，第18—25页。

（二）影评介绍类短视频构成“合理使用”的要件分析

我国《著作权法》更多受作者权体系影响，权利是原则，而限制则应当为例外，“合理使用”仍倾向于被理解为“著作权的例外或限制”。在我国立法上已改变穷尽式列举的情况下，司法机关对于“合理使用”的适用则不应当采用扩大解释的方式。

我们认为，针对“评论性质的视频剪辑”构成“合理使用”而免责应符合如下条件：

（1）被使用的对象：仅限于已经发表的作品。

（2）使用的目的：“介绍、评论某一作品或者说明某一问题”，出于公共利益之需如鼓励创作、知识传播与信息共享（著作权法之文学艺术层面）、言论自由（宪法之基本权利层面）。

（3）使用的长度与比例：“适当”“不得影响该作品的正常使用”，虽无量化的绝对标准，但其不能“实质性替代”原作品，两者不应具有竞争替代关系，所引用的原作品部分“不能成为节目的主体或吸引受众的主要来源”[1]。构成“转换性使用”，新作品的价值和功能很大程度上并不直接来源于原作品。[2]

较为典型的情况为“戏仿”（讽刺性模仿）：基于“讽刺与批判”的合理需求与必要性，允许使用“大量”内容，甚至是核心内容，从而树立起批判的“靶子”。之所以对于“戏仿作品”一定程度上的宽容优待，主要是因为如下几方面因素：

①讽刺虽为负面评价，会导致受众减少，市场价值受损，但这并非著作权法意义上的“损害”。公众享有宪法意义上的“表达自由”，作者应容忍文学批评的存在。由于文学艺术交流的特殊性，民法、著作权法均未

[1] 王迁：《电影介绍节目著作权侵权问题研究》，《中国版权》2014 年第 2 期，第 18—21 页。

[2] 王迁：《论认定“模仿讽刺作品”构成“合理使用”的法律规则——兼评〈一个馒头引发的血案〉涉及的著作权问题》，《科技与法律》2006 年第 1 期，第 18—25 页。

赋予作者对于此种行为的禁止权；

②作品的市场价值亦体现在作者对于其作品改编的许可方面，但，作者绝少会去开发“讽刺性模仿/改编”市场，因此，“戏仿”对于作品本身的销售市场与许可市场均不存在直接或潜在的竞争关系；

③鉴于“讽刺”的负面影响，“戏仿”者往往很难从作者处取得“讽刺模仿”的许可，按照市场规律，若不赋予“合理使用”的例外性保护，该等文学形式往往难以存在，这违反著作权法鼓励创作与传播的宗旨。❶

（4）对被使用作品的潜在市场或价值：“不得不合理地损害著作权人的合法权益”，不会产生市场替代效果，不会与原作品的市场存在竞争关系，不会实质性地影响原作品的潜在市场与价值。但现实问题是不仅考虑视听作品（电影、电视剧等）本身的许可市场，亦需考虑短视频（电影、电视剧片段）的许可市场。因此，关于该等潜在市场与价值的界定更是需要考量更多的个案因素平衡考量。

三、其他法律文件

《国家新闻出版广电总局办公厅关于进一步规范网络视听节目传播秩序的通知》（节选）

印发时间：2018 年 3 月 16 日

坚决禁止非法抓取、剪拼改编视听节目的行为。所有视听节目网站不得制作、传播歪曲、恶搞、丑化经典文艺作品的节目；不得擅自对经典文艺作品、广播影视节目、网络原创视听节目作重新剪辑、重新配音、重配字幕，不得截取若干节目片段拼接成新节目播出；不得传播编辑后篡改原

❶ 王迁：《论认定“模仿讽刺作品”构成“合理使用”的法律规则——兼评〈一个馒头引发的血案〉涉及的著作权问题》，《科技与法律》2006 年第 1 期，第 18—25 页。

意产生歧义的作品节目片段。严格管理包括网民上传的类似重编节目，不给存在导向问题、版权问题、内容问题的剪拼改编视听节目提供传播渠道。对节目版权方、广播电视播出机构、影视制作机构投诉的此类节目，要立即做下线处理。

《国家版权局等关于开展打击网络侵权盗版“剑网2018”专项行动的通知》（节选）

印发时间：2018年7月20日

坚决整治短视频作品上传者以合理使用为名对他人作品删减改编并通过网络传播的侵权行为。

《国家版权局等关于开展打击网络侵权盗版“剑网2020”专项行动的通知》（节选）

印发时间：2020年6月17日

坚决整治以短视频形式未经许可对他人作品删减改编并通过网络传播的侵权行为。

《网络短视频平台管理规范》（中国网络视听节目服务协会发布）

实施日期：2019年1月

2. 网络短视频平台应当履行版权保护责任，不得未经授权自行剪切、改编电影、电视剧、网络电影、网络剧等各类广播电视视听作品；不得转发UGC上传的电影、电视剧、网络电影、网络剧等各类广播电视视听作品片段；在未得到PGC机构提供的版权证明的情况下，也不得转发PGC机构上传的电影、电视剧、网络电影、网络剧等各类广播电视视听作品片段。

《北京市高级人民法院关于侵害知识产权及不正当竞争案件确定损害赔偿的指导意见及法定赔偿的裁判标准》

实施日期：2020年4月21日

6.11【分割片段的基本赔偿标准】

被告未经许可将涉案电影、电视剧、综艺节目视频、体育赛事节目视频、连续的游戏画面等分割成若干片段，通过信息网络传播，能够替代或基本替代被分割视频的，可以按照前述在线播放的基本赔偿标准，确定赔偿数额。被诉侵权片段不能替代被分割视频的，每一片段的赔偿数额一般不少于500元，但赔偿总额不应超过整部作品的基本赔偿标准。

第四节　短视频搬运

一、侵权行为模式

平台批量搬运短视频，爬取/抓取、搬运、转载他人短视频，通过信息网络向公众提供他人短视频

案　例【**北京微播视界科技有限公司 诉 北京创锐文化传媒有限公司、成都力奥文化传播有限公司**】

北京市海淀区人民法院（2019）京0108民初35902号【一审裁定】

（本报告完成前该案一审判决已作出且法院认定二被告构成不正当竞争，但我们从公开渠道暂未获取判决书原文）

侵权行为

刷宝 App 大量抓取搬运抖音 App 的短视频及用户评论。

裁定摘要

法院认定，原告对于抖音 App 的短视频内容及用户评论等资源享有的合法权益，应受反不正当竞争法的保护。被告直接获取该等资源，掠夺原告的经营成果，损害原告的合法权益，扰乱市场秩序，违反《反不正当竞争法》第二条。

法院责令：二被告立即停止采用技术手段或人工方式获取来源于抖音 App 中的视频文件、评论内容并通过刷宝 App 向公众提供。

原告作为抖音 App 的开发者和运营者，投入相应的人力、财力成本，通过正当合法的经营，吸引用户发布、观看、评论、分享短视频，积累用户、短视频内容、流量，并依据与用户的协议在正常的经营活动中使用相关短视频内容，抖音 App 所展示的短视频内容、用户评论等资源均是原告通过正当合法的商业经营所获得，并由此带来经营收益、市场利益及竞争优势，上述合法权益应受反不正当竞争法的保护。

本案证据显示，被告（北京创锐文化传媒有限公司）为刷宝 App 开发运营主体，刷宝 App 提供短视频服务，与原告构成直接竞争关系。刷宝 App 上有五万余个短视频与抖音 App 的短视频相同，有上百处评论内容相同。被告虽表示涉案短视频系用户上传，但其提交的相关后台信息、用户信息等表格均系自行制作，并且存在大量用户的注册时间、最后登录时间早于刷宝 App 安卓版的上线时间，后台信息不完整，后台信息与用户信息无法对应等问题；亦无法提交涉案评论由用户发布的证据。故被告未提交足够证据证明涉案短视频及相关评论为用户上传或具有合法授权。

同时，结合涉案短视频中含有抖音专有的VID码，刷宝App上展示有原告专门设置的含有“搬运自抖音”VID码的短视频，在涉案行为发生时刷宝App并无上传短视频入口，刷宝App上的涉案评论内容、顺序、标点符号与抖音App完全相同，且出现表情图未能正常显示等情况，法院认为现有证据能够证明被告系采用技术手段或人工方式获取来源于抖音App中的视频文件、评论内容并通过刷宝App向公众提供。

被告未通过正常运营刷宝App产品，吸引用户、培育市场、建立竞争优势，并以此获得相应的合法经营利益，而是直接采用技术手段或人工方式获取原告赖以经营和获利的视频资源、评论内容。被告在未投入相应成本的情况下，直接获取上述资源，掠夺原告的经营成果，并以此与原告争夺流量和用户，削弱了原告的竞争优势，损害了原告的合法权益，此种行为违反诚实信用原则和公认的商业道德，构成不正当竞争。

其他参考案例：批量爬取/搬运数据或信息。

案例一 【北京微梦创科网络技术有限公司 诉 北京淘友天下技术有限公司、北京淘友天下科技发展有限公司】

北京市海淀区人民法院（2015）海民（知）初字第12602号【一审】

北京知识产权法院（2016）京73民终588号【二审】

侵权行为

脉脉非法抓取使用新浪微博用户信息。

判决摘要

明确《反不正当竞争法》要求，保护市场主体合法权益。

二审法院认为，本案中，被上诉人北京微梦创科网络技术有限公司（简称微梦公司）经营的新浪微博兼具社交媒体网络平台和向第三方应用提供接口开放平台的身份，通过其公司多年经营活动积累了数以亿计的微博用户，这些用户根据自身需要及新浪微博提供的设置条件，公开、向特定人公开或不公开自己的基本信息、职业、教育、喜好等特色信息。经过用户同意收集并进行商业利用的用户信息不仅是被上诉人微梦公司作为社交媒体平台开展经营活动的基础，也是其向不同第三方应用提供平台资源的重要商业资源。新浪微博将用户信息作为其研发产品、提升企业竞争力的基础和核心，实施开放平台战略向第三方应用有条件地提供用户信息，目的是保护用户信息的同时维护新浪微博自身的核心竞争优势。第三方应用未经新浪微博用户及新浪微博的同意，不得使用新浪微博的用户信息。本案中，上诉人北京淘友天下技术有限公司（简称淘友技术公司）、北京淘友天下科技发展有限公司（简称淘友科技公司）未经新浪微博用户的同意，获取并使用非脉脉用户的新浪微博信息，节省了大量的经济投入，变相降低了同为竞争者的新浪微博的竞争优势。对社交软件而言，存在明显的用户网络效应，使用用户越多则社交软件越有商业价值。脉脉作为提供职场动态分享、人脉管理、人脉招聘、匿名职场八卦等功能的交友平台，用户信息更是其重要的商业资源，其掌握用户的数量与其竞争优势呈正相关。上诉人淘友技术公司、淘友科技公司获取并使用非脉脉用户的新浪微博信息，无正当理由地降低了被上诉人微梦公司的竞争优势，一定程度上侵害了被上诉人微梦公司的商业资源，被上诉人微梦公司基于其 Open API 合作开发提供数据方的市场主体地位，可以就开发方未按照《开发者协议》约定内容、未取得用户同意、无正当理由使用其平台相关数据资源的行为主张自己的合法权益。

法院认定:（1）二被告在合作期间超出许可范围抓取并使用新浪微博用户职业信息、教育信息，并在合作终止后较长一段时间内仍然使用来自新浪微博的用户信息作为脉脉软件中非脉脉用户的相关信息;（2）同时，非法获取并在一度人脉中展示用户手机通讯录联系人与新浪微博用户的对应关系，使大量非脉脉用户的新浪微博信息及好友关系展现在脉脉软件中，便于脉脉软件拓展自身用户群，二被告的行为主观故意明显。

本案中，二被告的行为违反了诚实信用的原则，违背了公认的商业道德，危害到新浪微博平台用户的信息安全，损害了微梦公司的合法竞争利益，对微梦公司构成不正当竞争。

法院适用《反不正当竞争法》第二条认定构成不正当竞争。

案例二 【上海汉涛信息咨询有限公司 诉 北京百度网讯科技有限公司、上海杰图软件技术有限公司】

上海市浦东新区人民法院（2015）浦民三（知）初字第528号【一审】

上海知识产权法院（2016）沪73民终242号【二审】

侵权行为

百度地图、百度知道产品中大量抄袭大众点评网的用户点评信息，直接替代大众点评网向用户提供内容。

判决摘要

明确《反不正当竞争法》要求，保护市场主体合法权益。

本案中，上海汉涛信息咨询有限公司（简称汉涛公司）的大

众点评网站通过长期经营，其网站上积累了大量的用户点评信息，这些点评信息可以为其网站带来流量，同时这些信息对于消费者的交易决定有着一定的影响，本身具有较高的经济价值。汉涛公司依据其网站上的用户点评信息获取利益并不违反《反不正当竞争法》的原则精神和禁止性规定，其以此谋求商业利益的行为应受保护，他人不得以不正当的方式侵害其正当权益。

本案中，大众点评网上的用户评论信息是汉涛公司付出大量资源所获取的，且具有很高的经济价值，这些信息是汉涛公司的劳动成果。北京百度网讯科技有限公司（简称百度公司）未经汉涛公司的许可，在其百度地图和百度知道产品中进行大量使用，这种行为本质上属于“未经许可使用他人劳动成果”。

法院查明的事实表明，仅汉涛公司公证抽取的百度地图商户中，就有784家商户使用的评论信息中超过75%的比例来自大众点评网。就提供用户评论信息而言，百度公司在百度地图和百度知道产品中大量使用来自大众点评网用户的评论信息，已对大众点评网构成实质性替代，这种替代必然会使汉涛公司的利益受到损害。

百度公司的行为损害了汉涛公司的利益，且其行为违反公认的商业道德，构成不正当竞争。

二、案件焦点分析

关于这类短视频搬运案件，在批量搬运的情况下，所涉短视频数量众多，如果要以侵害著作权的诉由进行维权，则面临维权难成本高的问题，具体表现为：是否构成作品需要对每个短视频进行逐一认定、每个短视频作品的权属需要逐一落实、取证量大、取证时间成本高等。故对于这类案件，如权利人能证明被诉平台采用技术手段或人工方式获取权利人平台中其享有合法权益的视频文件、其他信息内容并向公众提供，则权利人尝试选择通过《反不正当竞争法》保护其经营利益更为适当。

在这类案件中，短视频搬运者往往会通过技术手段除去原平台的水印，水印应被认定为“权利管理信息”还是权利人为保护著作权及著作权相关权益设置的“技术措施”？被诉平台因为存在破坏了“权利管理信息”或“技术措施”是否应承担侵权责任？

我们在司法实践中搜到的存在这一法律问题的案例较为有限，在北互（2018）京0491民初1号案件中，法院否定了“去除水印”是破坏“技术措施”的行为，理由为，著作权法意义上的“技术措施”与纯技术意义上的“技术措施”的差异主要有两点：一是著作权法意义上的“技术措施”用于作品、表演和录音制品等著作权法中的特定客体；二是著作权法意义上的“技术措施”具有阻止对上述特定客体实施特定行为的功能。只有阻止他人实施特定行为的技术性手段，才能实现著作权法的立法目的。本案中的水印显然不能实现上述功能。最终法院认为水印的内容既包含涉案短视频的制作者用户ID号，也包含了“抖音”字样，反映了制作者及传播者的信息，故涉案水印更宜被认定为权利管理信息。只是因涉案视频为用户上传而并非被诉平台上传，无证据表明被诉平台去除了水印，故不应承担责任。

三、相关法律文件

《反不正当竞争法》

实施日期：2019年4月23日

第二条　经营者在生产经营活动中，应当遵循自愿、平等、公平、诚信的原则，遵守法律和商业道德。

本法所称的不正当竞争行为，是指经营者在生产经营活动中，违反本法

规定，扰乱市场竞争秩序，损害其他经营者或者消费者的合法权益的行为。

本法所称的经营者，是指从事商品生产、经营或者提供服务（以下所称商品包括服务）的自然人、法人和非法人组织。

《著作权法》（2020年修正）

实施日期：2021年6月1日

第四十九条　为保护著作权和与著作权有关的权利，权利人可以采取技术措施。

未经权利人许可，任何组织或者个人不得故意避开或者破坏技术措施，不得以避开或者破坏技术措施为目的制造、进口或者向公众提供有关装置或者部件，不得故意为他人避开或者破坏技术措施提供技术服务。但是，法律、行政法规规定可以避开的情形除外。

本法所称的技术措施，是指用于防止、限制未经权利人许可浏览、欣赏作品、表演、录音录像制品或者通过信息网络向公众提供作品、表演、录音录像制品的有效技术、装置或者部件。

第五十条　下列情形可以避开技术措施，但不得向他人提供避开技术措施的技术、装置或者部件，不得侵犯权利人依法享有的其他权利：

（一）为学校课堂教学或者科学研究，提供少量已经发表的作品，供教学或者科研人员使用，而该作品无法通过正常途径获取；

（二）不以营利为目的，以阅读障碍者能够感知的无障碍方式向其提供已经发表的作品，而该作品无法通过正常途径获取；

（三）国家机关依照行政、监察、司法程序执行公务；

（四）对计算机及其系统或者网络的安全性能进行测试；

（五）进行加密研究或者计算机软件反向工程研究。

前款规定适用于对与著作权有关的权利的限制。

第五十一条　未经权利人许可，不得进行下列行为：

（一）故意删除或者改变作品、版式设计、表演、录音录像制品或者广播、电视上的权利管理信息，但由于技术上的原因无法避免的除外；

（二）知道或者应当知道作品、版式设计、表演、录音录像制品或者广播、电视上的权利管理信息未经许可被删除或者改变，仍然向公众提供。

第五十三条　有下列侵权行为的，应当根据情况，承担本法第五十二条规定的民事责任；侵权行为同时损害公共利益的，由主管著作权的部门责令停止侵权行为，予以警告，没收违法所得，没收、无害化销毁处理侵权复制品以及主要用于制作侵权复制品的材料、工具、设备等，违法经营额五万元以上的，可以并处违法经营额一倍以上五倍以下的罚款；没有违法经营额、违法经营额难以计算或者不足五万元的，可以并处二十五万元以下的罚款；构成犯罪的，依法追究刑事责任：

……

（六）未经著作权人或者与著作权有关的权利人许可，故意避开或者破坏技术措施的，故意制造、进口或者向他人提供主要用于避开、破坏技术措施的装置或者部件的，或者故意为他人避开或者破坏技术措施提供技术服务的，法律、行政法规另有规定的除外；

（七）未经著作权人或者与著作权有关的权利人许可，故意删除或者改变作品、版式设计、表演、录音录像制品或者广播、电视上的权利管理信息的，知道或者应当知道作品、版式设计、表演、录音录像制品或者广播、电视上的权利管理信息未经许可被删除或者改变，仍然向公众提供的，法律、行政法规另有规定的除外；

……

《著作权法》（2010年修正）

实施日期：2010年4月1日

第四十八条　有下列侵权行为的，应当根据情况，承担停止侵害、消

除影响、赔礼道歉、赔偿损失等民事责任；同时损害公共利益的，可以由著作权行政管理部门责令停止侵权行为，没收违法所得，没收、销毁侵权复制品，并可处以罚款；情节严重的，著作权行政管理部门还可以没收主要用于制作侵权复制品的材料、工具、设备等；构成犯罪的，依法追究刑事责任：

……

（六）未经著作权人或者与著作权有关的权利人许可，故意避开或者破坏权利人为其作品、录音录像制品等采取的保护著作权或者与著作权有关的权利的技术措施的，法律、行政法规另有规定的除外；

（七）未经著作权人或者与著作权有关的权利人许可，故意删除或者改变作品、录音录像制品等的权利管理电子信息的，法律、行政法规另有规定的除外；

……

《信息网络传播权保护条例》

实施日期：2013 年 3 月 1 日

第四条　为了保护信息网络传播权，权利人可以采取技术措施。

任何组织或者个人不得故意避开或者破坏技术措施，不得故意制造、进口或者向公众提供主要用于避开或者破坏技术措施的装置或者部件，不得故意为他人避开或者破坏技术措施提供技术服务。但是，法律、行政法规规定可以避开的除外。

第五条　未经权利人许可，任何组织或者个人不得进行下列行为：

（一）故意删除或者改变通过信息网络向公众提供的作品、表演、录音录像制品的权利管理电子信息，但由于技术上的原因无法避免删除或者改变的除外；

（二）通过信息网络向公众提供明知或者应知未经权利人许可被删除或者改变权利管理电子信息的作品、表演、录音录像制品。

第十四条　对提供信息存储空间或者提供搜索、链接服务的网络服务提供者，权利人认为其服务所涉及的作品、表演、录音录像制品，侵犯自己的信息网络传播权或者被删除、改变了自己的权利管理电子信息的，可以向该网络服务提供者提交书面通知，要求网络服务提供者删除该作品、表演、录音录像制品，或者断开与该作品、表演、录音录像制品的链接。通知书应当包含下列内容：

（一）权利人的姓名（名称）、联系方式和地址；

（二）要求删除或者断开链接的侵权作品、表演、录音录像制品的名称和网络地址；

（三）构成侵权的初步证明材料。

权利人应当对通知书的真实性负责。

第十八条　违反本条例规定，有下列侵权行为之一的，根据情况承担停止侵害、消除影响、赔礼道歉、赔偿损失等民事责任；同时损害公共利益的，可以由著作权行政管理部门责令停止侵权行为，没收违法所得，非法经营额5万元以上的，可处非法经营额1倍以上5倍以下的罚款；没有非法经营额或者非法经营额5万元以下的，根据情节轻重，可处25万元以下的罚款；情节严重的，著作权行政管理部门可以没收主要用于提供网络服务的计算机等设备；构成犯罪的，依法追究刑事责任：

……

（二）故意避开或者破坏技术措施的；

（三）故意删除或者改变通过信息网络向公众提供的作品、表演、录音录像制品的权利管理电子信息，或者通过信息网络向公众提供明知或者应知未经权利人许可而被删除或者改变权利管理电子信息的作品、表演、录音录像制品的；

……

（五）通过信息网络提供他人的作品、表演、录音录像制品，未指明作品、表演、录音录像制品的名称或者作者、表演者、录音录像制作者的

姓名（名称），或者未支付报酬，或者未依照本条例规定采取技术措施防止服务对象以外的其他人获得他人的作品、表演、录音录像制品，或者未防止服务对象的复制行为对权利人利益造成实质性损害的。

第十九条　违反本条例规定，有下列行为之一的，由著作权行政管理部门予以警告，没收违法所得，没收主要用于避开、破坏技术措施的装置或者部件；情节严重的，可以没收主要用于提供网络服务的计算机等设备；非法经营额5万元以上的，可处非法经营额1倍以上5倍以下的罚款；没有非法经营额或者非法经营额5万元以下的，根据情节轻重，可处25万元以下的罚款；构成犯罪的，依法追究刑事责任：

（一）故意制造、进口或者向他人提供主要用于避开、破坏技术措施的装置或者部件，或者故意为他人避开或者破坏技术措施提供技术服务的；

……

第二十六条　本条例下列用语的含义：

技术措施，是指用于防止、限制未经权利人许可浏览、欣赏作品、表演、录音录像制品的或者通过信息网络向公众提供作品、表演、录音录像制品的有效技术、装置或者部件。

权利管理电子信息，是指说明作品及其作者、表演及其表演者、录音录像制品及其制作者的信息，作品、表演、录音录像制品权利人的信息和使用条件的信息，以及表示上述信息的数字或者代码。

第五节　体育赛事视频内容侵权盗播

一、侵权行为模式

（一）直播 / 点播体育赛事节目视频

案例一　【北京新浪互联信息服务有限公司 诉 北京天盈九州网络技术有限公司、第三人乐视网信息技术（北京）股份有限公司】

北京市朝阳区人民法院（2014）朝民（知）初字第40334号【一审】

北京知识产权法院（2015）京知民终字第1818号【二审】

北京市高级人民法院（2020）京民再128号【再审】

【涉案作品：中超联赛视频】

侵权行为

北京天盈九州网络技术有限公司擅自将电视台正在直播的中超比赛的电视信号通过信息网络同步向公众进行转播。

判决摘要

北京市朝阳区人民法院（一审法院）认为体育直播赛事视频构成类电作品。

北京知识产权法院（二审法院）则以涉案体育赛事公用信号所承载的连续画面还没有达到拍摄电影作品所要求的独创性同样的高度，且“随摄随播”的状态不能满足电影作品中的固定的要

求，认定体育直播赛事视频不属于著作权法保护的作品。

北京市高级人民法院的再审判决中认定，涉案体育赛事节目视频构成类电作品。

北京市高级人民法院的判决从双方主要争议点，即涉案赛事节目是否达到构成电影类作品的独创性要求，以及是否满足电影类作品定义中“摄制在一定介质上”的要求进行分析。

从独创性要求来说，电影类作品与录像制品的划分标准应为独创性有无，而非独创性程度的高低。为向观众传递比赛的现场感，呈现足球竞技的对抗性、故事性，包含上述表达的涉案赛事节目在制作过程中，大量运用了镜头技巧、蒙太奇手法和剪辑手法，在机位的拍摄角度、镜头的切换、拍摄场景与对象的选择、拍摄画面的选取、剪辑、编排以及画外解说等方面均体现了摄像、编导等创作者的个性选择和安排，故具有独创性。

关于“摄制在一定介质上”的要求，北京市高级人民法院纠正了二审法院将“摄制在一定介质上”解释为对电影类作品具有“固定”要求，且将“固定”要求进一步限定为“应已经稳定地固定在有形载体上”的做法，认为即便将“摄制在一定介质上”作为电影类作品的特殊要求，也应做广义解释。涉案赛事节目的比赛画面系由摄制者在比赛现场拍摄并以公用信号方式向外传输。信号即可以视为一种介质。并且，根据前文对体育赛事节目制作过程的分析，赛事画面系由不同摄像机采集拍摄后的选择、加工、剪辑及对外实时传送的过程，否则，直播观众将无从感知和欣赏赛事节目内容，因此，涉案赛事节目在网络上传播的事实足以表明其已经通过数字信息技术在相关介质上加以固定并进行复制和传播。尽管涉案赛事节目的内容直至直播结束才最终完成整体定型，但正如作品创作有整体创作完成与局部创作完成之分，不能因此而否定赛事节目已满足作品一般定义中“可复制性”的要求和电影类作品定义中“摄制在一定介质上”的要求。

案例二 【央视国际网络有限公司 诉 暴风集团股份有限公司】

北京市石景山区人民法院（2015）石民（知）初字第 752 号【一审】

北京知识产权法院（2015）京知民终字第 1055 号【二审】

北京市高级人民法院（2020）京民再 127 号【再审】

【涉案作品:“2014 巴西世界杯”赛事电视节目】

侵权行为

暴风集团股份有限公司（简称暴风公司）未经授权许可擅自对涉案赛事节目剪辑并制作成涉案短视频而提供在线播放。

判决摘要

本案经北京市高级人民法院再审，最终认定，涉案体育赛事节目视频构成类电作品，具体论述与（2020）京民再 128 号相同。

北京知识产权法院在二审中将涉案体育赛事视频认定为录像制品。

北京知识产权法院认为，体育赛事视频能否构成以电影作品和类似摄制电影的方法创作的作品，应从固定性（摄制在一定介质上）和独创性（独创性的高度，而非独创性的有无）两方面来分析。该案中，体育赛事视频符合固定性的要求，但达不到类电作品的独创性高度，故而构成录像制品。在素材的选择上，涉案世界杯赛事信号所承载连续画面基本不存在独创性劳动。而在被拍摄的画面以及对被拍摄画面的选择及编排均受到上述因素限制的情况下，涉案世界杯赛事信号所承载连续画面的个性化选择空间已相当有限，达不到电影作品的独创性高度。

关于中文字幕及解说能否构成作品，北京知识产权法院认为，连续画面是电影作品的基本表达，即使涉案世界杯赛事直播中包含的中文字幕构成文字作品、解说构成口述作品，但在涉案赛事信号所承载连续画面不构成电影作品的情况下，中文字幕和解说不能使整个赛事节目构成电影作品。

案例三 【央视国际网络有限公司 诉 上海聚力传媒技术有限公司】

上海市浦东新区人民法院（2017）沪 0115 民初 88829 号【一审】

【涉案作品：2016 年欧洲足球锦标赛视频】

侵权行为

被告未经许可，在其经营的网站“PPTV 聚力”（www.pptv.com）中，通过信息网络，向公众提供原告享有权利的 2016 年欧洲足球锦标赛“法国 VS 罗马尼亚”“瑞士 VS 阿尔巴尼亚”两场足球赛事节目的网络实时转播。

判决摘要

上海市浦东新区人民法院认为，涉案足球赛事节目构成类电作品。

从独创性角度分析，涉案足球赛事节目通过多机位的设置、镜头的切换、慢动作的回放、精彩镜头的捕捉、故事的塑造，并加以导播创造性的劳动，充分体现了创作者在其意志支配下的对连续画面的选择、编辑、处理，故根据上述层进式判断方法，可以将其认定为《著作权法》意义上的类电作品。法院同时认为，体育赛事节目类型多样，一项体育赛事节目是否构成著作权法意义上的作品，仍需根据是否符合最低独创性的标准（而非独创性的高低）进行个案判断。

从固定性角度分析，涉案足球赛事节目符合固定性的要求：一是从当前足球赛事现场直播的产业实践来看，直播的足球赛事节目始终处于可复制的状态，数字信号承载的连续画面确定可感知。二是从涉案足球赛事直播节目的摄制过程来看，在节目进行过程中，球场上一旦出现犯规、进球，导播通常立即插播犯规、进球的回放镜头，该回放镜头亦可充分说明涉案足球赛事节目在摄制同时即实现了固定。

案例四 【央视国际网络有限公司 诉 华夏城视网络电视股份有限公司】

深圳市福田区人民法院（2015）深福法知民初字第174号【一审】

【涉案作品：2014年巴西世界杯比赛节目】

侵权行为

被告在其经营的网站“城市联合网络电视台”之“兰州台”频道内，向网络用户提供了中央电视台制作的2014年巴西世界杯比赛节目的在线直播服务。

判决摘要

巴西世界杯赛事直播节目所体现的创作性，尚不足以达到我国著作权法所规定的以类似摄制电影的方法创作的作品的高度，不属于我国著作权法规定的作品，应认定为录像制品。

法院认为，对于涉案体育赛事直播节目而言，其制作拍摄的目的是为观众呈现真实、客观比赛全过程，在赛事直播进行时，各摄影师操控摄像机进行摄制，电视导播对不同机位拍摄的画面进行取舍、剪辑，均服务于上述目的。体育赛事只是一连串意外

情况的结果，电视导播无法控制比赛进程，体育赛事直播节目的性质决定了电视导播、摄制者在节目中并非处于主导地位，体育赛事直播节目制作人在体育赛事直播节目中能够按照其意志做出的选择和表达非常有限。电视导播从大量的图像、摄像角度和特技效果进行选择、编排，有智力成果的投入，由不同的团队进行直播，呈现的赛事直播画面亦会有所区别，但其所体现的创作性，尚不足以达到我国著作权法所规定的以类似摄制电影的方法创作的作品的高度，不属于我国著作权法规定的作品。根据《中华人民共和国著作权法实施条例》第五条第（三）项规定，录像制品，是指电影作品和类似摄制电影的方法创作的作品以外的任何有伴音或者无伴音的连续相关形象、图像的录制品，由国际足联拍摄的、经中央电视台制作播出的巴西世界杯赛事直播节目应认定为录像制品。

类似案例一 【未来电视有限公司 诉 华数传媒网络有限公司】

天津市滨海新区人民法院（2018）津0116民初796号【一审】

【涉案作品：2016里约奥运会“男子100米自由泳（半决赛）”比赛节目】

类似案例二 【未来电视有限公司 诉 广东南方新媒体股份有限公司、广东南方传媒科技发展有限公司、河南大象融媒体集团有限公司、中国移动通信集团河南有限公司】

天津市滨海新区人民法院（2017）津0116民初2270号【一审】

【涉案作品：2016年欧足联欧洲足球锦标赛德国—波兰、乌克兰—

北爱尔兰等八场小组赛赛事】

类似案例三 【央视国际网络有限公司 诉 乐视体育文化产业发展（北京）有限公司】

北京市朝阳区人民法院（2017）京0105民初10027号**【一审】**

【涉案作品：2016里约奥运会】

类似案例四 【央视国际网络公司 诉 世纪龙信息网络有限责任公司】

广东省广州市中级人民法院（2010）穗中法民三初字第196号**【一审】**

【涉案作品：体育赛事北京奥林匹克运动会首场正式比赛：德国VS巴西女足赛】

（二）直播/点播电子竞技赛事视频

案　例 【上海耀宇文化传媒股份有限公司 诉 广州斗鱼网络科技有限公司】

上海市浦东新区人民法院（2015）浦民三（知）初字第191号**【一审】**

上海知识产权法院（2015）沪知民终字第641号**【二审】**

【涉案作品：游戏“DOTA2”】

侵权行为

广州斗鱼网络科技有限公司（简称斗鱼公司）未经许可，直播涉案游戏直播赛事视频。

判决摘要

1. 一审法院认为，游戏直播视频转播权不属于法定的著作权权利，游戏比赛画面不构成作品，未认定斗鱼公司侵害了上海耀宇文化传媒股份有限公司（简称耀宇公司）的著作权。

我国著作权法保护的对象是在文学、艺术和科学领域内具有独创性并能以某种有形形式复制的智力成果。由于涉案赛事的比赛本身并无剧本之类的事先设计，比赛画面是由参加比赛的双方多位选手按照游戏规则、通过各自操作所形成的动态画面，系进行中的比赛情况的一种客观、直观的表现形式，比赛过程具有随机性和不可复制性，比赛结果具有不确定性，故比赛画面并不属于著作权法规定的作品，被告使用涉案赛事比赛画面的行为不构成侵害著作权。

2. 一审、二审法院均认定应适用《反不正当竞争法》第二条对耀宇公司针对涉案游戏享有的合法权益进行保护。

类似案例一　**【上海壮游信息科技有限公司 诉 广州硕星信息科技股份有限公司、广州维动网络科技有限公司、上海哈网信息技术有限公司】**

上海市浦东新区人民法院（2015）浦民三（知）初字第191号【一审】

上海知识产权法院（2015）浦民三（知）初字第529号【二审】

【涉案作品：游戏“奇迹MU”】

类似案例二　**【广州网易计算机系统有限公司 诉 广州华多网络科技有限公司】**

广州知识产权法院（2015）粤知法著民初字第16号【一审】

广东省高级人民法院（2018）粤民终137号【二审】

【涉案作品:《梦幻西游》和《梦幻西游2》】

二、案件焦点分析

（一）关于传统体育赛事视频

根据北京市高级人民法院亓蕾法官的解读，体育赛事是指现场观众观赏到的比赛场面。体育赛事节目视频是指观众通过电视、网络等媒体观看到的针对体育赛事的直播或转播，画面是由电视台或网络媒体导演根据事先设置在比赛场地的不同角度摄像机位，选择切换赛场画面而形成的，在画面呈现上不仅仅是对比赛场面的记录，有时还会附带一些在比赛现场无法获取的信息。因此，通过电视台、网络媒体等传播媒介制作并播放的所有以体育赛事为基本内容的节目统称为体育赛事节目视频。体育赛事本身是体育活动，一般难以成为著作权法保护的客体。[1]故而，我们讨论的是体育赛事节目视频侵权盗版问题，该问题的主要争议在于体育赛事节目视频的定性，即它属于电影作品和以类似摄制电影的方法创作的作品（以下简称“类电作品”）还是录像制品。司法实践中各地法院认定不同，大多数法院将体育赛事节目视频认定为录像制品，也有部分法院认定为类电作品。

体育产业飞速发展，由此产生的巨大产业利益亟须保护。因现有著作权法中未明确体育赛事节目视频的性质，类电作品和录像制品受到保护的力度和范围存在差异，故而其定性引发巨大争议。从以上案例可以看出，针对体育赛事节目视频的定性，不同法院均从类电作品的固定性和独创性

[1] 亓蕾:《侵害著作权案件审理指南》条文解读系列之二。https://mp.weixin.qq.com/s?__biz=MjM5NzU5ODEzNw==&mid=2665211997&idx=2&sn=4321dc5cae87f79ca24cbf34eca7aced&chksm=bdf8ce8b8a8f479d7c4405b06785360e5797e0e73acd5bec908c205313d85ebee8f09c4d9a14&scene=21#wechat_redirect，最后访问日期：2020年11月29日。

两方面的要求进行解读，却得出了完全相反的结论。主要争议点在于：区分录像制品和类电作品的是独创性的有无还是独创性的高低；关于体育赛事直播节目视频，“随摄随播”状态下的体育赛事信号是否符合固定性的要求。

虽然《北京市高级人民法院侵害著作权案件审理指南》中明确了体育赛事节目视频可以作为类电作品保护的可能性，但该规定仅适用于北京地区。体育赛事节目类型多样化，具体的体育赛事节目视频是否构成类电作品，需要进行个案分析。北京市高级人民法院通过再审判决认定该二案中的体育赛事节目视频均构成类电作品，并做出了类电作品的独创性应体现在独创性的有无而非独创性的高低，以及电影类作品的固定性要求应作广义解读等权威解释，对北京法院后续审理体育赛事节目视频的类似案例具备指导意义。

（二）电子竞技赛事视频

电子竞技赛事于2004年被国家体育总局列为我国的正式体育项目，不同于传统的体育赛事，是以电子游戏的方式开展的对抗与比赛。电子竞技赛事视频是指直播或转播电子竞技赛事产生的连续动态画面，司法实践中对该类视频的可版权性存在争议，尚未查到直接认定该类视频属于作品的在先案例。在“耀宇诉斗鱼案”[1]中，上海知识产权法院认为比赛画面不属于著作权法规定的作品。在这一案件中原告仅对直播视频主张权利，没有对游戏本身，关于游戏本身是否构成类电作品，比赛画面是否作为游戏作品的展示而受到著作权专有权的限制，原告没有主张，法院也没有说明。因此，“法院的上述表述，并不涉及电子游戏动态画面是否为影视作品，判决仅是否定了用户在玩游戏的同时创作出了新作品的观点”[2]。

---

[1] 上海耀宇文化传媒有限公司与广州斗鱼网络科技有限公司著作权侵权及不正当竞争纠纷案，一审案号：（2015）浦民三（知）初字第191号，二审案号：（2015）沪知民终字第641号。

[2] 王迁：《电子游戏直播的著作权问题研究》，《电子知识产权》2016年第2期。

电子竞技赛事视频不仅包含游戏运行画面（即游戏程序本身运行所呈现的连续动态画面），还包括解说、直播间画面等，并非仅仅对游戏运行画面进行直播。关于游戏运行画面的可版权性，自2015年“《奇迹MU》”案一审判决中首次认定游戏运行产生的连续画面构成类电作品以后，RPG、MOBA、FPS等游戏类别已相继被法院认定为类电作品。对于电子竞技赛事视频本身是否具有可版权性的问题，除了考虑游戏本身的可版权性外，电子竞技视频中的其他的因素（如游戏解说、直播间画面、多镜头摄制切换、后期制作等）具备著作权法意义上的独创性，可作为新作品予以保护。

三、相关法律文件

《著作权法》

实施日期：2010年4月1日

第三条　本法所称的作品，包括以下列形式创作的文学、艺术和自然科学、社会科学、工程技术等作品：

（一）文字作品；

（二）口述作品；

（三）音乐、戏剧、曲艺、舞蹈、杂技艺术作品；

（四）美术、建筑作品；

（五）摄影作品；

（六）电影作品和以类似摄制电影的方法创作的作品；

（七）工程设计图、产品设计图、地图、示意图等图形作品和模型作品；

（八）计算机软件；

（九）法律、行政法规规定的其他作品。

《著作权法实施条例》

实施日期：2013 年 3 月 1 日

第二条　著作权法所称作品，是指文学、艺术和科学领域内具有独创性并能以某种有形形式复制的智力成果。

第四条　著作权法和本条例中下列作品的含义：

……

（十一）电影作品和以类似摄制电影的方法创作的作品，是指摄制在一定介质上，由一系列有伴音或者无伴音的画面组成，并且借助适当装置放映或者以其他方式传播的作品；

《北京市高级人民法院侵害著作权案件审理指南》

实施日期：2018 年 4 月 20 日

2.13【体育赛事节目视频】

体育赛事节目视频是否构成作品与体育赛事活动是否构成作品无关。

体育赛事节目视频符合以类似摄制电影的方法创作的作品构成要件的，受著作权法保护。

《广东省高级人民法院关于网络游戏知识产权民事纠纷案件的审判指引（试行）》

发布日期：2020 年 4 月 12 日

第十九条　【游戏直播画面构成作品的审查】直播电子竞技赛事活动所形成的游戏直播画面，符合以类似摄制电影的方法创作的作品构成要件的，应予保护。

游戏主播个人进行的，以自己或他人运行游戏所形成的游戏连续动态画面为基础，伴随主播口头解说及其他文字、声音、图像、动画等元素的直播画面，符合以类似摄制电影的方法创作的作品构成要件的，应予保护。若直播画面伴随的主播口头解说及其他元素仅系对相关游戏过程的简单描述、评论，不宜认定该直播画面独立于游戏连续动态画面构成新的作品。

第六节　在私人影院、网吧等场合提供视频播放

一、侵权行为模式

（一）在私人影院提供视频播放

1. 在私人影院中以搭建局域网的方式提供视频点播

案例一 【北京爱奇艺科技有限公司 诉 暴风集团股份有限公司、北京暴风新影科技有限公司、北京私影科技有限公司】

北京市石景山区人民法院（2017）京0107民初12592号【一审】

北京知识产权法院（2017）京73民终2058号【二审】

【涉案作品：电影《西游记之孙悟空三打白骨精》】

侵权行为

BFC超感影音体验中心向社会公众提供涉案影视作品的点播服务。

判决摘要

一审法院认为，暴风集团股份有限公司、北京暴风新影科技

有限公司和北京私影科技有限公司均为BFC超感影音体验中心的经营主体，未经授权或许可通过其局域网络向社会公众提供涉案影视作品，共同侵害了北京爱奇艺科技有限公司对涉案作品享有的信息网络传播权。

案例二　【捷成华视网聚（常州）文化传媒有限公司 诉 北京摩威秀科技有限公司、北京云乐迪视听技术有限公司、北京网尚数字电影院线有限公司、北京金运玖慕文化传媒有限公司】

北京市海淀区人民法院（2018）京0108民初47799号【一审】

【涉案作品:《寻龙诀》】

侵权行为

被告在其运营的“云乐迪·私影汇（西直门店）”私人影院向公众提供原告的权利作品《寻龙诀》。

判决摘要

法院考虑到：首先，涉案影片储存在被告运营的影院服务器，消费者在选定影片后可以通过网络传输经由播控盒解密后获得；其次，涉案影片在影院服务器与包厢内的播控盒之间的传输通过影院的局域网络进行，消费者在观看影片的过程中需要影院局域网络的持续连接；最后，消费者通过在选片机选片的行为，可以在其个人选定的时间自由选择被告所提供的任意影片。综合上述因素，结合《最高人民法院关于审理侵害信息网络传播权民事纠纷案件适用法律若干问题的规定》的规定，法院认为，涉案店面通过内部局域网提供涉案影片的行为是信息网络传播行为，受信息网络传播权控制，并非受放映权控制的行为。北京金运玖慕文化传媒有限公司通过内部局域网提供涉案影片的播放服务，使不特定公众可以在其选定的时间和地点获得涉案影片，侵害了捷成华视网聚（常州）文化传媒有限公司就涉案影片享有的信息网络传播权。

案例三 【北京爱奇艺科技有限公司 诉 上海百视通数字电影院线有限公司、上海萤案信息科技有限公司、上海光邸娱乐休闲有限公司】

上海市徐汇区人民法院（2019）沪 0104 民初 19354 号【一审】

上海知识产权法院（2020）沪 73 民终 250 号【二审】

【涉案作品：电影《小门神》】

侵权行为

被告上海光邸娱乐休闲有限公司（简称光邸公司）和上海萤案信息科技有限公司（简称萤案公司）为“极光私人影院”的共同经营者，与上海百视通数字电影院线有限公司（简称百视通公司）就提供涉案作品签有合作协议，在其经营的影院提供电影《小门神》的点播服务。

判决摘要

法院认为，百视通公司将涉案电影上传至其网络平台，萤案公司和光邸公司共同经营被诉侵权影院，为观赏涉案电影提供场所，三被告未经许可，分工合作，使相关公众可以在个人选定的时间和地点获得涉案电影的行为，共同侵害了原告就涉案电影享有的信息网络传播权。

本案中，被诉侵权影院虽然以“影院”为名，但其提供作品的方式与传统电影院不同。该影院是百视通数字电影点播院线网点之

一，观众通过平板电脑选择片库中的电影后，通过投影设备将该电影投影到屏幕上。此间电影的传播通过网络完成，依靠网络的自主点播体验由三被告提供，其行为符合信息网络传播的特征。

百视通公司关于使用局域网及非全天候营业即不侵害信息网络传播权的主张，法院认为，信息网络传播权的特征——“公众可以在其个人选定的时间和地点获得”，其中的“在选定的时间和地点”并非任意时间和地点，上述内容旨在描述“交互式传播”的特征，而不能就此理解为任何时刻和在世界上任意地点。在传播者限定的时间和地域范围内，只要公众可以通过网络自行选择时间和地点去点播，这一传播即交互式传播，受信息网络传播权控制。

类似案例一 【北京摩威秀文化发展有限公司 诉 捷成华视网聚（常州）文化传媒有限公司】

北京市丰台区人民法院（2018）京 0106 民初 28685 号【一审】

北京知识产权法院（2019）京 73 民终 1755 号【二审】

类似案例二 【捷成华视网聚（常州）文化传媒有限公司 诉 北京摩威秀云川视听技术有限公司、北京摩威秀云川视听技术有限公司惠侨分店】

北京市朝阳区人民法院（2018）京 0105 民初 89804 号【一审】

类似案例三 【寰亚电影发行（北京）有限公司 诉 杭州柒章电影院有限公司、上海汉涛信息咨询有限公司】

上海市浦东新区人民法院（2018）沪 0115 民初 23716 号【一审】

类似案例四 【北京爱奇艺科技有限公司 诉 上海轻影文化传媒有限公司】

上海市杨浦区人民法院（2016）沪0110民初4921号【一审】

2. 在私人影院中通过存储及放映设备向用户提供视频

案例一 【寰亚电影发行（北京）有限公司 诉 桐庐县城南街道光影茶室、上海汉涛信息咨询有限公司】

上海市浦东新区人民法院（2018）沪0115民初23717号【一审】

上海知识产权法院（2019）沪73民终11号【二审】

【涉案作品：电影《树大招风》】

侵权行为

桐庐县城南街道光影茶室（简称光影茶室）在大众点评网站上发布了影吧观影券，并在光影私人影院（桐庐店）播放了涉案影片，上海汉涛信息咨询有限公司（简称汉涛公司）在大众点评平台上为光影茶室提供团购服务。

判决摘要

法院认为，光影茶室未经许可擅自在其影吧向公众提供了涉案影片，侵害了寰亚电影发行（北京）有限公司（简称寰亚公司）的放映权，汉涛公司无须承担赔偿责任。

浙江省杭州市之江公证处出具的（2017）浙杭之证字第5391号公证书载明：2017年5月12日，寰亚公司委托代理人来到位于桐庐白云源路×××号的“光影私人影院”，使用团购所得优惠券进入影院包厢，先后点击播放了包括涉案影片在内的23部影片。光影私人影院（桐庐店）使用机顶盒播放了涉案影片。

法院认为，寰亚公司经授权独家享有涉案影片的放映权等权

利。其提供的证据证明光影茶室未经许可擅自在其影吧向公众提供了涉案影片。其行为侵害了寰亚公司对涉案影片享有的放映权，应当承担停止侵权、赔偿损失的民事责任。汉涛公司仅为光影茶室提供影吧观影券的团购服务，团购信息中并无相关侵权信息，汉涛公司亦不负有对影吧放映作品进行权利审查的义务，故汉涛公司无须承担赔偿责任。

案例二　【安乐（北京）电影发行有限公司 诉 杭州夜萤文化创意有限公司、上海汉涛信息咨询有限公司】

杭州市西湖区人民法院（2016）浙0106民初899号【一审】

【涉案作品：电影《捉妖记》】

侵权行为

被告杭州夜萤文化创意有限公司（简称夜萤公司）经营的Mr.M私人影院复制、放映上述电影，并通过出售观影券的形式获取收益。

判决摘要

被告夜萤公司在未经原告许可的情况下，以商业目的擅自将涉案作品存储在其经营的私人影院的放映设备中，并向消费者提供涉案作品的播映服务，侵犯了原告对涉案作品享有的复制权、放映权，依法应当承担停止侵权、赔偿损失的民事责任。

（二）在网吧提供视频播放

案例一　【北京网尚文化传播有限公司 诉 渠县音尚时代网城万兴店】

四川省达州市中级人民法院（2010）达中民初字第38号【一审】
四川省高级人民法院（2011）川民终字第98号【二审】

【涉案作品：电视剧《败犬女王》】

侵权行为

被告未经许可，在音尚时代网城提供电视剧《败犬女王》的在线播放服务。

判决摘要

法院认为，被告未经许可擅自在其网城向公众提供了涉案电视剧在线播放服务，侵害了北京网尚文化传播有限公司（简称网尚公司）的信息网络传播权。

（2009）达市佳证字第3007号公证书及所附光盘能够证明，音尚时代网城在其局域网内通过“音尚时代影院”网站，向不特定公众提供了电视剧《败犬女王》的在线播放服务，侵犯了网尚公司对电视剧《败犬女王》享有的信息网络传播权。

案例二 【北京网尚文化传播有限公司 诉 银川阳光无限网络有限公司】
宁夏回族自治区银川市中级人民法院（2009）银民知初字第41号【一审】

【涉案作品：电影《见龙卸甲》】

侵权行为

被告银川阳光无限网络有限公司（简称阳光公司）未经原告同意，私自在其开办经营的阳光无限网吧的电脑上，向不特定的

公众提供《见龙卸甲》的播放服务。

判决摘要

法院认为，被告擅自在网吧电脑上提供涉案作品的播放服务侵害了原告的信息网络传播权。

阳光公司在其经营的网吧将电影作品《见龙卸甲》通过信息网络向不特定的社会公众提供有偿在线播放服务，从中获取经济利益，其既未取得权利人的许可，也未支付报酬，侵犯了网尚公司对该电影作品享有的信息网络传播权。

（三）在酒店、足浴中心等场所提供视频

案例一 【北京爱奇艺科技有限公司 诉 北京康照安逸商务酒店有限责任公司】

北京市西城区人民法院（2018）京 0102 民初 20753 号【一审】

北京知识产权法院（2019）京 73 民终 210 号【二审】

【涉案作品：电影《健忘村》】

侵权行为

被告未经许可，在其酒店提供涉案电影的在线播放服务。

判决摘要

法院认为，被告未经许可在其酒店向公众提供涉案电影的点播服务侵害了原告的信息网络传播权。

案例二 【捷成华视网聚（常州）文化传媒有限公司 诉 云南骏宇天华互联网有限公司、云南芭堤酒店管理有限公司】

北京市西城区人民法院（2018）京 0102 民初 20753 号【一审】
云南省高级人民法院（2019）云民终 54 号【二审】

【涉案作品：电视剧《继父回家》】

侵权行为

被告在其经营的云蔓酒店的客房内提供涉案电视剧的点播服务。

判决摘要

本案中，“天华慧眼”机顶盒由原审被告云南骏宇天华互联网有限公司（简称骏宇天华公司）制作生产，机顶盒内的点播平台由骏宇天华公司运营维护，其对所提供的影视作品合法来源具有审查义务，且骏宇天华公司主张其仅是网络服务提供者，不应承担侵权责任，理应提供相应证据证明，机顶盒点播平台中并没有显示该作品由第三人提供以及提供者的信息，骏宇天华公司亦未提交证据证明该作品确由第三人提供以及提供者的确切身份信息，其无法证明仅为网络服务提供者的主张。因此，原审被告骏宇天华公司主张其仅为网络服务提供者，缺乏事实和法律依据，一审法院对此不予支持。云南芭堤酒店管理有限公司（简称芭堤酒店公司）在其经营的云蔓酒店的客房内，通过网络机顶盒连接电视向不特定公众提供涉案电视剧的观看服务，使消费者能够在选定的时间和地点登录点播平台获得作品，一审法院认为原审被告骏宇天华公司、芭堤酒店公司的行为对于原审原告捷成华视网聚（常州）文化传媒有限公司就涉案电视剧作品信息网络传播权构成共同侵权。

案例三　【捷成华视网聚（常州）文化传媒有限公司　诉　嘉善园香壹号足浴休闲会所叁号店】

浙江省嘉兴市南湖区人民法院（2019）浙0402民初7664号【一审】

浙江省嘉兴市中级人民法院（2020）浙04民终234号【二审】

【涉案作品：电影《捉妖记》《恶棍天使》《港囧》】

侵权行为

被告未经许可，在香园足道叁号店提供涉案电影的在线播放服务。

判决摘要

法院认为，被告未经许可擅自在其足浴店向公众提供涉案电影的在线播放服务侵害了原告的信息网络传播权。

嘉善园香壹号足浴休闲会所叁号店（简称园香会所叁号店）在其经营的店内，通过点播系统向不特定公众提供涉案电影的点播服务，使消费者能够在选定的时间和地点进行点播。园香会所叁号店未经原告许可实施的上述播放行为，侵害了原告对涉案电影的信息网络传播权。

案例四　【北京爱奇艺科技有限公司　诉　深圳普瑞尔智能技术有限公司、杭州胤隆会洗浴有限公司】

杭州互联网法院（2018）浙0192民初905号【一审】

【涉案作品：电视剧《秀丽江山之长歌行》】

侵权行为

二被告未经北京爱奇艺科技有限公司（简称爱奇艺公司）合法授权，同意杭州胤隆会洗浴有限公司（简称胤隆会公司）在其运营的杭州胤隆汇休闲主题酒店使用深圳普瑞尔智能技术有限公司（简称普瑞尔公司）提供的普瑞尔点播设备及其系统，通过信息网络非法向公众提供涉案热播影视作品的在线播放服务。

判决摘要

胤隆会公司未经许可在其经营场所内通过普瑞尔智能自助触控终端及其系统向公众提供涉案作品，侵害了原告的信息网络传播权。

胤隆会公司未经许可在其经营场所内通过普瑞尔智能自助触控终端及其系统向公众提供涉案作品，虽然其经营场所提供的开放范围和传播作品的范围有限，但公众仍可在其自行划定的地域和时间范围内任意选择一个时间点和一台设备获得作品，该传播作品的方式仍属于交互式传播，法院认定胤隆会公司侵害了爱奇艺公司对涉案作品享有的信息网络传播权。即使胤隆会公司提供的主要经营服务并非影音播放，也不影响对其实施行为的可责性判断。

类似案例一 【捷成华视网聚（常州）文化传媒有限公司 诉 北京格尔萨豪酒店管理有限公司】

北京互联网法院（2019）京0491民初1401号【一审】

北京知识产权法院（2019）京73民终3227号【二审】

类似案例二 【捷成华视网聚（常州）文化传播有限公司 诉 宁波海曙富茂足浴店】

宁波市海曙区人民法院（2019）浙 0203 民初 13108 号【一审】

二、案件焦点分析

私人影院、网吧、酒店、足浴中心等提供影视作品点播服务的行为侵害了信息网络传播权还是放映权？

根据《著作权法》（2010 年修订）的规定，信息网络传播权是指以有线或者无线方式向公众提供作品，使公众可以在其个人选定的时间和地点获得作品的权利；放映权是指通过放映机、幻灯机等技术设备公开再现美术、摄影、电影和以类似摄制电影的方法创作的作品等的权利。可见，二者的区别在于控制的传播行为不同，信息网络传播权控制的行为是通过有线或者无线方式提供的，且强调传播行为的交互性，即公众可以在个人选定的时间和地点获得作品；放映权控制的行为是通过放映机、幻灯片等技术设备公开再现视听作品等。传统电影院播放电影的行为是典型的行使放映权的行为，公众只能在固定的时间（电影院的排片时间）、固定的地点（电影院）观看固定的影片，不能自行选择其他作品观看。

从上述案例来看，虽然在私人影院等场所提供视听作品的行为均存在有别于传统影院播放行为的互动性因素，即用户不论是事先在网上买好观影券还是直接到私人影院，均可以在自己选定的时间自主点播观看影片，但对于私人影院提供视听作品等行为，各法院却有不同的认定。具体来说，通过在私人影院中搭建局域网的方式向用户提供视听作品，提供行为满足以有线或者无线方式向公众提供作品且用户可在其选定的时间获得作品特征的，法院大多认定该行为侵害了原告的信息网络传播权；而私人影院通过放映设备将事先存储的视听作品提供给用户，虽然也是用户自主选择的结果，但各法院多数倾向于认定该行为侵害了原告的放映权。而根据《北京市高级人民法院侵害著作权案件审理指南》第 5.9 条的规定，被告未经许可将来源于信息网络的电影等作品，通过放映机等设备向现场观众进行公开再现的，构成侵害放映权的行为，但法律另有规定的除外。我们认为，私人影院提供视听作品的行为可能会同时具备信息网络传播权及放映权规制的传播行为的某些特征，具体应受哪条规制还应结合个案案情来认定。

关于网吧提供影视作品的点播服务的定性，根据《最高人民法院关于做好涉及网吧著作权纠纷案件审判工作的通知》第三条的规定，网吧经营者未经许可，通过网吧自行提供他人享有著作权的影视作品，侵犯他人信息网络传播权等权利的，应当根据原告的诉讼请求判决其停止侵权和赔偿损失。结合既有的司法实践，网吧自行提供影视作品的点播服务行为一般会被认定为侵害了权利人就其作品享有的信息网络传播权。

关于酒店、足浴中心等场合提供影视作品的点播服务的认定，从现有案例来看，因酒店、足浴中心一般借助局域网提供影视作品，用户可以在自行选定的时间和地点点播影视作品，故而法院一般会认定在酒店、足浴中心等经营场所提供影视作品的点播服务侵害了信息网络传播权。

三、相关法律文件

《著作权法》（2020年修正）

实施日期：2021年6月1日

第十条　著作权包括下列人身权和财产权：

……

（十）放映权，即通过放映机、幻灯机等技术设备公开再现美术、摄影、视听作品等的权利；

（十一）广播权，即以有线或者无线方式公开传播或者转播作品，以及通过扩音器或者其他传送符号、声音、图像的类似工具向公众传播广播的作品的权利，但不包括本款第十二项规定的权利；

（十二）信息网络传播权，即以有线或者无线方式向公众提供，使公众可以在其选定的时间和地点获得作品的权利；

……

（十七）应当由著作权人享有的其他权利。

著作权人可以许可他人行使前款第（五）项至第（十七）项规定的权利，并依照约定或者本法有关规定获得报酬。

著作权人可以全部或者部分转让本条第一款第（五）项至第（十七）项规定的权利，并依照约定或者本法有关规定获得报酬。

《著作权法》（2010年修正）

实施日期：2010年4月1日

第十条　著作权包括下列人身权和财产权：

……

（十）放映权，即通过放映机、幻灯机等技术设备公开再现美术、摄影、电影和以类似摄制电影的方法创作的作品等的权利；

（十一）广播权，即以无线方式公开广播或者传播作品，以有线传播或者转播的方式向公众传播广播的作品，以及通过扩音器或者其他传送符号、声音、图像的类似工具向公众传播广播的作品的权利；

（十二）信息网络传播权，即以有线或者无线方式向公众提供作品，使公众可以在其个人选定的时间和地点获得作品的权利；

……

（十七）应当由著作权人享有的其他权利。

著作权人可以许可他人行使前款第（五）项至第（十七）项规定的权利，并依照约定或者本法有关规定获得报酬。

著作权人可以全部或者部分转让本条第一款第（五）项至第（十七）项规定的权利，并依照约定或者本法有关规定获得报酬。

《最高人民法院关于审理侵害信息网络传播权民事纠纷案件适用法律若干问题的规定》

实施日期：2021 年 1 月 1 日

第二条　本规定所称信息网络，包括以计算机、电视机、固定电话机、移动电话机等电子设备为终端的计算机互联网、广播电视网、固定通信网、移动通信网等信息网络，以及向公众开放的局域网络。

第三条　网络用户、网络服务提供者未经许可，通过信息网络提供权利人享有信息网络传播权的作品、表演、录音录像制品，除法律、行政法规另有规定外，人民法院应当认定其构成侵害信息网络传播权行为。

通过上传到网络服务器、设置共享文件或者利用文件分享软件等方式，将作品、表演、录音录像制品置于信息网络中，使公众能够在个人选定的时间和地点以下载、浏览或者其他方式获得的，人民法院应当认定其实施了前款规定的提供行为。

第四条　有证据证明网络服务提供者与他人以分工合作等方式共同提供作品、表演、录音录像制品，构成共同侵权行为的，人民法院应当判令其承担连带责任。网络服务提供者能够证明其仅提供自动接入、自动传输、信息存储空间、搜索、链接、文件分享技术等网络服务，主张其不构成共同侵权行为的，人民法院应予支持。

《最高人民法院关于做好涉及网吧著作权纠纷案件审判工作的通知》

实施日期：2010 年 11 月 25 日

第三条　网吧经营者未经许可，通过网吧自行提供他人享有著作权的影视作品，侵犯他人信息网络传播权等权利的，应当根据原告的诉讼请求判决其停止侵权和赔偿损失。……

《北京市高级人民法院侵害著作权案件审理指南》

发布日期：2018 年 4 月 20 日

5.9【放映权控制的行为】

通过放映机、幻灯机等技术设备公开再现美术、摄影、电影和以类似摄制电影方法创作的作品等属于放映行为。

被告未经许可将来源于信息网络的电影等作品，通过放映机等设备向现场观众进行公开再现的，构成侵害放映权的行为，但法律另有规定除外。

国家新闻出版广电总局《点播影院、点播院线管理规定》

实施日期：2018 年 3 月 30 日

第二条　从事点播影院、点播院线电影放映、发行活动，适用本规定。

本规定所称点播影院，是指在电影院和流动放映活动场所之外，为观众观看自选影片提供放映服务经营活动的文化娱乐场所。

第七节　网络直播

一、侵权行为模式

对于涉及视听作品 / 制品的非交互式网络直播行为通常包括两类，一类是网络实时转播，即将电视台或广播台直播的节目信号转换为数字信号后通过网络服务器实时提供给用户观看的模式；另一类是网络定时播放，典型的模式是在直播间定时播放电视剧、体育赛事视频、游戏直播画面等。

在新著作权法落靴之前，关于“网络定向”传播视听作品 / 制品究竟适用哪项著作权或与著作权有关的权项来保护，理论及实务界一直存在很大争议，下面我们罗列了既往司法实践中各法院的认定情况。

（一）网络实时转播行为

1. 在认定涉案视频构成作品的情况下，法院在如下不同案例中对被告行为进行了不同的认定

（1）认定被告行为侵害了《著作权法》第十条第一款第（十七）项规定的其他著作权权利

案例一　【优酷信息技术（北京）有限公司 诉 珠海云迈网络科技有限公司】

北京市海淀区人民法院（2017）京 0108 民初 35050 号【一审】

北京知识产权法院（2019）京 73 民终 966 号【二审】

【涉案作品：电视剧《大军师司马懿之军师联盟》】

侵权行为

被告珠海云迈网络科技有限公司（简称云迈公司）通过其运营的“云图直播手机电视”App向网络用户提供涉案电视剧的直播及回看服务。

判决摘要

被告云迈公司提供涉案电视剧直播的行为侵害了原告优酷信息技术（北京）有限公司（简称优酷公司）享有的其他著作权权利。

优酷公司获得的是涉案电视剧的信息网络传播权及通过网络进行直播的权利。网络直播的权利属于《著作权法》第十条第一款第（十七）项规定的其他著作权权利。

云迈公司运营的涉案应用软件，在涉案电视剧首播期间，通过信息网络向公众提供江苏卫视、安徽卫视的涉案电视剧直播服务，同时提供该剧相应剧集的点播回看服务。云迈公司向用户提供的涉案电视剧的网络直播服务落入授予优酷公司通过网络直播该剧的权利范围，侵害了优酷公司对该剧享有的其他著作权权利。

案例二　【湖南快乐阳光互动娱乐传媒有限公司 诉 上海视畅信息科技有限公司】

湖南省长沙市中级人民法院（2016）湘01民初1153号【一审】

湖南省高级人民法院（2017）湘民终326号【二审】

【涉案作品：综艺节目《偶像来了》】

侵权行为

被告上海视畅信息科技有限公司（简称上海视畅公司）在其运营的“看客影视”应用中提供了《偶像来了》第二期至第六期的网络同步播放服务。

判决摘要

1. 一审法院认为，电视节目《偶像来了》属于《中华人民共和国著作权法》第三条第（六）项规定的“电影作品和以类似摄制电影的方法创作的作品”，被告上海视畅公司提供《偶像来了》的网络同步播放服务侵犯了原告对涉案作品享有的其他权利。

2. 二审法院认为，湖南快乐阳光互动娱乐传媒有限公司独家享有湖南广播电视台授予的涉案作品“通过信息网络向公众传播、广播（包括但不限于网络直播、实时转播、延时转播等）的权利”，该权利属于《中华人民共和国著作权法》第十条第一款第（十七）项规定的“应当由著作权人享有的其他权利”。

案例三 【央视国际网络有限公司 诉 乐视网信息技术（北京）股份有限公司】

北京市海淀区人民法院（2015）海民（知）初字第21381号【一审】

北京知识产权法院（2017）京73民终840号【二审】

【涉案作品:《2015年中央电视台春节联欢晚会》】

侵权行为

乐视网信息技术（北京）股份有限公司（简称乐视公司）在其经营的乐视网（www.letv.com）及手机客户端“乐视视频hd”的直播频道中向用户提供中央电视台拍摄制作的《2015年中央电视台春节联欢晚会》的网络实时直播。

判决摘要

1. 涉案作品属于以类似摄制电影的方法创作的作品。

在本案中，央视国际网络有限公司（简称央视国际公司）主张权利的客体为《2015年中央电视台春节联欢晚会》影像节目，该影像节目符合上述定义，属于以类似摄制电影的方法创作的作品，依法受到保护。

2. 乐视公司的被诉行为落入央视国际公司获得的著作权授权的范围，侵害了央视国际公司享有的其他权利。

鉴于我国著作权法中可能的“有名”权项均无法控制定时转播行为，因此应当适用《著作权法》第十条第一款第（十七）项“其他权利”这一“兜底规定”认定被诉行为的性质。法院据此认定乐视公司实施的被诉行为侵害了央视国际公司对《2015年中央电视台春节联欢晚会》享有的《著作权法》第十条第一款第（十七）项“其他权利”，依法应当承担相应的民事责任。

类似案例一　【优酷网络技术（北京）有限公司 诉 乐视网信息技术（北京）股份有限公司】

北京知识产权法院（2019）京73民终655号【二审】

【涉案作品:《欢乐喜剧人（第二季）》】

类似案例二　【央视国际网络公司诉深圳市视客控股有限公司】

北京市海淀区人民法院（2018）京0108民初8312号【一审】

【涉案作品:《2017年中央电视台中秋晚会》】

类似案例三　【浙江广播电视集团 诉 北京小度互娱科技有限公司、北京百

度网讯科技有限公司、国广星空视频科技（北京）有限公司】

北京互联网法院（2018）京 0491 民初 937 号【一审】

【涉案作品:《奔跑吧（第二季）》】

类似案例四 【上海文化广播影视集团有限公司 诉 上海众源网络有限公司】

上海市徐汇区人民法院（2016）沪 0104 民初 24420 号【一审】

【涉案作品:《中国梦之声（第二季）》】

（2）认定被告行为侵害了著作权项下的广播权

案例一 【央视国际网络有限公司 诉 深圳新感易搜网络科技有限公司】

深圳市南山区人民法院（2016）粤 0305 民初 6952 号【一审】

广东省深圳市中级人民法院（2017）粤 03 民终 20760 号【二审】

【涉案作品:《2016 年中央电视台春节联欢晚会》】

侵权行为

被告深圳新感易搜网络科技有限公司（简称新感易搜公司）通过“云图 TV”App 实时转播涉案作品。

判决摘要

1.《2016 年中央电视台春节联欢晚会》属于汇编作品。

一审法院认为，本案涉案的 2016 年中央电视台春节联欢晚会由多种类型的作品组成，包含音乐、舞蹈、戏曲、曲艺、杂技等多种作品形式，中央电视台对上述作品的选择和编排上体现了其

独创性，并具有一定的艺术性，其性质上属汇编作品。

2. 新感易搜公司实时转播涉案作品侵犯了央视国际网络有限公司（简称央视国际）享有的广播权。

二审法院认为，经查，上诉人新感易搜公司的行为发生在2016年中央电视台春节联欢晚会直播期间，通过网络播放的方式转播晚会。

根据著作权法的规定，广播权是指以无线方式公开广播或传播作品，以有线传播或者转播的方式向公众传播广播的作品，以及通过扩音器或者其他传送符号、声音、图像的类似工具向公众传播广播的作品的权利。据此，广播权的表现形式分为：无线广播或传播行为、有线传播或转播行为、公开广播三种。本案中，涉案节目来源于中央电视台提供的信号源，涉案节目的初始传播为中央电视台的“无线广播”行为。上诉人新感易搜公司对涉案节目进行网络实时转播的行为，属于广播权的调整范围，侵犯了上诉人央视国际继受取得的广播权。

案例二　【央视国际网络有限公司 诉 北京我爱聊网络科技有限公司】

北京市海淀区人民法院（2013）海民初字第21471号【一审】

北京市第一中级人民法院（2014）一中民终字第3198号【二审】

【涉案作品：《2013年中央电视台春节联欢晚会》】

侵权行为

北京我爱聊网络科技有限公司（简称我爱聊公司）未经许可，擅自通过其提供的名为“电视粉”的安卓系统手机客户端软件实时转播《2013年中央电视台春节联欢晚会》（以下简称《春晚》）。

判决摘要

《春晚》属于汇编作品，我爱聊公司同步转播行为侵犯了央视国际公司享有的广播权。

一审法院认为，经中央电视台的合法授权，央视国际网络有限公司（简称央视国际）享有通过信息网络向公众传播、广播（包括但不限于实时转播或延时转播）提供《春晚》之权利，即其有通过互联网这一媒介向公众公开传播涉案作品的权利，属于我国《著作权法》关于广播权规定的范畴，故其有权在本案中就《春晚》向我爱聊公司主张广播权……因此，我爱聊公司未经许可，于2013年2月9日晚，通过其提供的"电视粉"安卓系统手机客户端软件，实时转播中央电视台直播的央视春晚，并在其软件首页设立春晚相关专题页面，且对涉案节目进行了推荐，属于以通过网络的形式向公众公开传播《春晚》，侵犯了央视国际依法享有的广播权，应当承担相应的侵权责任。

（3）根据涉案作品的初始传播行为不同，认定被告行为分别侵害了广播权或者其他权利

案　例　【央视国际网络公司 诉 北京百度网讯科技有限公司、北京搜狐互联网信息服务有限公司】

北京市海淀区人民法院（2012）海民初字第20573号【一审】

北京市第一中级人民法院（2013）一中民终字第3142号【二审】

【涉案作品:《2012年中央电视台春节联欢晚会》】

侵权行为

被告北京百度网讯科技有限公司在其经营的网站"百度一

下”（www.baidu.com）中，通过信息网络向用户提供中央电视台“CCTV-1 综合”之《2012 年中央电视台春节联欢晚会》的网络在线直播。

判决摘要

涉案作品属于汇编作品，对于网络实时转播行为而言，如果其所转播内容的初始传播行为采用的是“无线”方式，应适用《著作权法》第十条第（十一）项的广播权予以调整。如其采用的是“有线”方式，则应适用《著作权法》第十条第（十七）项的兜底条款予以调整。

（4）认定被告行为侵害了著作权项下的信息网络传播权

案　例　【央视国际网络公司 诉 世纪龙信息网络有限责任公司】

广东省广州市中级人民法院（2008）穗中法民三初字第 352 号**【一审】**

【涉案作品：电视节目《圣火耀珠峰》】

侵权行为

被告实时转播中央电视台 CCTV- 奥运频道直播的奥运火炬珠穆朗玛峰传递节目《圣火耀珠峰》，并提供回放服务。

判决摘要

1. 法院经审理认为，“圣火耀珠峰”直播节目具备作品的独创性，可以认定是以类似摄制电影的方法创作的作品。

2. 被告未经许可，实时转播涉案直播节目并提供回看的行为侵害了原告的信息网络传播权。

被告世纪龙信息网络有限责任公司未经许可，在其经营的网站上实时转播了中央电视台 CCTV- 奥运频道直播的奥运火炬珠峰传递节目，并且该网站用户可以对该节目进行回放，被告的行为侵犯了原告的信息网络传播权，应承担相应的法律责任。

（5）认定被告行为构成不正当竞争行为

案　例【央视国际网络有限公司 诉 深圳深讯和科技有限公司】
北京市海淀区人民法院（2016）京 0108 民初 16976 号**【一审】**

【涉案作品:《2016 年中央电视台春节联欢晚会》】

侵权行为

被告未经合法授权，利用其“手机电视直播”App 软件向公众提供《2016 年中央电视台春节联欢晚会》直播服务。

判决摘要

《著作权法》规定的“其他权利”不宜扩大解释包含网络直播行为，故通过《反不正当竞争法》保护央视国际网络有限公司的合法权益。

央视国际网络有限公司（简称央视公司）主张深圳深讯和科技有限公司（简称深讯和公司）的行为侵犯其享有的类电作品的其他权利，但《著作权法》规定的“其他权利”不宜扩大解释包含本案的网络直播行为，故法院对央视公司主张深讯和公司构成著作权侵权的诉讼请求不予支持，其合法权益通过《反不正当竞争法》予以保护。

2. 在认定涉案视频构成录像制品的情况下，法院在如下不同案例中认定被告行为侵害了录像制作者的信息网络传播权，或者认定被告的侵权行为构成不正当竞争行为

案例一 【央视国际网络公司 诉 世纪龙信息网络有限责任公司】

广东省广州市中级人民法院（2010）穗中法民三初字第196号

【一审】

【涉案作品：体育赛事北京奥林匹克运动会首场正式比赛：德国VS巴西女足赛（以下简称“德巴女足赛”）】

侵权行为

被告在其网站上通过信息网络，实时转播中央电视台CCTV-奥运频道直播的“德巴女足赛”。

判决摘要

1. 电视节目“德巴足球赛”构成录像制品，原告享有录像制作者的信息网络传播权

法院经审理认为，电视节目“德巴足球赛”应当作为电影作品和以类似摄制电影的方法创作的作品以外的有伴音或者无伴音的连续相关形象、图像的录制品予以保护，中央电视台对其享有录音录像制作者权，有权在本案中就“德巴足球赛”电视节目向被告主张录音录像制作者的信息网络传播权。

2. 被告未经许可实时转播“德巴足球赛”侵害了录像制作者的信息网络传播权

关于原告在本案中同时起诉被告侵犯其享有的广播组织专有权，根据《中华人民共和国著作权法》第四十五条第一款的规

定，广播电台、电视台有权禁止未经其许可将其播放的广播、电视转播的行为，本条规定的广播组织专有权的行使主体限于广播电台、电视台，法律没有规定允许广播电台、电视台将该权利授予其他主体例如本案原告单独行使，因此对于原告在本案中主张其享有广播组织专有权，法院不予支持。

被告世纪龙信息网络有限责任公司未经许可，在其网站上提供涉案电视节目应当构成侵犯原告作为录音录像制作者的信息网络传播权的直接侵权行为。

案例二 【央视国际网络有限公司 诉 华夏城视网络电视股份有限公司】

深圳市福田区人民法院（2015）深福法知民初字第174号【一审】

【涉案作品：2014年巴西世界杯比赛节目】

侵权行为

被告在其经营的网站“城市联合网络电视台”之“兰州台”频道内，向网络用户提供了中央电视台制作的2014年巴西世界杯比赛节目的在线直播服务。

判决摘要

1.巴西世界杯赛事直播节目所体现的创作性，尚不足以达到我国著作权法所规定的以类似摄制电影的方法创作的作品的高度，不属于我国著作权法规定的作品，应认定为录像制品。

原告主张其是类似电影的方式创作的作品，被告侵犯依《著作权法》第十条第（十七）项规定的应当由著作权人享有的其他权利，无法律依据，法院不予认定。

2.被告未经权利人许可，利用其经营网站实时转播中央电视

台直播的两场巴西世界杯足球赛事节目，对原告构成不正当竞争。

法院认为，该规定（《反不正当竞争法》第二条）同样适用于互联网市场领域。本案中，原告经授权取得了涉案赛事节目通过信息网络（包括但不限于互联网络）向公众传播、广播（包括但不限于实时转播或延时转播）、提供之权利。原告与被告之间存在竞争关系，被告未经授权，擅自向网络用户提供涉案两场赛事节目实时转播服务，增加被告网络流量同时，减少了原告通过网络直播获取经济收益的机会，该行为违背了公认的商业道德和诚实信用原则，构成不正当竞争。

类似案例　**【央视国际网络有限公司 诉 酷溜网（北京）信息技术有限公司】**

北京市朝阳区人民法院（2013）朝民初字第23448号【一审】

【涉案作品:《2013年中央电视台元宵晚会》】

3. 在如下案例中，法院没有认定涉案视频构成作品，同时认为应援引《反不正当竞争法》对原告的权益进行保护

案　例　**【央视国际网络有限公司 诉 北京我爱聊网络科技有限公司】**

北京市海淀区人民法院（2013）海民初字第21470号【一审】

北京市第一中级人民法院（2014）一中民终字第3199号【二审】

【涉案作品：中央电视台的“CCTV-1”等共计16个电视频道的节目】

侵权行为

被告北京我爱聊网络科技有限公司（简称我爱聊公司）未经

许可，擅自通过其提供的名为”电视粉”的安卓系统手机客户端软件和信息网络，向用户实时转播中央电视台的“CCTV-1”等共计16个电视频道的节目。

判决摘要

1. 原告未提交证据证明系著作权人，且部分频道的节目不构成著作权法意义上的作品，所以不适用广播权来保护。

2. 鉴于我国现行《著作权法》尚未将互联网环境下的转播行为纳入广播组织权的保护范围，被告我爱聊公司在互联网环境下通过其运营的“电视粉”客户端转播中央电视台相关频道节目的行为，并不构成《著作权法》第四十五条所规定的“转播”行为，不侵害原告的广播组织权。

3. 上诉人我爱聊公司的上述行为明显有违公平竞争的市场原则，恶化了正常的市场竞争秩序，违反了诚实信用原则和公认的商业道德，具有不正当性，属于《反不正当竞争法》第二条第一款规定的不正当竞争行为。

类似案例一 【南昌广播电视网络传输中心 诉 中国电信股份有限公司江西分公司】

江西省南昌经济技术开发区人民法院（2016）赣0192民初508号**【一审】**

【涉案作品：中央电视台第3、5、6、8套节目】

类似案例二 【央视国际网络有限公司 诉 上海悦体信息技术有限公司】

上海市闵行区人民法院（2015）闵民三（知）初字第1057号**【一审】**

【涉案作品：2014 年巴西世界杯足球赛】

（二）网络定时播放，即在直播间播放电视剧、体育赛事视频、游戏直播画面等

案例一　【北京爱奇艺科技有限公司 诉 珠海多玩信息技术有限公司】

北京市海淀区人民法院（2016）京 0108 民初 6679 号【一审】

北京知识产权法院（2017）京 73 民终 2037 号【二审】

【涉案作品：电视剧《盗墓笔记》】

侵权行为

珠海多玩信息技术有限公司（简称多玩公司）于涉案电视剧对爱奇艺 VIP 会员播放当日，未经授权在其运营的 YYHD 软件中播放该剧，YYHD 软件通过屏幕捕捉方式提供作品录播和缓存服务。

判决摘要

1. 一审法院认为，北京爱奇艺科技有限公司（简称爱奇艺公司）享有的网络直播涉案电视剧的权利属于《著作权法》第十条第一款第（十七）项规定的其他权利，多玩公司应认定为提供涉案网络直播服务的经营者，对于主播在 YYHD 软件中直播涉案电视剧的侵权行为，多玩公司作为网络服务提供者，具有过错，应承担间接侵权的民事责任。

2. 二审法院认为，多玩公司系涉案网络直播服务经营者，但多玩公司对于主播的侵权行为不存在明知或应知的过错，不构成帮助侵权。

案例二 【上海耀宇文化传媒股份有限公司 诉 广州斗鱼网络科技有限公司】

上海市浦东新区人民法院（2015）浦民三（知）初字第 191 号【一审】

上海知识产权法院（2015）沪知民终字第 641 号【二审】

【涉案作品：游戏《DOTA2》】

侵权行为

广州斗鱼网络科技有限公司未经许可，直播涉案游戏赛事视频。

判决摘要

1. 本案中一审法院认为比赛画面不属于著作权法规定的作品，不构成著作权侵权。

2. 一审法院通过适用《反不正当竞争法》第二条对耀宇公司针对涉案游戏享有的合法权益进行保护。

二审法院同样认为，上诉人的行为违反了《反不正当竞争法》中的诚实信用原则，也违背了公认的商业道德，损害被上诉人合法权益，亦破坏了行业内业已形成的公认的市场竞争秩序，具有明显的不正当性。原审法院认定上诉人直播涉案赛事画面构成不正当竞争并无不当。

案例三 【广州网易计算机系统有限公司 诉 广州华多网络科技有限公司】

广州知识产权法院（2015）粤知法著民初字第 16 号【一审】

广东省高级人民法院（2018）粤民终 137 号【二审】

【涉案作品：游戏《梦幻西游》和《梦幻西游2》】

侵权行为

广州华多网络科技有限公司（简称华多公司）未经广州网易计算机系统有限公司（简称网易公司）许可，在其经营的直播平台开设直播窗口和专区，提供直播工具，组织主播人员对《梦幻西游》和《梦幻西游2》的游戏内容进行直播，进行直播节目预告，对主播人员进行排行、点评、推荐，制定主播人员利益分成体系，并直接从直播中抽成获利。

判决摘要

1. 法院将游戏画面视频区分为游戏整体画面和游戏直播画面，游戏直播画面包含游戏主体画面，涉案游戏整体画面构成类电作品，游戏直播作为一种公开传播作品的行为，属于"应当由著作权人享有的其他权利"。

2. 华多公司未经网易公司许可，在其经营的直播平台开设直播窗口和专区，提供直播工具，组织主播人员对《梦幻西游》和《梦幻西游2》的游戏内容进行直播，进行直播节目预告，对主播人员进行排行、点评、推荐，制定主播人员利益分成体系，并直接从直播中抽成获利。华多公司系利用其网络平台和网络服务侵害网易公司涉案游戏著作权的直接侵权人，依法应当承担相应的侵权责任。

二、案件焦点分析

依据新旧不同《著作权法》的规定，对上述两种网络定向传播行为在法律认定上会截然不同，即使在现行《著作权法》的框架下，因各法院对“广播权”“信息网络传播权”“第十条第一款第（十七）项规定的其他著作权权利”等权项概念和范围的不同理解及对涉案视频独创性的不同判断，同样或类似的案件事实最后的认定结果也是大相径庭。

在现行《著作权法》的体系下，在近几年的司法实践中，各法院在认定涉案视频构成作品的前提下，均倾向使用《著作权法》“第十条第一款第（十七）项规定的其他著作权权利”对网络实时转播行为及网络定时播放行为进行调整，如上述我们梳理的较为典型的北京知识产权法院（2019）京73民终966号案例及广东省高级人民法院（2018）粤民终137号案例。

法院依据现行《著作权法》“第十条第一款第（十七）项规定的其他著作权权利”对网络定向传播行为进行认定的裁判逻辑也大同小异，即：

第一，法院认为非交互式的网络定向传播行为不属于“信息网络传播权”的调整范围。依据2010年《著作权法》第十条第（十二）项规定，信息网络传播权是指“以有线或者无线方式向公众提供作品，使公众可以在其个人选定的时间和地点获得作品的权利”。由此可知，信息网络传播权调整的仅是交互式的网络传播行为，非交互式的网络传播行为不属于信息网络传播权的调整范围。

第二，法院认为非交互式的网络定向传播行为亦不属于“广播权”的调整范围。依据2010年《著作权法》第十条第（十一）项规定，广播权是指“以无线方式公开广播或者传播作品，以有线传播或者转播的方式向公众传播广播的作品，以及通过扩音器或者其他传送符号、声音、图像的类似工具向公众传播广播的作品的权利”。由此可知，广播权调整的行为主要有三种：无线广播的行为、有线转播/传播广播的行为及公开播放广播的行为。同时，法院还对调整范围进一步做了解释，即第一种“无线广播”为初始广播行为，后两种均是在接收到无线信号后对无线广播的转播/传播行为，第二种“有线”转播/传播行为也并不包含“通过网络的有线转播/传播”。故网络

定向传播行为也无法纳入现行著作权法“广播权”调整范围。

第三，2010年《著作权法》第十条第（五）项至第（十六）项列明的法律赋予著作权人控制作品使用及传播的各项专有权利，同时该条还通过兜底条款作出了制度安排，以便将立法时未出现的不能穷尽的但仍应当由著作权人享有的其他权利纳入其中。网络实时转播行为及网络定时播放行为均是随着网络技术发展而大规模出现的作品传播方式，为充分有效地保护权利人合法权益，在2010年《著作权法》框架下，应将网络定向传播行为纳入《著作权法》第十条第一款第（十七）项“应当由著作权人享有的其他权利”进行调整。这一认定思路也在法院正式出台的司法审判指导文件中得到了确认，如北京市高级人民法院2016年出台的《关于涉及网络知识产权案件的审理指南》第15条规定：“被告未经许可实施网络实时转播行为，原告依据《著作权法》第十条第一款第（十七）项（应当由著作权人享有的其他权利）主张追究被告侵权责任的，应予支持。”北京市高级人民法院2018年出台的《侵害著作权案件审理指南》第9.24条规定：“网络服务提供者未经许可通过信息网络按照事先安排的时间表向公众提供作品在线播放的，不构成侵害信息网络传播权，但著作权人依据著作权法第十条第一款第十七项主张权利的，应予支持。”第9.25条也同时规定：“网络服务提供者未经许可通过网络同步转播作品，著作权人依据著作权法第十条第一款第十七项主张权利的，应予支持。”

在新《著作权法》（2020年6月1日正式施行）体系下，对于网络定向传播行为如何进行调整有了完全不同的规定，主要体现在新法对广播权的范围进行了扩充，依据新《著作权法》第十条第（十一）项的规定，广播权是指“以有线或者无线方式公开传播或者转播作品，以及通过扩音器或者其他传送符号、声音、图像的类似工具向公众传播广播的作品的权利，但不包括本款第十二项规定的权利”。由此可知，广播权经修改后，其初始广播行为已不局限于“无线广播”，而是扩展到“有线广播”，同时，“广播权”中所述“有线或无线方式”的范围与“信息网络传播权”

中的“有线或无线方式”范围相同，也即新“广播权”包含了通过“网络传输”方式的“广播”，故针对网络直播行为，无论是实时转播电视信号的行为，还是针对网络直播视频的实时传播行为，因个人无法在其选定的时间获得作品，依据新《著作权法》，均应落入广播权的调整范围。

在新《著作权法》（2020年6月1日正式施行）体系下，除对著作权人的网络直播权利如何保护给出清晰的界定之外，也加大了对广播电台、电视台等广电组织直播权益的保护。依据新《著作权法》第四十七条的规定：“广播电台、电视台有权禁止未经其许可的下列行为：（一）将其播放的广播、电视以有线或者无线方式转播；（二）将其播放的广播、电视录制以及复制；（三）将其播放的广播、电视通过信息网络向公众传播。”而2010年《著作权法》第四十五条，对于广电组织的权利依据是这样规定的：“广播电台、电视台有权禁止未经其许可的下列行为：（一）将其播放的广播、电视转播；（二）将其播放的广播、电视录制在音像载体上以及复制音像载体。”由此可见，新法将广电组织对于其节目信号的控制权完全扩展到了网络传输（包括直播）领域，极大地加强了广电组织对于其节目信号权益的保护。

三、相关法律文件

《著作权法》（2020年修正）

实施日期：2021年6月1日

第十条　著作权包括下列人身权和财产权：

……

（十一）广播权，即以有线或者无线方式公开传播或者转播作品，以及通过扩音器或者其他传送符号、声音、图像的类似工具向公众传播广播的作品的权利，但不包括本款第十二项规定的权利；

（十二）信息网络传播权，即以有线或者无线方式向公众提供，使公众可以在其选定的时间和地点获得作品的权利；

……

（十七）应当由著作权人享有的其他权利。

第四十七条　广播电台、电视台有权禁止未经其许可的下列行为：

（一）将其播放的广播、电视以有线或者无线方式转播；

（二）将其播放的广播、电视录制以及复制。

（三）将其播放的广播、电视通过信息网络向公众传播。

广播电台、电视台行使前款规定的权利，不得影响、限制或者侵害他人行使著作权或者与著作权有关的权利。

《著作权法》（2010年修正）

实施日期：2010年4月1日

第十条　著作权包括下列人身权和财产权：

……

（十一）广播权，即以无线方式公开广播或者传播作品，以有线传播或者转播的方式向公众传播广播的作品，以及通过扩音器或者其他传送符号、声音、图像的类似工具向公众传播广播的作品的权利；

（十二）信息网络传播权，即以有线或者无线方式向公众提供作品，使公众可以在其个人选定的时间和地点获得作品的权利；

……

（十七）应当由著作权人享有的其他权利。

第四十五条　广播电台、电视台有权禁止未经其许可的下列行为：

（一）将其播放的广播、电视转播；

（二）将其播放的广播、电视录制在音像载体上以及复制音像载体。

《北京市高级人民法院侵害著作权案件审理指南》

实施日期：2018 年 4 月 20 日

9.24【定时播放】

网络服务提供者未经许可通过信息网络按照事先安排的时间表向公众提供作品在线播放的，不构成侵害信息网络传播权，但著作权人依据著作权法第十条第一款第十七项主张权利的，应予支持。

9.25【同步转播】

网络服务提供者未经许可通过网络同步转播作品，著作权人依据著作权法第十条第一款第十七项主张权利的，应予支持。

《北京市高级人民法院关于涉及网络知识产权案件的审理指南》

实施日期：2016 年 4 月 13 日

15. 被告未经许可实施网络实时转播行为，原告依据著作权法第十条第一款第（十七）项（应当由著作权人享有的其他权利）主张追究被告侵权责任的，应予支持。

第八节　OTT/互联网电视聚合模式

"互联网电视"（Over-The-Top TV，OTT TV），"Over-The-Top"原意是指篮球项目中的"过顶传球"，被互联网电视这一概念借用，用于强调服务与物理网络的无关性，它基于广域网即传统互联网或移动互联网，以多种传输介质为传输链路，以电视机终端为表现形式，为用户提供互动、

个性化、全方位的视频及图文信息内容的电视服务。[1]它有别于IPTV，不受地域限制，只要有能够接入互联网端口的电视机及网络，就可以收看电视节目。[2]

《专网及定向传播视听节目服务管理规定》（国家新闻出版广电总局令第6号）对"互联网电视"是这样界定的：以电视机为接收终端，以互联网等信息网络为定向传输通道，向公众定向提供广播电视节目等视听节目服务活动。

根据国家广播电视总局于2020年7月8日发布的《2019年全国广播电视行业统计公报》，2019年，互联网电视（OTT）用户28.21亿户。互联网电视（OTT）集成服务业务收入62.53亿元，同比增长33.16%。

一、侵权行为模式

（一）互联网电视机硬件设备预置播放软件：互联网电视机硬件设备的生产者、播放软件的开发运营者为同一主体（认定构成侵权）

案　例【乐视网信息技术（北京）股份有限公司 诉 广东省深圳市深迪数码科技有限公司】

广东省深圳市龙岗区人民法院（2012）深龙法知民初字第169号

【一审】

【涉案作品：电影《观音山》】

【涉案互联网电视机硬件设备：蓝天使Q9网络高清播放器】

[1] 刘莹：《数字电视、IPTV与互联网电视技术研究》，《硅谷》2013年第7期，第12页。

[2] 刘逸帆：《中国互联网电视产业现状、问题与对策》，《传媒》2014年第23期，第40—42页。

侵权行为

被告公司生产经营的“蓝天使Q9网络高清播放器”可连接电视机和互联网，开机后显示其对网络内容已作栏目划分，其中的“天使院线”目录被划分为电影、电视剧、动漫、综艺、纪录片等，“电影”栏目又被划分为最新推荐、好莱坞大片、国产电影、喜剧等不同类型，且对相关影视作品进行了推荐。同时，使用遥控器操作即可实现在线点播电影《观音山》。

判决摘要

1. 法院首先认定被诉播放器直接提供内容，构成直接侵权

被告生产经营的播放器并非单纯影音播放设备，而是具备了网络服务功能。将被告生产经营的播放器连接到电视机和互联网并开机后，使用该播放器的遥控器操作，即可实现在线点播电影《观音山》。被告既非单纯的数码产品硬件设备生产商，亦非纯粹的网络服务提供商，其已成为网络内容服务提供商。

2. 法院继而阐明：退一步讲，即便认定被诉播放器提供的是深度链接的技术服务，由于其仍存在过错，亦构成间接侵权

被告的高清播放器运行播放过程中，在播放软件中设置了相关影视频道，进行了分类编排，并对相关影视作品进行了推荐，故即便被告提供的是一种搜索链接服务，其亦应负有比普通搜索链接行为更高的注意义务，即对被链接网站提供涉案影片的行为是否已取得著作权人的许可加以注意。被告未尽到上述注意义务，主观上存在过错，依法应承担侵权责任。被告辩称，蓝天使Q9高清播放器播放的电影《观音山》来源于北京优朋普乐科技有限公司的网站，但蓝天使Q9高清播放器在播放电影《观音山》的过程中，并未跳转至该公司网站播放，而均在被告公司的播放器界面上进行播放。在无充分证据证明的情况下，无法认定电影

《观音山》来源于北京优朋普乐科技有限公司的网站。

综上，被告在其生产经营的蓝天使Q9高清播放器中提供涉案影片《观音山》的点播行为，侵害了原告就该电影作品所享有的信息网络传播权，应承担相应的法律责任。

（二）互联网电视机顶盒预置播放软件：互联网电视机顶盒生产者与播放软件开发运营者为不同主体

（1）机顶盒生产者：间接侵权或共同侵权（与播放软件开发运营者分工合作）。

（2）播放软件开发运营者：认定为直接侵权或间接侵权。

（3）机顶盒销售者：不承担侵权责任。

案例一　【北京盛世骄阳文化传播有限公司 诉 同方股份有限公司】

北京市海淀区人民法院（2014）海民初字第8413号【一审】

北京市第一中级人民法院（2014）一中民（知）终字第8925号【二审】（维持一审判决）

【涉案作品：电影《越光宝盒》】

【涉案互联网电视盒硬件：清华同方灵悦3智能电视宝】

【涉案播放软件：兔子视频】

侵权行为

被告生产的互联网电视机顶盒“清华同方灵悦3智能电视宝”预置“兔子视频”软件（该软件开发者为北京琉石天音网络信息技术有限公司，简称琉石公司），通过该软件可对电影《越光宝盒》进行在线播放。

判决摘要

1. 法院首先认定涉案机顶盒硬件不构成直接侵权（非直接提供内容）

现有证据不能证明涉案影片存储于被告的服务器中、由被告直接提供。

2. 法院接着认定涉案播放软件直接提供内容，构成直接侵权（并非搜索链接的技术服务）（关于此点，本案法院认定结论与下文案例二北京市海淀区人民法院（2014）海民（知）初字第19960号、北京知识产权法院（2015）京知民终字第559号存在较大差异）

被告主张兔子视频对涉案影片提供的系搜索链接服务，根据使用兔子视频播放涉案影片的情况，虽然出现了优酷网及分析接入点等内容，但播放视频时并未发生页面跳转，播放界面亦与优酷网的播放界面不同，且根据勘验情况，来自不同接入点的视频播放界面及操作框均相同，上述情况不符合通常意义上的搜索链接服务的基本特征……

故现有证据不能证明兔子视频有权作出涉案的链接行为，兔子视频播放涉案影片未获得北京盛世骄阳文化传播有限公司的许可，仍构成侵权。

3. 法院继而认定涉案机顶盒硬件构成间接侵权

被告作为涉案产品的生产商，其从兔子视频的经营者琥石公司处获得授权，将兔子视频软件预置在涉案产品中并置于开机桌面向用户推荐，使正常购买该产品的消费者在首次开机时即可使用兔子视频播放影视作品，同时被告还将兔子视频及其播放影视作品的功能作为涉案产品的宣传，因此虽然涉案产品亦具有安装和使用其他软件（包括其他视频软件）的功能，但鉴于涉案产品与兔子视频的关系，被告对于兔子视频中的相关内容应当尽到审

慎的注意义务。本案中，兔子视频未经原告授权播放涉案影片，侵犯了原告享有的信息网络传播权，被告未尽到应尽的注意义务。而预置、推荐兔子视频的行为则在客观上扩大了涉案影片的传播范围，亦侵犯了原告的权利，对此亦应承担相应侵权责任，原告辩称其仅为硬件生产商、涉案产品具有实质性非侵权用途，对此法院不予采信。

类似案例　**【北京盛世骄阳文化传播有限公司 诉 同方股份有限公司】**

北京市海淀区人民法院（2014）海民初字第8410号【一审】

北京市第一中级人民法院（2014）一中民（知）终字第8933号【二审】

【涉案作品：电影《赵氏孤儿》】

【涉案互联网电视盒硬件：清华同方灵悦3智能电视宝】

【涉案播放软件：兔子视频】

案例二　**【湖南快乐阳光互动娱乐传媒有限公司 诉 同方股份有限公司】**

北京市海淀区人民法院（2014）海民（知）初字第19960号【一审】

北京知识产权法院（2015）京知民终字第559号【二审】

【涉案作品：综艺节目《天天向上》】

【涉案互联网电视盒硬件：清华同方灵悦3智能电视宝】

【涉案播放软件：兔子视频】

侵权行为

被告在涉案机顶盒中绑定“兔子视频”软件，并通过“兔子视频”软件向用户提供被诉内容（基本情况与上文案例一相一致）。

判决摘要

1. 二审法院认定涉案播放软件提供的仍是链接服务，并不构成直接侵权（此点与上文案例一及类似案例北京市海淀区人民法院（2014）海民初字第 8413 号 /8410 号、北京市第一中级人民法院（2014）一中民（知）终字第 8925 号 /8933 号“直接侵权”的认定结论相反）

二审法院明确：我国著作权法中信息网络传播行为的确定标准应是服务器标准，而非用户感知标准。构成向公众提供作品的行为是“最初”将作品置于网络中的行为，亦即将作品上传至服务器的行为。

虽然用户通过点击兔子视频页面中的相关图标即可进入播放页面……在这一过程中，存在一个跳转页面，该页面中显示有被链接网页……故法院认为兔子视频提供的被诉内容系来源于其他网站，而非来源于兔子视频的服务器。据此，上诉人认为兔子视频提供被诉内容的行为属于链接服务提供行为的主张成立，法院予以支持。被上诉人认为该行为属于信息网络传播行为的主张不能成立，法院不予支持。

2. 二审法院认定涉案播放软件虽不构成直接侵权，但存在过错，构成间接侵权

（1）因被上诉人明确表示其并未许可任何网站对于被诉内容进行信息网络传播，而上诉人并未提交相反证据，……认定被链接网站中对于被诉内容的传播系未经许可的传播行为，构成直接侵犯信息网络传播权的行为。

（2）其一，兔子视频提供者客观上具有“接触”到被诉内容或与之相关信息的可能性。（兔子视频提供者对于被链接内容进行了编辑整理，制作了节目列表，并同时提供节目介绍，被诉内容即被上诉人通过在上述节目列表中进行翻找而获得。上述编辑

结果中，虽列表形式存在由程序自动生成的可能性，但节目介绍页面通常是人工编辑的结果。因在人工编辑过程中，兔子视频提供者必然会接触到被编辑整理的内容，而即便对于自动生成的节目列表，兔子视频提供者在对网站网页进行日常维护时亦会对载有这些信息的网页有所了解，据此，无论属于何种情形，兔子视频提供者对于被诉内容或与之相关的信息均具有接触的可能性，其应知晓被链接的内容中存在被诉内容。）

其二，兔子视频提供者对于被链接网站中被诉内容是否构成侵权具有“认知能力”。[就链接方式而言，相对于被动的全网搜索链接服务提供行为，主动的定向链接服务行为（即提供者对于被链接内容进行主动整理编排，且其链接仅指向少量有限网站）提供者应负有更高的认知义务。这一认知义务的具体内容，在相当程度上受到被链接内容性质的影响。通常而言，如果被链接内容是影视类作品，则链接服务提供者有义务对被链接网站传播的内容是否属于正版传播内容进行了解，并应尽可能将其链接服务指向正版的链接网站。这一了解渠道包括多种方式，既包括向权利人询问，亦包括向集体管理组织，或被链接网站询问，以及从公开网络信息中查询等。如果链接服务提供者尽到上述了解义务，则即便其最终链接到的内容确非合法传播的内容，仍应认定其主观不具有过错。……]

本案中，由查明事实可知，兔子视频提供者对被链接内容进行了编辑整理，且针对被整理编辑内容仅提供指向有限几家网站的链接，因此，兔子视频提供的是主动定向链接服务，而非被动全网链接服务。鉴于此，兔子视频软件提供者对于被链接内容是否属于合法传播的行为，应负有较高的认知义务。因被链接内容属于影视作品，兔子视频提供者在提供主动定向链接的情况下，应对于被链接内容是否属于合法授权的内容有所了解。鉴于现有证据无法证明兔子视频提供者实施了上述行为，因此，法院合理认定兔子视频提供者未尽到其应有的认知义务。

综上，鉴于兔子视频提供者知晓被链接网站中存在被诉内容，其对于该内容是否为合法传播负有认知义务，因此，在被诉内容系未经被上诉人许可而传播的情况下，兔子视频提供者本应对此有所认知，但却仍然提供被诉内容的链接服务，其主观状态属于应知，故该行为构成共同侵权行为。

3. 二审法院继而认定涉案机顶盒构成间接侵权

首先，现有证据不足以证明上诉人并非兔子视频的开发及提供者。上诉人生产的涉案机顶盒中明确标注“功能特性：独家开发的兔子视频平台带来全新网络视频观看体验……公司名称：同方公司”，该标注表明上诉人向社会公众公示其系兔子视频的开发者。虽然被上诉人提交了琉石天音公司出具的《授权书》，其中显示琉石天音公司为兔子视频的开发者，其仅仅是许可上诉人使用该软件，该证据作为法人出具的证明，……仅有公司盖章，并无单位负责人及制作证明材料的人员的签名或签章，该证据不符合此类证据的法定要件，故对其真实性法院无法确认。在此情况下，法院进一步认为，即便其真实性可以确认，但该证据的证明力显然低于公证购买产品上的标注。

其次，即便上诉人并非开发提供者，但至少可以肯定的是，基于兔子视频提供者出具的证明、公证产品上的上述标注等情形，法院足以认定上诉人与兔子视频提供者就传播内容方面具有密切合作关系，构成共同侵权行为。

案例三 【湖南快乐阳光互动娱乐传媒有限公司 诉 深圳市同洲电子股份有限公司、北京京东世纪信息技术有限公司】

北京市朝阳区人民法院（2014）朝民（知）初字第41839号**【一审】**

【涉案作品：电视剧《丑女无敌》】

【涉案互联网电视机顶盒：飞看 K1 互联网智能机顶盒】

【涉案播放软件：优酷 TV 客户端软件】

侵权行为

被告深圳市同洲电子股份有限公司（简称同洲电子公司）生产的“飞看 K1 互联网智能机顶盒”设置了影视点播功能。用户将该机顶盒接入互联网后，可以点播包括涉案电视剧在内的影视作品。被告北京京东世纪信息技术有限公司（简称京东世纪公司）为该等机顶盒的销售商。

判决摘要

1. 法院认定机顶盒生产者与播放软件的开发运营者分工合作，共同侵权

判断各种行为主体是否构成“以分工合作等方式共同提供作品”时，不应当仅因其行为涉及被诉侵权信息的传播或其行为与被诉侵权信息的传播有一定的关联性即认定其构成“以分工合作等方式共同提供作品”，否则会不适当地扩大直接侵权行为的范围，阻碍网络技术和互联网商业模式的发展，违背技术中立原则。各行为方是否构成“以分工合作等方式共同提供作品”，除需要考察其各自的行为客观上对被诉侵权信息传播起到了不可或缺的作用外，还需要重点考察各行为方是否对共同传播作品等内容达成了合意。如一方仅向对方提供软硬件产品或网络技术等，双方仅就此达成合意，合意内容不涉及通过该软硬件产品或网络技术等提供作品等内容的，那么双方不构成“以分工合作等方式共同提供作品”。如一方提供软硬件产品或网络技术，一方提供

作品等内容，双方具有利用该软硬件产品或网络技术向网络用户提供该作品等内容的共同意思联络的，则属于双方达成了共同向网络用户提供作品等内容的合意，双方即属于“以分工合作等方式共同提供作品”，此时提供软硬件产品或网络技术一方的行为不属于《最高人民法院关于审理侵害信息网络传播权民事纠纷案件适用法律若干问题的规定》规定的“仅提供自动接入、自动传输、信息存储空间、搜索、链接、文件分享等网络服务”的行为。

本案中，涉案机顶盒之所以能够在线播放涉案电视剧，是因为该机顶盒中内置了案外人合一公司的客户端软件，利用该客户端软件播放了合一公司服务器中存储的涉案电视剧。从双方的客观行为来看，同洲电子公司是涉案机顶盒的硬件生产商，合一公司是客户端软件及涉案电视剧内容的提供者，两者共同促成了涉案电视剧通过涉案机顶盒的在线传播。更为重要的是同洲电子公司和合一公司之间的合作并不是仅仅限于合一公司只提供客户端软件供同洲电子公司使用在其机顶盒上，双方还对通过该客户端软件向用户提供存储在合一公司服务器中的视频内容达成了充分的合意，而且双方约定同洲电子公司对视频内容具有二次编排、发布及终审的权利，视频内容也需要通过同洲电子公司引入的互联网电视牌照方 CIBN 的审核后方可对外发布，同洲电子公司和合一公司还均需确保视频内容不得侵害他人合法权益，双方共建运营平台，对广告分配收益也作出了约定等，且在涉案机顶盒包装及开机界面上也明确标明“飞看 youku 优酷联合出品”，故同洲电子公司和合一公司之间的合作已经不仅仅限于软硬件方面的合作，而是涉及共同向网络用户提供作品等内容方面的合作，即双方对通过在涉案机顶盒上内置合一公司的软件向网络用户提供视频内容有共同的意思联络。综上，同洲电子公司和合一公司的涉案行为属于“以分工合作等方式共同提供作品”的行为，法

院对同洲电子公司提出的其仅是网络服务提供者的答辩意见不予支持。在湖南快乐阳光互动娱乐传媒有限公司（简称快乐阳光公司）使用涉案机顶盒在线播放涉案电视剧时，同洲电子公司和合一公司并无涉案电视剧的合法授权，故同洲电子公司侵害了快乐阳光公司对涉案电视剧享有的信息网络传播权。

《侵权责任法》规定，法律规定承担连带责任的，被侵权人有权请求部分或者全部连带责任人承担责任。快乐阳光公司明确表示其仅向同洲电子公司主张权利，该主张符合上述法律规定，同洲电子公司应当为此承担相应的法律责任。

2. 法院继而认定互联网电视机顶盒的销售者不承担侵权责任

京东世纪公司仅是涉案机顶盒的销售商，其对于通过涉案机顶盒传播涉案电视剧并无过错，也未参与对涉案电视剧的传播行为，故不应当承担法律责任。

（三）互联网电视一体机预置搜索软件，用户可直接通过互联网电视机搜索、下载、在线播放涉案视听作品

案　例【北京优朋普乐科技有限公司 诉 TCL 集团股份有限公司、深圳市迅雷网络技术有限公司、国美电器有限公司】

北京市第二中级人民法院（2009）二中民初字第 17910 号【一审】

北京市高级人民法院（2010）高民终字第 2581 号【二审】

【涉案作品：电影《薰衣草》】

【涉案互联网电视：MiTV 互联网电视机】

侵权行为

被告 TCL 集团股份有限公司（简称 TCL 公司）制造的

“MiTV 互联网电视机”具备内置互联网连接功能，可以提供在线影视欣赏和下载功能，但只能通过迅雷的影视搜索引擎进行；

被告深圳市迅雷网络技术有限公司（简称迅雷公司）授权被告 TCL 公司在其生产的互联网电视机中集成 CE 版迅雷下载软件，并负责向 TCL 公司提供影音资讯库的资料，包括影音名称、所属栏目、关键字、分类、语种、导演信息、主演信息、上映时间、片长、内容介绍、所属地区、发布来源及评价等；

用户既可以按照既定的各种影视“榜单”找到影视剧，也可以输入关键词进行搜索。所有影视剧均不是由两被告直接提供，而是在第三方网站之中。

判决摘要

一审判决摘要：

1. 一审法院认定互联网电视机 TCL 公司与搜索软件迅雷公司，均构成间接侵权

被告迅雷公司作为涉案搜索服务提供者，通过被告 TCL 公司生产的涉案互联网电视机，向电视机用户提供了涉案电影作品的 P2P 搜索服务。根据经公证的上述搜索结果页面的相应内容，可以认定被告迅雷公司和 TCL 公司对相关搜索结果进行了编辑、整理，有合理理由知道所链接的作品为侵权作品，仍帮助被链者实施了侵犯原告享有的信息网络传播权的行为，其主观上具有过错，被告迅雷公司和 TCL 公司应就此承担共同侵权责任。

被告 TCL 公司提出其为网络设备提供商，不对用户下载观看的影视作品进行选择、编辑等操作，不具有主观过错，不应承担侵权责任的抗辩主张；被告迅雷公司提出其仅提供搜索技术服务，无法判断搜索结果中的视频文件是否取得授权，不应承担法律责任的抗辩主张，依据不足，法院均不予采纳。

2. 一审法院认定搜索软件迅雷公司不构成直接侵权（因被诉侵权资源并非来源于其服务器）

虽然公证过程中进行的技术监测显示，涉案电影作品《薰衣草》的种子资源来自被告迅雷公司的网址，但据此不能证明涉案电影作品直接来源于迅雷公司的网络服务器，故原告主张被告迅雷公司通过网络传播涉案电影作品并要求其承担直接侵权的相应法律责任，缺乏依据，法院不予支持。

3. 一审法院认定互联网电视销售商国美电器有限公司（简称国美公司）不构成共同侵权

根据著作权法的相关规定，被告国美公司销售的涉案互联网电视机具有合法来源，不应就此承担法律责任。鉴于国美公司销售的涉案互联网电视机中包含迅雷公司可提供涉案电影作品《薰衣草》下载观看服务的互联网功能模块，故国美公司应承担停止销售涉案互联网电视机的责任。原告北京优朋普乐科技有限公司（简称优朋普乐公司）主张被告国美公司将涉案互联网电视机的侵权功能作为卖点进行宣传促销，谋取非法利益，并要求其与被告 TCL 公司和迅雷公司承担连带法律责任，依据不足，法院不予支持。

二审法院判决：二审法院维持一审法院的认定结论。

本案中，《薰衣草》的搜索结果页中出现了《薰衣草》的具体影片信息，这些信息明显不属于自动生成，属于人为编辑、整理而成。编辑、整理者应当知晓《薰衣草》在互联网上的传播应当得到著作权人的授权，其在不予审查的情况下编辑、整理《薰衣草》的影片信息以方便下载，主观上有侵权故意，客观上帮助了《薰衣草》在互联网上的传播，因此原审法院认定此行为构成侵犯《薰衣草》的信息网络传播权，并无不妥。

TCL 公司上诉称，其作为涉案互联网电视机的制造商，并没有制作、控制搜索结果页，也没有提供具体内容，搜索结果页和具体内容都由迅雷公司提供，因此不应承担共同侵权责任。TCL公司与本案中有关的行为有两个方面，一是制造涉案互联网电视机，二是如《技术许可协议》中所显示的参与涉案互联网电视机播放内容的编辑、管理。如果涉案互联网电视机中并不预存电影作品的内容，而且涉案互联网电视机并不专门用于侵权，TCL公司并不因制造涉案互联网电视机而侵犯著作权。但是，如果TCL公司参与涉案互联网电视机播放内容的编辑和管理，则侵犯著作权。TCL公司虽然主张迅雷公司编辑、管理了《薰衣草》的影片信息，但其提交的证据并不足以证明该项主张，而从其《技术许可协议》第6.28条和第6.29条的约定来看，TCL公司也参与了“影音资讯库的资料（包括影音名称、所属栏目、关键字、分类、语种、导演信息、主演信息、上映时间、片长、内容介绍、所属地区、发布来源及评价）”的管理，因此，一审法院认定其对相关搜索结果进行了编辑、整理，构成共同侵权，并无不当。TCL公司的该项上诉主张，证据不足，应不予支持。

迅雷公司上诉称，其在与TCL公司的合作过程中只向TCL公司开放后台索引数据库，该数据库中包含有各种链接，是TCL公司具体对链接进行编辑以选取适合该型号电视机的链接，迅雷公司并不直接参与内容的提供，因此不可能明知或应知侵权事实。但是TCL公司并不认可迅雷公司所述的合作模式，迅雷公司能够证明事实上的合作模式，但未提供充分证据证明事实上的合作模式，且从其《技术许可协议》第6.28条和第6.29条的约定来看，迅雷公司负责“及时更新提供给甲方相关的指定的内容服务公司（TCL集团股份有限公司技术中心）的影音资讯库的资料（包括影音名称、所属栏目、关键字、分类、语种、导演信息、主演信息、上映时间、片长、内容介绍、所属地区、发布来源及

评价)”，因此一审法院认定其明知或应知侵权事实，构成共同侵权，并无不当。迅雷公司的该项上诉主张，证据不足，法院不予支持。

优朋普乐公司要求停止侵权的诉讼请求有事实和法律依据，应当依法予以支持。本案的侵权行为发生在通过网络提供《薰衣草》的搜索、下载这一环节，涉案网络电视机只是用于搜索、下载和播放的工具，涉案互联网电视机中并不存储任何电影作品的内容，在网络上停止对《薰衣草》的搜索、下载行为，可以达到停止侵权的目的。原审也只是判决停止销售专用于下载播放《薰衣草》的涉案互联网电视机，并未判决停止销售作为中性播放工具、并不特定用于侵权的互联网电视机，并不损害TCL公司的合法权益。TCL公司的相关上诉请求，法院不予支持。

（四）互联网电视机或机顶盒+内容提供平台“分工合作，共同侵权”

案例一【西安佳韵社数字娱乐发行有限公司 诉 未来电视有限公司、康佳集团股份有限公司、武汉国美电器有限公司】

湖北省武汉市中级人民法院（2015）鄂武汉中知初字第00594号

【一审】

【涉案作品：电视剧《石光荣的战火青春》】

【涉案互联网电视机：LED82X8300PDF康佳品牌（康佳集团股份有限公司生产）】

【涉案内容提供平台：中国互联网电视（未来电视有限公司开设、运营）】

侵权行为

被告武汉国美电器有限公司（简称国美电器）广埠屯旗舰店

销售的型号为LED82X8300PDF康佳品牌的电视机在接入互联网后，可以观看由被告未来电视有限公司（简称未来电视）运营的“中国互联网电视”提供的涉案影视片。

被告一康佳集团股份有限公司（简称康佳电视）：生产涉案互联网电视设备；

被告二未来电视：开发、运营涉案内置具有定向指引功能的软件、视频聚合平台；

被告三国美电器：销售涉案互联网电视设备。

判决摘要

1. 法院首先认定内容提供平台“中国互联网电视”构成直接侵权

被告未来电视的涉案行为构成侵权。原告提交的侵权公证书显示的相关信息内容表明，涉案电视机系应互联网电视业务合作而开发、投产的互联网电视机，该电视机接入互联网后，用户可以访问“中国互联网电视”互联网，从互联网中获得包括涉案影视片在内的影视作品。该款电视机预装有被告未来电视开发并与“中国互联网电视”集成平台相连的软件客户端，由此形成一个互联网电视机网络。在该信息网络中，电视机用户可以点播、浏览源于“中国网络电视”平台提供的影视片。该信息网络运营方可以通过该信息网络向公众提供涉案影视片，该行为具有《著作权法》意义上的信息网络传播行为的特征，该行为应认定为信息网络传播行为。本案审理中，没有证据证明被控信息网络传播该片时已获该片权利人使用许可的事实，该提供行为侵犯了涉案影片的信息网络传播权。“中国互联网电视”为互联网电视网络的集成平台，被控的互联网电视机与该网络建立有特定的连接关系，直接成为“中国互联网电视”聚合平台的信息网络终端。因

该集成平台由被告未来电视开办、运营，原告请求判令被告未来电视承担本案侵权责任成立。

2. 法院接着认定电视机生产商康佳电视构成共同侵权

电视机内置软件具有定向指引作用，互联网电视机成为视频聚合平台的信息网络终端，电视机生产商主观上具有参与意图，应当对相应侵权行为具有认知能力及控制能力，由于其未尽该义务，构成分工合作实施的侵权行为，应承担侵权责任。

被控侵权的康佳品牌电视机生产厂商在本案中构成共同侵权，被告康佳电视应该承担共同侵权的民事责任。涉案互联网电视机在广电网络与互联网络融合过程中成为互联网电视机网络中集显示终端和接收终端于一体的硬件载体，属互联网网络中间产品。涉案电视机作为网络中间产品，显示终端传播功能具有通用性，其法律责任应适用技术中立条款，该产品开发者、生产者本身并无法定版权法义务。但是，涉案电视机内预装有一款软件客户端，定向接收并引导用户获得来源于“中国互联网电视”上的信息内容。安装有该软件客户端的涉案互联网电视机用户因对其功能进行使用成为该互联网电视机信息网络的特定用户群体，且该网络信息内容在来源方面只能由“中国互联网电视”集成平台提供，由此导致涉案电视机传播信息的通用功能发生了根本性的改变，即其信息来源具有定向的特点。传统意义上的电视机信息来源渠道的改变是该电视机产品的开发者、生产者因该产品的特定功能的需要主动而为。因而，在主观上，该产品的生产厂商具有直接追求成为该电视机成为互联网网络终端的主观意愿，并积极与互联网电视平台运营方进行合作。这种合作，表面上看是产品软硬件的合作，但因该产品在其功能、用途方面具有的特定性，该产品必然需要与“中国互联网电视”进行捆绑。该款电视机的生产厂商又不可避免地与“中国互联网电视”的运营者形成互联网电视网络的运营合作，成为特定信息网络的合作者，参与互联网电视机组建的信息网络向公众提供涉案影视片在内的信息内容的行为，成为被控侵权网络的运营合作主体。此时，涉案电视机硬件生产厂商对通过互联网电视机信息网络向公众传播涉案影视片的行为必然具备影视版权辨识、审查的认知能力和控制能力。在上述互联网电视业务合作过程中，被告未来电视、被告康佳电视在实施共同传播涉案影视片的行为中主观上对该片权利人身份明知，且故意而为。因而，参与合作的生产厂商主观上具有直接的过错，应与被告未来电视承担本案共同侵权责任。被告康佳电视辩称其在互联网电视合作业务中已尽版权审查义务的依据不足。根据《最高人民法院关于审理侵害信息网络传播权民事纠纷案件适用法律若干问题的规定》第四条的规定，被告康佳电视应与被告未来电视共同承担本案侵权的民事责任。原告该项请求成立。

3. 法院认定互联网电视机的销售商不应承担侵权责任

原告既无证据证明被告国美电器共同参与实施涉案侵权行为，也无证据证明被告国美电器销售涉案型号的康佳牌互联网电视机在主观上存有过错。原告指控被告国美电器参与共同侵权行为证据不足，对原告的该项诉讼请求，法院予以驳回。

案例二 【西安佳韵社数字娱乐发行有限公司 诉 未来电视有限公司、惠州市天敏科技发展有限公司、武汉市洪山区新特唯数码经营部】

湖北省武汉市中级人民法院（2015）鄂武汉中知初字第 00592 号

【一审】

【涉案作品：电视剧《牛郎织女》】

【涉案互联网电视机顶盒：天敏大师5号（惠州市天敏科技发展有限公司生产）】

【涉案内容提供平台：中国互联网电视（未来电视有限公司开设、运营）】

侵权行为

被告武汉市洪山区新特唯数码经营部（简称武汉新特唯经营部）销售的“天敏大师5号”互联网电视机顶盒内置有被告未来电视有限公司（简称未来电视）经营的“中国互联网电视”点播平台软件，机顶盒接入互联网后，其用户可以登录“中国互联网电视”观看涉案影视片。

被告一惠州市天敏科技发展有限公司（简称惠州天敏）：生产涉案互联网电视机顶盒；

被告二未来电视：开发、运营涉案内置具有定向指引功能的软件、视频聚合平台；

被告三武汉新特唯经营部：销售涉案互联网电视设备。

判决摘要

1. 法院首先认定内容提供平台“中国互联网电视”构成直接侵权

被告未来电视通过“天敏大师5号”机顶盒网络向公众提供涉案该片的行为构成侵权。原告提交的侵权公证书显示的相关信息内容表明，将涉案机顶盒与电视机连接，在接入互联网络后，该机顶盒用户就可以访问“中国互联网电视”，从互联网中获得包括涉案影视片在内的影视作品。该机顶盒技术原理表明，在机顶盒内内置一个软件客户端，客户端接入被告未来电视开办、运营的“中国互联网电视”平台，形成一个以机顶盒、电视机及其遥控装置为中心的机顶盒网络。在该机顶盒网络中，用户可以点播、浏览“中国互联网电视”平台提供的影视片。由该机顶盒形成的网络终端具备《信息网络传播权保护条例》中的信息网络的特征，应认定为信息网络。被控行为通过该类型的机顶盒网络向公众传播涉案该片的行为为信息网络传播行为。本案审理过程中，没有证据证明被控信息网络传播该片时已获该片权利人的使用许可的事实。故该提供行为侵犯了涉案影片的信息网络传播权。因“中国互联网电视”平台与涉案机顶盒组建的网络终端建立有特定连接关系，并通过该网络向公众传播涉案该片，“中国互联网电视”聚合平台由被告未来电视开办、运营，被告未来电视是传播涉案该片的行为主体。原告请求判令被告未来电视承担本案侵权责任成立。

2. 法院接着认定机顶盒内置软件具有定向指引作用，代表机顶盒的生产商主观上具有参与意图，应当对相应侵权行为具有审查能力及控制能力，未尽该义务，构成分工合作实施的侵权行为，应承担侵权责任

被控的“天敏大师5号”机顶盒的生产厂商被告惠州天敏的行为构成共同侵权，在本案中应承担共同侵权责任。涉案“天敏大师5号”具有机顶盒的传输功能，属互联网络中间产品。作为网络中间产品，机顶盒传输功能通用，其法律责任应适用技术中立条款，因而，该机顶盒产品的开发者、生产者本身并无法定的版权法义务。但涉案机顶盒内预装有一款软件客户端，定向接收并引导该机顶盒的用户获得来源于“中国互联网电视”上的信息内容。安装有该软件客户端的涉案机顶盒用户因对其功能利用的使用而成为该机顶盒信息网络的特定用户群体，且该网络信息内容在来源方面只能由“中国互联网电视”聚合平台定向提供，信息来源具有定向的特点，由此导致涉案机顶盒传播信息的通用功能发生了改变。这种改变是该产品的开发者、生产者应特定功能

需要主动而为，具有直接追求该产品成为机顶盒网络终端的主观意愿，并与互联网电视平台运营方进行合作。故该机顶盒产品开发者、生产者必然成为特定信息网络的合作者，参与机顶盒组建的信息网络向公众提供包括涉案影视片在内的信息内容的行为，并成为该网络运营合作主体。此时，涉案机顶盒硬件生产厂商对通过机顶盒信息网络向公众传播涉案影视片的行为必然具备影视版权辨识、审查的认知能力和控制能力。在上述互联网电视业务合作过程中，被告未来电视、被告惠州天敏在实施共同传播涉案影视片的行为时对该片权利人身份明知，且主观上故意而为。被告惠州天敏作为合作者，其参与该网络向公众传播涉案该片的行为具有直接的过错，应与被告未来电视承担共同侵权责任。根据《最高人民法院关于审理侵害信息网络传播权民事纠纷案件适用法律若干问题的规定》第四条的规定，被告惠州天敏应与被告未来电视共同承担本案侵权的民事责任。原告该项请求成立。

3. 法院认定互联网电视机顶盒的销售商不应承担侵权责任

法院审查认为，基于本案共同侵权形态，原告既无证据证明被告武汉新特唯经营部参与实施涉案的侵权行为，也无证据证明被告武汉新特唯经营部销售涉案“天敏大师5号”机顶盒的行为在主观上存有过错，故原告指控被告武汉新特唯经营部的销售行为构成侵权并应停止销售该产品的诉讼请求依据不足。原告该项诉讼请求，法院不予支持。

案例三 【熠念传媒有限公司 诉 小米科技有限责任公司、第三人未来电视有限公司】

北京市海淀区人民法院（2016）京0108民初21626号【一审】

北京知识产权法院（2017）京73民终681号【二审】

【涉案作品：电影 *Little Nicholas*（又名《巴黎淘气帮》或《小淘气尼古拉》）】

【涉案互联网电视机顶盒：小米盒子】

【涉案内容提供平台：未来电视有限公司（简称未来电视）】

侵权行为

小米科技有限责任公司（简称小米公司）生产的小米盒子擅自向公众用户提供涉案作品的点播服务。

判决摘要

二审法院认定，判断硬件提供商与内容提供商是否存在合作关系的关键在于硬件提供商是否参与内容提供商所提供内容的选择，及其是否参与内容提供服务的价格确定及收益分成。

根据小米公司（乙方）与未来公司（甲方）签订的《合作协议》，小米公司与未来公司以联合运营模式开展合作，联合运营产品。……通常而言，未来公司应为内容提供商，小米公司则为硬件提供商，且小米公司本身并不必然具有内容合规的审查义务，在双方不存在合作关系的情况下，小米公司理应不承担侵权责任。

据此，本案关键在于如何判断硬件提供商与内容提供商是否存在合作关系。法院认为，判断双方是否存在合作关系的关键在于硬件提供商是否参与内容提供商所提供内容的选择，及其是否参与内容提供服务的价格确定及收益分成。亦即，如果硬件提供商未经选择向公众提供内容提供商所提供的内容，并未参与内容提供服务的价格确定和收益分成，则硬件提供商的行为符合技术中立原则，不承担侵权责任；反之，硬件提供商应与内容提供商承担连带责任。本案中，尽管现有证据尚不足以证明小米公司对

未来公司所提供内容进行选择，但是，根据小米公司与未来公司签订的《合作协议》，其第二条第1项约定，“甲方面向公众用户提供互联网电视业务运营服务，拥有业务运营和管理的权利，包括但不限于视音频及图文节目内容的提供、编排、内容播出控制管理……用户行为分析等的权利。双方协商决定服务的价格和收费方式。”其第四条第1项约定，“双方合作期限内，乙方接入甲方互联网电视播控平台终端产品保底数量及接入许可费用结算方式等与收费和分成相关事宜，双方另行协商确定。”可见，小米公司与未来公司签订的《合作协议》所约定的“双方协商决定服务的价格”和“双方另行协商确定收费和分成相关事宜”显示，小米公司可能参与了未来公司所提供涉案影片的价格确定并获得了涉案影片的收益分成，尽管小米公司如果实际上确未参与所提供内容的价格确定及收益分成则无须承担侵权责任，但是，在本案无相反证据的情况下，一审法院认定小米公司和未来公司以分工合作方式共同提供侵权作品，进而确定小米公司的民事责任，并无不当，依法应予支持。

（五）互联网电视机或机顶盒＋内容提供平台不构成“共同侵权”

案　例【乐视网（天津）信息技术有限公司 诉 深圳暴风统帅科技有限公司】

北京市朝阳区人民法院（2016）京0105民初13379号【一审】

【涉案作品：电影《何以笙箫默》】

【涉案互联网电视机：暴风超体电视】

侵权行为

被告通过其生产的智能电视“暴风超体电视”提供涉案作品

的在线点播服务。

判决摘要

法院认为，纯粹的硬件生产商，其既无事先审查平台内容是否合法的义务，亦不具有与内容提供商共同提供作品的主观意思联络和行为，不构成与内容提供商以分工合作方式共同提供作品的行为。

涉案电影并非由深圳暴风统帅科技有限公司（简称暴风统帅公司）上传至互联网并直接提供，暴风统帅公司的行为并不构成单独的直接侵权行为。就涉案电影通过暴风统帅公司生产的互联网电视机进行播放，暴风统帅公司仅系硬件的生产商，播控平台系由银河公司提供。根据广电总局广办发网字〔2011〕181号文的要求，互联网电视终端产品必须嵌入一个互联网电视集成平台，暴风统帅公司的终端产品加入的是通过广电总局验收的银河公司的播控平台。同时，根据暴风统帅公司与银河公司的协议，暴风统帅公司仅系纯粹的硬件生产商，不负责播控平台内容的合法性审查。综合上述因素，暴风统帅公司加入并使用银河公司的播控平台，系基于互联网电视政策管理的硬性要求，在提供涉案电影的播放上，暴风统帅公司既无事先审查其是否合法的义务，亦不具有与银河公司共同提供作品的主观意思联络和行为，故暴风统帅公司亦不构成与银河公司以分工合作方式共同提供作品的行为。暴风统帅公司对其播控平台包含丰富资源的介绍，系一种吸引用户购买其硬件产品的广告宣传，但该宣传亦不意味着其参与了播控平台内容的提供与审查。同时其所使用的“版权大剧”“版权覆盖广”等用语亦体现了其在加入经过审核的播控平台的基础上进一步表明其内容均属版权资源的意图。暴风统帅公司不构成信息网络传播权的侵权行为。

（六）互联网电视机顶盒生产者＋销售者共同侵权：生产者明知且支持销售者在机顶盒内安装未经授权提供电视节目直播、回看、点播功能的软件，应认定生产者与销售者就安装行为达成共识，两者构成共同侵权，应当共同承担侵权责任

案　例【央视国际网络有限公司 诉 深圳市开博尔科技有限公司、上海科洛弗国际商贸有限公司】

上海市普陀区人民法院（2015）普民三（知）初字第312号【一审】

上海知识产权法院（2017）沪73民终25号【二审】

【涉案作品：CCTV1、CCTV俄语等22套央视频道，《撒贝宁时间》《道德观察》等节目】

【涉案互联网电视机顶盒：K670I网络电视机顶盒】

侵权行为

被告深圳市开博尔科技有限公司（简称开博尔公司）生产的、被告上海科洛弗国际商贸有限公司（简称科洛弗公司）销售的"K670I网络电视机顶盒"通过互联网向用户提供电视"直播""回播"和"点播"服务，涉及的电视频道有CCTV1、CCTV俄语等22套央视频道，涉及的电视节目有《撒贝宁时间》《道德观察》等节目。

判决摘要

1. 对于机顶盒生产者，一审法院认定：（1）在广电总局限制政策发布之前，机顶盒生产者预装含有侵权链接的软件；（2）在广电总局限制政策发布之后，机顶盒生产者即便未预装侵权软件，仍构成共同侵权。

关于被告开博尔公司是否预装相关固件，法院认为，根据原告提供的被告开博尔公司官网截屏、客服电话录音以及其在庭审中的陈述，可区分为两个主要时间段，大致以国家广电总局相关限制政策发布为界。具体分析如下：

（1）限制政策发布之前（称为早期），被告开博尔公司预装了相关固件。其官网发布的有关其生产的各型号播放机的文章中多以在线平台可实现视频点播、直播、回看为特色宣传其播放器功能，并发布以直播、点播央视节目为实例的演示视频以展现播放机在线功能的实际播放效果，特别是关于涉案同款播放机的评测文章中亦有对搭载在线平台及相关应用直播央视频道的介绍演示，以及有关"盛视高清固件更新"报道，表明宣传所涉各播放机中均内置了相关应用平台，同时鉴于该等文章发布时间显示为2011年至2013年间，与被告开博尔公司庭审时所述"早期会预装固件"亦相互印证。至于被告开博尔公司辩称该等播放器评测文章系从第三方网站转载而来，与其无关的意见，法院认为，第三方网站发布的有关播放器评测文章本身具有一定的客观性，并且被告开博尔公司将该等文章转载至其官网发布，应视为其自身对该等测评描述的认可。综上，法院认为，被告开博尔公司在早期预装了相关固件。

（2）限制政策发布之后（称为后期），原告提供的证据尚不足以证明被告开博尔公司预装了相关固件。原告在公证购买时有渠道选择自由，然其选择购买来自经销商平台的涉案播放器，而非直接购于被告开博尔公司自营自销平台；被告科洛弗公司自认由其安装固件；两被告当庭演示情况，虽其演示的播放器与原告公证购买的播放器不具同一性，但从技术角度来看确存可能性。综上，法院认为，原告提供的证据尚不足以证明被告开博尔公司在后期预装了相关固件。

然而，即使被告开博尔公司在后期未预装相关固件，是否就意味其不构成侵权而无须承担相应责任？法院认为，被告开博尔公司在限制政策发布之后，在其直营销售平台京东、天猫等店铺中仍以“电视直播、回播（看）、在线平台、免费”等卖点介绍涉案播放机功能，显然该等功能不是“裸机”所能实现的。被告科洛弗公司并非一般销售商，而是经被告开博尔公司官方对外公布的地区总代理，两者合作关系紧密。两被告亦明白，仅仅售卖“裸机”不仅会使涉案播放机在同类产品中丧失竞争优势，亦会大大影响销量，因而不仅被告开博尔公司在其自营平台如此宣传，作为其官网宣布的授权代理商的被告科洛弗公司在其天猫店铺中亦作类似宣传，两被告应当清楚该等宣传会使消费者对所购买的播放机具有前述功能产生预期，也就意味着最终交付给消费者的机器必然会内置相关应用。作为生产商的被告开博尔公司显然明白，因为同样涉及销售商利益，即使“裸机”出厂，该等应用也会由代理商“代为”安装，考虑到该等“代为”不仅符合被告开博尔公司利益，且使其规避政策限制、侵权风险得以实现，加之声称“裸机”出厂却在其直营平台宣传相关应用功能来看，可知被告开博尔公司不仅默认且支持这种由被告科洛弗公司等代理商“代为”安装的行为。两被告在限制政策出台后，通过这种“裸机出厂+代为安装”的合作安排，以共同获取利益，故应共担责任。

2. 对于机顶盒生产者，二审法院亦认可共同侵权的认定结论。

上诉人认为，开博尔公司出厂的播放器中没有预装相关的软件，涉案软件由科洛弗公司安装，开博尔公司仅是硬件生产商，没有提供网络服务，其行为不构成侵权。对此，法院认为，央视国际公司在科洛弗公司购买的涉案播放器能够直播、点播和回看央视节目，原审中，科洛弗公司对其在播放器内安装相关软件的行为予以认可，但即使涉案软件由科洛弗公司安装，开博尔公司仍不能免除其侵权责任，理由在于：首先，开博尔公司在其官方网站和天猫旗舰店均宣称涉案播放器具有丰富的在线资源，内置多家在线平台和视频节目。其次，开博尔公司在其官方网站通过视频向用户展示了播放器的直播、点播、回看功能和实际效果，该播放器内置“盛世高清”的固件界面，并安装有“好IMS”“HDPfans”等软件，可以提供央视节目的直播和回看，同时开博尔公司亦提供相关软件的下载和更新服务。最后，开博尔公司在其官方网站宣称科洛弗公司是其上海地区总代理，并有科洛弗公司相关网站的链接，科洛弗公司在网站上介绍涉案播放器时亦宣称涉案播放器可以收看电视台的节目并进行回看。上述事实表明，科洛弗公司作为开博尔公司的上海总代理而非一般的销售商，两者之间关系密切，开博尔公司对科洛弗公司安装相应软件的行为不仅明知而且支持，开博尔公司还提供相关软件的更新和下载服务，可以认定开博尔公司和科洛弗公司就在涉案播放器内安装相应软件的行为达成共识，上述软件使直播、点播、回看央视节目的功能得以实现，侵犯了央视国际网络有限公司（简称央视国际）享有的相应著作权及信息网络传播权。故法院认为开博尔公司和科洛弗公司构成共同侵权，应当共同承担侵权责任。

3. 对于机顶盒销售商，一审法院认定，机顶盒销售商在机顶盒内安装含有侵权链接的软件，构成直接侵权。

本案中，被告科洛弗公司在涉案播放机中安装有含有侵权链接的应用，使“直播”“点播”“回看”涉案央视节目得以实现，因此，在未经原告央视国际授权的情况下，“直播”涉案央视节目侵犯了原告对该等节目所享有的相应著作权，“点播”以及在一定时间段内“回看”涉案央视节目，亦侵犯了原告对该等节目所享有的信息网络传播权。如前所述，因两被告对该等侵权行为的实施具有合意，故被告开博尔公司应与被告科洛弗公司共同承

担停止侵权、赔偿损失等民事责任。

4. 二审法院亦明确，即便采用服务器标准，节目播放过程中未跳转至第三方网站、未显示第三方网址、未提示来源，即表明权利人完成了初步举证责任。网络服务提供者主张其仅提供链接服务，应当举证证明。

上诉人还认为，服务器标准是认定信息网络传播行为的合理标准，涉案播放器内置的相关软件提供的是链接服务，且被链接的是央视国际自己的网站，不属于信息网络传播行为，因此不构成侵权。对此，法院认为，根据《最高人民法院关于审理侵害信息网络传播权民事纠纷案件适用法律若干问题的规定》第六条，央视国际有初步证据证明网络服务提供者提供了相关作品、表演、录音录像制品，但网络服务提供者能够证明其仅提供网络服务，且无过错的，人民法院不应认定为构成侵权。本案中，央视国际提供的证据能够证明涉案播放器可以直播、点播和回看央视节目，且在节目播放过程中，未跳转至第三方网站，未显示任何第三方的网址，也未提示任何来源，央视国际已经完成了初步的举证责任。开博尔公司主张涉案软件提供的是链接服务，应当举证证明，然而开博尔公司仅仅推论称“中央电视台的节目众多，其他人不可能掌握，只可能采取链接的方式”，其并没有提供证据证明相关软件仅仅提供链接服务，故对于开博尔公司的该辩称意见法院不予采信。

（七）内容提供平台分别与他人合作通过不同互联网电视机顶盒传播同一作品：即便该等作品均来源于同一服务器，但由于传播途径、传播范围、损害后果等均不相同，每一个通过不同终端的传播行为，即构成一个新的信息网络传播行为

案　例 【乐视网信息技术（北京）股份有限公司 诉 未来电视有限公司】

北京市朝阳区人民法院（2016）京0105民初9567号【一审】

【涉案作品：电视剧《将爱情进行到底》】

【涉案互联网电视机顶盒：快播小方R810电视机顶盒】

【涉案内容提供平台：中国互联网电视（未来电视有限公司开设、运营）】

侵权行为

被告未来电视有限公司（简称未来电视）利用“快播小方R810电视机顶盒”（简称快播小方机顶盒）通过互联网以电视为终端提供涉案影视作品的在线点播服务。

被告未来电视认可，涉案电影存储在其中国互联网电视平台中，并表示其与深圳市快播科技有限公司（简称快播公司）签订有协议，约定在快播公司生产的快播小方机顶盒中内置未来电视的客户端软件，再由该软件链接未来电视运营的中国互联网电视平台，从该中国互联网电视平台中调取相应的视频资源。

判决摘要

法院认定，行为人分别与他人合作通过不同的电视机机顶盒（终端设备）分别传播同一作品，鉴于作品传播途径、传播范围、损害后果等均不相同，故即使该作品均来自同一服务器，行为人的传播行为也不是同一侵权行为，权利人针对通过不同终端设备传播作品的行为分别提起的诉讼不属于重复诉讼。

未来电视通过其内置于快播小方机顶盒中的客户端软件向网络用户提供了涉案电影的在线播放，实施了在线提供作品的行为。虽然未来电视与原告签订有《互联网电视业务合作协议》，但该协议约定原告提供的视听节目仅限于在未来电视运营的中国互联网电视平台“乐视专区”内使用，而涉案电影并不在该“乐

视专区”内，故未来电视不能据此协议主张其传播涉案电影得到了原告的授权。

原告在深圳市福田区人民法院提起的诉讼是针对未来电视与碧维视公司、百丽芳公司合作通过“碧维视机顶盒”播放电影《将爱情进行到底》的行为，而本案原告起诉的是未来电视通过快播小方机顶盒播放涉案电影的行为，尽管通过“碧维视机顶盒”与快播小方机顶盒所播放的涉案电影均来自中国互联网电视平台，但该平台上的资源并非任何终端均可链接，而是由未来电视主动选择与终端厂商进行合作，未来电视每选择一家不同的终端厂商，即会产生通过新的传播途径传播作品的行为，未来电视会因此而获得新的商业利益，也会因此给权利人造成新的损失。故，未来电视在本案中通过快播小方机顶盒传播涉案电影的行为与深圳市福田区人民法院已经处理的行为不是同一行为，本案不存在重复起诉的问题。未来电视在线提供涉案电影并未经过权利人许可，侵害了原告对涉案电影享有的信息网络传播权，应当承担停止侵权、赔偿经济损失的法律责任。

二、案件焦点分析

（一）法院侵权认定主要思路：按照不同类型行为人及实施的行为分别分析

1. 第一类主体：预置播放软件（往往具有搜索链接功能，深度链接至第三方网站）的开发运营者

（1）第一种认定结论：构成直接侵权，直接提供内容。

认定理由：未发生页面跳转，不符合通常意义上的搜索链接服务的基本特征。

参考案例：北京市海淀区人民法院（2014）海民初字第8413号、北

京市第一中级人民法院（2014）一中民（知）终字第 8925 号

北京市海淀区人民法院（2014）海民初字第 8410 号、北京市第一中级人民法院（2014）一中民（知）终字第 8933 号

（2）第二种认定结论：不构成直接侵权，仍为搜索链接服务。

采用“服务器标准”，因为被诉侵权内容并非来源于播放软件的服务器，但构成间接侵权，未尽注意义务，存在主观过错。

认定理由：

1）被链接的网站直接侵权；

2）播放软件提供者客观上具有“接触”到被诉侵权内容的可能性：进行编辑整理、提供节目列表、节目介绍；

3）播放软件提供者对于被诉内容是否侵权具有“认知能力”（一方面，属于主动的定向链接服务，对被链接内容进行主动整理编排，链接仅指向少量有限网站，提供者负有更高的认知义务；另一方面，被链接内容属于影视作品）。

参考案例：北京知识产权法院（2015）京知民终字第 559 号

北京市第二中级人民法院（2009）二中民初字第 17910 号、北京市高级人民法院（2010）高民终字第 2581 号

2. 第二类主体：内容提供平台运营者，构成直接侵权，直接提供内容

参考案例：湖北省武汉市中级人民法院（2015）鄂武汉中知初字第 00594 号

湖北省武汉市中级人民法院（2015）鄂武汉中知初字第 00592 号

3. 第三类主体：互联网电视一体机或机顶盒的生产者不构成直接侵权，不直接提供内容，因被诉侵权内容不存储在其服务器内

（1）第一种认定结论：构成间接侵权，未尽注意义务，存在主观过错。

1）将播放软件预置在电视机 / 机顶盒中；

2）置于开机桌面进行推荐；

3）将播放软件及其播放影视作品的功能作为电视机 / 机顶盒的卖点进

行宣传。

参考案例：北京市海淀区人民法院（2014）海民初字第 8413 号、北京市第一中级人民法院（2014）一中民（知）终字第 8925 号

北京市海淀区人民法院（2014）海民初字第 8410 号、北京市第一中级人民法院（2014）一中民（知）终字第 8933 号

北京市第二中级人民法院（2009）二中民初字第 17910 号、北京市高级人民法院（2010）高民终字第 2581 号

（2）第二种认定结论：分工合作，共同直接侵权或者共同间接侵权。若内置播放软件、内容提供平台构成直接侵权，则构成共同直接侵权；若内置播放软件构成间接侵权，则构成共同间接侵权。考量要素如下：

1）客观行为：各自行为客观上对被诉侵权内容的传播起到不可或缺的作用，共同促成被诉侵权内容通过涉案电视机 / 机顶盒的在线传播：预装软件，对内容进行选择、编排、审查，共建运营平台。

2）主观的共同意思联络：达成充分合意。

3）收益分成。

参考案例：北京知识产权法院（2015）京知民终字第 559 号

北京市朝阳区人民法院（2014）朝民（知）初字第 41839 号

湖北省武汉市中级人民法院（2015）鄂武汉中知初字第 00594 号

湖北省武汉市中级人民法院（2015）鄂武汉中知初字第 00592 号

北京市海淀区人民法院（2016）京 0108 民初 21626 号、北京知识产权法院（2017）京 73 民终 681 号

（3）特殊问题：内容提供平台分别与他人合作通过不同互联网电视机 / 机顶盒传播同一作品：即便该等作品均来源于同一服务器，但由于传播途径、传播范围、损害后果等均不相同，每一个通过不同终端的传播行为，即构成一个新的信息网络传播行为，会给权利人造成新的损失，给内容提供平台带来新的获利。

参考案例：北京市朝阳区人民法院（2016）京 0105 民初 9567 号

4. 第四类主体：互联网电视一体机或机顶盒设备的销售者

（1）大多数案件认定结论：不承担侵权责任。

（2）认定构成侵权。

1）销售者在电视机 / 机顶盒预装含有侵权链接的侵权软件；

2）生产者明知且支持销售者在机顶盒内预装含有侵权链接的侵权软件，应认定生产者与销售者就安装行为达成共识，两者构成共同侵权，应当共同承担侵权责任。

参考案例：上海市普陀区人民法院（2015）普民三（知）初字第 312 号、上海知识产权法院（2017）沪 73 民终 25 号

（二）侵权认定适用规则 / 原则

1. 对于互联网电视一体机或机顶盒生产者 / 销售者

（1）“实质性非侵权用途”规则 / “技术中立”原则

“实质性非侵权用途”规则源于 1984 年美国联邦最高法院在 Universal City Studios，Inc，. v. Sony Corporation of America 一案中就 Sony 公司是否应当为他人使用 Betamax 录像机实施著作权侵权行为而承担“帮助侵权责任”时做出的认定。因此，也有人将之称为“索尼规则”。一般来讲，如果“产品可能被广泛用于合法的、不受争议的用途”，即“能够具有实质性的非侵权用途”，即使制造商和销售商知道该产品可能被用于侵权用途，也不能推定其存在帮助他人实施侵权行为的故意，而构成“帮助侵权”，并进而要求其承担著作权侵权责任。[1]

正如“TCL 互联网电视著作权侵权案”中，北京市高级人民法院（2010）高民终字第 2581 号二审判决：针对生产销售互联网电视机的行为，由于涉案互联网电视机并不专门用于侵权（具有“实质性非侵权用

[1] 汪涌、史学清:《TCL 互联网电视著作权侵权案与“实质非侵权用途”规则》,《中国版权》2011 年第 4 期，第 48—49 页。

途"），互联网电视机只是用于搜索、下载和播放的工具……中性播放工具、并不特定用于侵权，因此，仅仅生产、销售涉案互联网电视机的行为不构成侵权。

（2）"实质性非侵权用途"规则 / "技术中立"原则的限制适用

在 Grokster 案（Metro-Goldwyn-Mayer Studios v. Grokster，2005 U.S. LEXIS 5212，at 36-37）中，美国联邦最高法院进一步指出：不能将"实质性非侵权用途"规则解读为"只要一种产品具有实质性的合法用途，制造者和销售者就永远不会为第三方对该产品的侵权性使用承担侵权责任"。美国联邦最高法院进而强调，当证据能够证明制造者或销售者有促成他人利用产品实施侵权的言论或行为时，"实质性非侵权用途"规则将无法阻止责任的产生。❶

因此，在考察互联网电视机 / 机顶盒的生产者 / 销售者的主观意愿和客观行为时，若其与播放软件 / 内容提供平台存在分工合作，则存在认定构成共同侵权的问题。若其未尽注意义务，存在主观过错，则存在认定构成间接侵权的问题。

2. 对于播放软件（往往具有搜索链接功能，深度链接至第三方网站）开发运营者

关于是否构成侵权，直接侵权或者间接侵权的认定，主要涉及"深度链接"问题的认定，按照"服务器标准""用户感知标准""实质替代标准"等界定判断，具体请见《第二节 涉视频类的链接服务》的详细阐述。

（三）互联网电视相关行政监管要求

1. 资质要件

互联网电视内容提供、集成播控服务：均需取得《信息网络传播视听

---

❶ 王迁：《超越"红旗标准"——评首例互联网电视著作权侵权案》，《中国版权》2011 年第 6 期，第 36—38、48 页。

节目许可证》。

2. 基本准入要件

（1）具备法人资格，为国有独资或者国有控股单位；

（2）有健全的节目内容编审、安全传播管理制度和安全保护措施；

（3）有与其业务相适应的技术能力、经营场所和相关资源；

（4）有与其业务相适应的专业人员；

（5）技术方案符合国家有关标准和技术规范；

（6）符合国务院广播电影电视主管部门确定的专网及定向传播视听节目服务总体规划、布局和业务指导目录；

（7）符合法律、行政法规和国家规定的其他条件。

外商独资、中外合资、中外合作机构，不得从事专网及定向传播视听节目服务。

3. 监管 / 审批部门：国务院广播电影电视主管部门。

4. 具体要求

（1）互联网电视集成播控服务单位

负责集成播控平台的建设和运营，负责对内容提供服务单位播出的节目的统一集成和播出监控，负责电子节目指南（EPG）、用户端、计费、版权等管理。

1）资质要求：经国务院广播电影电视主管部门批准设立的省、自治区、直辖市级以上广播电视播出机构。

2）与内容提供平台的关系：在提供接入服务时，应当查验内容提供服务单位的《信息网络传播视听节目许可证》，并为其提供优质的信号接入服务，不得擅自插播、截留、变更内容提供服务单位播出的节目信号。

3）监管要求

第一，发现接入集成播控平台的节目含有违反本规定的内容时，应立即切断节目源，并向广播电影电视主管部门报告。

第二，不能与设立在公共互联网上的网站进行相互链接，不能将公共

互联网上的内容直接提供给用户。

第三，目前阶段，互联网电视集成平台在功能上以支持视频点播和图文信息服务为主，暂不得开放广播电视节目直播类服务的技术接口。

4）互联网电视集成服务牌照方（七大 OTT 牌照商，详见表 2.1）。

表 2.1　七大 OTT 牌照商详情

序号	互联网电视集成服务牌照方
1	未来电视有限公司：中央广播电视总台央视网旗下
2	百视通网络电视技术发展有限责任公司：上海文广新闻传媒集团（SMG）和清华同方股份公司合资组建
3	华数传媒网络有限公司：浙江电视台、杭州市广播电视台
4	广东南方新媒体股份有限公司：广东广播电视台旗下新媒体与现代传播技术相融合的新型企业
5	湖南快乐阳光互动娱乐传媒有限公司：湖南广播电视台旗下唯一互联网视频平台（芒果 TV）
6	国广东方网络有限公司：中国国际广播电视网络台（CIBN）互联网电视业务
7	银河互联网电视有限公司：由中央人民广播电台、江苏省广播电视总台和北京爱奇艺科技有限公司共同发起设立，负责“中央银河”互联网电视集成平台

（2）互联网电视内容提供服务单位

负责建设和运营内容提供平台，组织、编辑和审核节目内容。

1）资质要求：经国务院广播电影电视主管部门批准设立的地（市）级以上广播电视播出机构或者中央新闻单位等机构，还应当具备 2000 小时以上的节目内容储备和 30 人以上的专业节目编审人员。

2）与集成播控平台的关系：内容提供服务单位播出的节目应当经过集成播控服务单位设立的集成播控平台统一集成后提供给用户。内容提供服务单位应当选择依法取得集成播控服务许可的单位提供接入服务。

3）监管要求

①负责审查其内容提供平台上的节目是否存在违法违规的情况（《专

网及定向传播视听节目服务管理规定》第十六条）和版权管理要求，并进行播前审查。发现含有违反本规定的节目，应当立即删除并保存有关记录，并向广播电影电视主管部门报告。

②只能接入总局批准设立的互联网电视集成平台，不能接入非法集成平台。同时，内容服务平台不能与设立在公共互联网上的网站进行相互链接。

③新闻节目点播服务仅由广播电视播出机构开办，影视剧点播服务和图文信息服务可以由广播电视播出机构与拥有版权资源的机构合作开展。

④目前阶段，互联网电视内容服务以向用户提供视频点播和图文信息服务为主，暂不开展广播电视节目直播类服务。

三、相关法律文件

《专网及定向传播视听节目服务管理规定》
（国家新闻出版广电总局令第6号）

实施日期：2016年6月1日

第一章　总则

第二条　本规定所称专网及定向传播视听节目服务，是指以电视机、各类手持电子设备等为接收终端，通过局域网络及利用互联网架设虚拟专网或者以互联网等信息网络为定向传输通道，向公众定向提供广播电视节目等视听节目服务活动，包括以交互式网络电视（IPTV）、专网手机电视、互联网电视等形式从事内容提供、集成播控、传输分发等活动。

第三条　国务院广播电影电视主管部门负责全国专网及定向传播视听节目服务的监督管理工作。

县级以上地方人民政府广播电影电视主管部门负责本行政区域内专网及定向传播视听节目服务的监督管理工作。

第二章　专网及定向传播视听节目服务单位的设立

第五条　从事内容提供、集成播控、传输分发等专网及定向传播视听节目服务，应当依照本规定取得《信息网络传播视听节目许可证》。

《信息网络传播视听节目许可证》由国务院广播电影电视主管部门根据专网及定向传播视听节目服务的业务类别、服务内容、传输网络、覆盖范围等事项分类核发。

专网及定向传播视听节目服务业务指导目录由国务院广播电影电视主管部门制定。

第六条　申请从事专网及定向传播视听节目服务的单位，应当具备下列条件：

（一）具备法人资格，为国有独资或者国有控股单位；

（二）有健全的节目内容编审、安全传播管理制度和安全保护措施；

（三）有与其业务相适应的技术能力、经营场所和相关资源；

（四）有与其业务相适应的专业人员；

（五）技术方案符合国家有关标准和技术规范；

（六）符合国务院广播电影电视主管部门确定的专网及定向传播视听节目服务总体规划、布局和业务指导目录；

（七）符合法律、行政法规和国家规定的其他条件。

外商独资、中外合资、中外合作机构，不得从事专网及定向传播视听节目服务。

第七条　申请从事内容提供服务的，应当是经国务院广播电影电视主管部门批准设立的地（市）级以上广播电视播出机构或者中央新闻单位等机构，还应当具备2000小时以上的节目内容储备和30人以上的专业节目编审人员。

申请从事集成播控服务的，应当是经国务院广播电影电视主管部门批准设立的省、自治区、直辖市级以上广播电视播出机构。

申请从事交互式网络电视（IPTV）传输服务、专网手机电视分发服务的，应当是国务院工业和信息化主管部门批准的具有合法基础网络运营资质的单位，并具有一定规模的公共信息基础网络设施资源和为用户提供长期服务的信誉或者能力。

第八条　申请从事专网及定向传播视听节目服务，应当向省、自治区、直辖市人民政府广播电影电视主管部门提出申请，中央直属单位可直接向国务院广播电影电视主管部门提出申请。

省、自治区、直辖市人民政府广播电影电视主管部门应当自收到申请之日起20日内提出初核意见，并将初核意见及全部申请材料报国务院广播电影电视主管部门审批；国务院广播电影电视主管部门应当自收到申请或者初核意见之日起40日内作出许可或者不予许可的决定，其中专家评审时间为20日。予以许可的，向申请人颁发《信息网络传播视听节目许可证》，并向社会公告；不予许可的，应当书面通知申请人并说明理由。

第九条　《信息网络传播视听节目许可证》有效期为3年。有效期届满，需继续从事专网及定向传播视听节目服务的，应当于有效期届满前30日内，持符合本规定第六条、第七条条件的相关材料，按照本规定的审批程序办理续办手续。

第三章　专网及定向传播视听节目服务规范

第十五条　用于专网及定向传播视听节目服务的技术系统和终端产品，应符合国家有关标准和技术规范。

任何单位不得向未取得专网及定向传播视听节目服务许可的单位提供与专网及定向传播视听节目服务有关的服务器托管、网络传输、软硬件技术支持、代收费等服务。

第十八条　内容提供服务单位，负责建设和运营内容提供平台，组织、编辑和审核节目内容。

内容提供服务单位播出的节目应当经过集成播控服务单位设立的集成播控平台统一集成后提供给用户。内容提供服务单位应当选择依法取得集成播控服务许可的单位提供接入服务。

第十九条　内容提供服务单位负责审查其内容提供平台上的节目是否

符合本规定第十六条的规定和版权管理要求，并进行播前审查。

内容提供服务单位应当建立健全节目审查、安全播出等节目内容管理制度，配备专业节目审查人员。所播出节目的名称、内容概要、播出时间、时长、来源等信息，应当至少保留60日，并配合广播电影电视主管部门依法查询。

内容提供服务单位发现含有违反本规定的节目，应当立即删除并保存有关记录，并向广播电影电视主管部门报告，落实广播电影电视主管部门的管理要求。

第二十条　集成播控服务单位，负责集成播控平台的建设和运营，负责对内容提供服务单位播出的节目的统一集成和播出监控，负责电子节目指南（EPG）、用户端、计费、版权等管理。

集成播控服务单位发现接入集成播控平台的节目含有违反本规定的内容时，应立即切断节目源，并向广播电影电视主管部门报告。

第二十一条　集成播控服务单位应当建立健全安全播控管理制度，采取技术安全管控措施，配备专业安全播控管理人员，按照广播电影电视主管部门的管理规定集成播控节目。

集成播控服务单位在提供接入服务时，应当查验内容提供服务单位的《信息网络传播视听节目许可证》，并为其提供优质的信号接入服务，不得擅自插播、截留、变更内容提供服务单位播出的节目信号。

第二十二条　集成播控服务单位和内容提供服务单位应在播出界面显著位置标注国务院广播电影电视主管部门批准的播出标识、名称。

第二十三条　传输分发服务单位应当遵守广播电影电视主管部门有关安全传输的管理规定，建立健全安全传输管理制度，保障网络传输安全。

传输分发服务单位在提供传输分发服务前，应当查验集成播控服务单位的《信息网络传播视听节目许可证》。不得擅自插播、截留、变更集成播控平台发出的节目信号和电子节目指南（EPG）、用户端、计费、版权等控制信号。

第四章　法律责任

第二十五条　擅自从事专网及定向传播视听节目服务的，由县级以上广播电影电视主管部门予以警告、责令改正，可并处3万元以下罚款；情节严重的，根据《广播电视管理条例》第四十七条的规定予以处罚。

第二十六条　专网及定向传播视听节目服务单位传播的节目内容违反本规定的，由县级以上广播电影电视主管部门予以警告、责令改正，可并处3万元以下罚款；情节严重的，根据《广播电视管理条例》第四十九条的规定予以处罚。

第二十七条　违反本规定，有下列行为之一的，由县级以上广播电影电视主管部门予以警告、责令改正，可并处3万元以下罚款；情节严重的，根据《广播电视管理条例》第五十条的规定予以处罚：

（一）未按照《信息网络传播视听节目许可证》载明的事项从事专网及定向传播视听节目服务的；

（二）违规传播时政类视听新闻节目的；

（三）集成播控服务单位未对内容提供服务单位播出的节目进行统一集成和播出监控或者未负责电子节目指南（EPG）、用户端、计费、版权等管理的。

第二十九条　违反本规定，有下列行为之一的，由县级以上广播电影电视主管部门予以警告、责令改正，可并处3万元以下罚款；同时，可对其主要出资者和经营者予以警告，可并处2万元以下罚款：

（一）变更股东、股权结构等重大事项，未事先办理审批手续的；

（二）专网及定向传播视听节目服务单位的单位名称、办公场所、法定代表人依法变更后未及时向原发证机关备案的；

（三）采用合资、合作模式开展节目生产购销、广告投放、市场推广、商业合作、收付结算、技术服务等经营性业务未及时向原发证机关备案的；

（四）集成播控服务单位和传输分发服务单位在提供服务时未履行许可证查验义务的；

（五）未按本规定要求建立健全与国家网络信息安全相适应的安全播控、节目内容、安全传输等管理制度、保障体系的；

（六）集成播控服务单位和内容提供服务单位未在播出界面显著位置标注播出标识、名称的；

（七）内容提供服务单位未采取版权保护措施，未保留节目播出信息或者未配合广播电影电视主管部门查询，以及发现含有违反本规定的节目时未及时删除并保存记录或者未报告广播电影电视主管部门的；

（八）集成播控服务单位发现接入集成播控平台的节目含有违反本规定的内容时未及时切断节目源或者未报告广播电影电视主管部门的；

（九）用于专网及定向传播视听节目服务的技术系统和终端产品不符合国家有关标准和技术规范的；

（十）向未取得专网及定向传播视听节目服务许可的单位提供与专网及定向传播视听节目服务有关的服务器托管、网络传输、软硬件技术支持、代收费等服务的；

（十一）未向广播电影电视主管部门设立的节目监控系统提供必要的信号接入条件的；

（十二）专网及定向传播视听节目服务单位在同一年度内 3 次出现违规行为的；

（十三）拒绝、阻挠、拖延广播电影电视主管部门依法进行监督检查或者在监督检查过程中弄虚作假的；

（十四）以虚假证明、文件等手段骗取《信息网络传播视听节目许可证》的。

有前款第十四项行为的，发证机关应撤销其《信息网络传播视听节目许可证》。

《最高人民法院、最高人民检察院、公安部、国家新闻出版广电总局关于依法严厉打击非法电视网络接收设备违法犯罪活动的通知》（新广电发〔2015〕229号）

印发日期：2015年9月18日

……

生产、销售、安装非法电视网络接收设备违法犯罪活动，特别是利用非法电视网络接收设备实施传播淫秽色情节目、危害国家安全等违法犯罪活动，严重扰乱社会治安秩序，严重危害国家安全。

……

非法电视网络接收设备主要包括三类：“电视棒”等网络共享设备；非法互联网电视接收设备，包括但不限于内置含有非法电视、非法广播等非法内容的定向接收软件或硬件模块的机顶盒、电视机、投影仪、显示器；用于收看非法电视、收听非法广播的网络软件、移动互联网客户端软件和互联网电视客户端软件。根据刑法和司法解释的规定，违反国家规定，从事生产、销售非法电视网络接收设备（含软件），以及为非法广播电视接收软件提供下载服务、为非法广播电视节目频道接收提供链接服务等营利性活动，扰乱市场秩序，个人非法经营数额在五万元以上或违法所得数额在一万元以上，单位非法经营数额在五十万元以上或违法所得数额在十万元以上，按照非法经营罪追究刑事责任。对于利用生产、销售、安装非法电视网络接收设备传播淫秽色情节目、实施危害国家安全等行为的，根据其行为的性质，依法追究刑事责任。对非法电视网络接收设备犯罪行为，涉及数个罪名的，按照相关原则，择一重罪处罚或数罪并罚。在追究犯罪分子刑事责任的同时，还要依法追缴违法所得，没收其犯罪所用的本人财物。对于实施上述行为尚不构成犯罪的，由新闻出版广电等相关行政主管部门依法给予行政处罚；构成违反治安管理行为的，依法给予治安管理处罚。

……

《广电总局办公厅关于印发〈持有互联网电视牌照机构运营管理要求〉的重要通知》

（广办发网字〔2011〕181号）

印发日期：2011年10月28日

一、互联网电视集成业务管理要求

1. 互联网电视集成平台由节目集成和播出系统、EPG管理系统、客户端管理系统、计费系统、DRM数字版权保护系统等主要功能系统完整组成，互联网电视集成机构对所建集成平台应当独家拥有资产控制权和运营权、管理权。

2. 互联网电视集成平台只能选择连接广电总局批准的互联网电视内容服务机构设立的合法内容服务平台，在提供接入服务前，互联网电视集成机构应对互联网电视内容服务平台的合法性进行审核检查。

3. 持证的互联网电视内容服务机构，要求互联网电视集成平台为其内容平台向互联网电视终端播放节目提供路径和其他必要的技术支持时，互联网电视集成机构不得予以拒绝，并应当提供多种技术和商务合作模式供选择。

4. 互联网电视集成平台不能与设立在公共互联网上的网站进行相互链接，不能将公共互联网上的内容直接提供给用户。

5. 互联网电视集成平台为内容服务平台提供接入服务时，可以依据自身成本情况：制定公开、透明、公平合理的收费标准。

6. 目前阶段，互联网电视集成平台在功能上以支持视频点播和图文信息服务为主，暂不得开放广播电视节目直播类服务的技术接口。

二、互联网电视内容服务管理要求

1. 互联网电视内容服务平台只能接入总局批准设立的互联网电视集成平台上，不能接入非法集成平台。同时，内容服务平台不能与设立在公共互联网上的网站进行相互链接。

2. 互联网电视内容服务中，新闻节目点播服务仅由广播电视播出机构开办，影视剧点播服务和图文信息服务可以由广播电视播出机构与拥有版权资源的机构合作开展。

3. 互联网电视内容服务机构应当遵守与广播电视一致的宣传管理要求，保持正确的舆论导向。应当建立、健全节目内容采集、组织、审核、播出等制度和相应的应急处理机制。

4. 互联网电视内容服务平台播放的节目内容在审查标准、尺度和管理要求上，应当与电视台播放的节目一致，应当具有电视播出版权。

5. 目前阶段，互联网电视内容服务以向用户提供视频点播和图文信息服务为主，暂不开展广播电视节目直播类服务。

三、互联网电视业务运营要求

……

5. 互联网电视集成机构和内容服务机构在业务开展中各自承担相应的审查把关责任，集成机构主要负责审查所接入的内容服务平台资质是否合法，但不负责对具体的节目进行播前审查；内容服务机构负责审查其开办的内容服务平台上的节目是否符合相应的内容管理、版权管理要求，对具体的节目要进行播前审查，承担播出主体责任；内容平台的合作方负责对自身所提供的节目内容和版权进行审查，向内容平台承担相应责任。

……

四、互联网电视机顶盒等终端产品管理要求

1. 互联网电视集成机构所选择合作的互联网电视终端产品，只能唯一连接互联网电视集成平台，终端产品不得有其他访问互联网的通道，不得与网络运营企业的相关管理系统、数据库进行连接。

2. 集成机构所选择合作的互联网电视终端产品，只能嵌入一个互联网电视集成平台的地址，终端产品与平台之间是完全绑定的关系，集成平台对终端产品的控制和管理具有唯一性。

3. 集成机构选定拟合作的终端产品的类型、厂家、型号后，向广电总局提交客户端号码申请，广电总局将按照统一分配、批量授权、一机一号等现行的互联网电视客户端编号规则，针对合格型号的终端产品授权发放

相应的号段，允许在号段范围内生产终端产品。经授权的集成机构，负责按照唯一原则确定每一台互联网电视客户端的编号。

《广电总局关于加强以电视机为接收终端的互联网视听节目服务管理有关问题的通知》

印发日期：2009 年 8 月 11 日

近期，一些企业为谋取不当经济利益，未经行业主管部门批准和著作权人授权，擅自将互联网上的影视剧等各类视听节目，随意传送到电视机终端供用户收看，严重侵犯了著作权人的合法权益，扰乱了互联网视听节目传播秩序。为规范相关业务管理，现将有关要求重申如下：

一、通过互联网连接电视机或机顶盒等电子产品，向电视机终端用户提供视听节目服务，应当按照《互联网视听节目服务管理规定》（广电总局、信息产业部令第 56 号）、《互联网等信息网络传播视听节目管理办法》（广电总局令第 39 号）的有关规定，取得“以电视机为接收终端的视听节目集成运营服务”的《信息网络传播视听节目许可证》。

二、开展以电视机为接收终端的互联网视听节目集成运营服务，应当建立具有节目播控、节目导视、版权保护等功能的集成播控系统，健全节目内容管理制度、安全保障制度和应急处理机制，确保所传播视听节目内容可管、可控。

三、通过互联网等信息网络向电视机终端用户传播的视听节目，应当符合《广播电视管理条例》《互联网视听节目服务管理规定》《互联网等信息网络传播视听节目管理办法》及《广电总局关于加强互联网视听节目内容管理的通知》的有关规定。传播的影视剧应依法取得广播影视行政部门颁发的《电影片公映许可证》《电视剧发行许可证》或《电视动画片发行许可证》；传播的理论文献影视片须依法取得广播影视行政部门颁发的《理论文献影视片播映许可证》。

四、开展以电视机为接收终端的互联网视听节目服务，应当遵守著作权法律、行政法规的规定，取得著作权人的相关授权。应当采取版权保护措施，保护著作权人的合法权益。

各级广播电视管理部门在接到本通知后，要对辖区内从事以电视机为接收终端的互联网视听节目服务的情况进行检查，发现有擅自从事相关业务的机构，依法予以处理。

《关于立即关闭互联网电视终端产品中违规视频软件下载通道的函》

2014 年 6 月

国家新闻出版广电总局 6 月中旬给浙江省新闻出版广电局下发了关于立即关闭互联网电视终端产品中违规视频软件下载通道的函。关闭函中指出，华数传媒公司推出的互联网电视机顶盒“天猫魔盒”中载有爱奇艺、搜狐视频、优酷等视频软件以及电视猫、泰捷视频、兔子视频等视频聚合软件和互联网浏览器软件，为政治有害、淫秽色情和低俗不良节目及侵权盗版节目大量进入电视机及提供技术支持和通道，严重违反相关政策。

在国家新闻出版广电总局下发给上海市文化广播影视管理局的关闭函中，总局则点名批评百视通的互联网盒子“小红互联网电视机顶盒”，载有优酷等商业视频 App，为大量未经国家批准的境外影视剧及含有色情内容的微电影、网剧等节目进入电视机提供了技术支持通道，严重违反相关政策。

《中国互联网电视集成服务机构自律公约》

2018 年 9 月 21 日（七大互联网电视集成服务牌照方签署）

9 月 21 日，为推动互联网电视产业规范与发展，促进行业内的交流与合作，中国网络视听节目服务协会互联网电视工作委员会在国家广播电视总局网络视听节目管理司的指导下，在北京广电国际酒店主办 2018 年互联网电视行业合作

发展恳谈会。会上，在国家广播电视总局授权和指导下成立了工委会与监督办，维护成员单位的正当利益，组织实施互联网电视集成服务机构自律，并对成员单位遵守本公约的情况进行督促检查，并有权申请吊销网络视听许可牌照。

第九节　IPTV（交互式网络电视）

交互式网络电视（Internet Protocol TV，IPTV）是“三网融合”的典型产物。所谓“三网融合”，是指电信传输网、计算机互联网和广播电视传输网这三种原本相互独立的网络被整合成兼具三者功能的统一网络。

根据国家广播电视总局 2020 年 7 月 8 日发布的《2019 年全国广播电视行业统计公报》，2019 年，全国交互式网络电视（IPTV）用户 12.74 亿户；交互式网络电视（IPTV）平台分成收入 121.23 亿元，同比增长 20.69%。

一、侵权行为模式

（一）IPTV 限时回看——用户可以根据电子节目指南（Electronic Program Guide，EPG）选择回看一段时间内的已经由运营商录制完成的直播节目内容

1. 属于“广播权”“信息网络传播权”的控制范围还是其他

（1）多数司法案例认定，“IPTV 限时回看”落入“信息网络传播权”的控制范围。

案例一　【乐视网信息技术（北京）股份有限公司 诉 中国电信股份有限公司深圳分公司、上海百视通电视传媒有限公司（第三人）】

深圳市福田区人民法院（2012）深福法知民初字第 344 号【一审】

广东省深圳市中级人民法院（2014）深中法知民终字第 328 号【二审】

广东省高级人民法院（2014）粤高法民三申字第 96 号【再审】

【涉案作品：电视剧《男人帮》】

侵权行为

被告以电视机顶盒及网络点播等形式允许其用户免费或付费点播涉案作品。

判决摘要

法院认定，被告的 IPTV 客户在机顶盒接入互联网后，通过遥控操作，可在线以点播的方式收看电视剧《男人帮》，该行为侵犯了原告对电视剧《男人帮》所享有的信息网络传播权。

第三人上海百视通电视传媒有限公司与被告中国电信股份有限公司深圳分公司通过履行《关于 IPTV 业务的合作协议》和《IPTV 业务合作补充协议》而合作共同经营 IPTV 业务，具体表现为，IPTV 平台架构主要分为“内容运营平台”和“媒体传输平台”，两者通过对接而实现 IPTV 业务功能。内容运营平台完成电子节目导视系统制作和管理、内容处理与发布；媒体传输平台完成用户身份识别、流量结算、信号分发、网络运维支撑等功能。第三人上海百视通电视传媒有限公司经国家广电总局批复具备集成播控平台资质，负责 IPTV 内容运营平台管理和经营业务。被告中国电信股份有限公司深圳分公司作为 IPTV 业务的网络运营商负责 IPTV 媒体传输平台业务。被告中国电信股份有限公司深圳分公司提供的媒体传输平台与第三人上海百视通电视传媒有限公司提供的内容运营平台对接，该对接并非一般意义上的自动接入、自

动传输服务。IPTV 业务的具体运营，由被告中国电信股份有限公司深圳分公司与用户签订 IPTV 使用合同，并向 IPTV 用户收取使用费。IPTV 用户收看视频节目的具体流程为，在设备处于开机状态下，用户操作遥控器，遥控器控制机顶盒，机顶盒通过电信宽带网络线路将指令发到 IPTV 媒体传输平台的页面服务器，页面服务器根据指令搜索节目，接收内容运营平台信号，并向机顶盒下发相关的页面代码，通过机顶盒解码后在电视机上播出视频节目。由上可见，从 IPTV 业务经营模式来看，第三人上海百视通电视传媒有限公司与被告中国电信股份有限公司深圳分公司通过分工合作，共同经营IPTV业务，并共同获取并分配由此获得的经济利益。

本案 IPTV 未经原告许可，向 IPTV 用户提供涉案电视剧《男人帮》在线点播观赏服务，侵犯了原告对电视剧《男人帮》所享有的信息网络传播权。因涉案 IPTV 业务由第三人上海百视通电视传媒有限公司与被告中国电信股份有限公司深圳分公司合作共同经营，因此，第三人上海百视通电视传媒有限公司与被告中国电信股份有限公司深圳分公司应共同向原告承担该著作权侵权责任。

案例二 【北京爱奇艺科技有限公司 诉 中国联合网络通信有限公司河北省分公司、爱上电视传媒（北京）有限公司】

北京市海淀区人民法院（2019）京 0108 民初 3738 号、（2019）京 0108 民初 3739 号【一审】

北京知识产权法院（2019）京 73 民终 3696 号、3778 号【二审】

【涉案作品：电视剧《花千骨》《琅琊榜》】

侵权行为

中国联合网络通信有限公司河北省分公司（以下简称联通公

司）与爱上电视传媒（北京）有限公司（以下简称爱上公司）通过其运营的“河北联通”IPTV平台，擅自提供涉案作品的在线播放服务。

判决摘要

法院认为，二被告未经许可，共同通过“河北联通”IPTV回放专区提供涉案作品部分剧集的在线播放服务，使公众可以在其个人选定的时间和地点获得涉案作品，侵犯了原告就涉案作品享有的信息网络传播权。

一审法院认为：

爱上公司提出涉案回放功能应属于广播权的控制范畴，不属于信息网络传播权范畴的抗辩，法院认为，本案所诉行为系二被告在“河北联通”IPTV上通过回看方式提供涉案作品的在线播放行为，根据（2018）冀石太证经字第3933号公证书（以下简称第3933号公证书）中涉案作品的播放情况可以看出，对在2018年10月13日至18日期间的涉案作品，用户可在相应时间段内按照其选定的时间和地点通过点击“回看”按钮获取涉案作品，故被诉行为落入了信息网络传播权的控制范围，爱上公司认为该行为不属于信息网络传播行为的主张不能成立，法院不予支持。爱上公司提出其系根据国家政策相关要求开展IPTV业务，与本案无关，亦非其未经许可提供涉案作品的合法理由。

关于联通公司主张其仅为网络技术服务提供者，涉案作品系爱上公司提供，其无主观恶意，不存在侵权行为的抗辩，法院认为，首先，第3933号公证书中仅显示有“河北IPTV”，且相关二维码亦显示与联通公司相关，无任何爱上公司的相关标识，他人无法知晓涉案作品是由爱上公司提供；其次，联通公司与爱上公司签订的《IPTV业务合作协议》中未显示任何与回看业务相

关的内容，亦无任何直接指向涉案作品的相关合作条款，无法证明联通公司在涉案行为中仅提供相关技术服务；最后，二被告均未进一步提供证据证明爱上公司获得涉案作品的相关授权。综上，对联通公司的上述辩称，法院不予采信。

二审法院认为：

首先，爱上公司提供的“回看”服务不同于直播，而是为用户提供了一种回溯式的、可重复的观看体验，用户通过点击“回看”按钮，即可在线观看存储于爱上公司服务器中的涉案作品，与通常而言的内容服务提供者所提供的在线播放服务并无本质区别。爱上公司提供涉案作品回看服务的行为已经落入信息网络传播权的控制范畴，其此项上诉意见缺乏事实依据和法律依据，法院不予采信。

（2）少数法院认定：“IPTV 限时回看”仍属于“广播权”的范畴。

案例一 【乐视网信息技术（北京）股份有限公司 诉 广州珠江数码集团有限公司】

广州市越秀区人民法院（2012）穗越法知民初字第 1101 号、1100 号【一审】

广东省广州市中级人民法院（2013）穗中法知民终字第 1174 号、1173 号【二审】（维持）

【涉案作品：电视剧《青盲》《密使》】

侵权行为

被告是广州市地区的有线电视网络运营商，负责电视节目集成与运营，其经过浙江广播电视集团（以下简称浙电）授权，通过卫星传输接收“浙江卫视”频道信号并播放节目，在录制“浙江卫视”频道的节目后，通过有线电视网络向用户提供限时回看服务。在“浙江卫视”频道播放的节目中，含有原告享有信息网络传播权的电视剧。由于浙江广播电视集团并未获得该电视剧信息网络传播权的许可，本案被告自然也不可能取得相关的信息网络传播权许可。

判决摘要

法院从实施主体、表现行为、公众的界定三个方面认定“IPTV 回看”属于传统广播电视业务的发展和延伸，其行为性质是广播行为，不构成对原告信息网络传播权的侵害。

首先，广播权的实施主体具有特殊性，一般是广播电台、电视台。本案中，浙电是“浙江卫视”频道对外覆盖入网签约部门，有数字电视频道传输和营销资质。被告的前身是广州市有线电视网络工程有限公司，经广州市委、市政府批准授权，负责广州市行政区域内有线电视网络建设、管理和运营。根据浙电与被告的传输合同，双方在被告有线电视网络覆盖区域内进行合作，浙电负责将频道信号通过卫星传输到被告前端，再由被告自行传送给用户，被告将浙电节目频道摆放在数字电视平台中播出，节目频道的传输播出费用由浙电按本合同约定价格支付给被告。可见，无论是浙电，还是被告，均是具有广播电台、电视台性质的特殊的广播主体。

其次，从广播权的表现行为来看，共有三种，分别是无线广播作品的行为、有线传播或转播被无线广播的作品的行为、以扩音器等工具传播被无线广播的作品的行为，三种行为之间具有一种事实上的承接关系，也就是说，从发生先后顺序来看，先有第一种行为，即先有无线广播组织发射无线节目信号，然后再有第二种或者第三种行为，即在无线广播组织发射出信号后，再由有

线电视网络经营者通过其设备转播或者传播无线广播组织发射的信号，或者再由他人通过扩音器等工具传播无线广播组织发射的信号。法律规定第二种和第三种广播行为的初衷是为了更好地传送广播节目，由于电磁波的覆盖面、地形等原因，有的地区接收不到或者不能很好地接收电磁波信号或者为了更好、更稳定地接收电磁波信号，需要有线传输解决这一问题。本案中，涉案电视剧由浙电的“浙江卫视”频道首播，可认定其取得了涉案电视剧的广播权。浙电将“浙江卫视”频道信号通过卫星传输给被告，被告作为广州地区的有线电视网络运营商，通过自己的设备转播浙电发射的无线信号，属于广播行为中的有线转播行为。

再者，浙电将节目同步传输给被告，仅限于被告在约定的期限内传输给其网络内的用户收看，被告不得擅自对电视频道内容进行调整、变更、修改，不得擅自截传、转让、扩散，不得插播广告。虽然被告经许可将“浙江卫视”节目进行录制，用于其开展的电视“回看”和“点播”业务，但仍必须保留“浙江卫视”台标，因此，本质上被告是对“浙江卫视”频道节目的重复使用，其实施的还是广播行为。而且，被告提供作品的对象仅限于其有线电视的用户，并非所有的社会公众，不符合我国《著作权法》规定的“使公众可以在其个人选定的时间和地点获得作品”的信息网络传播权的定义。

综上，被告根据与案外人浙电签订的《节目传输播出合同》，通过卫星传输接收“浙江卫视”频道信号，将“浙江卫视”频道播放的节目进行录制后，通过有线电视网络提供给其有线电视用户“回看”和“点播”的行为，属于传统广播电视业务的发展和延伸，其行为性质是广播行为，不构成对原告信息网络传播权的侵害，故原告要求被告停止侵权、赔偿损失和合理费用的诉讼请求，缺乏事实和法律依据，该院不予支持。一审法院作出判决：

驳回原告的全部诉讼请求。

案例二 【西藏乐视网信息技术有限公司 诉 中国电信股份有限公司杭州分公司】

杭州互联网法院（2018）浙0192民初4603号【一审】

浙江省杭州市中级人民法院（2019）浙01民终10859号【二审】

【涉案作品：电视剧《芈月传》】

侵权行为

被告在其运营的“杭州IPTV”回看板块，通过信息网络向公众提供涉案作品《芈月传》的在线播放服务。

判决摘要

一审法院根据“IPTV限时回看”模式涉及的产业政策层面、法律层面、技术层面和利益平衡层面综合考量，认定：涉案“IPTV限时回看”模式应不属于典型意义上信息网络传播行为，二审法院对此认定予以维持。

在认定“IPTV限时回看”模式的法律属性时，一审法院从如下几个方面予以评述。

（一）从产业政策上看，……本案中被告提供的IPTV业务系与浙江广电新媒体有限公司签订的年度IPTV合作备忘录项下所展开，符合《专网及定向传播视听节目服务管理规定》（广电总局第6号令）、《关于IPTV集成播控平台建设有关问题的通知》（广电总局43号文）等相关规定。由此可见，从当前产业政策来看，IPTV作为三网融合政策培育出的典型业务形态，业已界定为广播电视新业态，业务属性上属于广播电视业务，已经成为重

要的广播电视节目传输覆盖方式。同时，IPTV 的用户端和计费管理是集成播控平台的重要组成部分，建设和管理上必须遵守广播电视的政策法规，由广电行政部门负责管理。因此，“IPTV 回看”模式实质上是利用电信运营商的通信网络，以专网方式定向传输广播节目开展的有线电视业务。其本质上仍然是广播电视业务结合回看技术后全新业务形态，是广播电视在新媒体领域的重要延伸，符合国家的三网融合政策及相关规定。

（二）从法律层面看，……信息网络传播行为最重要的特征即为“使公众可以在其个人选定的时间和地点获得作品”。从本案查明的事实来看，“IPTV 回看”的实现主要由广电部门接收卫视的频道信号，通过电信的 IPTV 专用网络定向传输通道，将直播流不加任何删改地进行 72 小时缓存，自动覆盖、删除，从而实现向局域网内用户提供 72 小时限时电视节目回看。第一，在提供主体和来源上，“IPTV 回看”服务的主体、来源均为广播组织，提供的内容节目台标、编排等都不会改变，“回看”功能播放的信号仅限于相应电视台限定时间内播放的信号。第二，在传播途径上，电信的 IPTV 专用网络是电信部门利用互联网架设的“专网”（国家广电管理部门明确禁止不得链接公网）明显区别于公开公用的互联网；在受众上，《著作权法》中广播权和信息网络传播权相应规定内容中的“公众”的指向并不相同，信息网络传播是指向广域网环境，而广播权的公众是处于一种范围可控的状态，IPTV 用户是利用特定终端并拥有专网访问权限和节目访问权限的特定用户，被告提供作品的对象并非所有的社会公众，仅限于已经相对特定的专网内的用户，其他公众不可能在不安装 IPTV 专网及终端的任何其选定的地点获得，故“IPTV 回看”行为的受众与信息网络传播权中的“公众”范围有所区别。第三，在时间和地点上，回看点播服务仅能在安装专网终端的电视上、节目播出后 72 小时内观看。被告在向用户同步转播“宁夏卫视”电视频道直播的同时，自动并且完整地对直播节目进行滚动录制，滚动保留72小时，并滚动向用户提供完整的宁夏卫视已播出的直播节目。被告是将“宁夏卫视”电视频道直播的节目录制为一个完整视频文件，动态缓存72小时，并根据“宁夏卫视”电视频道播出的时间轴对所录制的频道内容进行周而复始的循环缓存—删除—缓存—删除。被告并没有对电视连续剧《芈月传》或其他任何节目加以区别并进行特定录制和单独存储，也未对其录制播出的“宁夏卫视”电视频道节目进行任何增删、编辑和修改，包括每档节目之间插播的电视广告、每档节目中的电视台台标均被完整录制播出，且用户超过72小时就再也无法获得上述频道节目。据此，被告所实施的“电视回看”行为以及行为的意图所指向的内容均是“宁夏卫视”电视频道而不是电视连续剧《芈月传》，其实质是利用技术的进步，对整个“宁夏卫视”电视直播频道进行72小时的重播。同时，因涉案电视连续剧《芈月传》包含在电视直播节目录制的完整视频中，无法单独呈现。因此，如果涉案电视连续剧《芈月传》需要下架处理，也只能将该时间段电视频道直播录制的完整视频文件整体删除，这显然不符合比例原则中“追求一定目的而采取的方式，对第一种利益的侵害强度不得与达成目的的需要程度不成比例”的学理要求。第四，我国现行立法将非交互式传播、交互式传播分别用广播权和信息网络传播权区别规制，意味着两者是并列并存的，故应避免将利用网络技术的传播行为一概纳入信息网络传播范畴，而应基于国家的行业政策、业态的实际和公共利益的平衡，对信息网络传播权范围加以合理限制。第五，“IPTV回看”模式是一种新的作品利用方式，是一种新的商业模式，系技术本身进步的结果。司法在评价该行为时，应该秉承包容、中立的司法态度，为新技术带来的新业态、新模式留足发展空间，而非机械

地直接根据法律规定予以肯定或否定。事实上，涉案电视连续剧《芈月传》著作权人在授权宁夏电视台播放时，并没有禁止宁夏电视台不得通过“IPTV 回看”模式传播作品。而原告在获得涉案作品信息网络传播权时，其信息网络传播权的范围并没有明确涵盖“IPTV 回看”模式。

综上，法院认为，侵害信息网络传播权的本质体现为破坏著作权人在信息网络中对其作品的控制，实质性改变了著作权人所控制的作品的网络传播。如前所述，“IPTV 回看”模式既有时间限制，又有地点选择限定，并不符合严格意义上的信息网络传播的“选定”特点。而“IPTV 回看”模式仅限于 IPTV 专网的用户，其播放的信号仅限于相应电视台限定时间内播放的信号，特定用户仅能在限定回放时间内，在特定环境下通过特定入口按需求观看电视节目。“IPTV 回看”模式并没有对著作权人作品的信息网络传播方式、传播范围和传播条件等进行破坏或改变，二者不会构成实质性的替代竞争关系，难谓对原告诉称的信息网络传播的市场用户以及经济利益构成实质性损害。因此，“IPTV 回看”模式不会改变广播组织提供广播的单向性和观众的被动性，在来源、传播途径、受众、获得方式上均区别于典型意义上的信息网络传播行为。

（三）从技术层面看，技术中立原则要求给予各种技术同等对待即公平竞争的机会，不能因回放模式系基于网络技术的应用而简单地将其归类于信息网络传播行为，而应客观地考量该模式的具体情况。就本案而言，在服务提供的方式和所使用技术上，被告根据国家广播电视行政部门在 IPTV 技术系统对接、传输、用户管理、安全播出的要求，在互联网宽带网络之外另建一套 IPTV 专用传输网络，并通过独立的账号认证平台校验用户网络登录权限以及节目访问权限，其本质是利用 IP 技术及电信运营商线路，通过物理网络、设备以及独立账号认证实现完全封闭传输IPTV节目信号的专网。电信方作为信号分发方对于广电机构发出的直播流完整、不加更改地进行传输，实际上只是对电视节目内容的重播提供了回看的技术手段。该模式所提供的产品给用户的欣赏体验同网络用户基于信息网络传播上网带来的欣赏体验有极大差异；专网用户在支付了IPTV的广播业务费用后，免费享受基于合理改变观看时间的IPTV回放服务，受众感知的服务更类似于电视广播服务，而非信息网络传播服务。即使在“IPTV回看”模式的环境下，设定了极为有限的回看期限，都不能改变广播组织提供的广播的“单向性”“被动性”。IPTV的内容定位应该为TV，其中IP是指互联网协议，代表着互联网的形式，TV即意味着仍然属于广播领域的广播范畴。从IPTV提供的服务来讲，被告属于信号分发方，对信号发出方的版权内容是无法审查的，也无权干涉，广播权有一次利用和二次利用，“IPTV回看”服务通过专网专送提供的信号来实现，同传统的广播权的二次利用之间没有本质区别。

（四）从利益平衡上看，法院认为，著作权法是以调整作品所产生的利益关系为核心，协调著作权人利益和社会公共利益之间实现平衡的法律机制。《最高人民法院关于充分发挥知识产权审判职能作用推动社会主义文化大发展大繁荣和促进经济自主协调发展若干问题的意见》（以下简称《若干问题的意见》）明确指出，在知识产权司法保护中要强化利益平衡观念，把利益平衡作为知识产权保护的重要基点，统筹兼顾智力创造者、商业利用者和社会公众的利益，协调好激励创造、促进产业发展和保障基本文化权益之间的关系，使利益各方共同受益、均衡发展。促进文化创新和培育新类型文化业态，积极推动社会主义文化大发展大繁荣。因此，在确定“IPTV回看”模式的法律属性时，应该综合考量其传播内容、传播途径、传播特点、用户受众，结合视

听服务行业国家产业政策、产业发展的现状及走势，在现有法律框架下充分顾及技术中立与利益平衡的原则，平衡各方利益，作出恰当的评价。电视节目回看这一块蛋糕究竟分给谁，涉及广电组织、著作权人、用户以及社会公众的利益。IPTV 作为国家推进三网融合产业政策的典型业态，其本质上是传统广播电视产业借助现代网络技术，以低成本的方式传播尽可能多的广播电视信息，将“IPTV 回看”模式从广播电视的产业角度进行调整，界定为广播权二次使用的规制范畴，有利于国家政策中公共利益目的的实现。《若干问题的意见》第八点也明确指出，“在促进技术创新和商业发展确有必要的特殊情形下，考虑作品使用行为的性质和目的、被使用作品的性质、被使用部分的数量和质量、使用对作品潜在市场或价值的影响等因素，如果该使用行为既不与作品的正常使用相冲突，也不至于不合理地损害作者的正当利益，可以认定为合理使用。”从产业发展而言，传统的广播电视产业借助于互联网技术手段和国家“三网融合”的政策推动，创新、培育出 IPTV 等覆盖全国的广播电视新业态，回放模式借助专网技术，通过合理改变观看时间，留住并吸引了广播电视产业的广大受众；免费的回放模式在降低受众成本的同时，既不与原权利人权利的正常使用相冲突，也不至于不合理地损害原权利人的正当利益。基于我国广播电视行业的公共属性，将“IPTV 回看”模式从广播电视的产业角度进行调整和规制，与当前的司法政策和司法价值导向相符。这既可惠及广播电视消费者的合法利益，又有利于保护广播权所涉及的公共利益实现，促进社会主义文化大繁荣和大发展，有助于我国广播电视产业公共属性和智能的优化和发挥。

综上所述，法院认为，根据本案“IPTV 回看”模式涉及的法律层面、产业政策层面、技术层面和利益平衡层面综合考量，涉案“IPTV回看”模式应不属于典型意义上信息网络传播行为。原告指控被告实施信息网络传播侵权的请求，依据不足，法院不予支持。据此，依照《中华人民共和国著作权法》第三条、第十条及《中华人民共和国民事诉讼法》第六十四条的规定，判决如下：驳回原告西藏乐视网信息技术有限公司的诉讼请求。

2. 传输分发平台与内容运营平台的责任问题

（1）法院认定：传输分发平台与内容运营平台因分工合作构成共同侵权。

案　例【乐视网信息技术（北京）股份有限公司 诉 中国电信股份有限公司深圳分公司、上海百视通电视传媒有限公司（第三人）】

广东省深圳市福田区人民法院（2012）深福法知民初字第344号【一审】

广东省深圳市中级人民法院（2014）深中法知民终字第328号【二审】

广东省高级人民法院（2014）粤高法民三申字第96号【再审】

【涉案作品：电视剧《男人帮》】

侵权行为

被告电视机顶盒及网络点播等形式允许其用户免费或付费点播涉案作品。

判决摘要

法院认定，IPTV媒体传输平台与内容运营平台通过分工合作，共同经营IPTV业务，并共同获取和分配由此获得的经济利益，构成共同侵权。

第三人上海百视通电视传媒有限公司与被告中国电信股份

有限公司深圳分公司通过履行《关于IPTV业务的合作协议》和《IPTV业务合作补充协议》而合作共同经营IPTV业务，具体表现为，IPTV平台架构主要分为“内容运营平台”和“媒体传输平台”，两者通过对接而实现IPTV业务功能。内容运营平台完成电子节目导视系统制作和管理、内容处理与发布；媒体传输平台完成用户身份识别、流量结算、信号分发、网络运维支撑等功能。第三人上海百视通电视传媒有限公司经国家广电总局批复具备集成播控平台资质，负责IPTV内容运营平台管理和经营业务。被告中国电信股份有限公司深圳分公司作为IPTV业务的网络运营商负责IPTV媒体传输平台业务。被告中国电信股份有限公司深圳分公司提供的媒体传输平台与第三人上海百视通电视传媒有限公司提供的内容运营平台对接，该对接并非一般意义上的自动接入、自动传输服务。IPTV业务的具体运营，由被告中国电信股份有限公司深圳分公司与用户签订IPTV使用合同，并向IPTV用户收取使用费。IPTV用户收看视频节目的具体流程为，在设备处于开机状态下，用户操作遥控器，遥控器控制机顶盒，机顶盒通过电信宽带网络线路将指令发到IPTV媒体传输平台的页面服务器，页面服务器根据指令搜索节目，接收内容运营平台信号，并向机顶盒下发相关的页面代码，通过机顶盒解码后在电视机上播出视频节目。由上可见，从IPTV业务经营模式来看，第三人上海百视通电视传媒有限公司与被告中国电信股份有限公司深圳分公司通过分工合作，共同经营IPTV业务，并共同获取和分配由此获得的经济利益。

本案IPTV未经原告许可，向IPTV用户提供涉案电视剧《男人帮》的在线点播观赏服务，侵犯了原告对电视剧《男人帮》所享有的信息网络传播权。因涉案IPTV业务由第三人上海百视通电视传媒有限公司与被告中国电信股份有限公司深圳分公司合作共同经营，因此，第三人上海百视通电视传媒有限公司与被告中国电信股份有限公司深圳分公司应共同向原告承担该著作权侵权责任。

（2）法院认定：传输分发平台仅提供技术服务，不构成侵权。

案　例【北京网尚文化传播有限公司 诉 中国电信股份有限公司海南分公司、上海百视通电视传媒有限公司】

海口市中级人民法院（2011）海中法民三初字第159号【一审】

海南省高级人民法院（2012）琼民三终字第26号【二审】

【涉案作品：电影《江山美人》】

侵权行为

中国电信股份有限公司海南分公司（以下简称电信海南分公司）在其经营的IPTV业务中播放涉案电影。

判决摘要

法院认定：传输分发平台为内容运营平台的传输内容提供技术支持的行为不构成信息网络传播行为，不构成直接侵权；亦不存在主观过错，不构成间接侵权。

首先，电信海南分公司与上海百视通电视传媒有限公司（以下简称上海百视通公司）签订的《关于开展IPTV业务的合作框架协议》约定，上海百视通公司提供影视作品存储、播放平台，涉案电影由上海百事通公司存储于其服务器中，电信海南分公司提供平台与用户终端的连线技术服务。一审法院有关电信海南分公司为上海百视通公司的传输内容提供技术支持的行为不构成直

接的信息网络传播行为的认定并无不当，法院予以维持。

其次，电信海南分公司通过提供上海百视通公司 IP 业务平台与电信用户终端的连线技术服务是否构成协助侵权行为的一个重要审查因素是电信海南分公司是否存在过错。上海百视通公司是经国家广播电影电视总局批准，可从事 IP 电视集成平台运营管理的企业，其经营范围包括“以电视机为接收终端的信息网络传播视听节目业务”。电信海南分公司选择上海百视通公司作为合作伙伴，并由上海百视通公司承担影视作品信息网络传播权的法律责任，电信海南分公司有理由相信其为上海百视通公司提供连线服务的影视作品的信息网络传播权具有合法来源，已尽到了作品的审查义务，主观上没有侵权的故意或过失。因电信海南分公司不存在过错，并不存在明知或应知上海百视通公司提供的是侵权作品，仍为其提供连线服务的侵权情形，其行为不构成对北京网尚文化传播有限公司（以下简称网尚公司）电影《江山美人》信息网络传播权的侵犯。

最后，百视通网络公司与上海百视通公司系关联公司，百视通网络公司取得影视作品信息网络传播权的目的在于供上海百视通公司在 IPTV 平台上播放。上海百视通公司在 IPTV 平台上使用百视通网络公司取得授权的影视作品是基于双方的关联关系，而非转授权关系。上海百视通公司提供了百视通网络公司的涉案电影授权委托书、百视通网络公司与上海百视通公司的关联关系证明，以及在沈阳市中级人民法院组织下形成的网尚公司、中国联合网络通信有限公司沈阳分公司、百视通网络公司、沈阳制衣厂四方《和解协议》，用于证明上海百视通公司在本案中不构成侵权。上海百视通公司是否构成侵权，不能简单地依据百视通网络公司对电影《江山美人》的授权期限是否已经过期作出判断，而应综合审查网尚公司对上海百视通公司是否具备诉权、本案是否属于一事不再理、沈阳市中级人民法院组织的《和解协议》可否适用于本案等问题。因本案案情复杂，电信海南分公司一审时申请将上海百视通公司作为本案共同被告时，经一审法院释明，网尚公司明确表示不将上海百视通公司列为共同被告，且在本案中不予追究上海百视通公司的相关侵权责任。网尚公司放弃对上海百视通公司的责任追究，故本案对此问题不再予以审查，上海百视通公司向电信海南分公司提供的电影《江山美人》是否具备合法的信息网络传播权的事实在本案中亦无法认定。网尚公司越过上海百视通公司直接向电信海南分公司主张侵权赔偿责任无事实和法律依据，法院不予支持。网尚公司有关电信海南分公司构成侵权的上诉请求依法不能成立，法院予以驳回。

（二）IPTV 实时转播——在电视台直播节目的同时，集成播控平台接收电视台信号并转码、集成后，通过 IPTV 专网向最终用户实时转播

1. 著作权人作为原告主张权利

（1）无法确认初始传播为无线方式，不属于“广播权”的控制范围。

（2）非交互式（特定时间内，用户无法基于个人意愿自由选择获得作品的时间），不属于“信息网络传播权”的控制范围。

（3）归入“应当由著作权人享有的其他权利”予以保护。

2. 广播组织作为原告主张广播组织权

广播组织权规制的“转播”行为无法控制通过互联网进行的转播，因此，不构成侵害广播组织权，但可获得《反不正当竞争法》的保护。

案例一 【爱上电视传媒（北京）有限公司 诉 中国电信集团有限公司河北分公司、中国电信股份有限公司河北分公司、河北广电无线传媒有限公司（第三人）】

北京市朝阳区人民法院（2018）京 0105 民初 15746 号、15736 号、

15745 号、15747 号、15738 号、15740 号、15731 号、15735 号、15742 号，（2019）京 0105 民初 57129 号【一审】

【涉案作品：CCTV-3、CCTV-15、CCTV-13、CCTV-2、CCTV-14、CCTV-10、CCTV-12 等频道的多个节目，如《2019 年中央广播电视总台春节联欢晚会》】

侵权行为

中国电信集团有限公司河北分公司（以下简称电信集团河北分公司）、中国电信股份有限公司河北分公司（以下简称电信股份河北分公司）及河北广电无线传媒有限公司（以下简称河北广电公司）共同运营的河北电信 IPTV 向用户提供 CCTV3 频道多个节目的“直播”“回看”服务。

判决摘要

1. 关于责任主体

法院首先认定，传输分发平台（电信集团河北分公司）与集成播控平台（河北广电公司）从行为上不仅有内容合作，而且共享业务收入，主观上存在共同意思联络，属于分工合作，构成共同侵权。

本案中，从传输渠道和过程来看，涉案节目系经光纤或者卫星信号传输，由河北广电公司的二级集成播控平台集成后，通过统一的接口接入电信集团河北分公司的传输系统，并通过电信宽带网络中的专网传输到用户家中，用户开通 IPTV 业务后即可通过直播、回看等基础功能观看涉案节目。在上述过程中，河北广电公司和电信集团河北分公司二者共同促成了涉案节目通过“河北 IPTV · 电信电视”进行在线传播。从主观方面来看，电信集团河北分公司与河北广电公司通过签订合作协议的方式，“合作开展智慧家庭IPTV业务”；双方在协议中约定，由河北广电公司负责集成播控平台的建设和运营，负责业务内容和信号的集成和播控，电信集团河北分公司负责集成播控平台与用户端之间的内容分发、信号传输和业务销售组织工作，等等。法院认为，从河北广电公司与电信集团河北分公司的约定内容和行为结果来看，“河北IPTV·电信电视”系由二者以分工合作的方式共同运营，二者之间存在共同的意思联络，其行为共同造就了“河北IPTV·电信电视”在线传播涉案频道及节目的法律后果，故二者对此应当承担连带责任。

关于电信集团河北分公司主张其仅提供宽带和接口对接，属于技术服务，涉案节目信号、内容的集成和播控均由河北广电公司负责，故电信集团河北分公司不应对“河北IPTV·电信电视”可能存在的侵权行为承担责任之抗辩意见。法院认为，从电信集团河北分公司与河北广电公司签署的合作协议来看，电信集团河北分公司明确知晓该协议系双方为合作运营“河北IPTV·电信电视”而签署，虽然协议中存在电信集团河北分公司与河北广电公司负责不同工作的约定条款，但对于协议之外的第三方而言，二者系共同运营“河北IPTV·电信电视”，其协议内部约定的分工负责对外不产生抗辩效力。除合作协议以外，电信集团河北分公司并未提交有效证据证明其在“河北IPTV·电信电视”运营过程中，仅仅提供了自动接入、自动传输的技术服务。并且，在合作协议中还存在“双方按约定的收入分成比例分享业务收入”“电信集团河北分公司参与并配合建设适合河北本地特色的IPTV的EPG，可以向河北广电公司提供节目和EPG条目，经河北广电公司审查后统一纳入集成播控分平台的节目源和EPG管理系统”“电信集团河北分公司向河北广电公司提供IDC资源及服

务，包括但不限于设备、设备安装机位、网络带宽资源等，配合河北广电公司实现IPTV业务的相关功能，包括但不限于新增功能以及开展增值业务、行业服务所需的功能模块部署”等约定。上述约定表明，电信集团河北分公司对于“河北IPTV·电信电视”运营并非仅仅负有提供技术服务的职能，还包括了内容方面的合作，而且双方共享业务收入。此外，在“回看”功能中，在河北广电公司运营的二级播控平台将节目集成信号发送至电信集团河北分公司的核心系统后，由该核心系统保存并与相应的EPG管理菜单相匹配，从而使用户可以使用“回看”功能实现7天内节目的选择和播放。综上，在“河北IPTV·电信电视”的运营过程中，电信集团河北分公司绝非仅仅提供宽带和接口对接的技术服务，法院对其抗辩意见不予采信。

关于爱上公司主张电信股份河北分公司与电信集团河北分公司共同参与了“河北IPTV·电信电视”运营一节，法院认为，仅凭www.189.cn网站的主办单位为中国电信股份有限公司家庭客户事业部，以及该网站中部分销售页面中显示并宣传电信宽带及电信电视业务内容等证据，无法证明电信股份河北分公司实际参与到“河北IPTV·电信电视”运营过程中，故法院无法认定电信股份河北分公司系“河北IPTV·电信电视”的共同运营主体之一。

2. 权利内容

法院认定：

（1）节目内容：具有独创性，构成类电作品。

（2）节目信号：享有广播组织权。原告虽非广播组织，但经授权享有该邻接权。

爱上公司本案主张的权利来自中央电视台的授权，故要确定爱上公司对涉案频道节目、信号所享有的权利，则首先需要确定中央电视台对涉案频道节目、信号所享有的权利内容。

关于节目内容。从公证内容可以看出，涉案节目均系经策划编排，通过摄影、录音、剪辑、制作等创作过程，摄制在一定介质上并由一系列有伴音的画面组成，具有一定的独创性，属于以类似摄制电影的方法创作的作品，应当受到《中华人民共和国著作权法》(以下简称《著作权法》) 的保护。根据涉案作品的片尾署名及台标，在无相反证据的情况下，可以认定中央电视台系涉案作品的著作权人，对其作品依法享有复制权、广播权、信息网络传播权以及《著作权法》第十条第（十七）项规定的应当由著作权人享有的其他权利等。根据中央电视台及央视国际公司分别出具的授权书，爱上公司享有独占行使“通过 IP 电视向公众传播、广播（包括但不限于实时传播或延时传播）、提供”涉案作品的权利，同时有权独立维权，其享有的权利内容应当与中央电视台对其作品享有的权利内容一致，任何未经许可通过 IP 电视传播涉案作品的行为，均构成对爱上公司权利的侵犯。

关于节目信号。《著作权法》第四十五条规定，广播电台、电视台有权禁止未经其许可的下列行为:（一）将其播放的广播、电视转播;（二）将其播放的广播、电视录制在音像载体上以及复制音像载体。本案中，中央电视台作为播出单位，涉案电视节目均系通过中央电视台不同频道进行播出，故其有权依法禁止其他主体未经许可转播其播放的涉案电视节目信号。爱上公司经中央电视台及央视国际公司的授权，亦享有在 IP 电视渠道内转播中央电视台播放的涉案电视节目信号之权利；相应地，爱上公司亦有权对未经许可在 IP 电视渠道内转播中央电视台播放的涉案节目信号之行为提起诉讼。

关于爱上公司并非广播组织，是否享有广播组织权一节。法院认为，虽然法律规定广播组织权由广播电台、电视台享有，但并未明确禁止广播电台、电视台将其享有的广播组织权授予其他

主体行使，在此情况下，中央电视台有权将其享有的广播组织权授予其他主体行使，并不违反法律的禁止性规定，爱上公司经合法授权亦可有效取得相应权利。

关于爱上公司在本案中既主张节目内容的著作权，又主张节目信号的广播组织权，是否构成重复诉讼一节。法院认为，节目内容的著作权来源于著作权人依法对其创作作品所享有的权利，中央电视台作为涉案节目的著作权人，依法享有著作权，并有权将该等权利授予其他主体；与此同时，中央电视台作为涉案节目信号的广播组织，依法也享有广播组织权，同时亦有权将该等权利授予其他主体。假设中央电视台所播放的电视节目系由案外人享有著作权的作品，则中央电视台仅对其播放的节目信号享有广播组织权。本案中，由于中央电视台对涉案节目同时享有作品的著作权以及节目信号的广播组织权，其授予爱上公司的权利亦包含同样含义，故爱上公司有权在其获得授权的范围内对侵犯作品著作权或侵犯节目信号的广播组织权的行为提起诉讼。此外，虽然存在本案频道与案外其他频道，或者不同时段公证取证的节目一级名称部分相同的情况，但由于公证取证时的节目期数、具体内容不同，故河北广电公司及电信集团河北分公司所持爱上公司构成重复诉讼之抗辩意见亦不能成立，法院不予采信。

3. 侵权认定

（1）IPTV 提供“直播”服务：集成播控平台通过光纤或卫星接收到电视台信号后，通过转码、集成后，通过 IPTV 专网向最终用户实时转播。

1）不属于“信息网络传播权”控制范围：非交互式（特定时间内，用户无法基于个人意愿自由选择获得作品的时间）。

2）不属于“广播权”控制范围：集成播控平台通过光纤及卫星两种渠道接收电视台信号，传输渠道无法区分，且以光纤传输为主，无法确认初始传播行为采用无线方式，因此，无法为广播权所调整。

3）归入“应当由著作权人享有的其他权利”予以规制为妥。

本案中，“河北 IPTV・电信电视”向公众提供了涉案节目的“直播”服务，该“直播”服务系由河北广电公司的交换机通过光纤或卫星接收到中央电视台信号之后，通过转码、集成后再作为二级播控平台，通过电信互联网宽带中的专网向最终用户实时转播。用户虽然可以通过网络直接观看节目，但此行为采用了非交互式的传播方式，与信息网络传播权所控制的行为不同，其用户只能在网络服务提供者指定的某个特定时间内获得作品，而无法基于个人意愿自由选择获得作品的时间。同时，该行为亦与广播权所控制的传播方式不同。《著作权法》规定，广播权是以无线方式公开广播或者传播作品，以有线传播或者转播的方式向公众传播广播的作品，以及通过扩音器或者其他传送符号、声音、图像的类似工具向公众传播广播的作品的权利。因此，《著作权法》意义上的广播权仅保护以无线方式进行的初始传播，及对无线传播的再传播。而本案中，河北广电公司自认系通过光纤及卫星两种渠道接收来自中央电视台的信号，且两种传输渠道无法区分，但依据相关实施细则的规定应当以 IPTV 集成播控总平台通过 IPTV 专线光纤传输的信号为主，因此法院无法确认其初始传播行为是采用无线方式，故其后续的通过二级播控平台集成并通过宽带网络中的专网再向最终用户的传播行为，亦无法为广播权所调整。鉴于“河北 IPTV・电信电视”的上述行为特征并不同于现行《著作权法》框架下信息网络传播权和广播权控制的行为，无法通过信息网络传播权、广播权加以调整，在无《著作权法》具体权项进行适用的情况下，考虑到该行为确有规制之必要，且为保护权利人利益，可适用《著作权法》第十条第一款第

（十七）项规定的应当由著作权人享有的其他权利予以规制。综上，法院认为，“河北 IPTV·电信电视”未经许可通过网络实时转播涉案节目的行为，侵犯了爱上公司享有的《著作权法》第十条第一款第（十七）项规定的应当由著作权人享有的其他权利。

（2）IPTV 提供“回看”服务：交互式（不特定多数的公众可以自主选择信息内容及接受传播的时间和地点）属于“信息网络传播权”规制范畴。

关于“回看”。“河北 IPTV·电信电视”向用户提供涉案节目的“回看”服务，使得用户在特定节目播出后的 7 日内仍可查找到并可点击、观看，虽然此时的“点击、观看”并非完全随意的，但在“回看”服务的时间段内，用户可以在自行选定的时间和地点随意观赏节目，并且可以通过拖拽时间条的方式任意选取自己想看的节目部分。因此，“河北 IPTV·电信电视”提供的“回看”服务，符合信息网络传播权控制的交互式传播行为的特征，其未经许可提供涉案节目的“回看”服务，侵害了爱上公司享有的信息网络传播权。

关于河北广电公司及电信集团河北分公司所称，“回看”服务系来源于直播信号且通过专网传输，其在时间、地点、人员范围等方面均受限制，故不属于信息网络传播权控制范围之抗辩意见。法院认为，首先，信息网络传播与传统传播方式最大的不同，在于信息网络传播是“交互式传播”，其特征在于受众可以自主地选择信息内容及接受传播的时间和地点，而传统传播方式均无法实现“交互式传播”，即受众只能按照服务提供者的安排被动地接收来自服务提供者提供的内容。不论传播的内容是来自对直播信号的存储还是来自针对节目内容进行的单独存储，也不论传播的渠道是完全开放的互联网还是宽带网络中的 IPTV 专网，只要能够使受众有自主选择的权利，可以实现选择并播放自己想看的节目内容，就满足了信息网络传播权“交互式传播”的特征。其次，对于《著作权法》对信息网络传播权所规定的“使公众可以在其个人选定的时间和地点获得作品的权利”，不应作过于严苛的解释。信息网络传播权的实质在于控制“交互式传播”行为，而“使公众可以在其个人选定的时间和地点获得作品”仅是为了描述“交互式传播”的特征而已。任何通过网络（包括开放互联网、局域网或者 IPTV 专网等）实施的交互式传播行为都应当受到信息网络传播权的控制，而不能将“个人选定的时间和地点”绝对地理解为个人可以随意选择任一时刻和世界上的任何一个地点。在传播者限定的时间和地域范围内，只要公众可以通过网络自行选择时间和地点去选取并播放，这一传播行为仍属于“交互式传播”，仍然是信息网络传播权所控制的行为。本案中，“河北 IPTV · 电信电视”向安装河北电信宽带并开通 IPTV 业务的用户提供 7 日内节目的“回看”服务，该用户既可以是普通家庭用户，也可以是如本案公证取证时所在的酒店，只要在安装河北电信宽带并开通 IPTV 业务的地点，用户就可以获得“回看”服务，因此其用户范围属于不特定的公众范围，用户获取服务的地点范围也是河北省内的不特定范围。同时，该“回看”服务使该等不特定用户可以在自己选择的时间、地点获取自己想看的涉案节目，并且可以通过拖拽时间条的方式任意选取自己想看的节目部分，其服务完全符合信息网络传播权的交互式特征，构成对爱上公司信息网络传播权的侵犯。河北广电公司与电信集团河北分公司的抗辩意见于法无据，法院不予采信。

此外，本案中，爱上公司还主张上述被诉行为侵害了其复制权，对此法院认为，复制行为属于传播行为的必然前提，在《著作权法》对复制权与信息网络传播权及《著作权法》第十条第一款第（十七）项规定的应当由著作权人享有的其他权利分别规定

不同权项的情况下，在本案中不论是“直播”或者“回看”，对于传播过程中的复制行为，不属于单独法律评价的范畴，对于爱上公司主张的复制权，法院不予支持。此外，鉴于法院已认定上述被诉行为分别构成对爱上公司享有的《著作权法》第十条第一款第（十七）项规定的应当由著作权人享有的其他权利和信息网络传播权的侵犯，故不再适用《反不正当竞争法》予以调整。

（3）转播节目信号：广播组织权规制的“转播”行为特指无线转播和有线电视转播，无法控制通过互联网进行的转播，因此，不构成侵害广播组织权，但可获得《反不正当竞争法》的保护。

关于爱上公司就涉案节目的信号主张广播组织权一节。法院认为，广播组织权是指广播组织就自己播放的节目信号享有的专有权利，但该权利中所针对的转播行为，并非以任何技术手段进行的转播，而是特指传统的无线转播和有线电视转播，无法控制通过互联网进行的转播。本案中，各方当事人均认可本案涉及三网融合，涉案信号的传输方式并非传统有线电视信号传输，而是通过宽带网络中的IPTV专网进行传输。因此，爱上公司虽然通过中央电视台及央视国际公司的授权取得了在IPTV渠道内转播中央电视台播放的涉案电视节目信号之权利，但其无法依据广播组织权对河北广电公司及电信集团河北分公司在本案中实施的未经许可在“河北IPTV · 电信电视”渠道内转播涉案节目信号的行为主张侵权。与此同时，鉴于爱上公司因中央电视台及央视国际公司的授权取得了在IPTV渠道内转播中央电视台播放的涉案电视节目信号之权利，而河北广电公司及电信集团河北分公司未经许可通过“河北IPTV · 电信电视”渠道转播涉案节目信号的行为在现行《著作权法》的法律框架下不构成侵害广播组织权，但该行为确实使得河北广电公司及电信集团河北分公司不正当地获益，并且对爱上公司的利益造成损害，同时扰乱了市场竞争秩序，因此，河北广电公司及电信集团河北分公司此行为构成不正当竞争，应当依照《反不正当竞争法》承担责任。

总结：本案中，电信集团河北分公司和河北广电公司以分工合作的方式通过“河北IPTV·电信电视”向用户提供涉案节目的直播、回看服务以及传播节目信号，现有证据不足以证明其就涉案行为获得了合法有效的授权，故电信集团河北分公司和河北广电公司的涉案行为构成共同侵权，爱上公司有权主张由电信集团河北分公司及河北广电公司承担相关法律责任。现有证据不足以证明电信股份河北分公司参与经营了涉案IPTV服务，对爱上电视要求电信股份河北分公司承担相关法律责任的诉讼请求，法院不予支持。

类似案例 **【爱上电视传媒（北京）有限公司 诉 中国移动通信集团河北有限公司、中国移动通信集团有限公司河北分公司、河北广电无线传媒有限公司（第三人）】**

北京市朝阳区人民法院（2018）京0105民初69015号、69016号、69023号、69009号、69018号、69017号、69014号、69019号、69022号、69020号、69021号，（2019）京0105民初57130号【一审】

【涉案作品：CCTV-14、CCTV-13、CCTV-1、CCTV-10、CCTV-12、CCTV-15、CCTV-9、CCTV-3、CCTV-2等频道的多个节目，如《舌尖上的中国Ⅲ》《2018年中央电视台春节联欢晚会》《2019年中央广播电视总台春节联欢晚会》】

案例二 **【嘉兴华数电视通信有限公司 诉 中国电信股份有限公司嘉兴分公司】**

浙江省嘉兴市南湖区人民法院（2011）嘉南知初字第24号【一审】

浙江省嘉兴市中级人民法院（2012）浙嘉知终字第7号【二审】

侵权行为

中国电信股份有限公司嘉兴分公司（以下简称嘉兴电信公司）利用 IP 网络把来源于黑龙江电视台的广播节目通过 IPTV 宽带业务应用平台传送到用户机顶盒和电视机的终端。

判决摘要

1. 一审法院的认定结论

《著作权法》以及司法解释并未明确限制广播组织只能将其广播组织权许可给其他具有广播组织条件的单位。原告虽非广播组织，但其可根据电视台授权以自己的名义就广播组织权受侵害提起诉讼。

第一，嘉兴华数公司诉讼主体是否适格，即其是否能以自己的名义行使广播组织权。其一，广播组织者享有转播权、录制权、复制权三项权利，其作为邻接权人也当然有权许可他人对自己播放的广播、电视进行转播、录制和复制。嘉兴华数公司提供的授权书载明，黑龙江电视台授权嘉兴华数公司在其运营的区域内完整传输黑龙江卫视的电视节目，嘉兴华数公司传输其频道信号的权利是专有性的，即黑龙江电视台承诺在合同确定的区域和合作期限内，不再授权第三方通过电视网络及互联网传输黑龙江卫视节目信号的权利。因此可知黑龙江电视台已明确将其在嘉兴市南湖区、秀洲区的转播权授权嘉兴华数公司行使，嘉兴华数公司获得黑龙江卫视广播节目转播权有合同依据。其二，嘉兴华数公司虽不是广播电视台，其经营范围也未包括广播电视节目传输，但《著作权法》及最高人民法院的相关司法解释并未明确限制广播组织只能将广播组织权许可给具备广播组织条件的单位，也未明确规定只有具备广播组织的条件的主体才能以自己的名义行使诉讼权利，经许可取得广播组织权的被许可人在其权利受到侵害时，有权依法向人民法院提起诉讼，要求侵害人停止侵权行为及赔偿损失。其三，广播组织权系广播组织者享有的经济权利，不涉及人身权利，广播组织在制作和播放广播节目过程中投入了大量的时间、精力、技能和资金，其劳动和投资应当得到法律的承认，对其授权给其他主体行使转播权以获取经济利益，法律也不应禁止。故嘉兴华数公司可根据黑龙江电视台的授权以自己的名义就广播组织权受侵害提起诉讼。

第二，广播组织权中的转播权不应延伸至互联网领域，因此并未侵犯原告的广播组织权。

其一,《著作权法》第四十五条规定“广播电台、电视台有权禁止未经其许可的下列行为:(一)将其播放的广播、电视转播;(二)将其播放的广播、电视录制在音像载体上以及复制音像载体”。即广播组织者享有转播权、录制权、复制权。但是该法并未对“转播”的含义进行界定,《中华人民共和国著作权法实施条例》及有关司法解释也未对此予以阐释。广播组织所能控制的“转播”可以认为包含无线方式和有线方式，但依据《著作权法》第十条第（十一）项的规定，作者对有线方式传播作品享有的广播权仅限于“以有线传播或者转播方式向公众传播广播的作品”，广播组织的播放权是受制于著作权人的权利的，因此广播组织对有线转播的禁止权应限定于著作权人对有线广播享有的权利，而不应延伸至著作权人对网络传播享有的权利。由此可知我国制定和修改《著作权法》的立法原意未将网络转播行为视为“转播”。其二，我国《著作权法》规定信息网络传播权的主体包括著作权人、表演者和录音录像制作者，广播组织者并不是信息网络传播权的主体，广播组织不能控制互联网领域的传播。广播组织不享有对网络传播的控制权不是立法的缺陷而是利益平衡的

考量。广播组织权既关系广播组织在节目制作中付出大量的劳动和投资的回报，也关系到社会公众的言论自由权和信息获取权。在立法未将该权利扩充至适用于新技术的互联网领域前，不宜通过解释将传播权延伸至网络领域。其三，如将广播组织权的转播权保护范围扩大到互联网领域将不利于我国“三网融合”政策的实施。电信网、广播电视网、互联网在向宽带通信网、数字电视网、下一代互联网演进过程中，其技术功能趋于一致，业务范围趋于相同，网络互联互通、资源共享，能为用户提供语音、数据和广播电视等服务，实现电信网、广电网、互联网三网融合，促进互联互通和业务融合。三网融合有利于打破条块分割及各部门垄断经营，从而为广大用户提供方便快捷、价格合理的语音、数据和广播电视等多种服务。IPTV 业务系电信企业从事互联网视听节目信号传输的服务，如果将广播组织权的保护范围延伸至互联网领域，电信部门将不能从事 IPTV 业务，与三网融合宗旨相悖。因此不应赋予广播组织对于网络转播的控制权。

综上，原审法院认为，嘉兴华数公司诉讼主体适格，嘉兴电信公司通过互联网转播了黑龙江电视台的广播节目，但根据现行法律的规定，尚不能将嘉兴电信公司通过网络转播黑龙江电视台节目信号的行为视为《著作权法》第四十五条规定的“转播”行为。

2. 二审法院维持一审法院的认定结论

本案争议法律问题的实质在于广播组织权项下的转播权的保护范围是否能够扩展至网络领域。首先，我国《著作权法》对于此问题的规定并不明确，根据《著作权法》的规定，广播组织者享有转播权，但法律并未将“转播”的定义扩展至互联网领域。且从立法体系上分析，我国《著作权法》将广播组织权和信息网络传播权相分离，广播组织并不是信息网络传播权的权利主体，不能控制互联网领域的广播电视作品的传播。音、视频节目在互联网领域内的权利可由著作权人、表演者、录音录像制作者等权利主体进行主张。在立法没有明确赋予广播组织在互联网领域控制传播权利的法律现状下，如果将广播组织权扩大至互联网领域，可能会缩减著作权人的网络传播权的范围，改变著作权人与邻接权人的权利分配。其次，从国际公约的立法情况来看，不管是《与贸易有关的知识产权协定》还是《保护表演者、音像制品制作者和广播组织罗马公约》，均未将转播权的保护范围扩展至网络领域。最后，在互联网领域，虽然广播组织权的权利人不能对“转播”予以控制，但著作权人或著作权的被许可人、录音录像制作者或录音录像制作者权的被许可人，仍可以信息网络传播权受到侵害为由获得司法救济。因而，在法律没有明确规定的情况下，不应将转播权的保护范围扩展至网络领域。在本案中，嘉兴华数公司作为广播组织权的享有者，而非黑龙江卫视节目的著作权人，不享有对该节目网络转播的控制权。嘉兴电信公司通过IPTV宽带业务将黑龙江卫视节目传送给用户观看的行为，并未侵犯嘉兴华数公司享有的广播组织权。

案例三　【南昌广播电视网络传输中心 诉 中国电信股份有限公司江西分公司】

江西省南昌经济技术开发区人民法院（2016）赣0192民初508号【一审】

南昌铁路运输中级法院（2018）赣71民终62号【二审】

侵权行为

中国电信股份有限公司江西分公司（以下简称电信江西分公司）未经合法授权且采取非法手段截获中央电视台3、5、6、8套节目信号并通过IPTV的方式进行实时传播（转播）。

判决摘要

法院认为：

（1）电信江西分公司未侵犯南昌广播电视网络传输中心（以下简称南昌广电）的广播组织权。

《著作权法》第四十五条、第十条中提到的“转播”无论是《著作权法》《著作权法实施条例》还是相关司法解释，都没有对其含义作出界定，但“传播”的方式均为无线或有线，从条文的规定可以得出“有线”包括互联网。从立法体系上分析，《著作权法》将广播组织权和广播权、信息网络传播权相分离，广播权和信息网络传播权是著作权，广播组织权并非著作权，而是邻接权，故广播组织不是信息网络传播权的权利主体，不能控制互联网领域的广播电视作品的传播；广播组织权中的转播权也不同于广播权，对于广播组织权项下的转播权的保护范围是否能够扩展至网络领域，目前我国《著作权法》对于此问题的规定并不明确，且法律亦未将“转播”的定义扩展至互联网领域，在立法没有明确赋予广播组织在互联网领域控制传播权利的法律现状下，不应将广播组织中转播权的保护范围扩展至网络领域。本案中，中央电视台是采编制作中央电视台3、5、6、8套电视节目的著作权人，南昌广电虽获得传播（转播）中央电视台3、5、6、8套节目授权，但并非电视节目的著作权人，不享有对该节目网络转播的控制权，故南昌广电认为电信江西分公司侵犯其广播组织权缺乏法律依据。

（2）电信江西分公司的行为构成不正当竞争，应承担赔偿责任。

《反不正当竞争法》第二条第二款规定，本法所称的不正当竞争行为，是指经营者在生产经营活动中，违反本法规定，扰乱市场竞争秩序，损害其他经营者或者消费者的合法权益的行为。其中的经营者是指从事商品经营或者营利性服务的法人、其他经济组织和个人。本案中南昌广电和电信江西分公司均具有向相关公众提供视频播放服务的业务，二者存在竞争关系，属于同行业市场经营者。

经营者在市场交易中，应当遵循自愿、平等、公平、诚实信用的原则，遵守公认的商业道德。本案中，南昌广电经合法授权，并通过支付高昂的收视费获得中央电视台3、5、6、8套节目的传播（转播）权。IPTV即交互式网络电视，是一种利用宽带有线电视网，集互联网、多媒体、通信等多种技术于一体，向用户提供包括数字电视在内的多种交互式服务的崭新技术，其与传统广播电视的最大区别在于通过网络进行传输。电信江西分公司在未获得合法授权的情形下，截获南昌广电转播的上述节目信号，再通过IPTV机顶盒实时转播上述节目，现实生活中用户只需择一办理，即可实现在电视上收看上述节目的目的。电信江西分公司未支付相应对价而获得商业利益，且导致大量电视观众的分流，其行为妨碍了南昌广电本应实现的更多的竞争利益，违反了诚实信用原则，违反了公认的商业道德，构成不正当竞争，应当停止不正当竞争的行为，并承担赔偿责任。

二、案件焦点分析

（一）"广播权"的界定

1. 定义

《著作权法》（2010修正）第十条第一款第（十一）项规定，广播权，即以无线方式公开广播或者传播作品，以有线传播或者转播的方式向公众传播广播的作品，以及通过扩音器或者其他传送符号、声音、图像的类似工具向公众传播广播的作品的权利。（立法时与《伯尔尼公约》第十一条之二第一款保持一致）

2. 控制范围

（1）无线广播：以无线方式公开广播或者传播作品（广播电台或电视台的无线方式广播作品）。

（2）有线转播：以有线传播或者转播的方式向公众传播广播的作品（次级传播行为，广播电台或电视台以无线方式广播作品的同时或之后，以有线传播或者转播的方式传播该广播的作品）。

（3）公开播放广播：通过扩音器或者其他传送符号、声音、图像的类似工具向公众传播广播的作品。

（二）焦点问题

1. 问题一：IPTV 限时回看

（1）争议焦点 1：是"广播权"还是"信息网络传播权"，是"线性、非交互式"还是"交互式"

在现行《著作权法》框架下，多数司法案例与学者倾向于认为"IPTV 限时回看"落入"信息网络传播权"的控制范围，主要理由在于：究其权利内核本质，"广播权"控制"线性（不可逆）、非交互式传播"；而"信息网络传播权"控制"交互式传播"，"公众可以在其个人选定的时间和地点获得作品"。"IPTV 限时回看"属于交互式传播，为用户提供一种回溯式的、可重复的观看体验，可以使公众在其个人选定的时间（数天内的任意时间）和地点（任何安装了 IPTV 的场所）获得作品，可以自主选择信息内容及接受传播的时间和地点。表 2.2 为"广播权"与"信息网络传播权"支持理由对比。

表 2.2 “广播权”与“信息网络传播权”支持理由对比

分项	“广播权”的支持理由❶	“信息网络传播权”的支持理由❷
行为人	广播权的实施主体具有特殊性，一般是广播电台、电视台。被告属于广播电台、电视台性质的特殊的广播主体。被告录制后提供“回看”和“点播”属于对广播的作品的重复使用	广播组织对作品的使用行为并非均为广播行为。应是行为本身的特征，而非行为实施者的身份，决定了行为的性质
行为	IPTV 限时回看属于“有线转播”（广播行为中之第二种），是将电视台广播的作品以有线的方式进行转播，仍属“广播权”范畴	“广播权”范畴内“有线转播”之“转播”意为“同步转播”，而非“广播之后，将录制的广播的作品进行转播”； 《罗马公约》第 3 条第（G）款明确将“转播”定义为“一个广播组织的广播被另一个广播组织同步广播”； 世界知识产权组织编写的《世界知识产权组织管理的版权和相关权条约指南》规定，被视为对广播作品进行单纯有线转播的唯一情形，就是这种传播是与原广播同时进行的……如果广播作品被录制下来，并在之后的时间进行有线转播，……则不再是对原节目的转播
公众	IPTV 专用网络区别于公开公用的互联网；IPTV 用户是利用特定终端并拥有专网访问权限和节目访问权限的特定用户，并非所有的社会公众，因此，与“信息网络传播权”不符	“信息网络传播权”所界定的“公众”并非“所有的社会公众”，而是“排除了家庭成员和经常交往的朋友圈子后的不特定多数人”； 世界知识产权组织编写的《著作权与邻接权法律术语汇编》将“向公众传播”定义为：“使作品、表演、录音制品或广播以任何适合的方式使一般人，也就是不限于属于一个私人群体的特定人能够感知。” 《世界知识产权组织管理的版权和相关权条约指南》对“向公众传播”的解释是：“指通过有线或无线方式对作品或邻接权客体……进行传输，使其能够被通常的家庭圈子之外或与该家庭有亲近社会关系之外的人们所感知……”

❶ 摘自广州市越秀区人民法院（2012）穗越法知民初字第 1101 号、广东省广州市中级人民法院（2013）穗中法知民终字第 1174 号；杭州互联网法院（2018）浙 0192 民初 4603 号、浙江省杭州市中级人民法院（2019）浙 01 民终 10859 号判决书。

❷ 摘自王迁：《IPTV 限时回看服务性质研究》，《中国版权》2015 年第 1 期，第 9—13 页；王迁：《提供 IPTV 回看服务的法律定性——兼评“乐视诉杭州电信案”》，《中国版权》2020 年第 2 期。

续表

分项	“广播权”的支持理由	“信息网络传播权”的支持理由
时间和地点	仅能由安装专网终端的电视提供，节目播出后 72 小时内观看	“信息网络传播权”所界定的“个人选定的时间”并不意味者“随时”“任何地点”，其强调的是“交互式”； 世界知识产权组织在 WCT 的“基础提案”指出：交互式的按需传播行为是该条规制的范围。实现这一目标的方法是确认相关的传播行为包括公众中的成员能够从不同的地点和在不同的时间获得作品。个性化选择的要件暗示了获得作品行为的交互式性质
产业政策、利益平衡	IPTV 业已界定为广播电视新业态，业务属性上属于广播电视业务；且必须遵守广播电视的政策法规，由广电行政部门负责管理。这既可惠及广播电视消费者的合法利益，又有利于保护广播权所涉及的公共利益，促进社会主义文化大繁荣和大发展，有助于我国广播电视产业公共属性和智能的优化与发挥	如果绕开特定行为的构成要件，径行用国家政策和利益平衡为行为定性，将导致法律规范被架空，体现出的并非法律思维。 北京市海淀区人民法院（2019）京 0108 民初 3738 号、（2019）京 0108 民初 3739 号判决书指出：爱上公司提出其系根据国家政策相关要求开展 IPTV 业务，与本案无关，亦非其未经许可提供涉案作品的合法理由
法律责任承担方式	如果涉案作品需要做下架处理，也只能将该时间段电视频道直播录制的完整视频文件整体删除，这显然不符合比例原则中“追求一定目的而采取的方式，对第一种利益的侵害强度不得与达成目的的需要程度不成比例”的学理要求	不能因法律责任承担方式所存在的“比例”原则问题，本末倒置地影响行为定性的判断。可通过技术来判断是否能够实现对“IPTV 限时回看”服务中特定涉案作品的删除
技术中立	技术中立原则要求给予各种技术同等对待即公平竞争的机会，不能因回放模式系基于网络技术的应用而简单地将其归类为信息网络传播行为	错误理解“技术中立原则”，法律要规制的是利用技术的行为，而非遏制技术站本身。“技术中立原则”是指法律对行为的评价应当根据行为自身的特征，如实施目的和效果，而不能仅由实施行为的技术手段决定
行为本质	“IPTV 限时回看”模式不会改变广播组织提供广播的单向性和观众的被动性	“IPTV 限时回看”的特征：公众在 72 小时内可随意点播任意节目，这完全符合“交互式传播”的特质

（2）争议焦点2：传输分发平台与内容运营平台的责任问题

一般情况下，传输分发平台（通信运营商）提供技术服务，且不承担内容审查义务，不应赋予其过重的注意义务，因此不承担侵权责任。

但是，若有证据证明：①从客观行为上，传输分发平台参与内容合作，并进行收益分成；②主观上存在共同意思联络，则可被认定为与内容运营平台共同经营IPTV业务，分工合作，构成共同侵权。

2. 问题二：IPTV实时转播

（1）现行著作权法框架下的司法裁判思路总结

1）著作权人作为原告主张著作权。

第一，不属于“广播权”调整范围：初始传播方式无法确定是采用“无线”方式还是“有线”方式（北京市朝阳区人民法院（2018）京0105民初15746号判决书指出：河北广电公司自认系通过光纤及卫星两种渠道接收来自中央电视台的信号，且两种传输渠道无法区分，但依据相关实施细则的规定，应当以IPTV集成播控总平台通过IPTV专线光纤传输的信号为主，因此法院无法确认其初始传播行为是采用无线方式）。《著作权法》意义上的广播权仅保护以无线方式进行的初始传播，以及对无线传播的再传播。

第二，不属于“信息网络传播权”控制范围：不具有交互式特点，网络用户不能按照其所选定的时间或地点获得该转播内容。

第三，归入“应当由著作权人享有的其他权利”（《著作权法》第十条第一款第（十七）项）予以保护。

《北京市高级人民法院关于涉及网络知识产权案件的审理指南》（实施日期：2016年4月13日）：15. 被告未经许可实施网络实时转播行为，原告依据著作权法第十条第一款第（十七）项主张追究被告侵权责任的，应予支持。

2）广播组织作为原告主张广播组织权。

广播组织权控制的“转播”行为，仅限于传统的无线转播和有线电视

转播，并未将互联网环境下的网络转播行为视为“转播”。因此，不构成侵害广播组织权，但应获得《反不正当竞争法》的保护。

（2）《著作权法》（2020 修正）的影响

1）《著作权法》修正前后对广播权、广播组织权的定义（表 2.3）。

表 2.3　《著作权法》修正前后对广播权、广播组织权的定义

权利名称	《著作权法》（2010 修正）	《著作权法》（2020 修正）
广播权	第十条第一款第（十一）项：广播权，即以无线方式公开广播或者传播作品，以有线传播或者转播的方式向公众传播广播的作品，以及通过扩音器或者其他传送符号、声音、图像的类似工具向公众传播广播的作品的权利	第十条第一款第（十一）项：广播权，即以有线或者无线方式公开传播或者转播作品，以及通过扩音器或者其他传送符号、声音、图像的类似工具向公众传播广播的作品的权利，但不包括本款第（十二）项规定的权利
广播组织权	第四十五条：广播电台、电视台有权禁止未经其许可的下列行为： （一）将其播放的广播、电视转播； （二）将其播放的广播、电视录制在音像载体上以及复制音像载体	第四十七条：广播电台、电视台有权禁止未经其许可的下列行为： （一）将其播放的广播、电视以有线或者无线方式转播； （二）将其播放的广播、电视录制以及复制； （三）将其播放的广播、电视通过信息网络向公众传播。 广播电台、电视台行使前款规定的权利，不得影响、限制或者侵害他人行使著作权或者与著作权有关的权利

2）对“实时转播”司法认定的影响。

第一，对于著作权人，可援引“广播权”（而非兜底的“其他权利”）加以保护，将初始有线传播（包括互联网传播）的模式纳入广播权的控制范围。

第二，对于广播组织，可援引“广播组织权”加以保护（而非《反不正当竞争法》第二条下的权益），因按照新法定义，广播组织权的传输媒介扩展到了信息网络。

（三）互联网电视相关行政监管要求

1. 资质要件

从事内容提供、集成播控、传输分发等专网及定向传播视听节目服务，均需取得《信息网络传播视听节目许可证》。

2. 基本准入要件

（1）具备法人资格，为国有独资或者国有控股单位。

（2）有健全的节目内容编审、安全传播管理制度和安全保护措施。

（3）有与其业务相适应的技术能力、经营场所和相关资源。

（4）有与其业务相适应的专业人员。

（5）技术方案符合国家有关标准和技术规范。

（6）符合国务院广播电影电视主管部门确定的专网及定向传播视听节目服务总体规划、布局和业务指导目录。

（7）符合法律、行政法规和国家规定的其他条件。

外商独资、中外合资、中外合作机构，不得从事专网及定向传播视听节目服务。

3. 监管／审批部门

国务院广播电影电视主管部门。

4. 具体要求

（1）集成播控服务

负责集成播控平台的建设和运营，负责对内容提供服务单位播出的节目的统一集成和播出监控，负责电子节目指南（EPG）、用户端、计费、版权等的管理。

1）资质要求：经国务院广播电影电视主管部门批准设立的省、自治区、直辖市级以上广播电视播出机构。

2）与内容提供平台的关系：在提供接入服务时，应当查验内容提供服务单位的《信息网络传播视听节目许可证》，并为其提供优质的信号接

入服务，不得擅自插播、截留、变更内容提供服务单位播出的节目信号。

3）监管要求：发现接入集成播控平台的节目含有违反本规定的内容时，应立即切断节目源，并向广播电影电视主管部门报告。

4）许可持证机构：第一，一级集成播控牌照：1 张（全国 IPTV 集成播控服务许可持证机构：中央电视台）。

第二,二级集成播控牌照：31 张［各省电视台各 1 张（不含我国港、澳、台地区）］。

（2）内容提供服务

负责建设和运营内容提供平台，以及组织、编辑和审核节目内容。

1）资质要求：经国务院广播电影电视主管部门批准设立的地（市）级以上广播电视播出机构或者中央新闻单位等机构，还应当具备 2000 小时以上的节目内容储备和 30 人以上的专业节目编审人员。

2）与集成播控平台的关系：内容提供服务单位播出的节目应当经过集成播控服务单位设立的集成播控平台统一集成后提供给用户。内容提供服务单位应当选择依法取得集成播控服务许可的单位提供接入服务。

3）监管要求：负责审查其内容提供平台上的节目是否存在违法违规的情况（《专网及定向传播视听节目服务管理规定》第十六条规定）和版权管理要求，并进行播前审查。发现含有违反本规定的节目时，应当立即删除并保存有关记录，并向广播电影电视主管部门报告。

（3）交互式网络电视（IPTV）传输服务

负责建设和运营内容提供平台，组织、编辑和审核节目内容。

1）资质要求：国务院工业和信息化主管部门批准的具有合法基础网络运营资质的单位，并具有一定规模的公共信息基础网络设施资源和为用户提供长期服务的信誉或者能力。

2）监管要求：传输分发服务单位在提供传输分发服务前，应当查验集成播控服务单位的《信息网络传播视听节目许可证》。不得擅自插播、截留、变更集成播控平台发出的节目信号和电子节目指南（EPG）、用户端、计费、版权等控制信号。

3）许可持证机构：中国电信集团有限公司、中国联合网络通信集团有限公司、中国移动通信集团有限公司。

三、相关法律文件

（一）“三网融合”

《国务院办公厅关于印发三网融合推广方案的通知》（节选）

（国办发〔2015〕65号）

印发日期：2015年8月25日

加快推动IPTV集成播控平台与IPTV传输系统对接。在宣传部门的指导下，广播电视播出机构要切实加强和完善IPTV、手机电视集成播控平台建设和管理，负责节目的统一集成和播出监控以及电子节目指南（EPG）、用户端、计费、版权等的管理，其中用户端、计费管理由合作方协商确定，可采取合作方“双认证、双计费”的管理方式。IPTV全部内容由广播电视播出机构IPTV集成播控平台集成后，经一个接口统一提供给电信企业的IPTV传输系统。电信企业可提供节目和EPG条目，经广播电视播出机构审查后统一纳入集成播控平台的节目源和EPG。电信企业与广播电视播出机构应积极配合、平等协商，做好IPTV传输系统与IPTV集成播控平台的对接，对接双方应明确责任，保证节目内容的正常提供和传输。在确保播出安全的前提下，广播电视播出机构与电信企业可探索多种合资合作经营模式。（工业和信息化部、新闻出版广电总局等负责）

《国务院三网融合工作协调小组办公室关于三网融合试点工作有关问题的通知》（节选）

印发日期：2010 年 7 月 20 日

尽快建立健全试点地区三网融合组织协调机构；组织制定试点地区的三网融合试点实施方案；组织做好双向进入业务许可申报工作；落实行业监管职责；加强组织协调，营造良好政策环境。

《国务院办公厅关于印发三网融合试点方案的通知》（节选）

（国办发〔2010〕35 号）

印发日期：2010 年 6 月 9 日

要求推动电信网、广播电视网、互联网融合发展，推进广电、电信业务双向阶段性进入，其中 IPTV 业务为三网融合的典型业务形态。

为保证政治、文化安全，广播电视播出机构负责 IPTV 集成播控平台的建设和管理，节目的统一集成和播出监控，以及电子节目指南（EPG）、用户端、计费、版权等管理。电信企业利用互联网架设虚拟专网，为 IPTV 集成播控平台与用户端之间提供信息传输与技术保障。

《国务院关于推进三网融合的总体方案》

（国发〔2010〕5 号）

印发日期：2010 年 1 月

阐明推进“三网融合”的重要意义、指导思想和基本原则、工作目标、主要任务、政策措施。

《最高人民法院印发〈关于充分发挥知识产权审判职能作用推动社会主义文化大发展大繁荣和促进经济自主协调发展若干问题的意见〉的通知》（节选）

（法发〔2011〕18号）

印发日期：2011年12月16日

密切关注电信网、广电网、互联网“三网融合”等信息技术发展带来的新问题，在保护著作权益的同时，注重促进新兴产业的发展，促进我国信息化水平的提高。

在审理涉及网络著作权、“三网融合”等新兴产业著作权案件时，尤其要准确把握技术中立的精神，既有利于促进科技和商业创新，又防止以技术中立为名行侵权之实。

（二）IPTV

1.监管法律文件

《专网及定向传播视听节目服务管理规定》（国家新闻出版广电总局令第6号）（节选）

印发日期：2016年6月1日

第一章　总则

第二条　本规定所称专网及定向传播视听节目服务，是指以电视机、各类手持电子设备等为接收终端，通过局域网络及利用互联网架设虚拟专网或者以互联网等信息网络为定向传输通道，向公众定向提供广播电视节目等视听节目服务活动，包括以交互式网络电视（IPTV）、专网手机电视、互联网电视等形式从事内容提供、集成播控、传输分发等活动。

第三条　国务院广播电影电视主管部门负责全国专网及定向传播视听节目服务的监督管理工作。

县级以上地方人民政府广播电影电视主管部门负责本行政区域内专网及定向传播视听节目服务的监督管理工作。

第二章　专网及定向传播视听节目服务单位的设立

第五条　从事内容提供、集成播控、传输分发等专网及定向传播视听节目服务，应当依照本规定取得《信息网络传播视听节目许可证》。

《信息网络传播视听节目许可证》由国务院广播电影电视主管部门根据专网及定向传播视听节目服务的业务类别、服务内容、传输网络、覆盖范围等事项分类核发。

专网及定向传播视听节目服务业务指导目录由国务院广播电影电视主管部门制定。

第六条　申请从事专网及定向传播视听节目服务的单位，应当具备下列条件：

（一）具备法人资格，为国有独资或者国有控股单位；

（二）有健全的节目内容编审、安全传播管理制度和安全保护措施；

（三）有与其业务相适应的技术能力、经营场所和相关资源；

（四）有与其业务相适应的专业人员；

（五）技术方案符合国家有关标准和技术规范；

（六）符合国务院广播电影电视主管部门确定的专网及定向传播视听节目服务总体规划、布局和业务指导目录；

（七）符合法律、行政法规和国家规定的其他条件。

外商独资、中外合资、中外合作机构，不得从事专网及定向传播视听节目服务。

第七条　申请从事内容提供服务的，应当是经国务院广播电影电视主管部门批准设立的地（市）级以上广播电视播出机构或者中央新闻单位等机构，还应当具备2000小时以上的节目内容储备和30人以上的专业节目编审人员。

申请从事集成播控服务的，应当是经国务院广播电影电视主管部门批准设立的省、自治区、直辖市级以上广播电视播出机构。

申请从事交互式网络电视（IPTV）传输服务、专网手机电视分发服务的，应当是国务院工业和信息化主管部门批准的具有合法基础网络运营资质的单位，并具有一定规模的公共信息基础网络设施资源和为用户提供长期服务的信誉或者能力。

第八条　申请从事专网及定向传播视听节目服务，应当向省、自治区、直辖市人民政府广播电影电视主管部门提出申请，中央直属单位可直接向国务院广播电影电视主管部门提出申请。

省、自治区、直辖市人民政府广播电影电视主管部门应当自收到申请之日起20日内提出初核意见，并将初核意见及全部申请材料报国务院广播电影电视主管部门审批；国务院广播电影电视主管部门应当自收到申请或者初核意见之日起40日内作出许可或者不予许可的决定，其中专家评审时间为20日。予以许可的，向申请人颁发《信息网络传播视听节目许可证》，并向社会公告；不予许可的，应当书面通知申请人并说明理由。

第九条《信息网络传播视听节目许可证》有效期为3年。有效期届满，需继续从事专网及定向传播视听节目服务的，应当于有效期届满前30日内，持符合本规定第六条、第七条条件的相关材料，按照本规定的审批程序办理续办手续。

第三章　专网及定向传播视听节目服务规范

第十八条　内容提供服务单位，负责建设和运营内容提供平台，组织、编辑和审核节目内容。

内容提供服务单位播出的节目应当经过集成播控服务单位设立的集成播控平台统一集成后提供给用户。内容提供服务单位应当选择依法取得集成播控服务许可的单位提供接入服务。

第十九条　内容提供服务单位负责审查其内容提供平台上的节目是否

符合本规定第十六条的规定和版权管理要求，并进行播前审查。

内容提供服务单位应当建立健全节目审查、安全播出等节目内容管理制度，配备专业节目审查人员。所播出节目的名称、内容概要、播出时间、时长、来源等信息，应当至少保留60日，并配合广播电影电视主管部门依法查询。

内容提供服务单位发现含有违反本规定的节目，应当立即删除并保存有关记录，并向广播电影电视主管部门报告，落实广播电影电视主管部门的管理要求。

第二十条 集成播控服务单位，负责集成播控平台的建设和运营，负责对内容提供服务单位播出的节目的统一集成和播出监控，负责电子节目指南（EPG）、用户端、计费、版权等管理。

集成播控服务单位发现接入集成播控平台的节目含有违反本规定的内容时，应立即切断节目源，并向广播电影电视主管部门报告。

第二十一条 集成播控服务单位应当建立健全安全播控管理制度，采取技术安全管控措施，配备专业安全播控管理人员，按照广播电影电视主管部门的管理规定集成播控节目。

集成播控服务单位在提供接入服务时，应当查验内容提供服务单位的《信息网络传播视听节目许可证》，并为其提供优质的信号接入服务，不得擅自插播、截留、变更内容提供服务单位播出的节目信号。

第二十二条 集成播控服务单位和内容提供服务单位应在播出界面显著位置标注国务院广播电影电视主管部门批准的播出标识、名称。

第二十三条 传输分发服务单位应当遵守广播电影电视主管部门有关安全传输的管理规定，建立健全安全传输管理制度，保障网络传输安全。

传输分发服务单位在提供传输分发服务前，应当查验集成播控服务单位的《信息网络传播视听节目许可证》。不得擅自插播、截留、变更集成播控平台发出的节目信号和电子节目指南（EPG）、用户端、计费、版权等控制信号。

2. 行业政策

《国家广播电视总局印发〈关于推动广播电视和网络视听产业高质量发展的意见〉的通知》（节选）

（广电发〔2019〕74号）

印发日期：2019年8月11日

加快高清电视和4K/8K超高清电视采集制作、集成播出、互动分发、数据中心、管理平台等系统建设，推动高清、超高清电视频道建设，推动高清、超高清电视在有线电视、IPTV和互联网电视的应用，推动普及高清、超高清机顶盒。

《国务院关于进一步扩大和升级信息消费持续释放内需潜力的指导意见》（节选）

（国发〔2017〕40号）

印发日期：2017年8月24日

发展交互式网络电视（IPTV）、手机电视、有线电视网宽带服务等融合性业务。

《国家新闻出版广电总局关于当前阶段IPTV集成播控平台建设管理有关问题的通知》（节选）

（新广电发〔2015〕97号）

印发日期：2015年4月24日

一、深入学习领会国务院三网融合方案和总局有关政策要求，加快完成全国统一的IPTV集成播控平台体系建设……

二、中央电视台和各省电视台要加强合作、明确分工，尽快完成 IPTV 集成播控平台完善建设和对接工作……

三、在 IPTV 集成播控总分平台规范对接基础上，加快推动与 IPTV 传输系统按要求对接……

四、落实属地管理责任，同步加快 IPTV 监管体系建设。

……

在 IPTV 集成播控总平台和分平台、全国性 IPTV 内容服务平台和省级内容服务平台、IPTV 传输服务企业均应取得总局颁发的具有相应许可项目的《信息网络传播视听节目许可证》之后，方可正式开展业务。

《广电总局关于 IPTV 集成播控平台建设有关问题的通知》

（广发〔2012〕43 号）

印发日期：2012 年 6 月 11 日

要求建设全国统一的 IPTV 集成播控平台体系，实行中央与省集成播控平台分级运营的模式。

依据广播电视管理相关法规的要求，IPTV 集成播控总平台和分平台、全国性 IPTV 内容服务平台和省级内容服务平台、IPTV 传输服务企业，均应分别取得广电总局颁发的具有相应许可项目的《信息网络传播视听节目许可证》。上述各方均取得相应许可证后，方可对接并开展业务。

IPTV 集成播控总平台牌照由中央电视台持有，IPTV 集成播控分平台牌照由省级电视台申请。

全国性 IPTV 内容服务平台牌照由中央级广播电视播出机构和拥有全国性节目资源的省级广播电视播出机构申请，省级 IPTV 内容服务平台牌照由拥有本省节目资源的广播电视播出机构申请。

IPTV 传输服务牌照由中国电信集团有限公司、中国联合网络通信集团有限公司向广电总局申请。

《广电总局关于三网融合试点地区 IPTV 集成播控平台建设有关问题的通知》

（广局〔2010〕344 号）

印发日期：2010 年 7 月 13 日

明确 IPTV 集成播控平台实行总、分集成播控平台两级架构，初步确定了中央、地方电视台、电信企业合作开展 IPTV 业务的分工协作模式。

第十节　通过插件对视频广告进行屏蔽拦截

一、侵权行为模式

（一）通过浏览器自身或其内置插件屏蔽拦截视频广告

案例一 【湖南快乐阳光互动娱乐传媒有限公司 诉 广州唯思软件股份有限公司】

广州知识产权法院（2018）粤 73 民终 1022 号【二审】

侵权行为

被告通过其经营的 720 浏览器的内置功能让使用该浏览器的网络用户可以实现拦截屏蔽原告网站片头广告、暂停广告及会员免广告功能按钮的效果。

判决摘要

1. 认定原告与被告之间存在竞争关系

湖南快乐阳光互动娱乐传媒有限公司（以下简称快乐阳光公司）经营视频分享网站领域，以通过版权交易和技术手段向广大网民免费提供视频节目播放服务，并以网民观看视频节目时收看的广告数量向广告主收取广告费，其盈利的基础在于拥有大量用户。广州唯思软件股份有限公司（以下简称唯思公司）经营的720浏览器与快乐阳光公司经营的视频分享网站非同一业务，但其经营成败的关键亦是在拥有用户群的基础上再开展增值服务或收费服务来实现利益转化，具有与快乐阳光公司相同的竞争目标即用户群，有共同利益，具备竞争关系。

2. 认为被诉行为属于违反诚实信用原则和公认的商业道德的行为

唯思公司客观上实施的被诉行为违反了互联网领域公认的商业道德，主观上明显具有过错，造成的损害结果一方面减少了快乐阳光公司本应享有的会员用户数量以及会员费，另一方面导致芒果TV网站视频广告价值下降以及快乐阳光公司的广告收益减少，从而使快乐阳光公司利润减少甚至可能无法填补免费播放视频的运营成本而难以为继。据此，法院认定唯思公司的被诉行为属于违反诚实信用原则和公认的商业道德的行为。

案例二　【深圳市腾讯计算机系统有限公司 诉 北京世界星辉科技有限责任公司】

北京知识产权法院（2018）京73民终558号【二审】

侵权行为

被告开发经营的“世界之窗浏览器”软件设置有广告过滤功

能，用户使用该功能后可以有效屏蔽原告网站在播放影片时的片头广告和暂停广告。

判决摘要

1. 认定原告与被告之间存在竞争关系

就本案双方经营范围及经营的内容而言，一方为经营视频播放的主体、一方为浏览器的开发经营主体，两者经营范围不同。但应当看到，两者均是通过网络实现其经营目的、获取经营收益，两者享有共同的网络用户，且两者的结合能实现双方的各自利益，重要的是两者的利益有交叉。由此，可以看到市场竞争，尤其是依托于互联网的经营竞争，往往是相互交织和跨界的，体现了网络经营的交织性，市场界限日趋模糊，跨界经营日趋便利；两者经营使用的获利平台、渠道、途径、对象相同，两者的利益有着不可分割的联系。因而，应当认定两者存在事实上的竞争关系。

2. 认为被诉行为具有不正当性

不正当性从被诉行为是否符合公认的商业道德以及被诉行为的长期存在是否有利于社会总福利两方面进行评述。

被诉行为对视频广告的过滤使得上诉人免费视频加广告这一经营行为不能依据其意愿原样呈现，被诉行为显然属于一种主动采取措施直接干涉、插手他人经营的行为。而在市场经营中，经营者的合法经营行为不受他人干涉，他人不得直接插手经营者的合法经营行为，此为最为基本且无须论证的商业道德。

就短期来看，视频网站的主要商业模式可能因被诉行为而产生变化，从而对消费者利益产生影响。就长期来看，被诉行为可能导致视频网站丧失生存空间，相应地，其必然会最终影响到消费者利益。无论是从消费者、视频平台、广告投放者，还是从浏览器经营者角度进行分析，广告过滤功能的放开只可能会损害社

会总福利。综上可知，被诉行为不仅有违公认的商业道德，且此类行为如长期存在亦会对社会总福利具有明显损害，因此，被诉行为属于《反不正当竞争法》第二条所禁止的行为。

类似案例一　【优酷信息技术（北京）有限公司 诉 北京奇果网络科技有限公司】

北京市海淀区人民法院（2017）京0108民初23115号**【一审】**

类似案例二　【湖南快乐阳光互动娱乐传媒有限公司 诉 北京搜狗信息服务有限公司、北京搜狗科技发展有限公司】

北京知识产权法院（2017）京73民终1264号**【一审】**

类似案例三　【酷溜网（北京）信息技术有限公司 诉 北京谋智火狐信息技术有限公司】

北京知识产权法院（2018）京73民终397号**【二审】**

类似案例四　【北京爱奇艺科技有限公司 诉 乐视网信息技术（北京）股份有限公司】

北京市知识产权法院（2017）京73民终282号**【二审】**

类似案例五　【优酷信息技术（北京）有限公司 诉 北京聚爱聊网络科技有限公司】

北京市海淀区人民法院（2018）京0108民初16974号**【一审】**

类似案例六　【优酷信息技术（北京）有限公司 诉 杭州硕文软件有限公司】

浙江省杭州市中级人民法院（2018）浙01民终231号**【二审】**

（二）通过路由器等硬件内置插件屏蔽拦截视频广告

案例一 【北京搜狐互联网信息服务有限公司、飞狐信息技术（天津）有限公司 诉 珠海市魅族科技有限公司、珠海市魅族通讯设备有限公司】

北京知识产权法院（2020）京73民终1496号【二审】

侵权行为

二被告生产并销售的名为“魅族路由器极速版”的无线路由器产品以“自动拦截视频网站广告”等为宣传口号吸引用户购买。用户购买后，使用该产品接入互联网，即可完全屏蔽搜狐视频网的视频贴片广告以及网页广告。

判决摘要

法院认定被诉行为构成不正当竞争。

一方面，对于视频广告过滤行为的性质，《互联网广告管理暂行办法》第十六条明确作出了禁止性规定，这一规定足以说明主管机关已将此类行为认定为违反公认商业道德的行为，被诉行为违反了这一规定；另一方面，魅族科技公司、魅族通讯公司故意采用措施干涉搜狐公司、飞狐公司的合法经营行为，使得搜狐视频网的广告无法按照搜狐公司、飞狐公司的意愿予以呈现，被诉行为亦违反公认的商业道德。就社会经济秩序而言，若被诉行为长期存在，从短期来看，使得搜狐视频网的广告无法正常播放，迫使其改变商业模式；从长期来看，可能导致视频网站丧失生存空间，从而影响消费者和经营者的利益。虽然被诉行为不是仅针对搜狐视频网的，但被诉行为违反公认的商业道德，在客观上损害了搜狐公司、飞狐公司的合法经营行为产生的利益，从长

远来看扰乱了社会经济秩序，因此被诉行为属于1993年《反不正当竞争法》第二条所禁止的行为。一审判决认定被诉行为构成不正当竞争并无不当。

魅族科技公司、魅族通讯公司认为涉案路由器提供视频广告屏蔽功能仅九个月，未长期存在，不会扰乱社会经济秩序。对此法院认为，在考虑被诉行为是否会扰乱社会经济秩序时，不仅要考虑本案的现实情形，也应考虑该功能被认定具有正当性后可能产生的后续影响，而时间因素不是判断是否会扰乱社会经济秩序的唯一衡量因素。若认定视频广告屏蔽行为具有正当性，那么更多的经营者将在今后的经营活动中使用视频广告屏蔽功能，长此以往，将会扰乱社会经济秩序。此外，一审判决已将该事实作为酌情确定赔偿数额的考虑因素之一。因此，当前提供视频广告屏蔽功能的时间短，不能成为被诉行为正当性的合法抗辩。

二、案件焦点分析

案件焦点主要有以下三个方面：

1）原告与被告是否具有竞争关系？

2）视频平台“免费视频+广告”“会员免广告”的商业模式是否具有《反不正当竞争法》所保护的法益？

3）被诉行为是否构成不正当竞争？

（一）竞争关系的认定

虽然当前司法实践中一般会将是否具有竞争关系作为认定构成不正当竞争的考量因素之一，但事实上，我国《反不正当竞争法》并未将“直接的竞争关系”作为构成不正当竞争的必要条件，更不是适用《反不正当竞争法》的条件之一。如果将竞争关系限于同业竞争者之间的关系会过于狭窄，仅将提供同类商品或服务的经营者视为具有竞争关系已经不能满足维护互联网经济正当竞争秩序的需要。法院通常认为，反不正当竞争法调整的竞争关系的判断应当重点考量行为的性质及后果，即应当根据具体行为属性、商业利益上是否存在此消彼长等，而非经营者的主营业务或所处行业出发来界定竞争性。如果经营者的行为对其他经营者的利益造成损害，且同时基于这一行为获得现实或潜在的客户群体、商业交易机会等经济利益，形成此消彼长的市场份额，则可以认定二者具有竞争关系。

经营者之间的“替代性、交叉性等关联关系”是认定竞争关系的重要因素，《北京市高级人民法院关于涉及网络知识产权案件审理指南》第三十一条对上述因素作出规定：“经营者之间具有下列关系之一，可能损害原告合法权益，造成交易机会和竞争优势变化的，可以认定具有竞争关系：（1）经营的商品或者服务具有直接或者间接的替代关系；（2）经营活动存在相互交叉、依存或者其他关联关系。”

（二）“免费视频＋广告”“会员免广告”的商业模式是否具有《反不正当竞争法》所保护的法益

当前视频网站大部分采取“免费视频＋广告”以及“会员免广告”的商业模式，商业模式本身不受《反不正当竞争法》的保护，《反不正当竞争法》旨在维护合法有序的社会竞争秩序，经营者在经营活动中的行为如果符合法律规定，经营主体基于正当商业模式所获取的合法经营利益应当受到法律的保护。首先，“免费视频＋广告”以及“会员免广告”的商业模式并不违反《反不正当竞争法》的原则精神和禁止性规定；其次，在该商业模式下，广告与视频节目的结合使网站经营者、互联网用户与广告主之间各取所需，形成有序的利益分配和循环。由此可见，蕴含在“免费视频＋广告”“会员免广告”等商业模式背后的经营者的合法经营利益才是《反不正当竞争法》所保护的法益。

（三）竞争行为的正当性认定

随着互联网技术的飞速发展，新型的互联网不正当竞争行为层出不穷，对于新的还没有被规定的具体不正当竞争行为，当前绝大多数法院倾向于援引《反不正当竞争法》第二条对涉诉行为的正当性进行判定，据此我们概括为以下两个角度：（1）被诉行为是否有违公认的商业道德；（2）被诉行为的长期存在是否会扰乱社会经济秩序。

就屏蔽广告行为而言，其损害的是“免费＋广告＋会员”商业模式的完整性，将产生一系列的连锁反应，最终损害视频网站经营者的根本利益。其推演逻辑为，当广告可以被其他插件或浏览器直接屏蔽时，消费者趋向于下载不需要付出金钱成本的屏蔽软件，相应地，消费者花费金钱购买视频网站会员服务的意愿将大幅度降低。同时，在广告被长期屏蔽的情况下，广告商可能会因宣传达不到预期效果而减少在视频网站投入广告的支出，视频网站经营者赖以创收的两大源流均被严重阻断，所以，屏蔽视频广告的行为已经触及视频网站的根本利益。[1]

最高人民法院的相关司法政策指出，应从多个角度对竞争行为的正当性进行评估，避免因“泛道德化”而过度限制竞争自由。即使从道德评价的角度而言被诉行为属于违反诚实信用原则和公认的商业道德的行为，仍然有必要进一步评估被诉行为对于市场竞争乃至社会经济秩序是产生积极还是消极的效果，从技术创新与竞争秩序维护、竞争者利益保护与消费者福利改善等方面审查其是否属于扰乱社会经济秩序的行为。

（四）影响侵权定性的其他因素

1. 技术中立

技术中立是非正当性认定的阻却理由之一，但目前技术中立原则在我

---

[1] 曹丽萍：《技术运用与商业模式竞争的边界：评析浏览器过滤视频广告行为的不正当竞争性质》，《电子知识产权》2013年第5期，第77—78页。

国法律法规中并没有被明文规定。知识产权中的技术中立，一般是指如果技术具有实质性的合法用途，那么该技术的提供者不因用户将其用作侵权用途而承担侵权责任，除非提供者知情而未采取任何措施。然而，任何技术的发明创造都不可避免地体现着开发者的主观意志，因此技术开发的目的及使用这一技术带来的后果才是评定的关键。

技术中立原则抗辩之合理性基础在于保护及鼓励技术创新，而视频广告屏蔽技术对于其开发者、应用者而言可能存在不同的意义，广告屏蔽技术是应运而生于恶意广告泛滥并严重损害用户观影质量、用户对广告屏蔽技术有较为迫切需求的背景之下，抑或出于恶意破坏视频网站经营模式以攫取用户注意力资源而为自身牟取利益之目的，视频广告屏蔽技术是否存在被广泛、合法以及无法律争议地适用的可能性等问题，都应当成为判断屏蔽广告行为是否具有非正当性时需要考虑的重要因素。[1] 如果屏蔽视频广告的技术直接干涉、插手他人的正常经营行为，该技术就已经损害到视频网站的合法权益，超出了为用户提供便利的范围，亦超出了技术中立的范围。

2. 被诉行为的针对性和用户自主选择权

过滤视频广告行为并不具有针对性，其与公认商业道德的认定亦无必然联系。无论是否进行针对性设置，均不影响对其行为性质的认定。某类行为并未针对特定对象进行设置，并不意味着其必然属于合法行为，反之亦然。

不具有正当性的行为并不会因为其赋予了用户自主选择权而具备正当性，且视频广告屏蔽行为亦并非真正符合用户的长期需求。虽然用户无须看广告而直接观看视频的表层需求存在，但长期来看，该行为会使视频网站广告收益受损，难以维持经营，继而将增加的成本转嫁至消费者身上，最终亦损害消费者利益。

---

[1] 周樨平:《竞争法视野中互联网不当干扰行为的判断标准——兼评“非公益必要不干扰原则”》,《法学》2015 年第 5 期，第 93—94 页。

三、相关法律文件

《中华人民共和国广告法》

实施日期：2018 年 10 月 26 日

第四十四条　利用互联网从事广告活动，适用本法的各项规定。

利用互联网发布、发送广告，不得影响用户正常使用网络。在互联网页面以弹出等形式发布的广告，应当显著标明关闭标志，确保一键关闭。

《中华人民共和国反不正当竞争法》

实施日期：2018 年 1 月 1 日

第二条　经营者在生产经营活动中，应当遵循自愿、平等、公平、诚信的原则，遵守法律和商业道德。

本法所称的不正当竞争行为，是指经营者在生产经营活动中，违反本法规定，扰乱市场竞争秩序，损害其他经营者或者消费者的合法权益的行为。

本法所称的经营者，是指从事商品生产、经营或者提供服务（以下所称商品包括服务）的自然人、法人和非法人组织。

《互联网广告管理暂行办法》[根据《中华人民共和国广告法》（以下简称《广告法》）等法律、行政法规制定]

实施日期：2016 年 9 月 1 日

第十六条　互联网广告活动中不得有下列行为：（一）提供或者利用应用程序、硬件等对他人正当经营的广告采取拦截、过滤、覆盖、快进等限制措施；（二）利用网络通路、网络设备、应用程序等破坏正常广告数据传输，篡改或者遮挡他人正当经营的广告，擅自加载广告。

《北京市高级人民法院关于涉及网络知识产权案件的审理指南》

实施日期：2016 年 4 月 14 日

第三十一条　经营者之间具有下列关系之一，可能损害原告合法权益，造成交易机会和竞争优势变化的，可以认定具有竞争关系：(1) 经营的商品或者服务具有直接或者间接的替代关系；(2) 经营活动存在相互交叉、依存或者其他关联关系。

《互联网终端软件服务行业自律公约》

（由中国互联网协会于 2011 年 8 月 1 日发布）

实施日期：2011 年 8 月 1 日

第十九条　除恶意广告外，不得针对特定信息服务提供商拦截、屏蔽其合法信息内容及页面。

第十一节　视频刷量

一、侵权行为模式

视频刷量是指通过不正当的或非法的方式或技术手段在短期内增加视频网站的访问数据。

案例一　【北京爱奇艺科技有限公司 诉 杭州飞益信息科技有限公司、吕云峰、胡雄敏】

上海知识产权法院（2019）沪73民终4号【二审】

侵权行为

三被告分工合作，通过采用多个域名、不断更换访问IP地址等方式，连续访问爱奇艺网站视频，在短时间内迅速提高视频访问量。

判决摘要

刷量行为属于1993年《反不正当竞争法》第九条所规制的“虚假宣传”的不正当竞争行为。

一审法院认为三被告共同实施通过技术手段干扰、破坏爱奇艺公司运营的爱奇艺网站的访问数据，违反公认的商业道德，损害爱奇艺公司以及消费者的合法权益，根据《反不正当竞争法》第二条规定，构成不正当竞争。

二审法院认为，一方面，我国《反不正当竞争法》采取的是一般条款与列举性规定相结合的立法体例，一般条款中具有指引和约束法官行使裁量权的实质性内涵和要素，因此，一般条款是认定法律未列举行为的开放性依据，具有概括适用于未列举情形和保持开放性的功能。另一方面，《反不正当竞争法》作为规范市场竞争秩序的法律，更倾向于维护竞争自由和市场效率。而现代社会层出不穷的新技术和新商业模式，究竟是促进了自由竞争，提高了市场效率，还是带来了完全相反的结果，可能需要更为周密的分析和利益平衡。因此，对《反不正当竞争法》一般条款的适用，更应当秉持谦抑的司法态度，对竞争行为保持有限干预和司法克制理念，严格把握一般条款的适用条件，以避免不适当干预而阻碍市场的自由竞争。

就本案而言，首先，经营者的市场交易行为受《反不正当竞争法》所规制，经营者之间是否构成同业竞争关系，并非判断是否构成不正当竞争行为的法定要件，故涉案视频刷量行为作为一种市场交易行为，是否属于不正当竞争行为，仍应当根据《反不正当竞争法》的具体规定进行判断。其次，涉案视频刷量行为应否适用《反不正当竞争法》第二条予以调整，首先应当判断涉案视频刷量行为是否属于《反不正当竞争法》第二章列举的不正当竞争行为，而其他专门法也未对该种行为作出特别的规定。对此，法院认为，《反不正当竞争法》第九条规定，经营者不得利用广告或者其他方法，对商品的质量、制作成分、性能、用途、生产者、有效期限、产地等作引人误解的虚假宣传。本案中，虚构视频点击量的行为，实质上提升了相关公众对虚构点击量视频的质量、播放数量、关注度等的虚假认知，起到了吸引消费者的目的，因此，虚构视频点击量仅是经营者进行虚假宣传的一项内容，故应当按照虚假宣传予以处理。因此，法院认为，虚构视频点击量的行为属于《反不正当竞争法》第九条所规制的“虚假宣传”的不正当竞争行为。

案例二 【北京爱奇艺科技有限公司 诉 随州市飞流网络科技有限公司、上海七牛信息技术有限公司】

江苏省高级人民法院（2019）苏民终 778 号【二审】

侵权行为

随州市飞流网络科技有限公司（以下简称飞流公司）以飞流网平台接受刷量任务，再通过柠檬挂机软件实施。据统计，飞流公司在 2017 年 9 月至 11 月，通过其柠檬挂机软件对爱奇艺网站的 80001 部 / 集视频共计实施了 278275797 次（终端类型为 PC 端及 H5 端）访问。

判决摘要

刷量行为既属于经营者利用技术手段，通过影响用户选择或者其他方式，实施其他妨碍、破坏其他经营者合法提供的网络产品或者服务正常运行的行为（《反不正当竞争法》第十二条），也构成虚假宣传行为（《反不正当竞争法》第八条）。

一审法院认为，飞流公司的刷量行为，其实质是以从事数据造假行为直接获取经济利益，虚增视频受青睐度，使得部分案外人因视频热播攫取额外的不当利益，明显违反诚实信用原则，而且妨碍爱奇艺公司对网站正常运营所产生数据的采集，误导爱奇艺公司的经营判断，甚至导致爱奇艺公司支出本无须支付的版权费，有悖公认的商业道德，符合法律关于不正当竞争行为界定的实质要件，应当认定为“其他妨碍、破坏其他经营者合法提供的网络产品或服务正常运行的行为”。

二审法院认为，关于刷量行为属于哪一种不正当竞争行为，一方面，爱奇艺公司通过采集正常运营数据并基于这些数据制定经营策略、支付视频版权费、收取广告费，飞流公司的刷量行为污染了爱奇艺公司采集到的运营数据，对其网站正常经营服务产生了较大影响，故一审法院认定飞流公司的刷量行为违反了《反不正当竞争法》第十二条的相关规定，属于经营者利用技术手段，通过影响用户选择或者其他方式，实施其他妨碍、破坏其他经营者合法提供的网络产品或者服务正常运行的行为，该认定具有事实和法律依据。另一方面，《反不正当竞争法》第八条第二款规定，经营者不得通过组织虚假交易等方式，帮助其他经营者进行虚假或者引人误解的商业宣传。爱奇艺公司在二审中主张飞流公司刷量行为同时属于虚假宣传行为，对此法院认为，飞流公司的刷量行为导致相关公众对虚构点击量的视频的质量、播放次数、关注度等产生了虚假认知，产生了引人误解的虚假宣传的后果，故其行为亦符合《反不正当竞争法》第八条第二款所规定的构成要件，爱奇艺公司的上述主张具有事实和法律依据，法院予以支持。综上，飞流公司的刷量行为违反了《反不正当竞争法》第十二条及第八条第二款的规定，构成不正当竞争。

二、案件焦点分析

（一）视频刷量行为的定性

《反不正当竞争法》第二章列举规定了法律制定时市场上常见的和可以明确预见的一些不正当竞争行为类型。同时，《反不正当竞争法》第二条第一款确立了市场交易的基本原则，即经营者应当遵循自愿、平等、公平、诚信的原则，遵守法律和商业道德；并在第二款中对不正当竞争行为作出了定义性规定，即经营者在生产经营活动中，违反《反不正当竞争法》的规定，扰乱市场竞争秩序，损害其他经营者或者消费者的合法权益的行为。但由于市场竞争的开放性和技术及商业模式的推陈出新，必然导致市场竞争行为方式的多样性和可变性，《反不正当竞争法》作为规制市场竞争秩序的法律，不可能对各种行为方式都作出具体化和预见性的规定。因此，只有当第二章未作出明确约定，而其他经营者的合法权益确因该竞争行为受到了实际损害，且该竞争行为违反了诚信原则和公认的商业道德时，才可以适用《反不正当竞争法》第二条中的一般性条款来保护。

在视频刷量案件中，通常原告和被告双方的经营范围、盈利模式均不相同，但是《反不正当竞争法》第二条规制的是市场经营活动中的不正当竞争行为，关注的是竞争行为是否扰乱市场经济秩序并获得不当利益以及是否损害其他经营者的合法权益，并未限定于同业竞争关系。视频刷量行为干扰了视频网站的真实视频访问数据，从而影响到视频网站经营者对访问数据进行系统分析后作出的经营决策以及关联方的合作策略，应认定为市场竞争行为。

视频刷量行为具体属于《反不正当竞争法》规定的哪一种不正当竞争

行为？具体来看，视频刷量行为实质上是一种虚构视频访问数据的行为，通过技术手段反复、机械地制造相关视频的点播量/访问量，但该点播量/访问量并不能反映正常观看视频的实际需求。一方面，虚假的点击量、播放量或关注度实质上构成了引人误解的虚假宣传；另一方面，这些虚假的数据会影响用户基于其作出错误的选择，并进一步妨碍视频网站的正常经营活动。因此，视频刷量行为同时符合《反不正当竞争法》第八条第二款及第十二条所规定的构成要件。

（二）视频刷量行为的证明

随着互联网技术的高速发展，刷量的手段也变得五花八门，多种技术手段都可以实现刷量的效果，因此在司法实践中，视频网站的经营者作为刷量案件中的原告，在侵权事实及损害后果方面往往面临着举证难的问题。

在侵权事实方面，由于原告与"刷流量"实施者对于"刷流量"的相关技术和信息不对等，缺乏对"刷流量"所涉及的技术、设备、操作步骤等知识的全面了解，且"刷流量"行为的欺骗性、隐蔽性也加大了原告对侵权行为进行证据保全的难度，在原告取证已经存在难度的情况下，"刷流量"实施者仍可能采取破坏、毁灭证据的方式阻碍原告进一步取证举证，使得原告取证举证路径进一步受阻。[1]根据前述案例，爱奇艺公司作为视频网站经营者主要提供的证据有和刷量操作人员的沟通记录、视频刷量前后的播放量对比、视频后台的运营数据统计以及相关技术人员在访问日志中调取的异常 IP 地址、访问时间、播放视频 ID 等。

在损害后果方面，由于没有直接的证据可以证明刷量行为给视频平台带来的实际损失或没有充分的证据证明刷量行为操作者因此所获的确切利益，在民事诉讼中，法院通常根据侵权期间、侵权规模、刷量收费标准、

---

[1] 张雯，颜君：《"刷流量"网络黑灰产业的监管与规制：以司法纠纷解决路径为切入点》，《中国应用法学》2019 年第 5 期。

主观恶意程度等酌情确定判赔数额。

刷量行为是互联网黑色产业常见的类型，因在民事诉讼中原告面临较大的举证压力，多数遭受刷量侵扰的公司更倾向于选择刑事手段来遏制这种违法行为。

三、相关法律文件

《反不正当竞争法》

实施日期：2018 年 1 月 1 日

第八条 第二款 经营者不得通过组织虚假交易等方式，帮助其他经营者进行虚假或者引人误解的商业宣传。

第十二条 经营者不得利用技术手段，通过影响用户选择或者其他方式，实施下列妨碍、破坏其他经营者合法提供的网络产品或者服务正常运行的行为：

……

（四）其他妨碍、破坏其他经营者合法提供的网络产品或者服务正常运行的行为。

《网络交易管理办法》

实施日期：2014 年 3 月 15 日

第十九条 网络商品经营者、有关服务经营者销售商品或者服务，应当遵守《反不正当竞争法》等法律的规定，不得以不正当竞争方式损害其他经营者的合法权益、扰乱社会经济秩序。同时，不得利用网络技术手段或者载体等方式，从事下列不正当竞争行为：……（四）以虚构交易、删除不利评价等形式，为自己或他人提升商业信誉；……

第十二节　共享／出租 VIP 会员

一、侵权行为模式

（一）有偿分享视频网站会员权益

案　例【优酷信息技术（北京）有限公司 诉 北京蔓蓝科技有限公司】

北京知识产权法院（2019）京 73 民终 3570 号【二审】

侵权行为

北京蔓蓝科技有限公司（以下简称蔓蓝公司）购买优酷信息技术（北京）有限公司（以下简称优酷公司）VIP 会员账号后在其“蔓蔓看”App 后台登录，同时在其 App 中为用户提供“单片付费 1 元（可无限次观看本影片 3 天）、PLUS 蔓会员月度卡 19 元、PLUS 蔓会员季度卡 49 元、PLUS 蔓会员年度卡 179 元”的付费方式。用户下载“蔓蔓看”App 并登录付费后，通过搜索影视剧名称并点击搜索结果，即可链接至优酷平台观看只有优酷 VIP 会员才可播放的内容。

判决摘要

1. 认定原告与被告之间存在竞争关系

《反不正当竞争法》保护经营者和消费者的合法权益，狭义竞争关系的概念，是指同业经营者之间的关系。所谓同业经营者，是指经营相同或者近似商品的经营者，而近似商品就是具有替代性的商品，即这些商品在功能或者用途上可以互相替代。随着互联网行业的出现和蓬勃壮大，在崇尚注意力经济的互联网经济新模式下，用户注意力已经成为互联网经济中的重要资源，也是众多网络经营者的争夺对象。并且随着互联网技术的不断深化，用户流量等资源也实现了在不同行业或产业间的交互融合，对用户流量等重要经营资源的争夺也从同行业经营者扩展到非同业经营者。因此，在新的经济模式下，判断经营者之间是否存在竞争关系，亦不应仅局限于同行业经营者，只要双方在具体的经营行为、最终利益方面存在竞争关系，亦应认定两者存在竞争关系。

具体到本案，优酷公司经营的是视频网站及App软件领域，蔓蓝公司经营的是视频播放App软件领域，二者的主要业务均是面向网络用户提供互联网视频服务。因此，原告与被告之间存在竞争关系。

2. 认定被诉行为具有不正当性

第一，从主观过错上看，蔓蓝公司作为互联网行业的经营者，对于网络视频平台的经营方式和盈利模式应当知晓，亦应知晓优酷公司为提供视频VIP服务付出了支付版权费、对其他经营者的分销、转授权合作等经营成本；同时作为优酷VIP付费会员，其对优酷公司VIP付费制度也是明知的，故蔓蓝公司对于仍实施涉案被诉行为存在主观过错。第二，从行为可责性看，优酷公司在优酷VIP会员服务协议中对优酷VIP会员账号的管理和使用进行了明确限制，即“为保护您的会员账户安全，避免共享密码或泄露被盗，优酷VIP会员账号仅限您个人使用，不允许转借或租借他人；同一优酷会员账号只允许您本人在最多5个设备［“设备”指包括但不限于个人电脑（PC）及移动电话、平板电脑（PAD）等终端设备，下同］上使用，且同一时间、同一账号最多可在2台设备上使用”。而蔓蓝公司在涉案App中利用所谓的“共享”机制，将优酷VIP账号有偿提供给普通用户使用，显

然破坏了优酷公司基于自主经营权对VIP账号所做的限制，具有不正当性和可责性。第三，从不当夺取交易机会或损害其他经营者合法利益方面看，蔓蓝公司在本案中通过登录购买的优酷公司VIP会员账号为其App用户有偿提供优酷VIP会员播放服务，普通用户无须向优酷公司支付VIP会员服务费而通过涉案App直接观看VIP视频资源，不仅干扰了优酷公司视频网站的运营模式和盈利方式，也使得优酷公司的交易机会、会员收入及用户流量等受到实质影响，直接损害了优酷公司基于VIP视频服务所产生的经营收益。从长远看，也将逐步降低市场活力，破坏竞争秩序和机制，阻碍网络视频市场的正常、有序发展，并最终造成消费者福祉的减损。综上，蔓蓝公司的被诉行为不具有正当性。

（二）分时出租视频网站VIP账号

案　例【北京爱奇艺科技有限公司 诉 杭州龙境科技有限公司、杭州龙魂网络科技有限公司】

北京知识产权法院（2019）京73民终3263号【二审】

侵权行为

杭州龙魂网络科技有限公司（以下简称龙魂公司）向杭州龙境科技有限公司（以下简称龙境公司）购买云端产品并在其中安装爱奇艺App，后运行云端中的爱奇艺App并将其购买的爱奇艺VIP账号保持24小时均登录的状态，在“马上玩”App中将爱奇艺VIP账号分时长出租，用户登录后通过积分进行购买。云端产品上的爱奇艺App运行画面会通过流化技术将云端呈现的画面实时地、一对一地传输到用户本地手机的“马上玩”App上，用户即可观看爱奇艺App中的付费内容。

判决摘要

1. 认定原告与被告之间存在竞争关系

从龙魂公司、龙境公司的被诉具体经营行为看，二公司是利用技术手段通过涉案 App 将爱奇艺视频 VIP 账号分时段出租，提供的也是网络视频播放服务，与北京爱奇艺科技有限公司（以下简称爱奇艺公司）存在业务上的重合，二者拥有相同的市场利益。再者，无论是爱奇艺公司通过爱奇艺 App 所提供的网络视频播放服务，还是龙魂公司、龙境公司通过涉案 App 所提供的游戏软件分发服务，网络用户都是二者所争夺的重要经营资源，并且其经营成败的核心利益往往也在于网络用户的数量，当其中一方利用他人的竞争优势或以使用影响他人经营模式等不正当手段增加自身网络用户时，因该行为必然会使他人网络用户减少，从而对双方的经营利益产生直接影响。在此情况下，双方构成竞争关系。

2. 认定被诉行为具有不正当性

从 2017 年《反不正当竞争法》第十二条第二款第四项规定来看，该条款适用于经营者在网络环境下利用技术手段实施的不正当竞争行为，旨在突出利用“技术手段”对达到妨碍、破坏经营者合法提供的网络产品或服务正常运行的行为进行否定性评价。第一，从技术手段上看，按照该条款规定，这种妨碍、破坏行为应指向于权利人本身，结合本案，作为网络视频服务经营者，VIP 视频是爱奇艺公司推动 VIP 付费会员业务并在网络视频市场中获得竞争优势的重要经营资源，而龙魂公司、龙境公司通过利用流化技术将爱奇艺 VIP 账号分时段出租给涉案 App 的用户，使其无须向爱奇艺公司付费即可接受爱奇艺 VIP 视频服务，并通过技术手段在涉案 App 中添加“画质切换”等功能选项，对爱奇艺 App 中的“我的”“泡泡”和播放设置等功能进行限制。第二，从主观过错上看，龙魂公司、龙境公司作为互联网行业的经营者，对于

网络视频平台的经营方式和盈利模式应当知晓，亦应知晓爱奇艺公司为提供视频VIP服务付出了支付版权费、自制网络独播剧等经营成本；同时作为爱奇艺VIP付费会员，其对爱奇艺公司VIP付费制度也是明知的；加之，在爱奇艺公司于2017年5月通过龙境公司公示的联系方式发送侵权通知后，直至2018年5月期间，龙魂公司、龙境公司对涉案App中爱奇艺视频所处位置进行多次调整且逐渐隐蔽化，主观恶意明显。第三，从行为可责性看，爱奇艺公司在《用户协议》《VIP协议》中对爱奇艺VIP付费会员的使用行为进行了明确限制，即使用平台仅限于爱奇艺平台，禁止将VIP账号用于租用、借用、转让或售卖等商业经营之目的，而龙魂公司、龙境公司在涉案App中利用流化技术将爱奇艺VIP账号分时出租给普通用户，显然破坏了爱奇艺公司基于自主经营权对VIP账号所做的限制；同时，龙魂公司、龙境公司通过技术手段在涉案App中添加"画质切换"等功能选项，对爱奇艺App中的"我的""泡泡"和播放设置等功能进行限制，上述行为亦非基于通过对网络新技术的运用向社会提供新产品服务进而促进行业新发展的需要，具有不正当性和可责性。第四，从不当夺取交易机会或损害其他经营者合法利益方面看，一方面，在案证据显示，涉案App的下载量及其中爱奇艺视频人气数高达数百万，由此可见，龙魂公司、龙境公司通过被诉行为既获得了现金充值直接的经济利益，又获得了网络用户流量，增加了交易机会；另一方面，龙魂公司、龙境公司通过流化技术在涉案App中将爱奇艺VIP账号分时出租并对部分功能进行限制，普通用户无须向爱奇艺公司支付VIP会员服务费而利用直接通过向龙魂公司、龙境公司购买积分、参加活动获得积分等方式通过涉案App直接观看VIP视频资源，也会影响用户对爱奇艺App的服务评价或用户体验，不仅干扰了爱奇艺公司等视频网站的运营模式和盈利方式，也使得爱奇艺公司的交易机会、会员收入及用户流量等受到实质影响，直接损害了爱奇艺公司基于VIP视频服务所产生的经营收益。从长远看，也将逐步降低市场活力，破坏竞争秩序和机制，阻碍网络视频市场的正常、有序发展，并最终造成消费者福祉的减损。综上，龙魂公司、龙境公司的被诉行为不具有正当性。

在上述分时出租视频网站VIP账号的案例中，原告并未主张被告侵害其作品的信息网络传播权，而与该案中被告的经营模式类似，在“云游戏”第一案中，被告同样是通过其运营的云平台，将涉案作品（视频/游戏）通过技术手段处理后传输至用户终端，同时也对原平台提供涉案作品的部分功能进行了更改。但在“云游戏”第一案中，原告同时主张了信息网络传播权侵权。因“云游戏”第一案中被告的商业模式与“出租视频网站VIP账号”案中被告的商业模式类似，且法院在认定逻辑上接近，故将“云游戏”第一案一并列出。

类似案例 **【深圳市腾讯计算机系统有限公司、腾讯科技（深圳）有限公司 诉 广州点云科技有限公司】**

杭州互联网法院（2020）浙0192民初1330号【一审】

侵权行为

（1）被告未经授权将涉案游戏置于其云服务器中供公众在移动端、Web端以及PC端使用“菜鸡”云游戏平台获得其提供的涉案游戏（被法院支持，认定构成侵害信网权）。

（2）被告在官网首页突出位置用涉案游戏为其引流、在菜鸡游戏客户端软件显著位置利用涉案游戏为其引流、通过微信和QQ社交工具传播涉案游戏嵌入菜鸡客户端链接的方式为其引流。

（3）被告通过销售“秒进卡”“加时卡”提供云游戏排队加

速、加时的有偿增值服务。

（4）被告免费向用户提供“上号助手”的无偿服务。

（5）被告软件限制了涉案游戏画质。

（6）被告软件限制了游戏本来的外部链接功能（被法院支持，适用《反不正当竞争法》第十二条第二款，判决摘要见下文）。

判决摘要

从《反不正当竞争法》第十二条第二款第四项规定来看，该条款适用于经营者在网络环境下利用技术手段实施的不正当竞争行为，旨在突出利用“技术手段”对达到妨碍、破坏经营者合法提供的网络产品或者服务正常运行的行为进行否定性评价。首先，从技术角度分析，按照该条款的应有之义，这种妨碍、破坏行为应指向权利人本身，结合本案，通常可理解为对应腾讯平台提供的游戏产品或者网络服务。然而在云游戏技术原理和经营模式的原因力下，广州点云科技有限公司（以下简称点云公司）为其“菜鸡”云游戏各平台用户提供的服务不影响涉案三款游戏在二原告服务器上的原始状态，其上述限制外部链接的行为主要影响“菜鸡”云游戏各平台上提供的网络产品或者服务的正常运行。考虑到云游戏集成模式有赖于架设云服务器的框架下来实现提供服务内容，被诉侵权平台所提供的游戏内容供给方仍为腾讯计算机公司或者腾讯科技公司，因而判断点云公司是否存在妨碍、破坏行为，不应再局限于仅针对二原告服务器上游戏原始状态的改变与否，而应全面考虑被诉侵权平台实际提供的网络服务质量和效果，事实上，点云公司的上述涉案行为已影响游戏功能的正常运行。其次，从主观过错方面分析，点云公司作为互联网行业的经营者，对于互联网游戏平台的经营方式和盈利模式应当知晓，其应知晓腾讯计算机公司或腾讯科技公司为涉案三款游戏付出了经营成本，且亦知悉上述涉案行为可能影响腾讯 wegame 的浏览器，存在一定的主观过错。再次，从行为正当性方面分析，点云公司的上述涉案行为系在未经许可的情况下直接对他人所提供的服务进行干预和限制，包括限制营销宣传、资讯广告、周边商品交易等，此举并未有游戏玩家知情并主动选择，而是点云公司直接以技术手段强行限制所致。此种涉案竞争行为明显并非出于为网络新技术、新产品保留一定发展空间的现实需要而为，具有不正当性和可责性。最后，从损害后果方面分析，点云公司的上述涉案行为系为阻碍竞争对手如腾讯计算机公司或腾讯科技公司可能获得的交易机会和流量变现，系以一定的公益性为名行干扰之实，显然会对腾讯平台普遍使用的游戏运营模式和盈利方式造成干扰和影响，进而挤压了腾讯平台的盈利空间，直接导致腾讯计算机公司及腾讯科技公司对相关游戏的合法利益受损。最后，从司法保护的必要性来看，点云公司的上述涉案行为已经超过了信息网络传播行为的涵盖范围，所产生的损害后果亦超出了信息网络传播行为的损害范围，这种扰乱正常市场竞争秩序的行为应通过《反不正当竞争法》予以规制。另外，点云公司辩称其系出于云游戏服务器运行安全考虑，但未予证明该行为的必要性，即未予证明该行为是实现其安全防护功能所必须采用的措施，法院对其上述意见不予采纳。综上，点云公司限制涉案三款游戏外部链接跳转功能，已妨碍、破坏了二原告合法提供的涉案游戏正常运行，构成不正当竞争。

二、案件焦点分析

（一）竞争关系的认定

《反不正当竞争法》的立法初衷系规制经营者实施的不正当竞争行为。

随着互联网技术的不断深化，流量等资源在不同行业或产业间实现交互、融合已经成为常态，对这些市场资源的争夺也逐步从同业竞争者扩展到了非同业竞争者之间。故此，只要经营者的不当行为影响了其他经营者的经营利益，即应落入《反不正当竞争法》的调整范围。

在上述前两则案例中，原告与被告的主要业务均是面向网络用户提供互联网视频服务，作为互联网企业，产品或服务所能获得的市场关注以及后续商业获利的操作空间，在很大程度上取决于产品本身（包括产品内容、产品用户体验等）是否能吸引用户，吸引更多用户即意味着获得更大流量。因此，网络用户都是原告与被告所争夺的重要经营资源，故当其中一方利用他人的竞争优势或以使用影响他人经营模式等不正当手段增加自身网络用户时，因该行为必然会使他人网络用户减少，从而对双方的经营利益产生直接影响，在此情况下，双方构成竞争关系。

（二）被诉行为的正当性认定

被诉行为是否具有正当性，主要从以下三个方面予以考量：第一，主观过错方面；第二，行为可责性方面；第三，不当夺取交易机会或损害其他经营者合法利益方面。

首先，被告作为互联网行业的经营者，对于视频网站的经营方式和盈利模式应当知晓，亦应知晓视频网站为提供视频 VIP 服务而付出了支付版权费、自制网络独播剧等经营成本；同时，被告系通过正规渠道购买原告 VIP 付费会员，其对视频网站 VIP 付费制度也是明知的，但仍实施涉案被诉行为，故其存在主观过错。

其次，视频网站的《用户协议》《VIP 协议》中均会对 VIP 付费会员的使用行为进行明确限制，即 VIP 账号仅限个人使用，禁止将 VIP 账号用于租用、借用、转让或售卖等商业经营之目的；另外，对同一会员账号登录设备的数量也会有所限定。被诉行为破坏了视频网站基于自主经营权对 VIP 账号所做的限制，显然具有不正当性和可责性。

最后，被诉行为干扰了视频网站的运营模式和盈利方式，也使得视频网站的交易机会、会员收入及用户流量等受到实质影响，直接损害了其基于VIP视频服务所产生的经营收益。从长远看，也将破坏竞争秩序和机制，阻碍网络视频市场的正常、有序发展。综上，被诉行为不具有正当性。

（三）《反不正当竞争法》第二章具体条款的适用

上述第一个案例中，法院并未对被告不当行为中所采取的技术措施展开详细论述，故最终适用了《反不正当竞争法》第二条对被诉行为进行认定；后两个案例则适用《反不正当竞争法》第十二条第二款第（四）项对被诉行为进行认定。

关于《反不正当竞争法》第十二条第二款第（四）项的适用，具体来说，适用于经营者在网络环境下利用技术手段实施的不正当竞争行为，旨在突出利用“技术手段”对达到妨碍、破坏经营者合法提供的网络产品或服务正常运行的行为进行否定性评价。

具体到上述案例中，“技术手段”指的是“流化技术”，其工作原理是用户购买云端产品后即可在其上安装并运行各类App。此后，在云端将基于ARM架构的安卓系统上运行的App中的画面转化成视频流，并对云端的显示进行编码，再用视频流的方式通过网络传输到用户端；终端用户在本地操作App时，由此形成的画面以及操作也会同时发送到云端，云端接收后会引起显示内容的变化，此时再次通过视频流将发生变化的内容发送给终端用户；当传输的延时足够短时，终端用户即会获得在本地App中操作云端App的效果。虽然被告提出了其VIP账号分时出租系使用了流化技术的新型商业模式，且流化技术在一定程度上的确具有创新性这一抗辩，但法院认为案件评判的并非流化技术本身，而是被告通过流化技术实施的被诉行为是否正当。因此，即便流化技术本身具有创新性，也不当然意味着依托于该商业模式的行为均合法正当。此外，使用创新性技术的商业模式以及在该商业模式下开展的商业活动，并不当然对用户利益和相关市场

具有推动作用。最终法院认为，被诉行为系采用技术手段对视频网站为其VIP会员正常提供VIP视频服务的破坏，违反了2017年《反不正当竞争法》第十二条第二款第四项之规定，鉴于被诉行为已适用2017年《反不正当竞争法》中的具体条款，则不再适用该法第二条进行保护。

三、相关法律文件

《反不正当竞争法》

实施日期：2018年1月1日

第二条　经营者在生产经营活动中，应当遵循自愿、平等、公平、诚信的原则，遵守法律和商业道德。

本法所称的不正当竞争行为，是指经营者在生产经营活动中，违反本法规定，扰乱市场竞争秩序，损害其他经营者或者消费者的合法权益的行为。

本法所称的经营者，是指从事商品生产、经营或者提供服务（以下所称商品包括服务）的自然人、法人和非法人组织。

第十二条　经营者利用网络从事生产经营活动，应当遵守本法的各项规定。

经营者不得利用技术手段，通过影响用户选择或者其他方式，实施下列妨碍、破坏其他经营者合法提供的网络产品或者服务正常运行的行为：

……

（四）其他妨碍、破坏其他经营者合法提供的网络产品或者服务正常运行的行为。

第三章　网络视听行业版权侵权与不正当竞争纠纷案件相关问题

第一节　权属的相关问题

在涉及网络视听行业信息网络传播权侵权纠纷案件中，原告对视听作品/制品权属的举证及法庭对权属的认定是需要优先面对的问题。然而，因视听作品/制品的形式及内容、创作/制作主体、发行及传播渠道有别，每类视听作品/制品的署名及授权链条会呈现不同特点，故在不同案件中，法院对于视听作品/制品权属的认定依据及认定方法会有明显差别。在此，我们对司法实践中视听作品/制品权属举证和认定中的几个重要问题归纳总结如下。

一、署名推定原则

在司法实践中，法院在权属认定上会优先贯彻“署名推定”原则。署名推定原则可追溯至《保护文学和艺术作品伯尔尼公约》(以下简称《伯尔尼公约》)，其第十五条规定，以通常方式在电影作品上署名的自然人或法人，除非有相反的证据，即推定为该作品的制片人。我国现行《著作

权法》第十二条规定，在作品上署名的自然人、法人或者非法人组织为作者，且该作品上存在相应权利，但有相反证明的除外。该条明确了关于作者认定的署名推定原则。《最高人民法院关于审理著作权民事纠纷案件适用法律若干问题的解释》（2020 年修正）第七条规定，当事人提供的涉及著作权的底稿、原件、合法出版物、著作权登记证书、认证机构出具的证明、取得权利的合同等，可以作为证据。在作品或者制品上署名的自然人、法人或者其他组织视为著作权、与著作权有关权益的权利人，但有相反证明的除外。该条款明确了署名推定原则适用于"著作权、与著作权有关权益的权利人"，"著作权、与著作权有关权益的权利人"应理解为包括电影、电视剧作品的"制片者 / 制作者"等视频著作权人。

为加强版权保护，有效解决知识产权权利人举证难的问题，2020 年 11 月 16 日发布的《最高人民法院关于加强著作权和与著作权有关的权利保护的意见》（以下简称《意见》）中再次强调署名推定原则，并明确权利人署名作为权属证据可以单独证明作品权属。《意见》规定，在作品、表演、录音制品上以通常方式署名的自然人、法人和非法人组织，应当推定为该作品、表演、录音制品的著作权人或者与著作权有关的权利的权利人，但有相反证据足以推翻的除外。《意见》同时强调，适用署名推定原则确定著作权或者与著作权有关的权利归属且被告未提交相反证据的，原告可以不再另行提交权利转让协议或其他书面证据。

二、署名方式

（一）作品上存在权利声明信息或标识，即当事人在影视作品光盘封套上或者影视作品的片头、片尾处明确标注版权信息，如标注 ©，版权或信息网络传播权归某公司享有

如果相关权利人已在影视作品上明确标注了著作权全部或某项权利归属的声明，则此声明可以作为著作权权属认定的优先证据。在实践中，有

法院单独以“独家信息网络传播权归属 ×× 公司”的署名截图认定原告方享有其声明的权利。例如（2018）京0105民初28256号优酷公司诉乐视公司一案中，原告方仅提交在其运营的优酷网上对涉案作品权属署名页面的截图作为权属证据，其权利即得到了法院确认。上述案例中，法院仅依据“独家信息网络传播权归属 ×× 公司”的声明即认定原告权属的情况在司法实践中非常少见，大多数维权案件中，法院均会结合类似权利声明及其取得权利的授权文件一并综合考虑进行认定。

（二）作品上存在出品单位 / 联合出品单位 / 出品方、制作单位 / 联合制作单位、摄制单位 / 联合摄制单位的署名但没有明确权利声明的情况

2001年12月12日，中华人民共和国国务院第50次常务会议通过的《电影管理条例》第十五条规定，电影制片单位对其摄制的电影片，依法享有著作权。现行《著作权法》规定，电影作品和以类似摄制电影的方法创作的作品的著作权由制片者享有。关于“制片者”具体所指，相关法规和司法解释未予以明确，但在司法实践中，法院倾向认为，出品单位 / 出品方作为影视作品的“呈现者”在投资、拍摄、制作过程中对作品保持控制并对其负责，更符合《著作权法》中“制片者”的含义。在（2016）鄂01民初446号案件中，法院对“制片者”的阐述即体现了这一司法认知，即优先认定署名的“出品单位 / 联合出品单位 / 出品方”为著作权人；无出品单位署名的，认定署名的摄制单位为著作权人。具体到该案，被告主张作品的联合摄制方也是涉案作品的原始权利人，被告认为原告提交的证据（仅包括出品方授权）不包括任何一家联合摄制方的授权，并进一步认为原告所获得的授权不完整。而法院则认为，按照影视作品制作和署名的正常流程，一般作品均会同时有“出品单位”和“摄制单位”，如无相反证明，在视听作品上署名为“出品单位”“联合出品单位”的单位为制片者，享有法律规定的著作权相关权利，但摄制单位在未有合同约定的情形下，仅表明其受出品单位委托参与摄制，在未有证据证明其为出资方或合

同约定的情况下，不能直接推定其为涉案作品的原始权利人。

《北京市高级人民法院侵害著作权案件审理指南》以规范性法律文件的形式进一步明确了视听作品不同署名认定的顺位：除有相反证据外，可以根据电影、电视剧等影视作品上明确标明的权属信息确定著作权人；未明确标明权属信息的，可以认定在片头或者片尾署名的出品单位为著作权人，无出品单位署名的，可以认定署名的摄制单位为著作权人，但有相反证据的除外。

现行《著作权法》（2021年6月1日实施）规定，视听作品中的电影作品、电视剧作品的著作权由制作者享有，但编剧、导演、摄影、作词、作曲等作者享有署名权，并有权按照与制作者签订的合同获得报酬。前款规定以外的视听作品的著作权归属由当事人约定；没有约定或者约定不明确的，由制作者享有，但作者享有署名权和获得报酬的权利。原条款中的措辞“制片者”被修改为“制作者”，这一方面更能涵盖短视频、体育赛事视频等新形式的视听作品，另一方面可以与影视行业的术语“制片人”相区分，避免引起误解，但其内涵相较于此前行业及司法实践对于“制片者”的理解没有根本上的变化。

（三）其他署名方式

部分电视台自制节目的署名方式与一般电影、电视剧不同，仅有相关工作人员署名及台标，这种情况下，只要能证明台标与相应主体的对应关系，法院也可以确认著作权人。例如（2019）京0108民初844号爱奇艺公司诉乐视公司一案，就山西卫视的《老梁故事会》节目，法院结合台标及山西广播电视台的相关说明，认可山西广播电视台对该节目享有原始权利。在《最高人民法院关于加强著作权和与著作权有关的权利保护的意见》中也提出，对于署名有争议的，应当结合作品/制品等的性质、类型、表现形式以及行业习惯、公众认知习惯等因素，作出综合判断。

网络视频行业也有在署名时使用简称、品牌或产品名称等替代公司完整名称的做法，同样需要举证说明该简称、品牌或产品名称与真实主体之间的对应关系。短视频基于其平台特色，相关作品、制品也可能有独特的署名方式，例如（2018）京 0491 民初 1 号“抖音”诉“伙拍小视频”一案中，法院即对平台发布视频时自动标注“@ 视频制作者”的署名方式予以了认可。

三、其他权属证据

（一）版权登记证书

根据国家版权局《作品自愿登记试行办法》的规定，作品实行自愿登记制度，符合条件的作品经登记可以取得版权登记证书。版权登记证书与作品上的署名一样，在对方不能提供相反证据的情况下，作为权属证据可以单独证明作品权属。例如（2018）粤 0303 民初 2934 号深圳广播电视台诉百度公司一案中，法院即认为，《最高人民法院关于审理著作权民事纠纷案件适用法律若干问题的解释》（2020 年修正）第七条规定，当事人提供的涉及著作权底稿、原件、合法出版物、著作权登记证书、认证机构出具的证明、取得权利的合同等，可以作为证据。本案中，原告提交的《作品登记证书》均载明著作权人为原告，在被告未提交相反证据证明的情况下，原告为本案适格主体。

（二）制作协议、授权协议等

《最高人民法院关于审理著作权民事纠纷案件适用法律若干问题的解释》（2020 年修正）第七条规定，当事人提供的涉及著作权底稿、原件、合法出版物、著作权登记证书、认证机构出具的证明、取得权利的合同等，可以作为证据。权利人根据影视制作协议直接取得权利的，相关协议也可以作为权属证据单独证明涉案作品权属。例如（2014）浦民三（知）初字第 1065 号爱奇艺公司诉聚力传媒公司一案中，法院即认为，当事人提供的取得权利的合同可以作为证据，并根据原告提供的《节目制作协议书》及江苏省广播电视集团相关主体关于“山西卫视”出具的情况声明，

世熙公司作为《星厨驾到》的制作者，享有该作品的信息网络传播权，原告经授权，享有该作品的独家信息网络传播权。

（三）赛事组织者 / 行业协会章程

体育赛事组织者 / 行业协会章程往往都规定有版权条款，例如（2020）京民再128号新浪公司诉天盈九州公司一案，一审法院认定体育赛事权利归属时即引用了《国际足联章程》中的相关版权条款——“国际足联、其会员协会以及各洲足联为由其管辖的各项比赛和赛事的所有权利的原始所有者，且不受任何内容、时间、地点和法律的限制。这些权利包括各种财务权利，视听和广播录制、复制和播放版权，多媒体版权，市场开发和推广权利，以及无形资产如会徽及其他版权法规定的权利”。但是，如果体育赛事组织者与赛事节目制作方之间不存在版权归属的协议，并不能依据此类章程当然地认为权利归于赛事组织者。[1] 前述新浪公司诉天盈九州公司一案中，法院认为，依据《国际足联章程》以及《中国足球协会章程》的规定，中国足球协会拥有各项足球赛事的权利，包括各种财务权利，视听和广播录制、复制和播放版权，多媒体版权，市场开发和推广权利以及无形资产如徽章的版权等；同时，其享有同第三方合作使用以及完全通过第三方来行使权利的权利。在此前提下，依据2006年3月8日中国足球协会出具的授权书，可以确认中超公司有权代理中国足球协会开发经营中超联赛的电视、广播、互联网及各种多媒体版权；可以对上述资源进行全球范围内的市场开发和推广，有权进行接洽、谈判及签署相关协议等，有权经中国足球协会备案后在本授权范围内进行转委托；且该授权为中国足球协会对中超联赛资源代理开发经营的唯一授权。结合中超公司提供的《公用信号制作手册》等证据，虽然法院引用了章程中的相关版权条款，但本

---

[1] 丛立先：《体育赛事直播节目的版权问题析论》，《中国版权》2015年第4期，第9—12页。

案同样属于赛事组织者、视频摄制者等各方关于版权归属问题达成一致的情况。

（四）行政许可证

关于《电视剧发行许可证》《电影公映许可证》等行政许可证，实践中一般认为，国家有关行政管理部门颁发的影视作品制作许可证和摄制许可证是对拍摄单位是否具有资质，以及影视剧市场准入资格的审查；发行许可证和公映许可证则是对影视作品内容的审查。国家有关行政管理部门对影视作品颁发证照时，并不负责对影视作品实际的投资拍摄者作出审查判断。因此，影视作品制作许可证、发行许可证、公映许可证上载明的制作单位、出品单位、摄制单位，在无其他证据佐证的情况下，可作为判断权属的参考，不宜单独作为认定权属的证据。[1]

早在 2011 年 5 月，湖南省高级人民法院发布的《关于审理涉及网络的著作权侵权案件若干问题的指导意见》即规定，因国家对于电影等音像制品的出版发行实行内容审查制度，电影片公映许可证、电视剧发行许可证以及进口批准文件等属于行政许可文件，并不是证明版权的直接证据。但因电影公映许可证、电视剧发行许可证上通常会对影视作品的出品人进行记载，这些许可文件可以作为印证相关权利的辅助证据。《北京市高级人民法院侵害著作权案件审理指南》也指出，制作许可证、拍摄许可证、发行许可证、公映许可证等行政机关颁发的证照，可以作为认定权属的参考，在无其他证据佐证的情况下，不宜单独作为认定权属的依据。

（五）认证机构出具的证明

《最高人民法院关于审理著作权民事纠纷案件适用法律若干问题的解

---

[1] 樊雪:《〈侵害著作权案件审理指南〉条文解读系列之十》，知产力独家首发稿件：http://www.zhichanli.com/article/6754.html，访问日期：2021 年 12 月 5 日。

释》（2020 年修正）第七条规定，当事人提供的涉及著作权底稿、原件、合法出版物、著作权登记证书、认证机构出具的证明、取得权利的合同等，可以作为证据。关于其中的“认证机构出具的证明”，实践中一般理解为“依法设立的境内认证机构和经国家版权局指定的境外认证机构出具的证明”。关于境外著作权认证，国家版权局在其官网公布了已经获批的 8 家著作权涉外认证机构的情况，包括美国电影协会（MPA）、香港影业协会（中国香港）、韩国著作权委员会（KCC）、社团法人中国台湾著作权保护协会（中国台湾）、日本唱片协会（RIAJ）、国际唱片业协会（IFPI）、国际作者和作曲者协会联合会（CISAC）、商业软件联盟（BSA）。其中，影视维权相关诉讼涉及较多的是就许可范围内的影视作品出具认证文件的美国电影协会（MPA）、香港影业协会（中国香港）、韩国著作权委员会（KCC）和社团法人中国台湾著作权保护协会（中国台湾），相关判决对其职能权限也有论述。

关于美国电影协会（MPA），国家版权局于 1995 年 4 月发布的《关于指定美国电影协会对其会员电影作品著作权进行认证的通知》记载：同意美国电影协会对在中国使用的该会会员的电影作品的著作权进行认证，并同时同意美国电影协会代表美国电影市场协会对该协会所属的独立制片公司的电影作品的著作权进行认证。（2006）一中民初字第 11927 号二十世纪福克斯电影公司诉北京搜狐互联网信息服务有限公司侵犯著作权纠纷案一审民事判决书记载：美国电影协会是中国认可的对其会员电影作品进行著作权认证的机构，美国电影协会北京代表处是美国电影协会的派出机构，其设立经过了国家版权局批准和国家工商行政管理总局的审批，属合法设立，其业务范围即为美国电影录像作品认证。戴马克（Mark Day）是美国电影协会北京代表处的首席代表。因此，由美国电影协会北京代表处出具的《版权确认书》和由戴马克本人签署的《声明书》能够证明《儿女一箩筐》和《末日浩劫》两部电影作品的著作权人为原告。

关于香港影业协会（中国香港），（2015）长民三初字第 156 号北京橙天嘉禾影视制作有限公司与吉林电视台侵害作品广播权纠纷一审民事判决书记载：法院认为其中“认证机构出具的证明”是指依法设立的境内认证机构和经国家版权局指定的境外（包括台湾地区、香港特别行政区、澳门特别行政区）认证机构出具的证明。国家版权局于 1993 年 6 月 25 日发布的《关于同意香港影业协会作为香港地区版权认证机构的通知》中载明：国家版权局同意香港影业协会作为香港地区版权认证机构，承担香港影视作品在大陆出版、发行的授权人主体资格之认证。所以在没有相反证据足以推翻的情况下，法院将以香港影业协会出具的《发行权证明书》及其附页作为认定有关香港电影作品著作权归属及其许可、转移的证据。根据经公证的香港影业协会《发行权证明书》及其附页内容，可以认定嘉乐影片发行有限公司为该电影的著作权人。

关于社团法人中国台湾著作权保护协会（中国台湾），该协会网站刊登了中国国家版权局于 2010 年 12 月 16 日致函中国台湾著作权保护协会的公文内容：您关于贵协会担任台湾著作权认证机构的来函收悉。为落实《海峡两岸智慧财产权保护合作协议》第 6 条关于“台湾影音（音像）制品于大陆出版时，得由台湾指定之相关协会或团体办理著作权认证”的规定，贵会经台湾业界公推拟担任台湾地区影音（音像）制品进入大陆市场的著作权认证机构，台湾业者可自愿选择贵会或选择其他著作权认证机构办理。贵会已与中国版权保护中心接洽，形成了“两岸著作权认证工作流程”，就有关著作权认证程序和技术操作方式达成了共识。我局同意指定贵会为台湾地区影音（音像）制品进入大陆市场的著作权认证机构。望贵会依规做好台湾地区影音（音像）制品进入大陆市场的著作权认证工作，为海峡两岸著作权人和作品使用者提供优质服务。例如（2019）粤 2071 民初 496 号深圳市声影网络科技有限公司与中山纯歌文化娱乐有限公司著作权权属、侵权纠纷一审民事判决书等相关判决中，均认可了该协会出具的著作权认证文件。

关于韩国著作权委员会（KCC，2009 年更名，原名为韩国著作权审议

调停委员会），国家版权局网站公开信息称，韩国著作权委员会北京代表处于2006年11月被中国国家版权局指定为海外著作权认证机构并签发对韩国著作物的权利人证书。值得注意的是，按国家版权局批准韩国著作权审议调停委员会在京设立常驻代表机构的函件记载，其北京代表处仅获批从事协会会员的音乐、电影、录音录像权利认证联络工作。（2009）民申字第127号申请再审人广东中凯文化发展有限公司与被申请人石家庄市战神传奇网吧侵犯著作权纠纷案中，最高人民法院认为，韩国著作权审议调停委员会北京代表处仅可从事著作权认证的联络活动，不具有证明著作权归属的资格，涉案作品权属应结合其他证据综合判断。在目前的司法实践中，同时加盖韩国著作权委员会的中文印鉴及韩国著作权委员会北京代表处印鉴的著作权认证证明文件，其效力可以得到法院认可。例如（2013）沪一中民五（知）终字第174号上海全土豆网络科技有限公司诉华数传媒网络有限公司侵害作品信息网络传播权纠纷一案二审民事判决书记载：韩国著作权委员会北京代表处作为经我国行政主管机关批准的外国著作权认证机构在我国设立的常驻代表机构，其在韩国著作权委员会出具的证明上加盖公章确认的行为是其从事与著作权认证工作有关的联络活动，具有法律效力，法院予以采纳。

（六）其他证据

部分短视频作品/制品由用户拍摄后即时上传，既没有署名，也没有制作协议等其他证据，法院也会考虑其随拍随传的特点推定首次发布者为其制作者。例如（2017）京0108民初49079号快手科技有限公司诉广州华多网络科技有限公司一案，法院根据涉案短视频初次发表的账号信息，结合账号与作者间对应关系的证据，以及作者的授权书，认可原告方已取得合法授权。

四、授权链文件及共同权利人授权问题

如果原告并非作品的原始权利人，在诉讼中原告要完成权属的举证，除应提交相关署名证据外，还应提交完整的授权链文件，保证其授权没有瑕疵，从而保证其原告主体适格。在授权链中存在一个较为重要的问题，即共同权利人单独授权的有效性问题。

现行《著作权法》第十四条规定，两人以上合作创作的作品，著作权由合作作者共同享有。《著作权法实施条例》第九条补充规定，合作作品不可以分割使用的，其著作权由各合作作者共同享有，通过协商一致行使；不能协商一致，又无正当理由的，任何一方不得阻止他方行使除转让以外的其他权利，但是所得收益应当合理分配给所有合作作者。依据现行《著作权法》及《著作权法实施条例》的规定，共同著作权人单独授权的边界是什么？在什么条件下共同著作权人单独授权是有效的？

对上述问题的理解，在司法实践中是有争议的，有法院认为"不能协商一致，又无正当理由的，任何一方不得阻止他方行使除转让以外的其他权利"之规定应被直接推定理解为某一共同权利人单独行使转让以外的权利不需要其他权利人事先同意，其行使除转让以外的权利均是有效的 。例如（2008）沪高民三（知）终字第165号北京星传影视文化传播有限公司诉上海新华电信网络信息有限公司案中，上海市高级人民法院判决：至于被上诉人主张的高蒙公司无权进行授权的异议，法院认为，即便高蒙公司只是涉案影片的著作权人之一，涉案影片的其他共同权利人，无正当理由，也不得阻止高蒙公司行使除转让以外的其他权利；同时，被上诉人亦未能对其异议提供证据，否定高蒙公司与上诉人签订的原协议及补充协议，因此法院确认高蒙公司对上诉人就涉案影片进行的授权具有法律效力。

但是也存在相反的观点，例如最高人民法院在（2015）民申字第131号裁定对《著作权法实施条例》第九条进行了解释：与通常情况下他人行使权利必须经过权利人同意不同，共有权利人可以有条件地单独行使权

利，但这种单独行使只有在具备以下四个条件，即与对方协商不成、对方无正当理由、行使的权利不含转让、与对方分享收益时方能成立。在原告方未就"协商不成""对方无正当理由阻止授权"进行举证的情况下，应当提交其他全部共同权利人同意授权的证据。

现行《著作权法》第十四条对原十四条进行了修改，即规定，合作作品的著作权由合作作者通过协商一致行使；不能协商一致，又无正当理由的，任何一方不得阻止他方行使除转让、许可他人专有使用、出质以外的其他权利，但是所得收益应当合理分配给所有合作作者。现行《著作权法》第十四条将共同权利人不能单独行使的权利进行了扩充，即除转让外，许可他人专有使用及将作品出质也被明确排除在共同权利人可单独行使的权利范围之外，这一规定虽未完全解决共同权利人单独授权的全部问题，但是对于专有/独家权利的处分及归属问题在司法实践中给出了清晰的指引。

相关参考案例：

案例一 【优酷信息技术（北京）有限公司 诉 乐视网信息技术（北京）股份有限公司】

北京市朝阳区人民法院（2018）京0105民初28256号【一审】

【涉案作品：综艺节目《极限挑战第二季》】

侵权行为

被告在其运营的"乐视视频"软件中提供涉案作品的直播和回看服务。

判决摘要

法院以声明独家信息网络传播权归属的署名截图，认定原告享有涉案影视作品的独占信息网络传播权及维权权利。

法院经审理认定事实如下：2017 年 10 月 17 日，北京市工商行政管理局海淀分局出具《名称变更通知》，载明合一信息技术（北京）有限公司于 2017 年 10 月 17 日名称变更为优酷信息技术（北京）有限公司。

域名为 youku.com 的网站显示有涉案作品播放页面，页面左侧载有"独家信息网络传播权合一信息技术（北京）有限公司"，该网站备案单位为优酷公司……法院认为，根据《中华人民共和国著作权法》第十一条第四款的规定，如无相反证明，在作品上署名的公民、法人或者其他组织为作者。根据涉案影视作品片尾署名，在无相反证据的情况下，可以确认优酷公司取得了涉案影视作品的独占信息网络传播权及维权权利。

案例二 【北京爱奇艺科技有限公司 诉 宇龙计算机通信科技（深圳）有限公司】

深圳市南山区人民法院（2017）粤 0305 民初 7524 号【一审】

【涉案作品：电视剧《封神英雄榜》】

侵权行为

被告通过其生产的酷派手机上预装的"视频"应用向网络用户传播涉案作品。

判决摘要

经审理查明，播放电视剧《封神英雄榜》，其片尾显示"浙××策影视股份有限公司、上海远信影视传媒有限公司、东阳横店简远信影视工作室联合出品""独家信息网络传播权归北京爱

奇艺科技有限公司所有”。该电视剧的《国产电视剧发行许可证》载明的证号为（浙）剧审字（2013）第067号，申报机构为浙××策影视股份有限公司。2013年12月30日，上海远信影视传媒有限公司和东阳横店简远信影视工作室分别出具了内容相同的《授权书》，将电视剧《封神英雄榜》的信息网络传播权永久性独家授予浙××策影视股份有限公司。2014年7月1日，浙××策影视股份有限公司出具了一份《授权书》，将电视剧《封神英雄榜》的信息网络传播权以独家的形式授予北京奇艺世纪科技有限公司，授权地域范围为中国大陆地区（不包括香港、澳门、台湾地区），授权性质为独家信息网络传播权，并包括转授权及维权权利，授权期限为5年（自2014年1月30日至2019年1月29日止）。

法院认为，根据电视剧《封神英雄榜》片尾署名，在无相反证明的情况下，法院认定浙××策影视股份有限公司、上海远信影视传媒有限公司、东阳横店简远信影视工作室是电视剧《封神英雄榜》的著作权人。原告依据授权取得了电视剧作品《封神英雄榜》的独占性信息网络传播权，对侵犯其独占性信息网络传播权的行为可以以自己的名义提起诉讼，是本案适格的原告。

案例三　【央视国际网络有限公司 诉 乐视体育文化产业发展（北京）有限公司】

北京市朝阳区人民法院（2017）京0105民初10027号【一审】

【涉案作品：2016年里约热内卢奥运会赛事节目】

侵权行为

乐视体育公司擅自通过其经营的乐视体育网站传播22场里

约热内卢奥运会篮球比赛赛事节目。

判决摘要

法院根据署名确认里约热内卢奥运会赛事节目版权归属国际奥林匹克委员会（以下简称国际奥委会）。

《最高人民法院关于审理著作权民事纠纷案件适用法律若干问题的解释》第七条第二款规定，在作品或者制品上署名的自然人、法人或者其他组织视为著作权、与著作权有关权益的权利人，但有相反证明的除外。涉案22场奥运会篮球比赛节目上明确标注“版权所有：2016国际奥委会所有权利保留、Copyright 2016 International Olympic Committee”，在无相反证据的情况下，法院认定国际奥委会系该录制品的权利人，央视国际公司经合法授权取得了上述录制品在中国境内专有使用的权利，根据《权利确认书》中的表述，央视国际公司取得的权利包含《著作权法》第十条第（十二）项信息网络传播权。

案例四　【北京爱奇艺科技有限公司 诉 昆明广播电视网络有限责任公司】

云南省昆明市中级人民法院（2017）云01民初2288号【一审】

云南省高级人民法院（2018）云民终610号【二审】

【涉案作品：电视剧《老九门》】

侵权行为

被告经营的机顶盒及内设“爱点TV”软件提供涉案作品的点播服务。

判决摘要

法院根据出品单位署名及版权声明，确认原告享有涉案作品的独家信息网络传播权。

电视剧《老九门》片尾署名出品单位为北京爱奇艺科技有限公司、上海东方娱乐传媒集团有限公司、上海慈文影视传播有限公司、南派泛娱有限公司，联合出品单位为霍尔果斯乐道互娱文化传媒有限公司、广东国奥影业传媒有限公司。联合制作单位为上海视骊影视制作有限公司、阿诺（上海）影视文化工作室。2016 年 8 月 30 日广东国奥影业传媒有限公司更名为广东国奥体育发展有限公司。上海东方娱乐传媒集团有限公司出具声明表示：我方享有该剧的卫视首轮非黄金档播映权，首轮播出后在上海地区内有线、无线电视播映权以及片尾联合出品的署名权，除上述权利外，我方不享有该剧的著作权。上海慈文影视传播有限公司、南派泛娱有限公司、霍尔果斯乐道互娱文化传媒有限公司、广东国奥体育发展有限公司、上海视骊影视制作有限公司、阿诺（上海）影视文化工作室出具声明，确认爱奇艺独占性享有该剧的信息网络传播权和维权的权利以及上述权利的转授权。

一审法院认为，首先，电影作品和以类似摄制电影的方法创作作品的著作权由制片者享有，著作权人有权许可他人行使其享有的权利。根据电视剧《老九门》的署名情况及相关授权书，在无相反证据的情况下，可以认定爱奇艺经授权获得了该剧的独家信息网络传播权，有权以自己的名义进行维权。

案例五　【北京字节跳动科技有限公司 诉 北京爱奇艺科技有限公司】

北京市海淀区人民法院（2018）京 0108 民初 24140 号**【一审】**

【涉案作品：视频节目《一郭汇》】

涉诉行为

被告擅自在其运营的爱奇艺网站上未经原告许可向用户提供涉案节目的在线播放服务。

判决摘要

署名与作品登记证书不一致，法院综合节目片尾署名、作品登记证书及原告方相关说明确认原告享有涉案节目著作权。

电影作品和以类似摄制电影的方法创作的作品的著作权由制片者享有。本案中，涉案节目片尾署名的"西瓜视频出品"无法明确定位到具体主体，但结合原告提交的作品登记证书、运城阳光公司的《说明函》、《一郭汇》权属说明、宇节网络公司的《说明函》以及《脱口秀节目〈一郭汇〉委托制作合同》及该合同说明函，上述一系列证据可以形成相对完整的证据链条，构成证明原告享有涉案节目著作权的初步证据，法院确认原告为涉案节目的著作权人，有权对侵害其著作权的行为提起诉讼。

案例六 【北京爱奇艺科技有限公司 诉 乐视网信息技术（北京）股份有限公司】

北京市海淀区人民法院（2019）京 0108 民初 844 号【一审】

【涉案作品：综艺节目《老梁故事汇》】

涉诉行为

被告在其运营的乐视视频软件及网站上擅自提供涉案作品。

判决摘要

法院认为，电影作品和以类似摄制电影的方法创作的作品的著作权由制片者享有，在无相反证据证明的情况下，在作品上署名的公民、法人或其他组织为作者。在本案中，涉案节目系综艺电视节目，其著作权归属其制片者享有。结合涉案节目片尾标注的信息、山西广播电视台发布的通知以及山西网络广播电视台网站ICP的备案信息来看，涉案节目的著作权应归山西广播电视台享有。

案例七 【北京微播视界科技有限公司 诉 百度在线网络技术（北京）有限公司、百度网讯科技有限公司】

北京互联网法院（2018）京0491民初1号【一审】

【涉案作品：用户创作的系列短视频】

涉诉行为

被告运营的“伙拍小视频”软件上有用户上传、传播原告拥有版权的系列短视频。

判决摘要

法院根据短视频平台自身特点推定署名，并结合作者登录账号证明署名与作者间对应关系的证据，以及作者的授权书，认可原告方已取得合法授权。

短视频是指在各种互联网新媒体平台上播放的、适合在移动状态观看的视频内容，时间几秒到几分钟不等，视频中一般不会出现专门制作的署名或权属声明等。故制作者在将短视频上传至相应平台时，往往会自动在短视频一角标注“@视频制作者”，可视为对短视频进行署名。根据著作权法的署名推定规则，在无相反证据情况下，应推定署名者为该短视频的制作者，对该短视频享有著作权。

本案中，“我想对你说”短视频一角标注“@黑脸V”，如果该短视频构成作品，则可以依据上述标准，推定“我想对你说”短视频的制作者为“黑脸V”。如果署非真名的，主张权利的一方当事人应对该署名与作者身份之间存在真实对应关系负有举证证明责任。在互联网上发表的作品，作者署非真名的，主张权利的当事人通过登录账号等方式能够证明该署名与作者之间存在真实对应关系的，亦可以推定其为作者。因“黑脸V”并非制作者真名，若原告主张谢某为制作者，应对“黑脸V”与谢某之间存在真实对应关系负有举证责任。原告提交的公证书显示，谢某通过输入后台登记的手机号码及相应验证码分别登录了今日头条手机软件和抖音短视频手机软件的前述“黑脸V”账号。上述证据可以推定谢某为“我想对你说”短视频的制作者。

二被告认为注册“黑脸V”账号时使用的手机号码的机主是雷某，因此，制作人应当是雷某。考虑到雷某曾将署名为谢某的保密申请邮寄至法院一节，原告根据法院的要求安排了谢某和雷某接受询问，根据谢某和雷某在线接受询问时的陈述，雷某和谢某一致认可手机号码属于雷某，但由谢某使用；一致认可涉案“黑脸V”账户由谢某注册、使用，“我想对你说”短视频由其拍摄、制作。考虑到现实生活中“人机分离”的情况是客观存在的，且二被告没有证据否定上述陈述，故被告的主张不能成立。

据此，根据谢某出具的授权确认书，原告取得了2018年1月1日至2019年1月1日期间，谢某制作的短视频的信息网络传播权的专有使用权及维权的权利，原告与本案有直接利害关系。

案例八【北京新浪互联信息服务有限公司 诉 北京天盈九州网络技术有限公司、第三人乐视网信息技术（北京）股份有限公司】

北京市朝阳区人民法院（2014）朝民（知）初字第40334号【一审】

北京知识产权法院（2015）京知民终字第1818号【二审】

北京市高级人民法院（2020）京民再128号【再审】

【涉案作品：中超联赛视频】

侵权行为

天盈九州网络技术公司（以下简称天盈九州公司）擅自将电视台正在直播的中超比赛的电视信号通过信息网络同步向公众进行转播。

判决摘要

法院根据赛事组织方中国足球协会与节目录制方中超公司的相关约定确认赛事节目版权归属于中超公司。

依据《国际足联章程》以及《中国足球协会章程》的规定，中国足球协会当然地拥有各项足球赛事的权利；其权利包括各种财务权利，视听和广播录制、复制和播放版权，多媒体版权，市场开发和推广权利以及无形资产如徽章和版权等；同时，其享有同第三方合作使用以及完全通过第三方来行使权利的权利。在此前提下，依据2006年3月8日中国足球协会出具的授权书，可以确认中超公司有权代理中国足球协会开发经营中超联赛的电视、广播、互联网及各种多媒体版权；可以对上述资源进行全球范围内的市场开发和推广，有权进行接洽、谈判及签署相关协议等，有权经中国足球协会备案后在本授权范围内进行转委托；且该授权为中国足球协会对中超联赛资源代理开发经营的唯一授权。依据上述章程及授权手续，可以认定2013年12月24日中超公司向新浪公司出具授权书的有效性。进而，依此授权书，新浪公司在合同期内享有在门户网站领域独占转播、传播、播放中超联赛及其所有视频，包括但不限于比赛直播、录播、点播、延播的权利；以及有权采取包括诉讼在内的一切法律手段阻止第三方违法使用上述视频并获得赔偿。

案例九 【北京快手科技有限公司 诉 广州华多网络科技有限公司】

北京市海淀区人民法院（2017）京0108民初49079号【一审】

【涉案作品：用户创作的系列短视频】

侵权行为

被告运营的“补刀小视频”App上有用户上传、传播原告拥有版权的系列短视频。

判决摘要

法院根据短视频初次发布的账号信息，结合账号与作者间对应关系的证据以及作者的授权书，认可原告方已取得合法授权。

上述公证过程中，涉案视频播放界面均未显示用户ID，均显示涉案视频上传时间为2016年10月前。对此，北京快手科技有限公司（以下简称快手公司）另提交ID为5020×××× 的用户后台信息截图，显示该用户真实名称为陈某某，涉案视频于2016年10月30日上传并发布在快手App上。为证明快手App上的涉案视频为陈某某发布，陈某某系涉案视频作者，快手公司提交：(1) 快手公司出具的《情况说明》，载明陈某某于2015年2月6日注册成

为快手 App 用户，其用户名为“散打哥 ××9 月 27 结婚”，用户 ID 为 5020××××；（2）快手 App 后台注册信息截图，显示 ID 为 5020×××× 的用户注册信息中有陈某某本人手持身份证的图片，该图片中的人与涉案视频中的表演者一致。

结合快手公司提交的情况说明、陈某某身份证复印件、后台注册信息中陈某某的身份证照片以及涉案视频中显示的表演者，陈某某即 ID 为 5020××××、用户名为“散打哥 ××9 月 27 结婚”或“散打哥【粉丝 ×× 第二多】”的快手 App 用户。广州华多网络科技有限公司虽辩称陈某某并非该用户，但未提交相反证据，法院不予采纳……根据陈某某向快手公司出具的《授权书》中的授权条款，快手公司获得涉案视频的独家信息网络传播权，有权提起本案诉讼。虽该授权系在本案诉讼后取得，但《授权书》已明确系溯及既往性质的授权，故作出授权的时间不影响快手公司据此主张权利。

案例十 【北京爱奇艺科技有限公司 诉 上海聚力传媒技术有限公司】

上海市浦东新区人民法院（2014）浦民三（知）初字第 1065 号【一审】

上海知识产权法院（2015）沪知民终字第 90 号【二审】

【涉案作品：综艺节目《星厨驾到》】

侵权行为

被告未经授权，在其运营的 PPTV 网站上提供涉案作品播放服务。

判决摘要

2014 年 7 月，江苏省广播电视集团有限公司卫视频道与北京世熙创意国际文化传媒有限公司（后更名为北京世熙传媒文化有限公司，以下简称世熙公司）签订《节目制作协议书》，约定双方就《星厨驾到》节目进行合作，该节目在江苏卫视播出，由世熙公司制作；江苏卫视拥有该节目在国内及国际的独家电视播出权，网络相关版权由世熙公司独有。2014年7月19日，江苏省广播电视总台（集团）电视传媒中心卫视频道出具“关于江苏卫视播出的综艺节目《星厨驾到》网络版权的声明”称，该台自2014年8月20日开播的《星厨驾到》是由江苏卫视和世熙公司联合出品的生活服务类季播节目，共12集，每周三晚22点播出一集；该节目的电视版权为江苏卫视独有，网络相关版权由世熙公司独有。2014年11月，江苏省广播电视集团有限公司卫视频道与江苏省广播电视总台（集团）电视传媒中心卫视频道共同出具情况声明，表示对上述节目制作协议和声明中的内容均予以确认，两个主体均能代表江苏卫视的行为。

法院认为，根据我国《著作权法》的规定，电影作品和以类似摄制电影的方法创作的作品的著作权由制片者享有。当事人提供的取得权利的合同，可以作为证据。根据原告提供的《节目制作协议书》、江苏省广播电视总台（集团）电视传媒中心卫视频道出具的“关于江苏卫视播出的综艺节目《星厨驾到》网络版权的声明”以及江苏省广播电视集团有限公司卫视频道与江苏省广播电视总台（集团）电视传媒中心卫视频道共同出具的“情况声明”，世熙公司作为《星厨驾到》的制作者，享有该作品的信息网络传播权。原告经授权，享有该作品的独家信息网络传播权，有权对侵权人提起诉讼。被告提出原告不是本案适格主体的意见，但并未提供相应反证，法院不予采纳。

案例十一　【北京翰宇影视文化有限责任公司 诉 中国电信股份有限公司荆门分公司】

湖北省荆门市中级人民法院（2009）荆知初字第00002号【一审】

湖北省高级人民法院（2010）鄂民三终字第40号【二审】

【涉案作品：电视剧《梦断紫禁城》】

侵权行为

被告在其运营的http://jm.hb.vnet.cn网站上非法提供涉案作品。

判决摘要

法院认为，首先，《著作权法》第十一条规定，如无相反证明，在作品上署名的公民、法人或者其他组织为作者。《中华人民共和国著作权法实施条例》（以下简称《著作权法实施条例》）第四条第十一项规定，电影作品和以类似摄制电影的方法创作的作品，是指摄制在一定介质上，由一系列有伴音或者无伴音的画面组成，并且借助适当装置放映或者以其他方式传播的作品。根据以上规定，在影视作品的制品包装与作品署名出现不一致的情况下，认定涉案电视剧的原始权利人归属状况不应仅仅依据音像制品封底的署名。上诉人北京翰宇公司主张涉案电视剧的著作权人应以音像制品封底的署名为准，不以该剧DVD作品字幕的署名为准的理由不能成立。其次，从作品登记证书登记的内容来看，其内容和涉案电视剧片头字幕载明的作品名称、完成时间等信息能够相互印证，可以认定作品登记证书上载明的“北京翰宇影视文化有限公司”是上诉人名称“北京翰宇影视文化有限责任公司”的笔误。但作品登记证书系根据《作品自愿登记试行办法》颁发，也只是证明上诉人北京翰宇公司享有涉案电视剧的著作权的初步证据。最后，《著作权法》第十五条规定，电影作品和以类似摄制电影的方法创作的作品的著作权由制片者享有。而在影视作品实际拍摄活动中，联合摄制单位根据相互间的约定，各自完成影视作品的相关或部分摄制工作，在没有其他证据证明的情况下，并不能仅凭联合摄制的身份享有署名权以外的其他著作权。另根据我国《电视剧管理规定》第十一条的规定，制作电视剧实行出品人（即制作单位的法定代表人）负责制，出品人对电视剧制作单位的全部制作活动负责。经查本案中，涉案电视剧的出品人有六位，参与联合摄制的单位有上海文广新闻传媒集团、天津电视台、河南电视台、湖南经视、温州电视台、温州市电视剧制作中心和北京翰宇公司。上诉人北京翰宇公司虽二审提交了其已获得温州市电视剧制作中心的《著作权声明》，但并没有获得其他参与涉案电视剧的拍摄或出品单位的授权及权属证明。据此，上诉人北京翰宇公司提交的证据只能证明其系涉案电视剧《梦断紫禁城》的著作权人之一，并未证明涉案电视剧的著作权仅其与温州市电视制作中心共同享有。

案例十二　【北京星传影视文化传播有限公司 诉 上海新华电信网络信息有限公司】

上海市第二中级人民法院（2008）沪二中民五（知）初字第29号【一审】

上海市高级人民法院（2008）沪高民三（知）终字第165号【二审】

【涉案作品：电影《决战帝国》】

侵权行为

被告在其运营的网站（http：//movie.xintv.com/）擅自提供涉案作品。

判决摘要

根据我国最高人民法院《关于民事诉讼证据的若干规定》第十一条的规定，当事人向人民法院提供的证据系在域外形成的，应当经所在国公证机关予以证明，并经我国驻该国使领馆认证，或履行我国与该国订立的有关条约中规定的证明手续。上诉人未能证明证据材料1形成于我国境内，而其又未提供相应的公证认证手续，故该证据材料，法院无法采信。证据材料2是涉案影片的原始权利人出具，并经过公证认证，能够证明其授予上诉人获得涉案影片在中国大陆的独家信息网络传播权。至于被上诉人主张的高蒙公司无权进行授权的异议，法院认为，即便高蒙公司只是涉案影片的著作权人之一，涉案影片的其他共同权利人，无正当理由，也不得阻止高蒙公司行使除转让以外的其他权利；同时，被上诉人亦未能对其异议提供证据，否定高蒙公司与上诉人签订的原协议及补充协议，因此法院确认高蒙公司对上诉人就涉案影片进行的授权具有法律效力。

案例十三　【上海晋鑫影视发展有限公司 诉 北京金色里程文化艺术有限公司】

江苏省高级人民法院（2014）苏知民终字第170号【二审】

最高人民法院（2015）民申字第131号【再审裁定】

判决摘要

《著作权法实施条例》规定，不可分割的合作作品，共有权利人应协商行使著作权，在不能协商一致的情况下，共有权利人有权单独行使除转让以外的其他权利，但是所得收益应当合理分配给共有人，另一方有正当理由的除外。本案中，双方合同亦约定，对作品进行典当即质押，当事人应与对方协商并征得书面同意。据此，与通常情况下他人行使权利必须经过权利人同意不同，共有权利人可以有条件地单独行使权利，但这种单独行使只有在具备以下四个条件，即与对方协商不成、对方无正当理由、行使的权利不含转让、与对方分享收益时方能成立。对著作权进行质押和转让，是对著作权权利的重大处分，北京金色里程文化艺术有限公司对涉案作品著作权进行质押和转让，均未与上海晋鑫影视发展有限公司进行任何协商，违反了《著作权法》及双方合同的约定，该行为导致作品著作权被转让的严重后果，使共有权利人丧失了对涉案作品的控制并进而失去与涉案作品的联系，无法参与到涉案作品的发行利用以及由此的利益分享和亏损承担中来，属于未经共有权利人许可侵害其权利的行为。

案例十四　【深圳市迅雷网络技术有限公司 诉 未来电视有限公司、康佳集团股份有限公司、武汉国美电器有限公司】

湖北省武汉市中级人民法院（2016）鄂01民初446号【一审】

【涉案作品：电影《合适婚姻》】

侵权行为

三被告通过"ICNTV中国互联网电视"点播平台和"康佳电视"共同搭建的互联网电视网络向公众传播涉案作品。

判决摘要

经审查，其一，原告已提交获得授权的完整证据，影贝公司《授权书》意思表示清楚，未存歧义，被告也未提交任何反驳证据，根据《最高人民法院关于审理著作权民事纠纷案件适用法律若干问题的解释》第七条第一款"当事人提供的涉及著作权的底稿、原件、

合法出版物、著作权登记证书、认证机构出具的证明、取得权利的合同等，可以作为证据”之规定，应当认定原告已完成举证；其二，被告主张摄制方也是涉案作品的原始权利人，法院认为并无法律和事实依据，按照影视作品制作和署名的正常流程，一般作品均会同时有“出品单位”和“摄制单位”，如无相反证明，在视听作品上署名为“出品单位”“联合出品单位”的单位为制片者，享有法律规定的著作权相关权利，但摄制单位在未有合同约定的情形下，仅表明其受出品单位委托参与摄制，在未有证据证明其为出资方或合同约定的情况下，不能直接推定其为涉案作品的原始权利人，被告的该主张法院不予认可，从本案原告提交的《国产电视剧发行许可证》，以及电视剧播放画面显示的出品单位，均明确表明出品单位为爱必喜公司与江南公司，并不包含被告主张的9家摄制方；其三，原告公证取证时间为2013年12月20日，在获得授权的时间范围之内，且本案立案时间也未超过诉讼时效，原告有权提起本案诉讼。本案中，原告已提供完整授权链条的相关证据，以及取得权利的证据，而被告未提供任何反驳证据，根据《最高人民法院关于审理著作权民事纠纷案件适用法律若干问题的解释》第七条第一款“当事人提供的涉及著作权的底稿、原件、合法出版物、著作权登记证书、认证机构出具的证明、取得权利的合同等，可以作为证据”之规定，应当认定原告已完成举证。综上，法院对原告迅雷公司继受取得涉案该片在中国大陆地区独家专有的信息网络传播权的事实予以确认，其合法权利应受我国著作权法的保护。被告虽对原告主体资格提出质疑，但未提供任何证据支持，法院不予认可。

案例十五　【上海全土豆网络科技有限公司 诉 华数传媒网络有限公司】

上海市浦东新区人民法院（2013）浦民三（知）初字第260号**【一审】**

上海市第一中级人民法院（2013）沪一中民五（知）终字第174号【二审】

【涉案作品：电视剧《没关系，爸爸的女儿》】

侵权行为

被告通过其运营的“土豆网”擅自提供涉案作品。

判决摘要

2011年11月22日，韩国著作权委员会出具《证明》，关于EEYAGI365Inc.向韩国著作权委员会请求确认的韩国电视剧《没关系，爸爸的女儿》的著作权归属情况及相关授权书（EEYAGI365Inc.于2011年7月22日签发给华数传媒网络有限公司的“著作权授权同意书”），该委员会经核实确认，兹证明EEYAGI365Inc.拥有韩国电视剧《没关系，爸爸的女儿》在中国大陆地区的信息网络传播权（含Internet/IPTV/VOD）、手机电视，且EEYAGI365Inc.向华数传媒网络有限公司授权中国大陆地区内（不包括港、澳、台地区）的信息网络传播权（含Internet/IPTV/VOD）、手机电视。上述证明落款处加盖了韩国著作权委员会的中文印鉴及韩国著作权委员会北京代表处的印鉴。

原审法院认为，我国《著作权法》第十五条规定，电影作品和以类似摄制电影的方法创作的作品的著作权由制片者享有。《最高人民法院关于审理著作权民事纠纷案件适用法律若干问题的解释》第七条规定，当事人提供的涉及著作权的底稿、原件、合法出版物、著作权登记证书、认证机构出具的证明、取得权利的合同等，可以作为证据。在作品或者制品上署名的自然人、法

人或者其他组织视为著作权、与著作权有关权益的权利人，但有相反证明的除外。根据华数公司提供的涉案电视剧DVD光盘记载的相关信息以及韩国著作权委员会出具的证明，可以证明（株）故事三六五是涉案电视剧的著作权人。韩国著作权委员会北京代表处作为经我国行政主管机关批准的外国著作权认证机构在我国设立的常驻代表机构，其在韩国著作权委员会出具的证明上加盖公章确认的行为是其从事与著作权认证工作有关的联络活动，具有法律效力，法院予以采纳。

第二节　信息流和算法推送

随着短视频的兴起和发展，以信息流呈现并用算法来推送视频的方式愈加受到各网络平台的推崇，由此带来的法律问题也逐渐显现。根据《信息网络传播权保护条例》及相关司法解释的规定，在网络用户上传侵权内容的情况下，如网络平台存在对侵权内容主动进行选择、编辑、整理、推荐的情形，则法院可以据此认定其具有明知或应知的过错并认定其应承担侵权责任。网络平台以将侵权内容“置于首页 / 首部”或“设置专栏或排行榜”等方式对侵权内容进行宣传、推广及传播的行为体现了网络平台对于侵权内容人为、主动干预的意志，是被法院认定的较为典型的网络平台对侵权内容主动进行选择、编辑、整理、推荐的过错行为，而短视频平台广泛采用的信息流和算法推送是否属于《信息网络传播权保护条例》及司法解释规定的网络平台“主动进行选择、编辑、整理、推荐”的过错行为，采用算法技术推荐能否加重平台方的注意义务，成为实践中亟待解决的问题。

一、信息流和算法推送的概念及具体表现

信息流，业内又称 feed 流，是指在屏幕界面中展示连续内容的特定呈现方式，资讯、视频、音频等信息内容一条一条紧密排布，形成可以上下滑动、无限加载的“流”。与人工编辑的固定版面等其他呈现方式相比，信息流界面操作便捷、更为直观，这种形式最早可以追溯到“脸书”于 2006 年推出的“news feed”功能。广义上讲，QQ 空间、微信朋友圈、早期微博等基于用户关注 / 订阅排布内容的产品都属于信息流产品。但信息流迅速成为主流内容呈现方式，广泛应用于视频、电商、新闻、社交等各种场景，主要得益于其与推荐算法结合后展现出的强大竞争力——使用算法推送的信息流产品可以更快地提供有效内容，迅速唤起用户情绪，提升用户使用时长。目前，除抖音、今日头条、快手、知乎等以算法推送为核心竞争力的信息流平台外，各大互联网平台也都开始全力发展使用算法推送的信息流业务，如百度公司旗下的百度 App、好看视频、全民小视频等，腾讯公司旗下的 QQ 看点、QQ 浏览器、天天快报、“看一看”等。

算法推送旨在利用计算机程序代码为用户提供个性化、定制化的信息推送服务，通过系统自身的算法体系，提炼用户行为数据，根据相关数据结合算法规则，然后根据算法中相应的权重为用户推送其可能偏爱的内容信息。[1] 算法推送的应用也非常广泛，除信息流推送模式外，还用于如搜索引擎的关键词自动补足、搜索结果关联推荐等各种场景。

二、学者观点

对于目前短视频平台广泛采用的“信息流 + 算法推送”模式下“算法

---

❶ 冯晓青:《信息流推送模式下平台方著作权侵权责任研究》，北大法宝微信公众号，2020 年 7 月 18 日。

推送”是否属于《信息网络传播权保护条例》及司法解释规定的“主动进行选择、编辑、整理、推荐”，继而构成平台方主观过错，目前尚未发现有生效并公开的裁判文书能够表明法院态度。理论界对此观点不一，部分学者依“技术中立”的基本法理，结合《信息网络传播权保护条例》及相关司法解释中关于平台方主观过错认定的规则体系，认为“信息流＋算法推送”模式中的“算法推送”行为不应被界定为《著作权法》意义上能认定被告过错的“主动推荐”。

例如，熊琦教授在《“算法推送”与网络服务提供者共同侵权认定规则》一文中，将“算法推送”是否构成平台方主观过错分为“算法推送”是否构成“主动推荐”行为和“算法推送”模式是否提高平台方注意义务两方面来分析。关于“算法推送”是否构成“主动推荐”行为，熊琦教授认为，“信网权适用法律规定”中被视为应知的积极行为，属于网络服务提供者有目的地帮助涉嫌上传侵权内容的网络用户向平台其他不特定用户推送的行为，具有公开性和统一性；而“算法推送”在运行中则具有个性化和私密性，每个平台用户收获的推送内容不同，且不向他人主动公开，这除了说明内容由机器根据客观标准筛选外，还意味着网络服务提供者并未将机器筛选的内容提供给任何第三人，第三人只可能获得基于自己偏好而推送的差异化内容。因此，个性化推荐不应视为统一化的“主动编辑”或“设置榜单”行为，也不应归于应知的积极行为类别。关于“算法推送”模式能否提高平台方合理注意义务，熊琦教授认为，利用算法完全屏蔽侵权内容在技术上无法实现，算法推送背后隐藏的并非网络服务提供者的价值取向，而是网络用户自己的价值取向。因此，算法程序本身亦应继续适用“技术中立”原则而不应被直接归责。[1]

冯晓青教授在《信息流推送模式下平台方著作权侵权责任研究》一文

---

[1] 熊琦：《“算法推送”与网络服务提供者共同侵权认定规则》，《中国应用法学》2020年第4期。

中指出，司法裁判中通常从相关因素来综合判断网络服务提供商是否构成应知，就信息流推送平台模式而言，首先，从信息流推送的作品本身特质来看，信息流推送平台本身也不存在明知及应知的空间。信息推送平台推送的短视频一般长度较为有限，从现实来看，很难与以合理使用为主的二次创作直接区分开来。其次，结合信息流推送模式的运作结构分析，平台方对于热播影视剧在信息流推送平台上的传播在现实层面难以知晓，信息流推送的信息分发模式是基于中立算法技术自动生成的结果，人工没有直接介入。此外，信息流推送的算法推荐过程不可复制也不可逆，用户实时刷新后，推送平台方无法直接掌握用户被推送的流动内容信息，算法推送行为主体实质上为用户本身。[1]

朱芸阳教授在《“算法推荐”构成网络服务提供者的主观过错吗？》一文中指出，在视频算法推荐的场景下，无论是基于文本的内容推荐算法还是协同过滤的推荐算法，都不需要具体识别视频内容，这和《最高人民法院关于审理侵害信息网络传播权民事纠纷案件适用法律若干问题的规定》中所规定的法律意义上的“推荐”，即以设置榜单、描述性段落、内容简介等方式进行推荐，对特定的主题、内容进行主动选择、推荐，或者置顶、设置排行榜推荐，有着本质上的区别。同时也强调，过错是网络服务提供者承担责任的基础，在考虑视频平台是否应当承担侵权责任时，不能因为平台采取了某种推荐算法，就直接推定为对推荐内容构成明知或应知；而是应当充分考虑其是否识别具体内容，区分技术推荐和人工推荐、考察技术推荐机制，进而应当被认定存在过错。[2]

但也有学者认为，算法体现了其设计者的主观意志，在“信息流＋算法推送”的模式下，平台方应负更高的注意义务。

---

[1] 冯晓青：《信息流推送模式下平台方著作权侵权责任研究》，载微信公众号：北大法宝，https：//mp.weixin.qq.com/s/z0FH12D0UuhfKzytvrxMHw。

[2] 朱芸阳：《“算法推荐”构成网络服务提供者的主观过错吗？》，载微信公众号：杜威法律公社，https：//mp.weixin.qq.com/s/ju51bZsQiOvCfpgiUC1jCw。

例如，姚欢庆教授在《"通知—删除"规则的新挑战——算法推荐下的平台责任》一文中提到，算法推荐下的内容分发虽然是机器自动完成，但必须考虑算法背后设计者的意志。考虑到利用算法推荐进行内容推送的程序设计背后的内容分发平台，是他们设定了算法模型及推送标准，然后用机器的自动推送替代了人工推荐，这大大节省了人工推荐的时间。因此，算法并不当然是客观的、正义的，其背后有价值观的存在，这种价值观反映的是设计者即人之意志。即使是基于算法和自动推送，是在没有人工干预的情况下完成的信息推送，也仍应考虑两点：第一，算法是由平台撰写，平台有义务确保算法的合规性；第二，内容发布虽然由机器自动完成，但这种自动完成的行为作为一种积极行为，仍然应当理解为内容分发平台进行了发布的操作。没有理由对这样的一种积极分发行为以技术中立为由豁免主动提供产生的法律后果，更没有理由因为是机器提供信息而虚无化平台主体的责任。[1]

卢海君教授、任寰博士在《算法推荐与网络服务平台责任》一文中提出，一方面，平台有能力对"算法推荐"的结果进行控制，平台对推送结果具有主观的价值追求。算法黑箱使算法推荐模型的信息处理过程带有一种隐蔽性，且算法推荐技术已经由以代码搭建的算法为核心向人机结合转变，只有通过算法和人工双重考核的文章才能够进入个性化推荐的"分发池"。另一方面，要做到内容的"精准"推荐，势必要对用户上传内容采取类型化、标签化等一系列的干预手段，这个过程中存在平台对用户上传内容进行的主动选择和编辑。因此，平台利用"算法推荐"更精准地将内容触达用户，提升了平台的核心竞争力，提高了用户黏性及用户忠诚度，为平台带来了高流量价值。相应地，平台也应该负有更高的注意和管理义务。[2]

---

[1] 姚欢庆：《"通知—删除"规则的新挑战——算法推荐下的平台责任》，载微信公众号：知产力，https：//mp.weixin.qq.com/s/yemoPMYQodR5BB4Vs1husg。

[2] 卢海君、任寰：《算法推荐与网络服务平台责任》，载微信公众号：知产力，https：//mp.weixin.qq.com/s/kQE86RO--MLOKjjNChlPLA。

张凌寒教授在《平台是否要为算法结果负责？》一文中提出，平台虽然并不生产内容，但也对展现给用户的第三方内容的顺序、方式存在重大影响，平台虽然并不作为“内容生产者”负责，但仍应承担一定的责任。技术原理是中立的、没有价值观的，但是技术的应用如算法的设计与部署，是包含价值观和主观意图的，这是法律追责之根本指向，也是平台承担算法责任的根本依据。我国《电子商务法》《互联网广告管理办法》《网络音视频信息服务管理规定》等法律法规中明确了平台应对搜索、排序、推荐等行为承担相应责任，开始对于平台的“算法责任”有模糊认识。遗憾的是，现阶段我国仍然将算法的监管嵌套于平台治理之中，立法监管的触角始终没有前伸到“算法”这一底层技术前提，也并没有明确的民事责任层面的法律规定。[1]

三、现行法律制度下的“算法推送”侵权责任初探

如上文所述，各位学者在本节问题上的观点给了我们很大启发，结合各位学者的观点及我们过往在视听作品维权方面的实践经验，将在下文简要阐述我们对于本节问题的认知。

（一）在讨论网络服务提供者的责任时，仍应坚持“过错责任”原则，计算机程序代码被自动执行下的“算法推送”较难被认定为网络服务提供者存在过错

本部分只讨论计算机程序代码被自动执行情形下的“算法推送”。在现行法律规则体系下，“算法推送”与人工筛选、推荐行为有很大区别，推送过程不能反映平台方是否接触和知晓侵权内容，推送结果也不在平台方的控制之下，不能仅依存在“算法推送”模式就推定平台方存在主观过错。

[1] 张凌寒：《平台是否要为算法结果负责？》，载微信公众号：知产力，https：//mp.weixin.qq.com/s/FR3toBEjKqzWSdkl8fYQJg。

首先，在讨论网络服务提供者的责任时，仍应坚持“过错责任”原则。我国自实施《信息网络传播权保护条例》、引入“避风港规则”以来，在相关立法和司法实践中始终坚持“过错责任”原则，将网络服务提供者承担侵权责任的范围限制在合理范围内。《最高人民法院关于审理侵害信息网络传播权民事纠纷案件适用法律若干问题的规定》关于网络服务提供者主动对侵权内容进行选择、编辑、修改、推荐应被认定存在过错的相关规定，其内在逻辑是，包括设置榜单、目录、索引、描述性段落、内容简介等在内的“编辑、整理、选择、推荐”行为一般情况下以平台工作人员接触并实际知晓其编辑、整理的内容为前提，平台对于存在侵权内容存在明知或应知；而“算法推送”模式则不满足这一内在逻辑，从技术原理上看，推荐算法中发展最成熟、应用最广泛的协同过滤算法，主要依赖用户行为的历史数据（如评分记录、收藏记录、点赞记录等）计算用户间或推送内容间的相似度并以此为推荐依据。协同过滤基于相似用户的兴趣偏好产生推荐，其关键是找出偏好相似的相邻用户集或目标用户相似的近似项目集，而不必分析、提取项目内容信息，不需要考虑被推荐项目的具体内容本身即是协同过滤算法最为突出的优势。[1]因此，平台方在“算法推送”的过程中并未接触和知晓具体推送内容。

其次，“算法推送”的结果和表现形式也与人工推荐有明显区别。人工推荐行为是在平台工作人员接触、知晓内容的前提下作出，推荐内容可复制，产生的推荐结果公开、统一且确定。相比之下，被自动执行的“算法推送”过程不可复制，推送结果针对特定用户即时产生、即时变化、即时消灭，无法统一，也难以固定和公开。这种情况下，海量用户的每次操作都会对算法推送结果造成影响，平台方对于算法推送的具体推送结果没有控制能力。此外，如果“算法推送”发生在短视频平台，由于短视频平

[1] 陈洁敏、汤庸、李建国、蔡奕彬：《个性化推荐算法研究》，《华南师范大学学报（自然科学版）》2014 年 9 月版。

台本身的特点，混杂在海量信息中的侵权内容一般缺乏明显的侵权信息，平台方对于存在侵权内容更难“明知或应知”。长视频侵权的类似案例中，一般以视频时长、封面海报、剧集信息等客观因素辅助说明侵权信息的明显程度，而短视频平台中的侵权内容缺乏这些信息，很难与影视宣发用的片花、预告、花絮，用户对相关影视内容的介绍、评论或用户制作的短片、短剧等非侵权内容相区分。按照《最高人民法院关于审理侵害信息网络传播权民事纠纷案件适用法律若干问题的规定》第九条的相关规定，法院应当根据网络用户侵害信息网络传播权的具体事实是否明显，综合考虑网络服务提供者提供服务的性质、方式及其引发侵权的可能性大小、管理信息的能力等因素，认定网络服务提供者是否构成应知。就“算法推送”模式而言，由于侵权信息不明显，平台方对于推送结果缺乏控制能力，总体的信息管理能力并不足以使其察觉用户的具体侵权行为，不应以此认定平台方构成“应知”。

综上，单就计算机程序代码自动执行的“算法推送”而言，在法律意义上很难等价于人工筛选、推荐行为，不应仅基于存在“算法推送”就推定平台方存在“明知或应知”的过错。就算法推荐行为本身，浙江省高级人民法院曾在《涉电商平台知识产权案件审理指南》指出，“电商平台经营者主要通过合理的自动化技术手段实施实时销量排名、个性化推送等行为的，一般不导致其注意义务的提高。”

（二）“信息流”是程序计算和人工干预的共同结果，而人工干预的性质和程度不同，以及“信息流＋算法推送”模式的推送机理不同，很有可能导致平台过错认定的不同

如上文所述，“信息流＋算法推送”模式下计算机程序代码被自动执行情形下的“算法推送”不应被推定为平台方的主动推荐，但“信息流＋算法推送”模式下平台方主观过错的判断仍是一个复杂的问题。为了满足《互联网视听节目服务管理规定》《网络音视频信息服务管理规定》《网络

信息内容生态治理规定》及《网络短视频平台管理规范》等法律文件及行业规范的合规要求，同时也为了更好地实现其自身的商业诉求，包含短视频在内的网络平台在采用“信息流＋算法推送”模式开展视听业务时，其中都会有不同程度的人工参与或干预，也即被称为“算法推送”的“信息流”是程序计算和人工干预的共同结果，而人工干预的性质和程度不同，以及“信息流＋算法推送”模式的“人机合作”的推送机理不同，很有可能会导致平台过错认定的不同。个案中的情况千差万别，这里仅就“算法推送”过程中出现的主要几类“人工参与/干预”，对其类型、表现和法律性质进行梳理。

（1）关于行业内广泛存在的一般性合规审查，即平台为满足相关法律法规及行业规范的合规要求而对用户上传内容进行的初步审查，在司法实践中一般会被认定为网络服务商的一般审查，仅限于涉黄、涉暴以及违法内容的过滤而不涉及对视频具体内容的审查和筛选，不以这一类型人工审核为由提高平台方注意义务。例如，在（2020）沪73民终103号上海宽娱数码科技有限公司与咪咕音乐有限公司侵害作品信息网络传播权纠纷二审民事判决书中，法院明确表示：上诉人对视频的审查限于涉黄、涉暴以及违法的过滤审查，属于网络服务商的一般审查，由于并不涉及对视频具体内容的审查和筛选，故上述一般性的审查不会改变上诉人作为信息存储空间服务提供商的性质，也不能因此认定其负有较高的注意义务进而认定其主观具有过错。

（2）关于异常内容的人工复审，部分平台在采用“算法推送”的同时，会对系统监测到的存在异常的内容进行复审，比如某些平台的推荐机制下，如果出现推荐量异常大或文章负评较多等情况会被送入复审，审核是否存在标题党、封面党、低俗、虚假等问题。虽然此类人工审核的目的主要是弥补一般性合规审查的疏漏，但其审核力度及注意程度相比于初步审核已经有所不同，平台方实际知晓相关内容的可能性更高。不过，此类人工审核作为针对少数异常情况进行的事后处理，复审内容还是以合规导向为主，其他侵权内容仍应遵从“通知—删除”规则来判断平台过错，当然也不排除在复审过程中出现“显而易见”的侵权内容，这需要结合个案案情来认定平台过错。

（3）关于其他运营性质的人工干预，同时为了更好地实现其自身的商业诉求，部分平台在采用“算法推送”模式的同时，可能进行各种形态的主动干预，比如对部分用户和内容进行类型化、标签化处理，对特定用户或内容进行流量扶持等。这些运营性质的人工干预，在一定程度上反映出平台方背离了“避风港规则”下网络服务者本应秉持的中立态度，可以作为平台方“明知或应知存在侵权内容”的依据。比如平台方主动设置标签的行为，北京互联网法院曾在（2018）京 0491 民初 2148 号央视国际网络有限公司与上海宽娱数码科技有限公司一审民事判决中将其与分区、排行榜设置等行为并列认定为帮助侵权行为。尽管部分人工干预的行为可能具有隐蔽性继而导致权利人取证困难，但人工干预在个案中也并非完全无迹可寻，人工干预行为一般情况下都会产生客观的、外在的干预痕迹，比如平台方对用户和内容进行类型化、标签化处理的同时往往在标签下出现内容合集，而流量扶持等行为虽然隐蔽，也可以产生如作品短期内点击量大幅变动或相关数据异常等后果。随着新的取证措施的出现及电子证据在案件中被接受程度的提高，这类“人为干预”的事实也将会通过某种方式被记录和固定下来，并被法庭采纳。

第三节　第三方平台电子证据效力问题

因网络视听行业信息网络传播权侵权纠纷案件中的侵权行为均是基于网络发生，故决定了在这类案件中，电子数据证据是最常见的证据类型。《最高人民法院关于民事诉讼证据的若干规定》第十四条对于电子数据的

范围作了如下规定，即“电子数据包括下列信息、电子文件:（一）网页、博客、微博客等网络平台发布的信息;（二）手机短信、电子邮件、即时通信、通讯群组等网络应用服务的通信信息;（三）用户注册信息、身份认证信息、电子交易记录、通信记录、登录日志等信息;（四）文档、图片、音频、视频、数字证书、计算机程序等电子文件;（五）其他以数字化形式存储、处理、传输的能够证明案件事实的信息。”在网络视听行业信息网络传播权侵权纠纷案件中，“视频、网页、电子邮件、用户注册信息、身份认证信息、登录日志及数字证书”等数字化的信息都是原告、被告主张及法院认定的重要依据，而在诉前和诉中阶段对于这些数字化信息的保全就变得尤为重要。

对电子数据常规的保全方法有两种：一种是自行保全，另一种是公证取证。但由于公证往往受到时间、地域的限制，无法满足针对电子数据取证的及时性的要求，同时如果公证成本较高，自行保全就成为电子数据取证的首选方法，此种情景催生了第三方电子数据存证平台。和书证、物证相比，电子数据存储于虚拟空间，其具有即时性、不确定性和不稳定性，易被篡改、删除，第三方电子数据存证平台通过技术手段能够在一定程度上防止电子数据的损毁、被篡改，同时与公证取证方式相比，其效率较高、费用较低。因此，在网络视听行业信息网络传播权侵权纠纷案件中，越来越多的当事人及代理人会选择第三方电子数据平台存证作为电子数据的保全方式。然而，电子数据的这些属性导致其真实性、客观性往往成为司法案件中当事人争议的焦点，同时也成为法官审查判断的重点和难点。

一、司法实践中关于第三方平台电子数据存证的争议焦点

（一）第三方平台资质问题

在司法案件中，被诉方常以第三方平台无资质开展存证服务为由进行抗辩。如北京互联网法院作出的（2019）京0491民初798号判决，被告

认为从事电子认证服务的机构，必须取得国务院信息产业主管部门颁发的《电子认证许可证书》，信息系统安全等级保护备案证明并非许可审批，不能代表易保全公司具有从事电子认证服务的资质，从而否定原告通过易保全平台所做的侵权行为保全证据。法院认为易保全公司系独立于双方当事人的第三方存证平台，其经营范围包括电子数据及信息传输、服务以及电子数据存储、服务等。存证平台是否获得《电子认证许可证书》，属于行政管理法规调整的范畴，不能直接以此否定存证平台的资质以及存证平台存证的合法性、真实性。

再如福建省厦门市思明区人民法院作出的（2019）闽0203民初14006号判决，被告认为原告未提供存证单位美亚柏科的电子存证资质，因此认为存证界面无效。法院则认定美亚柏科公司针对存证提供了相关的技术操作说明，原告、被告双方当庭亦登录美亚柏科公司网站对本案存证内容进行了操作核实，在被告未能提供证据证明该存证存在技术漏洞或瑕疵的情况下，对该存证过程予以认可。

迄今为止，国务院信息产业主管部门未对任何一家第三方电子数据存证平台作出经营电子数据行政许可的决定。同时，有关行政管理部门也未就从事第三方电子数据存证的企业资质公布过准入标准或禁止性规范。[1]同时通过对相关司法案例的梳理，可见资质问题并不必然否定第三方平台电子证据的证据资格。

（二）取证环境的清洁性、安全性

第三方平台存证，通常是在有取证需求的当事人的本地计算机上完成的，取证过程没有公证员的监督，取证设备也并不属于中立第三方，这就对取证平台中取证环境的清洁性和安全性有了更高的要求。

在北京互联网法院（2019）京0491民初1212号案件中，首先，由于

---

[1] 谢晓俊:《第三方电子数据存证之证据效力》,《人民司法（案例）》2020年第17期。

原告在使用可信时间戳进行取证时没有点击“局域网”设置查看代理情况，存在设置虚拟代理网站的可能；其次，“ipconfig”没有加上“/all”，不显示 DNS 等关键信息，无法排除存在虚拟网站的可能；最后，没有执行“tracert 目标网页域名”，无法查看目标页面网络服务器的真实路径，进而无法确定接入网站的真实性。导致其提供的可信时间戳证据存在重大缺陷，最终未被法院采信。同样的，在北京知识产权法院（2020）京 73 民终 3456 号案件中，也是由于原告在使用可信时间戳进行取证时，没有按照《操作指引》的“互联网连接真实性检查”中所列明的三个关键步骤进行操作，导致其证据存在重大缺陷，从而未被法院采信。

当前主流的第三方电子数据存证平台，因在保证取证环境清洁性及网络安全性上采取的措施不同，大致可分为三类。第一类是在登录取证平台后由取证平台自动执行本地取证环境清洁性及网络安全性等检查的一系列程序，比如（2018）京 0105 民初 33622 号案件判决中对此进行了阐述：“网页存证的实现过程如下：存证云用户将待保全的目标网址通过存证云程序接口提交到存证云服务器，存证云服务器在接到指令后在互联网环境下访问该网址并进行网页内容固定。美亚柏科公司出具的情况说明另称，为了保证上述存证过程的客观性、中立性，首先，存证云服务器在进行网页抓取之前会先进行网络环境检测、时间校对、清洁性检查；然后，对目标网址进行验证，记录网址的 IP 及服务器访问网址的整个路由信息；最后，通过截图方式对网页内容进行固定保全，同步计算已保全网页内容的 HASH 值，保证了数据的准确性；最终形成一个包含网页内容截图及相关存证日志信息的证据包，供后续验证。”第二类是在登录取证平台后直接进入取证平台的云端服务器，直接避免了本地系统的清洁步骤，比如（2018）京 0101 民初 3825 号案件判决中对此进行了阐述：“无证据证明原告操作前对取证环境的清洁性进行了检查，但结合勘验过程、真相网络科技（北京）有限公司出具的说明及相关《检验报告》《产品购销合同》等，用户登录 IP360 平台申请取证后，IP360 云服务器会将回收并重新初始化的服务器资源自动分配给用户使用，径直让用户进入 IP360 平台远程桌面进行操作，且服务器会自动启动录屏程序，对所有操作步骤、获取的内容予以记录，该过程还通过中国科学院国家授时中心的北斗卫星授时系统进行时间认证，保证了电子数据形成时间的准确性，避免了对本地系统预先清洁以保证取证环境真实性的问题。”第三类是仍需要取证人按照取证平台要求的方法和步骤自行手动完成全部或部分取证环境的清洁工作。在司法实践中，仍然存在法院因取证清洁性、网络安全性存疑而否认证据证明力从而导致原告败诉的案例，因第三方取证平台及其提供的取证方式技术性较强，包括区块链和云服务等新兴技术，当事人特别是原告及其代理人在取证前应对取证平台及其提供的取证方式有充分的了解，在庭审中也需要应法庭要求对通过第三方平台进行的电子数据存证情况作出说明。[1]

（三）存证内容的完整性、存证过程及步骤的可靠性

第三方平台电子证据内容本身、存证过程及存证步骤也是司法案例中常常被质疑的一方面，如存证结果是否可以被篡改、存证过程是否可以回溯验证等。

在成都市中级人民法院（2019）川 01 民终 1050 号案件中，原告提供了“电子数据取证证书”，欲证明电子数据的客观存在性和内容完整性。法院则认为该证书无法反映证据的形成时间、形成方式、形成环境等形成过程的具体信息，并且涉案“电子数据保全证书”的验证方式仅能证明电子副本与留存于服务器上的电子数据一致，而不足以证明其留存于服务器上的电子数据形成过程中操作环境是否清洁，取证方式是否规范，取证结果是否真实、完整，取证结果上传服务器之前是否经过篡改，故无法排除因操作者不当介入、操作计算机不清洁、网络环境不真实等因素对该电子

[1] 林子英:《论第三方电子数据平台所存储数据的证据效力》,《人民司法（应用）》2020 年第 1 期。

数据造成不良影响的可能；涉案“电子数据保全证书”所载保全时间，在缺乏技术说明和印证证据的情况下，不足以自证该时间就是保全行为发生的真实时间，最终对该份证据不予采信。

在福建省福州市中级人民法院（2019）闽01民终7397号案件中，上诉人认为被上诉人采用“存证云”对侵权事实进行固定，取证过程中不仅无任何第三方有效监督，也没有对整个操作过程进行录像保存，所以无从知晓取证前是否进行网络环境的检测、时间校对、清洁性检查等操作，无法保证网页是否经过编辑、篡改、拼接等变动，该证据不具有任何法律效力。而法院则认为由上述电子数据证据的取证、存储以及再现的过程可以看到：首先，网页截屏电子数据并非律信公司自行提取、固定、保存，而是由提供独立电子数据存证服务的第三方美亚柏科公司完成，证据实际提取、固定、保存主体的独立性能在更高程度上保障该证据的客观性；其次，电子数据提取、固定由系统在后台通过预先设定的步骤自动进行，该过程排除了人为干涉的可能；最后，第三方在独立对网页进行证据固定后，申请证据固定的律信公司并无对已经保存的证据进行修改的权限，仅能下载、复制、作为证据提交。最终法院认定，通过“存证云”网页截屏电子数据证据，在证据的固定、保存、提交等各环节均能极大程度地确保其系对客观存在的网络内容的固定与再现，具备证据的真实性、合法性及关联性特征，可以作为认定该案事实的依据。

通过对司法案例的梳理，我们发现取证环境的清洁性、取证过程操作的规范性、取证内容的完整性、取证过程的客观性等因素都会影响电子数据证据的效力认定，因此在使用第三方平台进行存证时要注意及全面考量上述因素，从而降低丧失证据证明力的可能性。

二、相关法律文件及行业规定

《电子签名法》

实施日期：2019 年 4 月 23 日

第八条　审查数据电文作为证据的真实性，应当考虑以下因素：（一）生成、储存或者传递数据电文方法的可靠性；（二）保持内容完整性方法的可靠性；（三）用以鉴别发件人方法的可靠性；（四）其他相关因素。

《最高人民法院关于民事诉讼证据的若干规定》

实施日期：2020 年 5 月 1 日

第九十三条　人民法院对于电子数据的真实性，应当结合下列因素综合判断：（一）电子数据的生成、存储、传输所依赖的计算机系统的硬件、软件环境是否完整、可靠；（二）电子数据的生成、存储、传输所依赖的计算机系统的硬件、软件环境是否处于正常运行状态，或者不处于正常运行状态时对电子数据的生成、存储、传输是否有影响；（三）电子数据的生成、存储、传输所依赖的计算机系统的硬件、软件环境是否具备有效的防止出错的监测、核查手段；（四）电子数据是否被完整地保存、传输、提取，保存、传输、提取的方法是否可靠；（五）电子数据是否在正常的往来活动中形成和存储；（六）保存、传输、提取电子数据的主体是否适当；（七）影响电子数据完整性和可靠性的其他因素。人民法院认为有必要的，可以通过鉴定或者勘验等方法，审查判断电子数据的真实性。

第九十四条　电子数据存在下列情形的，人民法院可以确认其真实性，但有足以反驳的相反证据的除外：（一）由当事人提交或者保管的于己不利的电子数据；（二）由记录和保存电子数据的中立第三方平台提供或者确认的；（三）在正常业务活动中形成的；（四）以档案管理方式保管的；

（五）以当事人约定的方式保存、传输、提取的。电子数据的内容经公证机关公证的，人民法院应当确认其真实性，但有相反证据足以推翻的除外。

《最高人民法院关于互联网法院审理案件若干问题的规定》

实施日期：2018年9月7日

第十一条　当事人对电子数据真实性提出异议的，互联网法院应当结合质证情况，审查判断电子数据生成、收集、存储、传输过程的真实性，并着重审查以下内容：（一）电子数据生成、收集、存储、传输所依赖的计算机系统等硬件、软件环境是否安全、可靠；（二）电子数据的生成主体和时间是否明确，表现内容是否清晰、客观、准确；（三）电子数据的存储、保管介质是否明确，保管方式和手段是否妥当；（四）电子数据提取和固定的主体、工具和方式是否可靠，提取过程是否可以重现；（五）电子数据的内容是否存在增加、删除、修改及不完整等情形；（六）电子数据是否可以通过特定形式得到验证。当事人提交的电子数据，通过电子签名、可信时间戳、哈希值校验、区块链等证据收集、固定和防篡改的技术手段或者通过电子取证、存证平台认证，能够证明其真实性的，互联网法院应当确认。当事人可以申请具有专门知识的人就电子数据技术问题提出意见。互联网法院可以根据当事人申请或者依职权，委托鉴定电子数据的真实性或者调取其他相关证据进行核对。

《最高人民法院关于加强著作权和与著作权有关的权利保护的意见》

实施日期：2020年11月17日

第二条　大力提高案件审理质效，推进案件繁简分流试点工作，着力缩短涉及著作权和与著作权有关的权利的类型化案件审理周期。完善知识产权诉讼证据规则，允许当事人通过区块链等方式保存、固定和提交证据，有效解决知识产权权利人举证难问题。依法支持当事人的行为保全、证据保全、财产保全请求，综合运用多种民事责任方式，使权利人在民事案件中得到更加全面充分的救济。

《电子认证服务管理办法》

实施日期：2015 年 4 月 29 日

第二条　本办法所称电子认证服务，是指为电子签名相关各方提供真实性、可靠性验证的活动。本办法所称电子认证服务提供者，是指为需要第三方认证的电子签名提供认证服务的机构（以下称为“电子认证服务机构”）。向社会公众提供服务的电子认证服务机构应当依法设立。

第十条　工业和信息化部应当自接到申请之日起四十五日内作出准予许可或者不予许可的书面决定。不予许可的，应当书面通知申请人并说明理由；准予许可的，颁发《电子认证服务许可证》，并公布下列信息：（一）《电子认证服务许可证》编号。（二）电子认证服务机构名称。（三）发证机关和发证日期。电子认证服务许可相关信息发生变更的，工业和信息化部应当及时公布。《电子认证服务许可证》的有效期为五年。

《区块链信息服务管理规定》

实施日期：2019 年 5 月 15 日

第六条　区块链信息服务提供者应当具备与其服务相适应的技术条件，对于法律、行政法规禁止的信息内容，应当具备对其发布、记录、存储、传播的即时和应急处置能力，技术方案应当符合国家相关标准规范。

第十一条　区块链信息服务提供者应当在提供服务之日起十个工作日内通过国家互联网信息办公室区块链信息服务备案管理系统填报服务提供者的名称、服务类别、服务形式、应用领域、服务器地址等信息，履行备案手续。

《杭州互联网法院民事诉讼电子数据证据司法审查细则》

实施日期：2018 年 6 月 28 日

第十一条　对第三方数据持有者的电子数据，应当根据第三方数据持有者的资质资信、第三方数据持有者与案件有无关联关系以及电子数据的生成方式等因素，审查确定能否作为认定事实的依据。应着重审核第三方数据持有者提供的电子数据的完整性，是否存在被篡改、损毁的可能。除电子数据记录不完整或者有明显瑕疵，证据形式不满足，或当事人提出异议并有相反证据证明该电子数据有篡改、伪造可能外，对第三方数据持有者提供的电子数据的效力可以采信。

第十四条　对电子数据证明力的审查应从电子数据与案件事实的关联程度，各电子数据之间的联系等方面综合审查判断，对于公文电子数据、公证电子数据、第三方数据持有者的电子数据、金融机构的电子数据、第三方数据服务提供商的电子数据等，应当依照法律规定，运用逻辑推理和日常生活经验，对电子数据有无证明力和证明力大小独立进行判断，并公开判断的理由和结果。

《最高人民法院关于人民法院在线办理案件若干问题的规定（征求意见稿）》

第十五条　当事人对区块链存证证据提出异议并有合理理由的，人民法院应当主要审查以下内容：（一）存证平台是否符合国家有关部门关于提供区块链存证服务的相关规定；（二）当事人与存证平台是否存在利害关系，并利用技术手段不当干预取证、存证过程；（三）存证平台的信息系统是否符合清洁性、安全性、可用性的国家标准或者行业标准；（四）存证技术和过程是否符合《电子数据存证技术规范》关于系统环境、技术安全、加密方式、数据传输、信息验证等方面的要求。

第十六条　当事人提出数据上链存证时已不具备真实性，并提供证据予以证明或者说明理由的，人民法院应当予以审查。人民法院根据案件情况，可以要求提供区块链存证证据的一方当事人提供证据证明上链存证数据的真实性，或者说明上链存证数据的具体来源、生成机制、存储过程、第三方公证见证、关联印证数据等情况。当事人不能提供证据证明或者作出合理说明，该区块链存证证据也无法与其他证据相互印证的，人民法院对该证据的真实性不予确认。

第十七条　当事人可以申请具有专门知识的人就区块链平台存证相关技术问题提出意见。人民法院可以根据当事人申请或者依职权，委托鉴定区块链存证证据的真实性或者调取其他相关证据进行核对。

《电子数据存证技术规范》

实施日期：2020 年 5 月 29 日

3.1　电子数据存证 digital evidence preservation

通过互联网向用户提供电子数据证据保管和验证的服务。

3.4　电子数据存证平台 digital evidence preservation platform

由电子数据存证服务提供者向使用者以网站、应用程序和编程接口等形式提供电子数据存证服务的软件或系统。

6　电子数据存证过程

6.1　通用要求

6.1.1　电子数据存证前，电子数据存证服务提供者应对电子数据存证服务使用者进行身份核验。电子数据存证服务使用者宜检查存证使用的计算机信息系统的硬件、软件以及网络环境是否可靠、安全，并处于正常运行状态，条件允许时宜将相关信息也进行存证。

6.1.2　电子数据存证时，电子数据存证服务使用者使用电子数据存

证服务提供者提供的网站、应用程序或编程接口，应将电子数据的原文或完整性校验值、附属信息等数据同步传输至电子数据存证平台。

6.1.3　电子数据存证服务提供者应记录电子数据存证平台的硬件设备信息、软件系统信息、网络信息及过程数据等，并计算相关信息的完整性校验值。将记录的数据与对应的完整性校验值同时进行存证。

6.1.4　电子数据存证服务使用者需要进行原文存证的，应提交电子数据原文到电子数据存证平台；电子数据存证服务使用者不需要进行原文存证的，电子数据存证平台应进行风险告知，避免使用者自己破坏完整性导致无法验证而产生纠纷。

《中华全国律师协会律师办理电子数据证据业务操作指引》

实施日期：2013 年 6 月

第 52 条　律师对电子数据证据完整性与真实性的审查判断

52.1　律师审查电子数据证据的完整性与真实性，可以就以下各方面进行考察：(1) 电子数据证据的收集、保管主体；(2) 电子数据证据是否由电子设备正常运行而产生；(3) 电子数据证据是否由电子设备自动生成；(4) 电子数据证据的内容是否得到完整提取和精确复制；(5) 收集的有关外围信息是否全面；(6) 收集、保管的记录等是否构成完整的证据保管链；(7) 收集、保管的方法能否确保原始介质及其中的电子数据证据至提交时不发生实质性的变化。

综上，结合司法现状及互联网技术的飞速发展，通过第三方平台存证的需求只增不减，上述相关规范性法律文件已经对第三方平台电子证据的效力认定给予了较为明确的指引，在考虑成本、效率的前提下，通过第三方平台存证相较于传统公证来讲或许更具优势。

相关参考案例：

案例一 【杭州华泰一媒文化传媒有限公司 诉 深圳市道同科技发展有限公司】

杭州互联网法院（2018）浙 0192 民初 81 号【一审】

存证平台 保全网——浙江数秦科技有限公司（以下简称数秦公司）

判决摘要

法院将从存证平台的资质审查、侵权网页取证技术手段的可信度审查和区块链电子证据保存完整性审查三个方面，对涉案电子证据的效力作如下认定。

（一）关于存证平台的资质审查

经查询，杭州华泰一媒文化传媒有限公司（以下简称华泰一媒公司）的股东为浙江华媒控股股份有限公司。数秦公司自然人股东包括翁远、高航、李侨峰、卢春泉，企业股东包括安吉数秦投资管理合伙企业、杭州数秦投资管理合伙企业、新余优创投资管理中心、杭州水木泽华创业投资合伙企业，数秦公司股东及经营范围相对独立于华泰一媒公司和都市快报社，具有中立性，且通过国家网络与信息安全产品质量监督检验中心完整性鉴别检测，其运营的保全网具备作为第三方电子存证平台的资质。

（二）关于侵权网页取证技术手段的可信度审查

打开电脑命令窗口，输入命令“pingwww.baoquan.com”，返回的 IP 是 112.74.234.54，经查询，该 IP 的物理位置是阿里云 B** 数据中心，故可知保全网系部署在阿里云中，阿里云作为通用的云平台，能够确保服务器在一般情况下未受病毒和木马感染入侵；且保全网已获得公安部第三研究所与国家网络与信息系统安全产品质量监督检验中心授予的网站安全一级认证证书、信息

系统安全等级保护第三级的备案证明。故此，除有相反证据否定之外，应认定该网站具备进行电子数据存储的安全环境。保全网服务器在收到传输过来的侵权网页URL时，会自动请求互联网环境下的目标地址，目标地址自动返回状态码及网页信息，以确认请求的URL系有效的可访问地址，从而确保侵权链接的抓取系在互联网环境下进行。

保全网通过自动调用谷歌开源程序puppeteer对目标网页进行图片抓取，同时通过调用curl获取目标网页源码。经查询可知，puppeteer系谷歌官方出品的通过DevTools协议控制headlessChrome的Node库，可通过其提供的API作为爬虫访问页面来收集数据。curl命令系利用URL规则在命令行下工作的文件传输工具，通过模拟HTTP请求，获取页面内容、版本等信息。该种固证系统对所有人都平等开放，任何人都可以使用，且其操作过程是按照取证系统事先设定好的程序由机器自动完成的，取证、固证全过程被人为篡改相关链接的可能性较小，故该电子数据来源可信性较高；同时，千麦鉴定所对保全网中使用puppeteer和curl程序进行网页截图和源码调取的技术性进行了鉴别并确认。因此，在没有相反证据推翻的情形下，法院认定保全网通过使用公开版谷歌开源抓取程序对目标网页进行域名解析以生成、储存数据电文的方式，具有可靠性。本案中，通过puppeteer抓取的网页截图显示“第一女性时尚网”于2017年发布的被诉侵权文章与涉案文章基本一致，通过curl获取的目标网页源码网址为“www.ladyfirst.com”。经查询，“www.ladyfirst.com”网站名称为“第一女性时尚网”，备案主体是深圳市道同科技发展有限公司（以下简称道同公司）。

（三）关于区块链电子证据保存完整性的审查

保全网将网页截图、源代码和调用信息打包压缩计算出

SHA256值后上传至FACTOM区块链、比特币区块链中以保证电子数据未被修改。要审查该种保持内容完整性方法的可靠性，应当首先对区块链技术予以分析判断。

区块链作为一种去中心化的数据库，是一串使用密码学方法相关联产生的数据块，每一个数据块中包含了一次网络交易的信息，用于验证其信息的有效性（防伪）和生成下一个区块。具体来说，区块链网络是由多个机构或公司服务器作为节点所构成的网络，该网络上某节点会对一个时间段内所产生的数据打包形成第一个块，然后将该块同步到整个区块链网络。网络上的其他节点对接收到的块进行验证，验证通过后加到本地服务器。之后，某节点会将新产生的数据及本地服务器内已有块的信息放在一起打包形成第二个块，其他节点接收该块并验证通过后，将第二个块加到本地服务器，第一个块与第二个块相连，之后的网络内部的数据均经上述相同方式打包成块，块与块首尾相连形成链，该链即为区块链。若需要修改块内数据，则需要修改此区块之后所有区块的内容，并将区块链网络所有机构和公司备份的数据进行修改。因此，区块链有难以篡改、删除的特点，在确认诉争电子数据已保存至区块链后，其作为一种保持内容完整性的方法具有可靠性。本案中，为确认电子数据确已上传至区块链，法院将从电子数据是否真实上传和上传的电子数据是否系诉争的电子数据两方面进行审查。

1. 审查电子数据是否真实上传

判断案涉电子数据是否真实上传，可根据华泰一媒公司提供的交易哈希值，在FACTOM区块链中进行搜索，以查看该条交易哈希存放的内容以及生成的时间。根据华泰一媒公司提交的区块高度，在该区块高度中可查询到前述交易哈希中存放的内容存入该区块高度中以及该条内容上传的时间，且上传的时间和使

用 puppeteer 和 curl 自动获取网页截图和源码的调用日志中显示的时间具有合理性，区块高度生成时间符合调用日志生成时间和 FACTOM 打包规则二者间的时间逻辑。

根据该区块高度锚定到比特币区块链的交易哈希值，在比特币区块链中查询到该区块节点中包含的内容和 FACTOM 中存放的内容哈希值一致，故法院确认保全网已将电子数据上传至 FACTOM 区块链和比特币区块链中。

2. 审查是否为诉争的电子数据

将在保全网中下载的网页截图、源代码和调用信息打包压缩文件进行哈希值计算，经比对，该数值与华泰一媒公司所提交的进行区块链保存的电子数据哈希值一致，故可确认涉案电子数据已经上传至 FACTOM 区块链和比特币区块链中，且从上链至今保存完整、未被修改。

综上，法院认为，对于采用区块链等技术手段进行存证固定的电子数据，应秉承开放、中立的态度进行个案分析认定。既不能因为区块链等技术本身属于当前新型复杂技术手段而排斥或者提高其认定标准，也不能因该技术具有难以篡改、删除的特点而降低认定标准，而应根据电子数据的相关法律规定综合判断其证据效力；其中应重点审核电子数据来源和内容的完整性、技术手段的安全性、方法的可靠性、形成的合法性，以及与其他证据相互印证的关联度，并由此认定证据效力。本案中，数秦公司作为独立于当事人的民事主体，其运营的保全网是符合法律规定的第三方存证平台，保全网通过可信度较高的谷歌开源程序进行固定侵权作品等电子数据，且该技术手段对目标网页进行抓取而形成的网页截图、源码信息、调用日志能相互印证，可清晰反映数据的来源、生成及传递路径，应当认定由此生成的电子数据具有可靠性。同时，保全网采用符合相关标准的区块链技术对上述电子数据进行了存证固定，确保了电子数据的完整性。故上述电子数据可以作为本案认定侵权的依据，即法院确认道同公司运营的“第一女性时尚网”上发布了涉案作品。

案例二 【中文在线数字出版集团股份有限公司 诉 广州市动景计算机科技有限公司】

北京市东城区人民法院（2018）京0101民初3825号【一审】

存证平台　IP360——真相网络科技（北京）有限公司

判决摘要

法院将从存证平台的资质、电子数据生成及储存方法的可靠性、保持电子数据完整性方法的可靠性等方面予以审查，对涉案电子数据的效力作出认定。

（一）关于存证平台的资质审查。本案中，真相网络科技（北京）有限公司作为依法成立并独立于中文在线数字出版集团股份有限公司（以下简称中文在线公司）、广州动景计算机科技有限公司（以下简称广州动景公司）的民事主体，其运营的IP360数据权益保护平台通过了公安部安全与警用电子产品质量检测中心的检验认证，具备作为第三方电子存证平台的资质。

（二）关于电子数据生成及储存方法可靠性的审查。本案中，固定证据的整个过程虽然由原告自行操作，且无证据证明原告操作前对取证环境的清洁性进行了检查，但结合勘验过程、真相网络科技（北京）有限公司出具的说明及相关《检验报告》《产品购销合同》等，用户登录IP360平台申请取证后，IP360云服务器会将回收并重新初始化的服务器资源自动分配给用户使用，径直让用户进入IP360平台远程桌面进行操作，且服务器会自动启动

录屏程序，对所有操作步骤、获取的内容予以记录，该过程还通过中国科学院国家授时中心的北斗卫星授时系统进行时间认证，保证了电子数据形成时间的准确性，避免了对本地系统预先清洁以保证取证环境真实性的问题。即便如此，原告在进入远程桌面开始操作前，依然对所用计算机进行了清洁性检查，此举最大限度地排除了因操作者不当介入、取证环境不真实等因素可能对取证结果造成的影响，保证了电子数据生成、储存方法的可靠性。

（三）关于保持电子数据完整性方法可靠性的审查。本案中，结合勘验过程、真相网络科技（北京）有限公司出具的说明及《司法鉴定及数据保全技术合作协议》等，每个电子数据文件在完成取证后，会存储于IP360云系统中，自动生成一个唯一对应且进行加密的数字指纹（哈希值），该指纹将通过区块链系统同步备份于北京网络行业协会司法鉴定中心，并生成由其与真相数据保全中心联名签发的载有数字指纹、取证时间等信息的数据保全证书，证明电子数据自申请时间起已经存在且内容保持完整，未被篡改。此种方式通过密码技术及数字指纹异地同步，可以保证电子数据的完整性。结合上述因素，法院认为，原告提交的电子数据在生成、储存方法以及保持内容完整性方法等方面均较为可靠，在无相反证据的情况下，其真实性应予以确认，可以作为认定事实的初步证据。

第四章　网络视听行业版权侵权与不正当竞争纠纷案件损害赔偿数额的认定思路与影响因素

一、归责原则与计算方式

（1）归责原则：过错责任原则

作为著作权侵权民事责任承担方式之一，不同于“停止侵害”，“损害赔偿”的基本归责要件为“行为人过错（故意或过失）”，即“过错责任原则”。

（2）计算方式

基于“填平原则”，我国法院一般按照如下方式确定损害赔偿。

（一）权利人的实际损失

1. 计算依据

计算依据为权利人应当获得而未获得的利益，即可得利益的损失。

计算“权利人的实际损失”可以依据如下方法：

（1）侵权行为使权利人实际减少的正常情况下可以获得的利润，但权利人能够举证证明其获得更高利润的除外。

（2）侵权行为直接导致权利人的许可使用合同不能履行或者难以正常履行，从而产生的预期利润损失。

（3）参照国家有关稿酬规定计算实际损失。

（4）合理的许可使用费。

（5）权利人因侵权行为导致复制品销售减少的数量乘以单位利润之积。

（6）侵权复制品销售数量乘以权利人销售复制品单位利润之积。

（7）其他方法。

【法条依据：《北京市高级人民法院侵害著作权案件审理指南》第 8.5 条】

2. 相关主要证据的收集

（1）权利方与被授权方（主要为网络平台）就涉案作品签署的分销协议及分销费用支付凭证（①分销授权内容、范围、期限与侵权平台及侵权行为情况基本一致或相当；②被授权平台与侵权平台规模基本一致或相当）。

（2）权利方与侵权方就涉案作品的授权费用 / 许可使用费的往来沟通信函（适用情况：双方曾就涉案作品的授权进行协商未果，侵权方明确知悉涉案作品的许可使用费）。

（3）权利方与侵权方就涉案作品签署的授权使用协议及授权费用的支付凭证（适用情况：侵权方超出授权期限、范围等使用涉案作品）。

（4）权利方与侵权方就与涉案作品同类型的其他作品签署的授权使用协议及授权费用的支付凭证。

（二）侵权人的违法所得

1. 计算依据

（1）一般情况：以营业利润为准。

（2）被告完全以侵权为业的：以销售利润为准。

【法条依据：《北京市高级人民法院关于侵害知识产权及不正当竞争案件确定损害赔偿的指导意见及法定赔偿的裁判标准》第 1.7 条】

1）一般情况下，依据侵权人因侵权行为获得的利润计算。

2）若在案证据证明侵权人存在明显侵权恶意、侵权后果严重的，则可以直接依据因侵权行为所获得的营业收入计算。

【法条依据:《北京市高级人民法院侵害著作权案件审理指南》第 8.6 条】

【法条依据:《浙江省高级人民法院民事审判第三庭关于印发〈知识产权损害赔偿审理指南〉的通知》第八条】

2. 计算方式（因法院在涉及游戏作品侵权案件中计算赔偿额时多数都采取了“侵权人违法所得”的计算方式，故此处主要以游戏案件为例进行说明）

总计算公式 = 被诉游戏获取利润 × 被诉侵权元素对被诉游戏获取利润的贡献率

· 被诉游戏获取利润

（1）基数：充值收入（总流水额）。

（2）可考量扣除成本（与被诉游戏直接相关的必要的成本）：①平台方（应用市场）渠道分成；②研发成本；③获得其他相关授权的成本（如适用）；④服务器成本；⑤维护成本；⑥人工成本；⑦税费；⑧其他。

（3）利润率：可参照所在行业正常利润率（同类型游戏的平均利润率）。

（4）参考：被诉游戏的下载量、安装量（各端口）、用户数等。

· 被诉侵权元素对被诉游戏获取利润的贡献率

（1）考量：①涉案作品在被诉游戏的近似占比；②被诉侵权元素对被诉游戏获取利润的贡献程度，即剔除不属于涉案作品的价值贡献部分。

（2）如被告拒不提供相关数据，则适用举证妨碍规则，参照原告主张的请求保护的涉案游戏的被侵权元素对应的贡献率。

（3）计算示例：在“《穿越火线》诉《全民枪战》游戏”游戏地图案中，法院按照如下方式计算贡献率。由于被告不提供数据，法院阐明，主要参照原告主张的涉案游戏元素的贡献率。首先，算出游戏地图对 FPS 游

戏的贡献率（行业内被通认的贡献率比例），得出结果 *A*。其次，按照如下 3 种方式计算原告涉案游戏 6 幅地图的贡献率的 3 种结果，然后采用 3 种结果的中位数，得出结果 *B*：①艾瑞咨询报告提及的原告被侵权 6 幅游戏地图的玩家使用率相加得出总和；②按照原告提供的数据算出原告被侵权 6 幅游戏地图的玩家使用次数 / 原告涉案游戏全部地图的玩家使用次数 = 6 幅游戏地图的玩家使用率；③ 6 / 被诉游戏的游戏地图总数。最后，将结果 *A* 与结果 *B* 相乘，得出被诉侵权的地图元素对被诉游戏的贡献率结果。

3. 相关主要证据的收集

（1）侵权方的财务报告（公开的年报、公告等）、财务账册等。

（2）侵权方关联公司的财务报告（公开的年报、公告等）、财务账册等。

（3）行业研究报告、市场调研报告（如艾瑞咨询、易观智库、中商情报网等）。

（4）第三方数据分析平台的分析数据（如 App Annie、七麦数据平台等）。

（5）新闻媒体报道。

（6）侵权方的宣传资料、说明性内容等。

4. 证明特殊规则：举证妨碍

（1）适用要件。

在权利人已经尽了必要举证责任，而与侵权行为相关的账簿、资料等主要由侵权人掌握的，可以责令侵权人提供与侵权行为相关的账簿、资料等。

（2）法律后果。

1）侵权人不提供，或者提供虚假的账簿、资料等的，人民法院可以参考权利人的主张和提供的证据确定赔偿数额。

2）被告在一审诉讼中无正当理由拒不提供或提供虚假账簿、资料，在二审诉讼中提交相应证据，用以推翻一审判决依法认定的事实的，不予采信。

【法条依据:《著作权法（2020 修正）》第五十四条、《最高人民法院关于民事诉讼证据的若干规定》第四十八条和第九十五条、《最高人民法院关于知识产权民事诉讼证据的若干规定》第二十五条、《北京市高级人民法院关于侵害知识产权及不正当竞争案件确定损害赔偿的指导意见及法定赔偿的裁判标准》第 1.28 条、《北京市高级人民法院侵害著作权案件审理指南》第 8.7 条】

（三）裁量性赔偿

“裁量性赔偿”系指“对权利人的实际损失或侵权人的获利的概括计算”的情况，而非“法定赔偿”。即有证据证明权利人的实际损失或侵权人的获利明显超过“法定赔偿”的上限限额，在法定上限限额以上合理确定赔偿数额。其考量因素包括作品本身因素、侵权行为因素和原告过错。

1. 作品本身因素

（1）作品 / 制品类型（表 4.1）

表 4.1　作品 / 制品类型

作品 / 制品类型
游戏（RPG、MOBA、FPS 及沙盒类游戏均已被各地法院认定为类电作品）
电影、电视剧、纪录片、动画片类作品
微电影类作品
综艺节目视频类作品
其他短视频类作品
录像制品

依据相关法院出台的关于损害赔偿的指导意见及我们已搜集的案例可知，如果主要考虑作品 / 制品类型因素，基于上述作品 / 制品类型而作出的判决在判赔金额上从上至下呈递减趋势。

（2）合理的许可使用费（直观反映涉案作品的市场价值）

参照许可使用费确定赔偿数额的，一般不低于可比较的合理许可使用费。

认定合理的许可使用费，可以综合考虑下列因素：

1）许可使用合同是否实际履行，有无发票、付款凭证等相应证据。

2）许可使用合同是否备案。

3）许可使用的权项、方式、范围、期限等因素与被诉行为之间有无可比性。

4）许可使用费是否为正常的商业许可费用而未受到诉讼、并购、破产、清算等外在因素的影响。

5）许可人与被许可人之间是否存在亲属关系、投资或关联公司等利害关系。

6）其他因素。

【法条依据:《北京市高级人民法院关于侵害知识产权及不正当竞争案件确定损害赔偿的指导意见及法定赔偿的裁判标准》第1.9条】

（3）收益与成本（从权利方投入产出角度）

1）创作成本：制作/开发成本、取得授权成本、发行成本、宣传推广成本。

2）收益：票房收益、分销收益、广告收益、充值流水。

3）参考：所在行业正常/平均利润率。

（4）知名度及影响力

1）热度/影响力（作品本身）。

2）热度/影响力（主创团队及人员）。

3）收视率、点击率、票房、下载量、涉案游戏的下载量、安装量、玩家人数、开放服务器的数量等。

4）市场份额。

5）奖项、荣誉、排名。

6）国家版权局重点作品版权保护预警名单。

7）各主流纸媒、网媒、官媒的相关报道。

8）其他。

（5）作品的独创性程度、创作难度、创作周期等

2. 侵权行为因素

（1）侵权行为性质

直接侵权 > 间接侵权。

（2）侵权人（包括内容提供者及技术服务提供者）的主观过错

1）是否将涉案视频推荐至首页、热门栏目等用户关注度较高的页面或板块。

2）是否多次侵权、重复及持续侵权。

3）权利人发出侵权警告后侵权人的行为表现，例如，是否及时删除侵权视频、是否增开服务器（游戏）。

4）平台方是否设置了便捷的投诉渠道。

5）是否存在鼓励、引诱、帮助用户实施侵权的行为。

6）其他。

（3）侵权行为后果

1）侵权行为规模，如被诉侵权视频数量、涉案平台的经营规模（下载量、用户数、日活量、月活量等）、涉案平台的端口（PC 端、IOS 端、安卓端）、涉案的应用市场、开放服务器的数量。

2）侵权持续时间。

3）侵权影响范围（点击率、观看数、下载数）。

（4）侵权时间点

行为是否发生在首次播映日之前或热播期、热映期。

（5）被诉侵权视频的清晰程度

（6）被诉侵权视频的影响力

（7）是否同时播放 + 下载

（8）侵权程度

使用涉案权利作品的比例、数量。

（9）被诉侵权视频的完整度、时长

（10）是否直接获取经济利益或被诉侵权视频是否需要付费观看

（11）被诉侵权视频的播放界面、浏览界面是否同时投放广告

3. 原告过错

原告对侵权行为的发生或者扩大有过错的，可以减轻侵权人的责任。

（四）法定赔偿

1. 数额

（1）五百元以上五百万元以下【法条依据:《著作权法（2020 修正）》第五十四条】

（2）五十万元以下【法条依据:《著作权法（2020 修正）》第四十九条】

2. 适用条件

在案证据难以确定权利人的实际损失、侵权人的获利、许可使用费，也难以采用其他合理方式确定赔偿数额的。

（五）惩罚性赔偿

（1）适用要件：故意侵权（一般为直接故意侵权）；情节严重。

（2）基数：权利人的实际损失、侵权人的获利以及许可使用费。

原告维权支出的合理开支，一般不纳入计算基数。

（3）倍数：1 倍以上 5 倍以下（可以不是整数）。

【法条依据:《民法典》第一千一百八十五条、《著作权法（2020 修正）》第五十四条、《最高人民法院关于加强著作权和与著作权有关的权利保护的意见》第七条、《北京市高级人民法院关于侵害知识产权及不正当竞争案件确定损害赔偿的指导意见及法定赔偿的裁判标准》第 1.13 条】

二、典型的高判赔额案例

（一）依据原告损失的标准判赔的案例（此类案例在司法实践中较少）

案　例　【北京新媒体（集团）有限公司 诉 乐视网信息技术（北京）股份有限公司】

北京市朝阳区人民法院（2017）京 0105 民初 57903 号【一审】

北京知识产权法院（2019）京 73 民终 1556 号【二审】（维持）

【涉案作品：综艺节目 2016《跨界歌王》（第一季）】

【涉案平台：乐视视频网站、乐视视频手机客户端、乐视盒子以及乐视电视端】

侵权行为

被告未经许可，在乐视视频网站、乐视视频手机客户端、乐视盒子以及乐视电视端提供涉案作品视频片段的在线播放服务，侵害了原告对涉案作品享有的信息网络传播权。

原告诉求赔偿额：经济损失 500 万元

法院判赔额：经济损失 500 万元

判决摘要

【关于赔偿数额的认定理由阐述】 一审判决所认定的著作权侵权损害赔偿数额系基于原告的实际损失得出，其主要考量如下因素。

1. 权利使用费、版权分销费用（市场价值）

（1）从上游授权方取得授权的使用费

原告为取得涉案节目的合法授权，支付了 7000 万元的授权

费。（证据：原告与上游授权方签署的《合作协议》与合同价款支付凭证）

（2）分销费用

1）被告曾就涉案作品的授权合作事宜与原告开展过磋商，被告从磋商内容明确知悉涉案作品授权费用为500万元，亦知悉原告以该收费标准与腾讯、爱奇艺等开展了合作。故被告在作出涉案侵权行为之前，已经明知涉案节目的商业价值。（证据：双方工作人员微信沟通记录）

2）向腾讯的分销费用：500万元。本案被告具体使用情况与腾讯获得的权利范围在授权内容、使用范围、授权期限上基本一致，故被告被控侵权行为给原告造成的经济损失可以参照原告向腾讯收取的授权费用。（证据：原告与深圳市腾讯计算机系统有限公司签署的《影视节目授权合同书》）

2. 侵权行为

（1）虽为片段，但已经基本囊括了每一期节目的核心内容。

（2）在涉案作品首播之日即同步上线被诉侵权视频。

（3）被诉侵权行为持续时间至少为1年。

（4）播放平台包括网页端、手机客户端、乐视盒子、智能电视多个端口。

（5）被诉平台知名度高、用户量大。

（6）被控侵权视频点击量大。

（7）违法获利：视频播放前、暂停时和视频所在页面均有广告，广告客户覆盖面广。

（8）主观恶意明显：在双方合作洽谈失败、原告于首播之日专门通知被告不得播放涉案节目的情况下，被告仍然采取片段切割的方式，在涉案节目热播期间实施涉案侵权行为。（证据：原告向被告发出通知，提示其不得播放涉案作品，并重申涉案作品

不属于双方授权片单）

综上，被告明知原告以500万元的标准就涉案综艺节目对外授权，仍然无视他人合法权益实施涉案侵权行为，且其侵权情节与原告对外授权的权利内容、授权范围、授权期限几无二致。故法院全额支持原告500万元经济损失的诉讼主张。

二审判决维持一审法院的认定。

如果侵权行为直接导致权利人的许可使用合同不能履行或难以正常履行，从而产生预期的利润损失，则该预期的利润损失可以作为权利人的实际损失进行计算。本案中，一审法院在综合考虑被告已经明知涉案节目的商业价值、原告与案外第三方就涉案作品的许可方式及许可费用、被告的侵权方式等几点因素后，认定被告的被控侵权行为给原告造成的经济损失可以参照原告向第三方收取的授权许可费用的结论并无不当。

（二）依据被告获利的标准判赔的案例

案例一 【深圳市腾讯计算机系统有限公司 诉 畅游云端（北京）科技有限公司、英雄互娱科技股份有限公司、天津英雄互娱科技有限公司、北京卓越晨星科技有限公司、天津卓越晨星科技有限公司、四三九九网络股份有限公司、深圳市奇乐无限软件开发有限公司】
广东省深圳市中级人民法院（2017）粤03民初559号**【一审】**

【涉案作品：游戏《穿越火线》】（法院认定：游戏场景地图构成“图形作品”）

侵权行为

在整体构图、内部组合结构和布局安排等基本表达方面，被

控侵权游戏《全民枪战》的6幅游戏地图与游戏《穿越火线》的6幅游戏场景地图（大地图）构成相同或实质性相同，虽然在地图表层美术效果等非核心表达方面有部分差异，但整体构成相同或实质性相同，侵犯了腾讯公司享有的复制权及信息网络传播权。

原告诉求赔偿额：经济损失9800万元。

法院判赔额：经济损失45247986元。

判决摘要

【关于赔偿数额的认定理由阐述】侵权人违法所得的计算依据：获利金额 × 游戏地图对于FPS游戏的贡献率 × 涉案6幅游戏地图对于整个游戏地图的贡献率 = 赔偿额。

1. 游戏地图对于FPS游戏的贡献率

游戏场景地图承载了游戏策划的核心部分，尤其是经过众多玩家游戏之后集中的主要游戏地图，成为FPS游戏最吸引玩家的部分。由于无法准确衡量和计算游戏地图对FPS游戏的贡献率，法院综合考虑FPS射击游戏的核心部分是玩法（游戏规则）、场景地图设计（关卡）、游戏角色的能力（即数值数据），涉及完成过程中游戏地图在射击类游戏中本身承载的功能和作用，其需要的开发成本包括开发时长、人工等，酌情确定游戏场景地图对整体游戏的贡献率为20%。

2. 涉案6幅地图对于整个游戏地图的贡献率

法院认为，关于地图贡献率的问题，可以考虑以下三种方式：

其一，根据原告提交的艾瑞咨询报告，原告游戏中涉案6幅地图的玩家使用率（运输船27.87%，巷战13.11%，新年广场8.2%，巨人城废墟8.2%，边贸城3.28%，火车站1.64%）共60.66%，同时原告提交的第三方游戏资讯网站对最受游戏玩家欢迎和喜爱的游戏地图的统计结果可以印证该数据的真实性。被控侵权游戏《全民枪战》与原告《穿越火线》游戏是同类型游戏且最为类似，原告游戏共有100余幅游戏地图，而在原告于2017年2月13日证明侵权行为持续的取证时，被控侵权游戏《全民枪战》按照原告陈述共有37幅游戏地图，按照被告陈述共有85幅游戏地图，用该方法推定《全民枪战》6幅侵权游戏地图在全部游戏地图中的贡献率必然超过50%。

其二，原告提交的保密证据35的公证书显示，公证员自原告腾讯公司数据后台取证《穿越火线》游戏2012年1月—2014年12月(《全民枪战》游戏上线前两年全部游戏地图使用次数的数据文件，《穿越火线》游戏6幅游戏地图开局次数占总开局数的比例，即涉案6幅游戏地图在《穿越火线》全部游戏地图中的使用率占比，来估算贡献率，可以得出以下数据：涉案6幅地图使用率=6幅地图使用次数/《穿越火线》全部游戏的地图使用次数（具体数字因涉及保密而省略）。鉴于被告未向法庭提交被诉侵权6幅游戏地图的开局数占比，按照原告该方法计算请求保护的6幅游戏地图在《穿越火线》游戏中的开局使用率占比，推定《全民枪战》6幅侵权游戏地图对其游戏全部游戏地图的贡献率必然超过39.53%。

其三，完全忽略地图在玩家中受欢迎程度的差异，忽略热门游戏地图对于玩家的吸引力并促使玩家付款的贡献率，简单地以6幅侵权游戏地图在侵权游戏中全部游戏地图的占比来计算：6幅/37幅=16.22%。按照被告所述的2017年版本的85幅地图也可以得出侵权游戏地图在所有游戏地图中的贡献率为7%。

【举证妨碍】关于6幅侵权地图对《全民枪战》游戏贡献率的问题。原告提供了请求保护的6幅游戏地图在《穿越火线》游戏全部地图的使用次数占比。被告提出应当按照侵权的6幅游戏地图上线时长在整体游戏时长中的占比来计算。法院认为，被告

本可以如原告一样提供6幅侵权地图使用次数在全部游戏地图使用次数中的占比，由于该数据由被告掌握，而被告并不提供上述数据以及完整的取得过程，法院认为，《全民枪战》和《穿越火线》均为射击类游戏，游戏玩家群体接近，在缺乏《全民枪战》相关数据的情况下，法院确定参照原告请求保护的6幅地图的使用次数占比来计算其贡献率具有合理性。

据此，法院采取三种计算结果的中位数，即以39.53%作为6幅游戏地图在所有游戏地图中的贡献占比。

3. 本案赔偿数额

原告在本案中请求以《全民枪战》游戏的获利作为赔偿基数，原告在庭审中提出以被告公司年报以及其他财务报告披露的《全民枪战》充值收入作为计算基数。被告则认为各公司日常经营活动中存在的交易、收入等构成复杂，除涉案《全民枪战》游戏外，还运营有《天天炫舞》《冒险与挖矿》《夏目的美丽日记》等众多游戏，以被告公司的整体营业收入作为计算依据不能真实客观反映《全民枪战》游戏获利的情况。但被告始终未提交关于其盈利或运营的任何证据。

综合原告、被告的陈述，法院确定以《全民枪战》充值收入、财务报告等中披露的净利润数额等相关数据作为计算基数。

第一，关于2014年9—12月《全民枪战》游戏的营业收入。

1)《北京塞尔瑟斯仪表科技股份有限公司发行股份及支付现金购买资产暨关联交易之重大资产重组报告书》披露：2014年9—12月《全民枪战》游戏充值收入为5096万元。被告认为，游戏充值收入为游戏充值总流水，非游戏实际收入，应扣除渠道分成、运营商分成、充值手续费、税金及其他成本支出等。

2）同时认为原告提交证据记载的《全民枪战》游戏在2015年1—5月的主营业收入为33520741.3元反映了《全民枪战》的

真实收入情况，可以作为计算依据。《畅游云端（北京）科技有限公司2015年1—5月、2014年度、2013年度审计报告》披露，2014年主营业务为《全民枪战》游戏，主营业务营业收入10032348.85元。而《全民枪战》游戏于2014年8月内测，9月正式上线。根据其审计报告，被告畅游云端公司在该阶段没有其他业务，故2014年度的主营业务收入即为《全民枪战》游戏的收入。

3）鉴于被告认可2015年1—5月的主营业务收入反映涉案游戏的获利，则法院也确认2014年9—12月《全民枪战》游戏的营业收入为10032348.85元。《畅游云端（北京）科技有限公司2015年1—5月、2014年度、2013年度审计报告》披露，2014年度被告畅游云端公司的净利润亏损1366251.67元。故法院对2014年的游戏营业收入不再纳入赔偿数额考虑。

第二，关于2015年《全民枪战》游戏的收入和获利。

1）根据《北京塞尔瑟斯仪表科技股份有限公司发行股份及支付现金购买资产暨关联交易之重大资产重组报告书》披露的数据，2015年1—8月《全民枪战》游戏充值收入为37921万元，计算得出《全民枪战》游戏2015年的年化充值收入为56881.5万元（《全民枪战》游戏2015年1—8月充值收入/8）×12=（37921万元/8）×12）。

2）另《北京英雄互娱科技股份有限公司支付现金购买资产暨关联交易之重大资产重组报告书》“交易概述”一节称：畅游云端正处于业务上升期，其游戏产品《全民枪战》自推出以来，取得了不俗的成绩。根据上述金额以及《重组报告书》的预估，《北京英雄互娱科技股份有限公司支付现金购买资产暨关联交易之重大资产重组报告书》认为2015年《全民枪战》（国内版）总流水收入将达到57002万元，2015年《全民枪战》（海外版）总流水收入为350万元。鉴于原告仅对国内版取证，故法院认可

《全民枪战》（国内版）收入。对于上述两个《全民枪战》2015 年游戏充值收入的预估，法院采用对原告不利的第一个数据，即 56881.5 万元。

3）对于 2015 年《全民枪战》游戏的实际盈利数额，《北京英雄互娱科技股份有限公司支付现金购买资产暨关联交易之重大资产重组报告书》（2016 年 5 月）记载，2015 年被告畅游云端公司的净利润为 9706.07 万元，完成业绩承诺。鉴于被告畅游云端公司在 2016 年方完成股权过户及工商变更，故法院确认《全民枪战》2015 年的净利润收入为《资产重组报告书》记载的被告畅游云端公司净利润 9706.07 万元，并以该数据作为赔偿数额的计算基础。

第三，关于 2016 年《全民枪战》游戏的收入。根据《北京英雄互娱科技股份有限公司 2016 年年度报告》记载，被告畅游云端公司实现营业收入 142308479.99 元，净利润 122603795.03 元，净利润率为 86%。《畅游云端（北京）科技有限公司 100% 股权评估项目评估说明》第 26 页记载，畅游云端公司预计 2016 年公司收入的 97.7% 来源于《全民枪战》游戏。《畅游云端（北京）科技有限公司 100% 股权评估项目评估说明》第 30 页记载，畅游云端公司获得的《全民枪战》版权分成比例为每月游戏充值流水的 20%。但本案各被告均未提出 2016 年被告畅游云端公司发行或运营其他游戏，故法院认定 2016 年被告畅游云端公司的收入均来自《全民枪战》游戏的获利。鉴于被告畅游云端公司根据被告间的协议只能获得《全民枪战》游戏 20% 的收入，其他归属于母公司等，故被告畅游云端公司的收入并非 2016 年《全民枪战》游戏的全部收入。根据上述年报以及评估说明推算，2016 年《全民枪战》游戏的充值收入为 711542400 元（畅游云端版权分成金额 / 分成比例 =142308479.99 元 /20%）。

第四，关于 2017 年 1—5 月《全民枪战》游戏的收入。《畅游云端（北京）科技有限公司100%股权评估项目评估说明》记载，资产评估公司对《全民枪战》未来游戏收入做了预估：该游戏生命周期设计为5年，2014年上线，2015年、2016年进入成长期，2017年、2018年进入衰退期，其中2016年、2017年《全民枪战》游戏的充值收入增长率分别为40.62%、−17.7%。鉴于原告、被告均没有提交被告各公司2017年的年度报告，法院据此依据前述预估数计算得出2017年的充值收入为411253245元=《全民枪战》2015年年化充值金额×（1−17.7%）。其中2017年1—5月的充值收入为171355518元（411253245/12×5）。

第五，关于2016年、2017年《全民枪战》游戏的利润。《北京英雄互娱科技股份有限公司2016年年度报告》记载，其2016年净利润占营业收入的比重为53.83%，报告记载“现阶段，公司主要依靠已发行的《全民枪战》系列等游戏产品获得收入，收入来源主要是为广大移动游戏爱好者提供游戏增值服务……”。在被告未提交具体运营及分成收入证据的情况下，考虑到被告英雄互娱公司在2016年度对被告畅游云端公司完成控股收购，被告英雄互娱公司主要负责分发运营，而被告畅游云端公司在2016年度并未研发其他游戏且运营成本低、净利润率高，法院不将被告畅游云端公司的高额净利润率作为计算标准，而确认以53.83%作为《全民枪战》游戏在2016年、2017年的净利润率，故计算得出2016年和2017年1—5月《全民枪战》游戏的净利润分别为383023273元、92240675元。

【判赔额计算总结】综上，法院确认2015年至2017年5月《全民枪战》游戏获利金额为572324648元，基于前述确认的游戏地图对于FPS游戏的贡献率以及涉案游戏地图对于整个游戏地图的贡献率，法院确认本案中《全民枪战》因侵害原告《穿越火线》游戏6幅游戏地图的复制权和信息网络传播权的赔偿数额为

45247986 元（572324648×20%×39.53%）。

案例二　【苏州蜗牛数字科技股份有限公司 诉 成都天象互动科技有限公司、北京爱奇艺科技有限公司】

江苏省苏州市中级人民法院（2015）苏中知民初字第 00201 号【一审】

江苏省高级人民法院（2018）苏民终 1054 号【二审】（维持）

【涉案作品：游戏《太极熊猫》】（法院认定，游戏运行动态画面整体构成"类电作品"）

侵权行为

被诉侵权游戏《花千骨》在游戏玩法规则的特定呈现方式及其选择、安排、组合上整体利用了《太极熊猫》的基本表达，并在此基础上进行美术、音乐、动画、文字等一定内容的再创作，侵害了原告享有的改编权。

原告诉求赔偿额：经济损失 3000 万元

法院判赔额：经济损失 3000 万元

判决摘要

【关于赔偿数额的认定理由阐述】 原告主张以侵权方违法所得为计算依据，被侵权方的损失作为参考。法院认定，本案并无确切证据认定权利人的实际损失或侵权人的违法所得，法院结合在案证据，综合考虑以下事实因素，以估算侵权人违法所得方式酌情确定本案赔偿数额：

1. 计算时点

依据成都天象互动科技有限公司（以下简称天象公司）之主

张，其于2016年1月19日上线发布的1.8.0版本《花千骨》游戏经过多次迭代更新，已经与涉案《太极熊猫》游戏存在较大区别，苏州蜗牛数字科技股份有限公司（以下简称蜗牛公司）亦认可该意见，故以《花千骨》游戏上市时间即2015年6月至2016年1月作为估算时间区间。

2. 双方银行账户资金及开具增值税发票显示的交易往来数据

2015年7月至2016年1月，天象公司于2015年11月5日分两笔支付给爱奇艺公司共计7154113.68元，用途均标明为结算款。前述期间内，天象公司共向北京爱奇艺科技有限公司（以下简称爱奇艺公司）开具增值税专用发票26份，共计价税金额16917299.33元。天象公司认证爱奇艺公司开具的增值税专用发票47份，共计价税金额40871859.22元。从双方《〈花千骨〉手机网络游戏合作协议》中关于分成1～6比例及方式的约定可知，天象公司向爱奇艺公司实际支付分成金额乘以4为双方游戏运营中由天象公司负责运营渠道部分的游戏总收入（扣除3%作者成本、自运营部分的渠道成本及呆账），两者相互开具增值税专用发票总额乘以4为双方就游戏运营实际获得的分成总收入（扣除3%作者成本、自运营部分的渠道成本及呆账）。依据前述银行账户资金往来情况数额乘以4得28616454.72元；依据天象公司开具给爱奇艺公司增值税专用发票总额乘以4得67669197.32元，依据天象公司认证爱奇艺公司开具的增值税专用发票总额乘以4得163487436.88元，两项合计231156634.22元。

《〈花千骨〉手机网络游戏合作协议》约定，双方核对运营收入完毕后，根据每月甲乙方实到账金额（已到达双方银行账户的费用）及分成比例，确认双方需向对方支付的款项金额后在7个工作日内向付款方开具等额6%增值税专用发票。并在收到对应发票后45个工作日内，将支付的分成款项支付至双方指定的专

用账户。但在案证据显示，前述银行账户数据和增值税专用发票数据存在较大差异。两被告称不能仅以双方增值税发票开具情况作为计算依据。诉讼中法院责令两被告就法院调取证据中所涉增值税发票与本案无关的部分予以说明并提供证据，两被告均未说明并提供证据。而依据《交易预案（修订稿）》中披露的天象公司情况，天象公司与爱奇艺公司除涉案游戏IP分成外并无其他重大业务往来，同时考虑到涉案《花千骨》游戏充值流水情况，法院酌情将前述增值税发票数据231156634.22元作为双方游戏总分成金额的基本考量，即由天象公司负责运营渠道部分的未分成游戏总收入按163487436.88元计，爱奇艺公司负责运营渠道部分的未分成游戏总收入按67669197.32元计。

3.《二次回复公告》中所提示的收入利润率及具体估算利润

（1）收入利润率数据。依据《二次回复公告》，《花千骨》2015年度在标的公司的收入利润率为13.9%，2016年1—3月在标的公司的收入利润率为32.68%。尽管该收入利润率并非仅针对天象公司财务报表计算，但对天象公司的收入利润计算仍具有较大参考意义。该数据系计算了《花千骨》IP方、研发方的分成成本、服务器成本、期间费用及所得税金额等成本，且考虑到《二次回复公告》中披露标的公司业绩承诺期间预测收入利润率为52.68%、考量其他同类游戏平均收入利润，法院认为以13.9%的收入利润率计算应属公允数据。本案中就爱奇艺运营游戏收入利润率并无直接可供参考的计算依据，法院酌情按照前述天象公司数据参照估算。

（2）估算利润。以前述双方增值税发票显示的游戏总分成金额为基数，按照13.9%收入利润率，估算由天象公司、爱奇艺公司各自负责运营渠道部分的游戏总收入的利润为32130772元。可供参考的是，若按照32.68%计算，则利润额达到75541988元，两者均已超过蜗牛公司诉请的3000万元。需要指出的是，因13.9%收入利润率系考虑了分成成本，故以该数据计算出的前述游戏收入利润额并未包含天象公司和爱奇艺公司自对方所获的分成利润，也即，若再加上该部分利润构成双方就《花千骨》游戏运营利润总额数据，则将进一步大于前述数额。

（3）其他考量。《交易方案（修订稿）》中提及，《花千骨》游戏在上线四个月内获得高额的流水充值，在一定程度上与其同期热播的同名电视剧存在紧密关联。天象公司亦提出不能将《花千骨》游戏的整体收入均视为侵权收入。对此法院认为，本案中不可否认被控侵权期间《花千骨》游戏获得高额充值流水并不仅在于其游戏本身玩法规则的可玩度，亦应考虑《花千骨》IP所做的贡献。但需要指出的是，若非利用原作，两被告无法形成《花千骨》这一新作或至少无法在同名电视剧热播期间的较短时间内将该款游戏乘势推出市场，其游戏获得高额整体收入的前提在于实施了涉案侵权改编行为，故即便考虑《花千骨》IP的利润贡献，亦适度即可。就具体计算而言，13.9%的收入利润率中已经扣除了IP方分成成本，可视为在一定程度考虑了IP的贡献，结合原告方关于赔偿总额的诉讼主张，法院认为并无必要就前述估算利润再予分摊折算。

综上，依照上述估算，两被告开发、运营《花千骨》游戏所获的利润已明显超过蜗牛公司主张的赔偿数额，法院在此基础上综合考虑两被告的侵权行为性质、侵权情节等因素，对于蜗牛公司请求两被告连带赔偿3000万元的诉讼主张予以支持。

案例三 【广州网易计算机系统有限公司、上海网之易吾世界网络科技有限公司 诉 深圳市迷你玩科技有限公司】

广东省深圳市中级人民法院（2019）粤03民初2157号【一审】

【涉案作品：游戏《我的世界》】（判决认定：涉案游戏的整体动态画面构成“类电作品”）

侵权行为

被告《迷你世界》游戏与原告《我的世界》游戏的267个基础核心元素构成实质性相似，游戏整体画面构成实质性相似。被告《迷你世界》游戏侵犯了原告之于《我的世界》游戏的改编权、信息网络传播权。

原告诉求赔偿额：经济损失＋合理开支5000万元

法院判赔额：被告侵权获利2110.77万元

判决摘要

【关于赔偿数额的认定理由阐述】 法院认为，虽然原告提交的有关被告获利的证据比较薄弱，但相对于被告未提交获利证据，原告证据仍是优势证据，在被告未举证的情况下，法院采信原告有关以在先生效判决中计算被告侵权获利依据的主张，在确认App Annie统计数据的基础上，综合考量安卓渠道的下载量，参考前述生效判决中有关iOS渠道和安卓渠道的利润计算方法来计算本案被告侵权获利。

1. 被诉游戏在iOS渠道的获利

第三方移动数据分析平台App Annie[1]中《迷你世界》游戏iOS渠道下载量（1757.6万次）和收入（207万美元），折合人民币1426.23万元（以2019年平均汇率6.89折算）。

由于iOS官方渠道平台与开发者的收入分成为3∶7，故《迷你世界》游戏在iOS渠道的营业收入为人民币2037.47万元（1426.23万元 ÷0.7）。

2. 被诉游戏在安卓渠道的获利

根据App Annie的统计数据,《迷你世界》游戏在历趣网、360手机助手、豌豆荚、PP助手、爱思助手、百度手机助手、太平洋下载中心、应用宝、360游戏、华为应用市场、4399手机游戏、TapTap、安置、魅族、QQ游戏、7K7K游戏等安卓渠道的下载量已突破10亿次。由于该统计数据系各安卓渠道自行统计，而各安卓渠道不像iOS渠道用户那么一一对应，会存在大量重复下载的情况，如以该10亿次的下载量来估算《迷你世界》游戏在安卓渠道的营业收入恐存在较大偏差，故法院对该10亿次的下载数量不予采信。

而根据被告提交的知名度报道,《迷你世界》游戏注册用户已

---

[1] App Annie统计数据已被（2017）粤73民终1094号判决采纳作为判赔依据：根据该案查明事实，App Annie是一家从事移动应用和数字内容时代数据分析和市场数据的公司，数据来源包括：通过自身安装的传感器捕捉数据，来自应用市场的一些公开数据，来自一些上市公司、互联网公司公布的数据等。虽然App Annie提供的数据并不是最原始的，但为综合各方通过科学推算得出，故具有较高的可信度，遂根据App Annie统计的收入金额作为该案被告运营被控侵权游戏《仙语》在iOS渠道的利润（iOS官方渠道平台与开发者收入分成为3∶7），并以该利润额为基础，同时根据《仙语》游戏在其他渠道的下载量，推算出安卓渠道的营业收入，在扣除该案被告需支付给其他安卓渠道的运营成本及利润分成后（虽然游戏运营方与各渠道、平台约定分成不完全相同，但经统计后安卓渠道的游戏运营方与平台渠道方的分成大致均为0.46∶0.54，即游戏运营方在安卓渠道的利润占营业收入的46%），得出该游戏在官网及其他安卓渠道的利润，由此计算出该案被告的侵权获利作为该案赔偿数额的认定依据。（摘自广东省深圳市中级人民法院（2019）粤03民初2157号判决书）

达 4 亿，该注册用户包括安卓和 iOS 渠道用户。如前所述，同一用户会存在多次下载的情况，在无相反证据的情况下，以该 4 亿游戏注册用户中的 50%（使用 iOS 和安卓渠道下载游戏的注册用户各占一半）即 2 亿来确定《迷你世界》游戏的安卓渠道下载量，以体现公平原则，可得出安卓渠道下载量是 iOS 渠道下载量的 11.38 倍（20000 万 ÷1757.6 万）。由于不论是 iOS 渠道还是安卓渠道，《迷你世界》游戏的内容和充值方式都是一致的，所以法院根据常理推定用户的消费习惯和付费率基本一致，故《迷你世界》游戏在安卓渠道的营业收入约为人民币 23186.41 万元（2037.47 万元 ×11.38）。

根据网络游戏行业的惯例，游戏在应用平台的营业收入必然要由游戏开发者与平台方进行分成，iOS 渠道的游戏开发者与平台分成固定为 7∶3，但各安卓平台与游戏开发者有关渠道费和收入分成的约定不尽相同。本案中，被告掌握与其他安卓平台渠道有关《迷你世界》游戏的渠道成本和收入分成的有关证据，有能力有条件提交，但无正当理由未提交，应当承担对其不利的法律后果，故法院采纳原告主张，参考原告主张作为计算依据的前述生效判例中游戏开发者在安卓渠道所获利润占游戏营业收入的 46% 这一较低利润分成比例，来计算《迷你世界》游戏在安卓平台的收益，确定在扣除渠道成本、收入分成后，《迷你世界》游戏在安卓渠道的获利为 10665.75 万元（23186.41 万元 ×0.46）。

3.《迷你世界》游戏的侵权获利

根据上述分析，扣除被告的服务器成本 5261 万元后，《迷你世界》游戏在 iOS 和安卓渠道的总获利约为 6830.98 万元（1426.23 万元 +10665.75 万元 −5261 万元）。

虽然本案以 267 个核心基础元素来判断游戏画面构成实质性相似，但除上述核心基础元素以外，《迷你世界》游戏还创作了大量的其他游戏元素，这些元素也为整体游戏的收益作出了贡献，故确定被告侵权获利时，仍应考虑上述核心基础元素在《迷你世界》游戏中的合理比例，故本案根据原告主张的有221个基础核心元素在《迷你世界》游戏713个基础核心元素中的占比约30.9%，确定被告侵权获利为2110.77万元（6830.98万元 ×0.309）。

案例四 【上海恺英网络科技有限公司、浙江盛和网络科技有限公司 诉 苏州仙峰网络科技股份有限公司】

浙江省杭州市中级人民法院（2018）浙01民初3728号之一【一审】

浙江省高级人民法院（2019）浙民终709号【二审】

【涉案作品：游戏《蓝月传奇》】（法院认定，其构成“类电作品”）

侵权行为

被诉游戏《烈焰武尊》在《蓝月传奇》面世之后，具有接触《蓝月传奇》的可能性，在《烈焰武尊》再现了《蓝月传奇》的独创性表达的前提下，应当认定《烈焰武尊》为侵权作品，构成对《蓝月传奇》改编权、信息网络传播权与复制权的侵害。

原告诉求赔偿额：经济损失3000万元

法院判赔额：经济损失1000万元

判决摘要

【关于赔偿数额的认定理由阐述】 原告明确要求以被告违法所得的方式计算损害赔偿金额。由于缺乏足够有效证据，被告的违法所得无法精确计算。但被告自行提交的统计数据具有参考意义，其实际总流水额、收入额等至少不低于其自行提交的数据金额。在已查明事实的基础上，法院按照如下方式计算侵权人违法所得：总流水额、收入额（扣除渠道分成＋税）减去支出（授权

成本、推广成本、人工成本、维护成本等），同时结合源自《蓝月传奇》的独创性表达在《烈焰武尊》游戏中所占比例及其对被告利润的贡献率等因素。

（1）总流水额、收入额：自 2018 年 6 月 7 日至 2019 年 6 月 21 日，被告自行提交的其运营《烈焰武尊》游戏的总流水金额为 93488845.22 元，扣除渠道分成及税之后的实际所得金额为 47451498.65 元。

（2）授权成本：被告开发运营《烈焰武尊》游戏取得了《热血传奇》著作权人株式会社传奇 IP 的许可，需要支付相关费用。

（3）研发成本：被告的会计审计报告中载明其 2017 年《烈焰武尊》项目当期费用化支出可加计扣除总额与 2018 年度《烈焰武尊》项目年度研发费用小计合计为 3447528.88 元。

（4）涉案作品在被诉游戏的近似比例以及对被告利润的贡献率：《烈焰武尊》包含了与《蓝月传奇》相同的三大系统，每个系统中分层比对均存在极大的雷同性。

（5）【举证妨碍】法院裁定被告提交相应对账凭证，被告未在指定期限内提交，依法承担相应不利后果。

案例五　【暴雪娱乐有限公司、上海网之易网络科技发展有限公司 诉 广州四三九九信息科技有限公司、四三九九网络股份有限公司】

上海市浦东新区人民法院（2017）沪 0115 民初 77945 号【一审】

【涉案作品：游戏《守望先锋》】（法院认定，该游戏连续动态画面构成“类电作品”）

侵权行为

被告开发、运营与《守望先锋》游戏整体画面实质性相似的网络游戏《英雄枪战》，侵犯了原告对《守望先锋》游戏整体画面享有的改编权。

原告诉求赔偿额：经济损失 + 合理开支 300 万元

法院判赔额：经济损失 + 合理开支 300 万元

判决摘要

【关于赔偿数额的认定理由阐述】现权利人的实际损失难以计算，被告已向法院提供了涉案游戏的收入情况，原告对此亦予以确认（2017 年 9 月 8 日，《英雄枪战》在 iOS 系统下线时，其在 iOS 系统的总收入约为 65 万元人民币。截至 2019 年 1 月 5 日，《英雄枪战》在安卓系统的总收入约为 633 万元人民币。以上数额均系被告与平台方分成后的净收入）。

现有证据显示，涉案游戏的收入已远超过原告主张的诉请标的额，且结合原告 2017 年 8 月 8 日公证时被告游戏的被下载量可以反映出，仅在安卓系统的下载或安装量就近百万次，故对于原告主张的经济损失，法院予以全额支持。

（三）依据裁量性赔偿标准判赔的案例

1. 电视剧

案例一 【优酷信息技术（北京）有限公司 诉 咪咕视讯科技有限公司】

北京市海淀区人民法院（2017）京 0108 民初 34305 号【一审】

【涉案作品：电视剧《大军师司马懿之军师联盟》】

【涉案平台："咪咕视频" App】

侵权行为

被告通过“咪咕视频”App提供的涉案电视剧直播，侵害了原告就涉案电视剧享有的通过网络直播的权利；

被告通过涉案应用提供的涉案电视剧点播回看，属于未经许可通过信息网络提供作品，侵害了原告对涉案电视剧享有的信息网络传播权；

被告通过涉案应用提供涉案电视剧片段点播服务，由于这些片段都是截取自涉案电视剧，亦侵害了原告享有的信息网络传播权。

原告诉求赔偿额：经济损失＋合理开支800万元

法院判赔额：经济损失300万元

判决摘要

【关于赔偿数额的认定理由阐述】法院认为，虽然双方未提交充分证据证明因被告的涉案行为给原告带来的实际损失或被告因本案行为获取的非法收益，但综合考虑如下因素酌情确定赔偿数额。

1. 涉案作品

（1）权利使用费：优酷公司取得涉案权利花费2.52亿元。

（2）知名度高：涉案电视剧进入国家新闻出版广电总局发布的“2017中国电视剧选集”。该剧获2017中国泛娱乐指数盛典最佳原创影视剧等业界多个奖项。

（3）点播率高。

2. 侵权行为

（1）侵权行为规模：涉案应用在涉案电视剧首播时，仅在华为应用市场上的下载量已达到1200多万次，本案公证书显示涉案应用中两个卫视台播放涉案电视剧各有数亿次。

（2）侵权行为发生在涉案电视剧首播期间。

（3）主观故意明显：播出前被告即已经收到了该剧侵权预警

函，后在首播期间，被告多次收到侵权警告函，却不积极停止侵权行为。

（4）本案没有证据证明被告提供的回看服务涉及涉案电视剧全集，也没有证据证明涉案应用中的该剧片段全部覆盖了电视剧内容。

考虑到上述因素，法院认为，原告因本案侵权行为造成的实际损失明显超过著作权法规定的 50 万元，判决判令被告咪咕视讯科技有限公司赔偿原告优酷信息技术（北京）有限公司经济损失 300 万元。

案例二 【优酷信息技术（北京）有限公司 诉 暴风集团股份有限公司】

北京市石景山区人民法院（2018）京 0107 民初 11838 号**【一审】**

【涉案作品：电视剧《微微一笑很倾城》】

【涉案平台：暴风影音（www.baofeng.com）网站、暴风影音 iOS 客户端及暴风影音安卓客户端】

侵权行为

被告在其经营的涉案平台中擅自向公众传播涉案作品，侵犯了原告享有的信息网络传播权。

原告诉求赔偿额：经济损失 1500 万元

法院判赔额：经济损失 240 万元（每集 8 万元，共 30 集）

判决摘要

【关于赔偿数额的认定理由阐述】 法院认为，根据原告提交的证据及双方当事人陈述，本案应当采用裁量性赔偿确定原告实际损失，并综合考量如下因素，判决判令被告暴风集团股份有限公司赔偿原告优酷信息技术（北京）有限公司经济损失 240 万元。

1. 涉案作品

（1）许可使用费、广告费、分销费用。

1）版权采购费用：原告为涉案影视作品支付 6000 万元（200 万元 / 集，共 30 集）。

2）宣传推广费用（成本）：600 万元。

3）广告获利：超过 3000 万元。

4）分销费用的损失：涉案作品的版权费用为每集 200 万元，宣传推广成本为每集 20 万元，即每集成本约为 220 万元。假设原告分销给 4 个视频网站公司，每集分销费用约为 50 万元。

（2）收视率、知名度。［证据：公证书（微博话题阅读量、粉丝数；收视率排行榜 www.tvtv.hk：收视排名、收视率、市场份额；优酷网播放数、评论数；网络媒体报道）+ 国家图书馆检索报告］

2. 侵权行为

（1）涉案作品在被告多个平台的播出时间与侵权行为持续时间。

（2）被告平台规模：月活量、下载量。

（3）被告营业情况：年报、财务报告。

（4）被告主观过错。

案例三　【北京爱奇艺科技有限公司 诉 暴风集团股份有限公司】

北京市石景山区人民法院（2018）京 0107 民初 14616 号【一审】

【涉案作品：电视剧《琅琊榜》】

【涉案平台："暴风影音"（PC 客户端）】

侵权行为

被告未经原告许可，在其经营的"暴风影音"PC 客户端提供涉案作品的在线播放服务，构成对原告信息网络传播权的侵犯。

原告诉求赔偿额：经济损失 300 万元

法院判赔额：经济损失 200 万元

判决摘要

【关于赔偿数额的认定理由阐述】 原告主张按照其实际损失适用裁量性赔偿计算赔偿数额。法院在适用裁量性赔偿方法计算权利人损失的基础上，综合考虑各项因素酌情确定本案赔偿数额为 200 万元。

1. 涉案作品

（1）原始版权人许可费用：原告购买独家版权支付 ×× 万元。

（2）分销许可使用费的损失：原告向腾讯公司、合一公司、飞狐公司转售非独家权利的许可使用费分别为 1620 万元、2062.5 万元和 1250 万元，原告实际将其分销给了腾讯、优酷、土豆、搜狐共四个平台，加上其本身的平台，一共有 5 个平台共同进行播放。原告在涉案影视作品首播之时对于每个平台的分销费用在 1031 万～ 1620 万元。

（3）收视率高、知名度高。

2. 侵权行为

（1）被诉平台用户数量多、影响力大。证据：证监会公示的被告年报、月活数据、日活数据、会员数量大幅提升、网络付费服务收入。

（2）主观故意明显：原告在作品正式上线之前向被告发送过权利预警函，被告仍实施侵权行为。

（3）在被诉侵权视频片头投放 50 ～ 60 秒不等的广告。

（4）不处于热播期：涉案影视作品网络首播时间为 2015 年 9 月 20 日，侵权公证时间是 2016 年 8 月 15 日，相隔 11 个月，基

本上不处于首播首映及热播期。

2. 综艺节目

案例一 【深圳市腾讯计算机系统有限公司 诉 暴风集团股份有限公司】

北京市石景山区人民法院（2016）京0107民初4688号、4687号、4686号、4685号、4684号、4683号【一审】

北京知识产权法院（2017）京73民终1262号、1259号、1260号、1263号、1258号、1261号【二审】（维持）

【涉案作品：综艺节目《中国好声音（第三季）》第一～六期】

【涉案平台：暴风影音客户端】

侵权行为

被告未经原告许可，在其经营的暴风影音客户端提供涉案节目在线播放服务，已构成对涉案节目信息网络传播权的侵犯。

原告诉求赔偿额：经济损失199万元（一案一期），总计1194万元（共6期、6案）

法院判赔额：经济损失100万元（一案一期），总计600万元（共6期、6案）

判决摘要

【关于赔偿数额的认定理由阐述】 原告主张按照其实际损失计算赔偿数额，其计算依据为：①分销许可使用费的损失；②原告广告收益的损失。法院认为，根据查明的事实，原告获得的权利范围与本案被告具体使用情况在授权内容、使用范围、授权时间上均存在一定差异，依据原告提交的广告合同亦无法直接推算出原告因被告涉案的侵权行为遭受的广告损失具体数额，因此，在权利人的实际损失和被告因侵权行为的违法所得均难以确定的情况下，本案应适用法定赔偿方式确定赔偿数额。根据本案的具体情况，法院综合以下因素酌定赔偿数额。

1. 涉案作品

（1）权利使用费。授权费为1.2亿元，分摊到每期节目采购费用应为750万元（共16期）。原告主张，被告在涉案节目热播期实施侵权行为，致使原告事实上未能享有独家播出权利，因此，被告应当分担原告支出的采购成本的二分之一，即375万元/期。

（2）广告收益。原告提供的广告协议都属于执行结算协议，需要根据网站的流量在节目播出后按照实际发生数据进行结算。原告拥有《中国好声音（第三季）》视频独家播放权利，在没有其他播放平台播放时，用户集中在原告平台观看，由此产生的广告收益自然集中在原告视频网络。被告在节目热播期侵权，分流了大量用户至其播放平台，相关广告收益也由被告获得，原告的广告收益自然受损，因此应当按照原告提交的广告合同总金额1.98亿元，计算单期节目广告损失为1250万元。

法院认为，原告获得的权利范围与被告具体使用情况在授权内容、使用范围、授权时间上均存在一定差异，依据原告提交的广告合同亦无法直接推算出原告因被告涉案的侵权行为遭受的广告损失具体数额，因此，在权利人的实际损失和被告因侵权行为的违法所得均难以确定的情况下，本案应适用裁量性标准确定赔偿数额。

（3）知名度和影响力高。收视率为4.727%，CSM48城市网收视排名第一，收视份额为13.42%。

（4）被列入国家版权局公布的36部重点影视作品预警名单。

2. 侵权行为

（1）被告网站的知名度高、用户数量大。证据：经“艾瑞咨

询”统计的被告网站在侵权时段用户日均覆盖人数、人均单日启动次数、人均单日有效使用时间等数据。

（2）在热播期内，侵权期间持续长达一个月以上，且上述侵权期间恰好处于涉案节目的热播期间。

（3）主观恶意明显。在原告委托中国版权保护中心多次发出预警通知的情况下，仍然在涉案节目热播期间实施侵权行为。

（4）在涉案节目片头单独投放了广告，在相关播放页面上亦投放了广告，非法获利。

综上所述，依据相关证据及认定的事实，法院足以确信原告因被告涉案侵权行为所遭受的经济损失明显超出著作权法法定赔偿数额的上限 50 万元，为弥补权利人的经济损失、惩戒恶意侵权行为，酌定本案赔偿数额为 100 万元（每案）。

案例二　【深圳市腾讯计算机系统有限公司 诉 新疆广电网络股份有限公司】

广东省深圳市中级人民法院（2018）粤 03 民初 3381 号【一审】

广东省高级人民法院（2019）粤民终 2695 号【二审】（维持）

【涉案作品：综艺节目《中国好声音》（第三季）（共 3 期）】

侵权行为

被告在其开办的域名为 ×× 的网站（公开的判决中未披露）上提供涉案作品的在线播放服务，侵犯了原告对涉案作品享有的独占信息网络传播权。

原告诉求赔偿额：经济损失 600 万元

法院判赔额：经济损失 300 万元（每期 100 万元，共 3 期）

判决摘要

【关于赔偿数额的认定理由阐述】 法院认为，在由法院酌定法定赔偿金额时，对于难以证明侵权受损或侵权获利的具体数额，但有证据证明前述数额明显超过法定赔偿最高限额的，应当综合全案的证据情况，在法定最高限额以上合理确定赔偿额，由此确定被告按照涉案作品每期100万元的金额进行赔偿。原告在本案中请求保护3期节目，故被告赔偿原告总共300万元。

1. 涉案作品

（1）权利使用费：原始版权方授权费用（成本），即原告向授权人上海灿星文化传播有限公司支付的许可费12000万元。

（2）广告费：随机选取了其中13份广告合同，总标的达198113832.5元。

（3）知名度：当季热播的综艺类节目，收视率、网络点播率高。证据：公证书，央视索福瑞CSM48城市网收视数据。

（4）被列入国家版权局公布的36部重点影视作品预警名单（明确公布作品的权利主体为腾讯独家授权）。

2. 侵权行为

（1）主观故意：被告作为专业视听节目的传播者，应知或明知原告为涉案作品的独占信息网络传播权权利人。

（2）热播期间实施侵权行为：被告在电视媒体上的首播节目首播期1个月内已经在其网站上播放涉案作品，而首播期1个月正是综艺节目集聚较高观众群的阶段，直接影响了原告在其网站上对涉案作品的点击率，从而导致网络用户群的流失；原告获得的广告收益也主要集中在涉案作品首播的前3个月，影响了原告的广告收益。

（3）在被诉侵权视频中插播广告。

案例三 【北京天盈九州网络技术有限公司 诉 北京新浪互联信息服务有限

公司】

北京市海淀区人民法院（2014）海民（知）初字第29087号【一审】

北京知识产权法院（2017）京73民终682号【二审】（维持）

【涉案作品：凤凰卫视新闻节目】

【涉案平台：新浪网】

侵权行为

被告北京新浪互联信息服务有限公司（以下简称新浪公司）未经原告北京天盈九州网络技术有限公司（以下简称天盈公司）许可，将涉案节目上传至其服务器，于其经营的新浪网提供涉案节目的在线播放服务，已侵犯原告天盈公司的信息网络传播权（直接侵权）。

原告诉求赔偿额：经济损失＋合理开支1000万元

法院判赔额：经济损失311.6万元

判决摘要

【关于赔偿数额的认定理由阐述】鉴于原告提交的广告报价单等证据不能翔实、准确、直接地计算出原告的经济损失或被告的侵权获利，法院根据现有证据，综合考虑如下情形，酌定赔偿数额为311.6万元。

侵权行为如下：

（1）被告发布相同视频的时间紧随凤凰网之后，对于时效性较强的新闻类节目而言，新浪网的使用期间正值节目价值最高之时。

（2）被诉侵权视频点击量较大（部分视频点击量为百万级）。

（3）被诉侵权视频框外侧有广告。证据：《新浪网络广告2015Q2—2015Q3报价单》，载有新浪网的广告收费标准，报价单显示，新闻类广告以 45 ~ 300 元 / 千次点播的价格收取费用。

（4）侵权时间长（从 2013 年 1 月 21 日公证取证至 2016 年 6 月 1 日涉案节目确认删除）。

（5）使用涉案作品的数量大（779 个凤凰卫视新闻、时事评论等节目）。

（6）主观过错明显：抹除作品权利标识；明知涉案节目为他人享有权利的作品仍从事侵权行为。

案例四 【浙江广播电视集团 诉 广州华多网络科技有限公司】

广州市天河区人民法院（2016）粤 0106 民初 1725 号【一审】

广州知识产权法院（2017）粤 73 民终 370 号【二审】

【涉案作品:《奔跑吧！兄弟》三季 43 期、《爸爸回来了》二季 26 期】

【涉案平台：虎牙直播网】

侵权行为

被告在 2014 年 4 月 10 日至 2016 年 4 月 12 日期间通过涉案平台持续实况直播浙江卫视频道同期播出的《奔跑吧！兄弟》和《爸爸回来了》共 69 期电视节目，侵犯原告的著作权。

原告诉求赔偿额：经济损失 500 万元

法院判赔额：一审法院，经济损失 + 合理开支 7.9 万元

二审法院，经济损失 + 合理开支 140 万元

判决摘要

【关于赔偿数额的认定理由阐述】 原告在一审期间并没有提供证据证明其实际损失和侵权人违法所得的情况，并主张由法院酌定赔偿数额。原告在二审期间提交了证明《爸爸回来了》《奔

跑吧！兄弟》两档节目的知名度、制作成本、版权销售收入相对较高的证据。二审法院认为，虽然该等证据并不能直接证明其品牌价值、知名度、版权销售收入等方面因涉案侵权行为受到如其诉请数额500万元的经济损失，但可以认定，原告由于被告侵犯涉案69期电视节目著作权的侵权行为导致的经济损失超出法定赔偿50万元的限额。法院综合考量如下因素，酌定被告赔偿原告经济损失及合理费用支出合计人民币140万元。

1. 涉案作品

（1）制作成本。证据：网络版权合同、信息网络传播权合作协议、后期制作服务合同、道具制作合同及补充协议、主题曲制作合同等。

（2）销售收入。《奔跑吧！兄弟》第一季每期一年的非独家、普通许可信息网络传播权授权费在133万～200万元,《奔跑吧！兄弟》第二季每期一年为316万～458万元,《奔跑吧！兄弟》第三季每期一年约为2333万元;《爸爸回来了》第二季每期一年的非独家、普通许可信息网络传播权授权费为208万～312万元。

（3）知名度、荣誉、收视率。证据：央视索福瑞公司50城监播数据。

2. 侵权行为

（1）被告在进行涉案频道实况转播的过程中，没有收取费用。（依据负面影响判赔额）

（2）被告涉案平台主要是进行游戏直播，通过原告提供的公证书证据可知，通过涉案平台收看涉案节目的观众人数较少。

（3）在原告主张被告存在连续侵权的情况下，本案中其完全有时间、能力可以对被告的连续侵权行为做出多次取证，但其仅向法院提供一次取证被告存在侵权行为的公证。

（4）原告也没有提供证据证明就被告的连续侵权行为采取多

次警告、制止等措施，由此在本案中可以推定原告并没有就被告实施的连续侵权行为予以充分的注意和及时采取必要有效措施制止侵权行为及其侵权影响的扩大。

3. 体育赛事节目视频

案例一 【央视国际网络有限公司 诉 暴风集团股份有限公司】

北京市石景山区人民法院（2015）石民（知）初字第752号【一审】

北京知识产权法院（2015）京知民终字第1055号【二审】

北京市高级人民法院（2020）京民再127号【再审】

【涉案作品："2014巴西世界杯"赛事电视节目】（再审判决，认定构成"类电作品"）

【涉案平台："暴风影音"网站（www.baofeng.com）以及"暴风影音5"播放器PC客户端软件】

侵权行为

被告未经授权许可，在赛事期间，利用其运营的"暴风影音"网站（域名：www.baofeng.com）以及"暴风影音5"播放器PC客户端软件，通过互联网络直接向公众提供3950段"2014巴西世界杯"赛事电视节目短视频的在线播放服务，侵犯了原告对涉案赛事节目所享有的信息网络传播权。

原告诉求赔偿额：经济损失＋合理开支400万元（经济损失396.76万元＋合理开支3.24万元）

法院判赔额：一审法院，经济损失64万元＋合理支出3.24万元，合计67.24万元；二审法院，经济损失＋合理开支共计400万元；再审法院，维持二审法院判赔额

判决摘要

【关于赔偿数额的认定理由阐述】 因权利人的实际损失或者侵权人的违法所得不能确定，二审法院认为一审法院选择适用法定赔偿方法并无不妥。同时认为，法院依据上述规定采用法定赔偿方法给予 50 万元以下的赔偿，是针对一个侵权行为，而并非针对全案。因此，在本案涉及多个侵权行为的情况下，本案赔偿数额不以 50 万元为上限。综合以下因素，二审法院认定，原告提出的包括诉讼合理支出在内的 400 万元赔偿应予全额支持。

1. 涉案作品

（1）权利使用费。原告以非独家、许可期为两个月的条件许可第三方点播涉案赛事节目的许可费为 4000 万元，此应作为确定本案赔偿的重要参考。证据：原告与两家案外公司签订的《2014 年第二十届国际足联世界杯互联网播出播放分许可协议》（非独家授权、两个月、涵盖 64 场整场比赛、开幕式及闭幕式）。

（2）知名度、商业价值较高。

2. 侵权行为

（1）侵权程度 / 比例：涉案赛事电视节目总共有 64 场比赛，被告提供的视频覆盖全部 64 场比赛，达 1663 段，且该 1663 段均为每场比赛的精彩部分，其对于原告的赛后点播会带来极大的影响。

（2）主观故意明显：被告作为国内知名视频网站，知道或者应当知道原告系“2014 巴西世界杯足球赛”在中国大陆地区唯一的赛事转播媒体，并在醒目位置进行推介。

案例二 【央视国际网络有限公司 诉 上海聚力传媒技术有限公司】

上海市浦东新区人民法院（2017）沪 0115 民初 88829 号【一审】

【涉案作品：2016欧洲足球锦标赛（“法国VS罗马尼亚”“瑞士VS阿尔巴尼亚”两场足球赛事节目）】（法院认定，涉案足球赛事节目构成“类电作品”）

【涉案平台：“PPTV聚力”网站（www.pptv.com）】

侵权行为

被告在涉案平台中向公众提供涉案足球赛事节目网络实时转播服务的行为侵害了原告对涉案足球赛事节目“应当由著作权人享有的其他权利”。

原告诉求赔偿额：经济损失285万元

法院判赔额：经济损失200万元

判决摘要

【关于赔偿数额的认定理由阐述】法院认为，因原告就被告的侵权行为所受到的实际损失以及被告因涉案侵权行为所获利润的准确数额难以通过相应证据予以直接证实，但现有证据证明前述数额将明显超过法定赔偿最高限额，故法院综合全案的证据情况，在法定最高限额以上合理确定赔偿数额（经济损失200万元）。

1. 涉案作品

（1）权利使用费：2014年，原告曾将同类足球赛事节目“2014巴西世界杯”以普通许可的方式许可被告在其网站播出两个月，许可费用为4000万元，折合每场比赛价格为65万元左右。

（2）知名度、收视率高。

2. 侵权行为

（1）主观故意明显。

（2）设有片前贴片广告、在节目播出过程中有弹窗广告。

4. 连续的游戏画面

案例一 【娱美德娱乐有限公司、株式会社传奇 IP、亚拓士软件有限公司诉 上海欣烁网络科技有限公司、浙江欢游网络科技有限公司、上海恺英网络科技有限公司、浙江盛和网络科技有限公司】

上海市普陀区人民法院（2017）沪 0107 民初 24009 号【一审】

【涉案作品：游戏《热血传奇》】（法院认定，涉案游戏整体运行画面构成“类电作品”）

侵权行为

被诉侵权游戏《王者传奇》与《热血传奇》构成实质性相似。浙江盛和网络科技有限公司（以下简称盛和公司）侵犯了《热血传奇》游戏的改编权和信息网络传播权，其他被告侵犯了《热血传奇》游戏的信息网络传播权。同时，构成虚假宣传的不正当竞争。

原告诉求赔偿额：经济损失 1 亿元

法院判赔额：经济损失 2500 万元

判决摘要

【关于赔偿数额的认定理由阐述】 原告主张以被告的获利作为损害赔偿的计算依据。在被告未能提交涉案游戏具体营收证据的情况下，法院推定原告主张的《王者传奇》手游流水收入等具有可参考性［证据：上海恺英网络科技有限公司（上市公司）的公告（流水）、年报、新闻报道（流水）、七麦数据平台显示的下载量］。

但考虑到游戏流水与实际获利无法直接等同，法院将结合涉案作品的性质、类型、影响力、实际运营主体及运营情况、被告侵权使用的情况及方式、被告主观过错、持续时间、游戏业的一般盈利可能性、游戏受众认知情况等因素综合考虑，酌情确定赔偿数额。

案例二 【广州网易计算机系统有限公司 诉 广州华多网络科技有限公司】

广州知识产权法院（2015）粤知法著民初字第16号【一审】

广东省高级人民法院（2018）粤民终137号【二审】（维持）

【涉案作品：游戏《梦幻西游》和《梦幻西游2》】（法院认定，涉案游戏连续动态画面（整体画面）构成“类电作品”）

【涉案平台：YY游戏直播网站（现已更名为虎牙直播）、YY语音客户端等】

侵权行为

被告通过非法代码注入客户端或者动态截取屏幕内容等方式录制和抓取“梦幻西游”游戏内容；通过YY游戏直播网站（现已更名为虎牙直播）或YY语音客户端等平台，以直播、录播、转播等方式传播“梦幻西游”游戏内容，侵害了原告对其游戏画面作为类电作品享有的“其他权利”。

原告诉求赔偿额：经济损失＋合理开支共计1亿元

法院判赔额：经济损失＋合理开支共计2000万元

判决摘要

【关于赔偿数额的认定理由阐述】 鉴于原告对其实际损失无法举证，本案证据也难以直接计算被告因组织开展涉案游戏直播业务所获的利益，综合相关证据，有必要根据被告在侵权行为持续期间相关游戏直播业务收入情况对其所获利益进行合理估算，在此基础上，结合互联网环境下新兴产业发展的特点及相关因

素，综合确定本案赔偿数额。

1. 侵权人的违法所得（扣除必要成本之后的合理利润，而非销售收入）

被告提供在侵权行为持续期间经营梦幻西游直播业务的收入和与该业务相关的直接、必要的经营成本（包括主播分成）等财务资料，经双方当事人确认或法院委托的第三方审计机构进行审计，得出被告侵权获利情况，在此基础上，结合双方当事人对涉案知识产权在侵权获利中价值贡献占比的举证，剔除不属于涉案知识产权因素的价值贡献部分，最终确定本案赔偿数额。

证据如下：

（1）被告提交的其自制的《主播人员分成收入清单》《YY游戏直播成本利润财务报表》以及广州德永会计师事务所有限公司出具的《华多公司专项审计报告》，用以证明被告在统计期间梦幻西游直播业务亏损约500余万元，法院未予采信（证据存在不全面、不真实的问题）。

（2）原告提交被告的关联方欢聚时代公司（YYINC.）2012—2014年财务年度报告（上市公司财务年度报告）、广东正中珠江会计师事务所出具的《专项说明报告书》（游戏直播业务营收），可作为估算被告经营游戏直播业务的收入及盈利情况的依据。法院综合估算被告自2011年10月至2014年12月经营梦幻西游直播业务获利合计约为4000万元：游戏直播业务营收×毛利润率＝毛利润（每年），侵权期间毛利润相加合计1/3（梦幻西游直播在所有游戏直播业务的占比）。

（3）新闻报道：被告经营业绩、被告平台某游戏主播的收入情况。

（4）被告平台关于主播分成体系的说明。

（5）被告平台某游戏主播的证词以及关于其收入情况的公证书。

2. 涉案游戏因素对于被告获利的贡献程度

游戏直播获利并非仅来源于游戏本身的价值贡献，人气火爆的游戏主播、运营稳定的直播平台，均是游戏直播获利的重要因素。

3. 涉案作品

（1）类型（独创性）：大型多人在线角色扮演类游戏，独创性较高。

（2）知名度：获得“2011年度最受欢迎的民族网游”、2012年“中国年度最受欢迎网络游戏”等诸多荣誉，多次获评年度十大网络游戏，最高同时在线人数超过上百万人，知名度较高。

4. 侵权行为

（1）本案侵权行为实施时段正值涉案游戏处于较为火爆的阶段，直播涉案游戏对直播平台的流量导向作用明显。

（2）主观故意明显，被告组织大量主播人员直播涉案游戏并获利；持续多年实施侵权行为，尤其是在原告发函要求停止侵权的情况下，拒绝停止。

（3）侵权规模：被告经营的直播平台是国内最大的游戏直播平台之一，主播人员众多，涉案游戏直播最高在线人数达10万人，侵权规模较大。

【判赔额总结】根据本案事实和证据估算，被告自2011年10月至2014年12月获利约4000万元。在此基础上，剔除涉案游戏之外的因素对直播获利的价值贡献部分，并综合考虑其他因素，本案可酌情判定被告赔偿原告经济损失及合理维权费用共计2000万元。

案例三 【上海壮游信息科技有限公司 诉 广州硕星信息科技有限公司、广州维动网络科技有限公司、上海哈网信息技术有限公司】

上海市浦东新区人民法院（2015）浦民三（知）初字第529号

【一审】

上海知识产权法院（2016）沪73民终190号【二审】

【涉案作品：游戏《奇迹MU》】（法院认定，涉案游戏的连续画面构成“类电作品”）

侵权行为

被诉侵权游戏《奇迹神话》与《奇迹MU》整体画面实质性相似，广州硕星信息科技有限公司开发并授权运营被诉游戏侵犯了原告享有的权利游戏整体画面的复制权、信息网络传播权。广州维动网络科技有限公司作为专业的游戏运营商，其应当知晓被诉游戏存在侵权的高度可能性，仍进行运营并大力宣传，与广州硕星信息科技有限公司共同侵犯原告的复制权、信息网络传播权。同时亦构成虚假宣传的不正当竞争行为。

原告诉求赔偿额：经济损失1000万元

法院判赔额：一审法院判赔经济损失500万元；二审法院调低为经济损失400万元

判决摘要

【关于赔偿数额的认定理由阐述】 由于原告的实际损失及两被告的侵权获利均不能确定，故一审法院以两被告侵犯著作权行为造成的损失为基础，结合不正当竞争行为所造成的损失，综合考虑以下因素确定赔偿数额。

1. 涉案作品

（1）原告游戏的商业价值和知名度较高。

（2）权利使用费用：原告许可案外人将《奇迹MU》改编为网页游戏，虽在使用方式、使用时间等方面与两被告行为不一定相同，但可在考虑这些不同的基础上参考上述许可费确定本案赔偿数额（根据原告实际从对外授权中所获得的经济利益，可以证明两被告的涉案侵权行为给原告造成的损失已超过了法定赔偿的最高限额。据此，法院综合考虑上述因素，在法定赔偿最高限额以上确定赔偿数额）。

证据如下：

1）2013年9月，上海塔人网络科技有限公司经原告授权，作为甲方与中联畅想（北京）科技有限公司（乙方）签订《〈勇者归来〉网页游戏授权运营合同》，约定乙方开发的网页游戏《勇者归来》为获取甲方授权，以消除涉嫌侵犯《奇迹MU》游戏著作权等相关权益的影响，甲方授权乙方就《勇者归来》在中国大陆及部分海外地区进行运营，乙方支付甲方固定分成款880万元，并约定中国大陆地区运营收入分成比例为14%，海外地区运营收入分成比例为50%。原告提供了相应银行收款回单，其中2015年1—6月收到的分成款分别为10万元左右到40余万元不等。

2）2014年5月，网禅公司（甲方）、原告（乙方）与江苏极光网络技术有限公司（丙方）签订《〈大天使之剑〉（暂定名）网页游戏运营合同》，约定甲方及乙方同意授权丙方使用客户端游戏《MU》开发并运营网页游戏《大天使之剑》（暂定名，可变更），丙方除向甲方支付授权费外，还应支付乙方322.70万元授权费，并根据月流水的不同分别向甲方支付6%～8%的分成，向乙方支付4%的分成。原告提供了相应银行收款回单，其中，2015年1月起原告收到的国内运营分成款为100余万元到600余万元不等，港、澳、台地区运营分成款为十几万元到二十几万元不等。

2. 侵权行为

（1）主观故意明显：被告在明知具有较高知名度的原告游戏的情况下，仍大量抄袭原告游戏画面，使用与原告游戏名称相似的名称，并捆绑原告游戏进行宣传；且在原告起诉后仍继续实施

侵权行为并增开新的服务器，主观故意进一步加深。

（2）侵权影响范围、获利：被告游戏通过玩家充值获利，其开服数量较多，且在原告起诉后仍继续实施侵权行为并增开新的服务器，侵权行为造成的影响范围也继续扩大。

二审法院之所以调低判赔额主要因为：

1）涉案游戏知名度的考虑（现有证据可以证明 2002—2003 年具有较高知名度，但无法证明被诉侵权行为发生时，即 2013 年 12 月前后的知名度与市场份额。

2）原告撤回关于知名商品特有名称的不正当竞争之一审诉讼请求。

3）9K9K 网络平台显示的开服数据相较于其他游戏而言，相对较低［其中《大天使之剑》开服数近 3 万，《勇者归来》（已更名为《奇迹来了》）开服数 2398 服，被诉游戏开服数 300 余服］。

案例四　【深圳市腾讯计算机系统有限公司 诉 运城市阳光文化传媒有限公司、北京字节跳动科技有限公司、广州优视网络科技有限公司】

广州互联网法院（2019）粤 0192 民初 1756 号【一审】

【涉案作品：游戏《英雄联盟》】（法院认定，游戏整体画面构成“类电作品”）

【涉案平台：“今日头条”App、“西瓜视频”App 以及 365yg.com 网站】

侵权行为

被告运城市阳光文化传媒有限公司（以下简称运城阳光）将包含原告《英雄联盟》游戏画面的短视频以公之于众的方式展示在开放性的、不特定任何人均可浏览的“西瓜视频”平台上，使公众可以在其个人选定的时间和地点获得涉案《英雄联盟》游戏画面，该行为构成对原告信息网络传播权的侵害。被告北京字节跳动科技有限公司（以下简称字节跳动）与运城阳光存在共同经营行为，双方应对涉案侵权视频共同承担侵权责任。

原告诉求赔偿额：经济损失 500 万元

后请求适用惩罚性赔偿：增加至 750 万元（庭审过程中，原告以被告运城阳光、字节跳动消极履行行为保全裁定为由，请求适用惩罚性赔偿）

法院判赔额：经济损失 350 万元

判决摘要

【关于赔偿数额的认定理由阐述】 法院结合如下因素酌情确定赔偿数额。

1. 涉案作品

（1）作品的类型、制作成本:《英雄联盟》游戏涉及计算机软件、音视频、美术、文字等多种作品类型的有机组合，在研发、推广、运营等环节均需耗费巨大的成本。

（2）知名度高。

2. 侵权行为

（1）主观过错：被告鼓励、引诱和帮助游戏用户在“西瓜视频”“今日头条”平台上传《英雄联盟》游戏短视频进行传播并从中获利，且接到原告的通知后拒不删除相关视频。

（2）侵权规模：被诉侵权短视频已超过十余万条，吸引了众多流量。

（3）广告收益：在短视频播放窗口下方和短视频评论区上方等位置设有广告位，获取了大量广告收益。

（4）引流：在与游戏用户签订的《游戏类视频合作协议》中，两被告要求游戏用户在“今日头条”和“西瓜视频”平台发

布游戏视频后的3日后才可在包括原告旗下的腾讯视频和企鹅号等在内的第三方平台按照其指定的时间和频率上传，且上传内容应当含有将第三方平台用户引导至“今日头条”和“西瓜视频”的导流内容。由此可见，即使签约游戏用户将其《英雄联盟》视频上传至第三方视频平台，也能对“西瓜视频”产生引流作用。

3. 短视频行业市场规制考量

短视频已成为互联网经济的新兴红利增长点，在游戏短视频传播速度快、传播面广和传播周期短的情况下，上述行为不但减少了原告作为著作权人本应当享有的流量及广告收益，而且在一定程度上妨碍了原告进一步开拓扩大其《英雄联盟》游戏短视频市场，给原告造成了较大损失。

4. 未支持惩罚性赔偿

因本案在行为保全阶段下架的视频量巨大，两被告在两个月之内全部下架不存在明显消极懈怠之处，故在案证据尚不足以证明两被告存在拒不执行裁定的行为，且即使存在消极执行、拒不执行的情形，亦属于妨碍民事诉讼的行为，依法承担相应责任，不宜作为加重民事赔偿的依据。故对于原告因被告存在消极执行裁定的行为增加250万元的主张，法院不予支持。

5. 考量原告过错

原告存在通过其“英雄联盟”官方微博宣称“上西瓜视频看英雄联盟短视频”等行为，故原告对于《英雄联盟》游戏短视频在“西瓜视频”平台上的传播亦存在过错，且原告另发布“在腾讯游戏用户创作联盟，你可以快捷地将内容发布到腾讯视频、今日头条等一线主流媒体！”故原告自身行为对用户具有较强号召力，原告发布的此类微博及宣传将在某种程度上对游戏用户存在误导作用，致使部分用户以为将游戏视频上传“西瓜视频”并非侵权行为，因此原告对其自身的损失亦存在一定的过错。不过微博具有一定的时效性，受微博指引上传的游戏视频毕竟是有限的，相对于“西瓜视频”“今日头条”平台上存在的上十万条《英雄联盟》游戏视频而言，占比较小。法院综合考量原告与两被告对损失产生的过错大小，认为两被告应当共同承担主要责任，法院酌定其责任份额为70%，即应赔偿原告350万元。

（四）依据法定赔偿标准判赔的案例（一般是针对判赔50万元的案例）

案例一 【央视国际网络有限公司 诉 上海千杉网络技术发展有限公司】

上海市浦东新区人民法院（2016）沪0115民初38167号【一审】

北京知识产权法院（2018）京73民终685号【二审】（维持）

【涉案作品：综艺节目《2016年中央电视台春节联欢晚会》】（法院将之作为“汇编作品”予以保护）

【涉案平台：“电视猫视频”手机客户端】

侵权行为

被告通过其“电视猫视频”手机客户端向用户实时转播《2016年中央电视台春节联欢晚会》，侵害了原告依据《著作权法》第十条第一款第十七项规定所享有的其他权利。

原告诉求赔偿额：经济损失300万元

法院判赔额：经济损失50万元

判决摘要

【关于赔偿数额的认定理由阐述】鉴于涉案作品较高的市场价值和被告侵权情节的恶劣程度，法院根据《著作权法》规定的法定赔偿最高额确定赔偿金额。

1. 涉案作品

（1）知名度高、市场价值高。

（2）国家版权局办公厅发布《关于禁止未经授权通过网络传播中央电视台2016年春节联欢晚会的通知》，明确要求各机构未经授权，不得以网络直播、点播、下载、IPTV等各种形式传播《2016年中央电视台春节联欢晚会》。

2. 侵权行为

（1）主观过错明显。

（2）被诉平台热门推荐。

案例二【上海宽娱数码科技有限公司 诉 福州市嘀哩科技有限公司、福州羁绊网络有限公司、福建天下无双投资集团有限公司】

上海市杨浦区人民法院（2019）沪0110民初8708号【一审】

【涉案作品：动画片《碧蓝之海》】

【涉案平台：www.dilidili.wang，www.dilidili.name，www.bbs.005.tv】

侵权行为

被告共同经营的被控侵权网站为涉案作品《碧蓝之海》提供在线播放、下载服务，所播放、下载的内容与原告享有信息网络传播权的作品相同，三被告的行为侵犯了原告对涉案作品享有的信息网络传播权。

原告诉求赔偿额：经济损失＋合理开支共计200万元

法院判赔额：经济损失50万元

判决摘要

【关于赔偿数额的认定理由阐述】法院综合考虑涉案作品类型、

发行时间、知名度、相关许可费用，被告的主观过错程度、侵权行为性质、持续时间、经营规模等因素，以法定赔偿最高限额50万元确定被告的赔偿责任。法院在裁量时特别考虑到如下因素。

1. 涉案作品

（1）授权费用：Avex公司与BilibiliInc.签订的《版权交易合同》中就涉案作品约定了较高的授权费用，虽然之后BilibiliInc.授权给原告时未再约定许可费，但鉴于后两者系关联公司，不影响将上述授权费用作为本案赔偿的参考因素。

（2）知名度：涉案作品自2018年7月起在B站首播，两年间在B站的总播放数达数千万、追番人数达数百万，足以说明涉案作品的知名度和受欢迎度。

2. 侵权行为

（1）涉案作品在B站上虽不单独收费，但从第2话开始需付费购买大会员方可观看，而在D站上无须付费即能观看，且D站在下架涉案作品前已具有一定规模。

（2）涉案作品在D站播放时虽未显示每一话的点播次数情况，但播放时页面两侧存在广告，涉案作品点击量的上升势必会增加被告的经济利益。

（3）三被告明知其未取得权利人的许可，仍直接将侵权视频上传至其共同经营的平台供网络用户观看，且提供观看时间与涉案作品在原告平台播放时间相近，侵权的主观恶性程度较高。

（4）三被告除了提供涉案作品的在线播放服务外，还在D站及羁绊论坛上提供了下载服务，给原告造成了扩大性的损失。

（5）自2018年以来，被告曾多次因侵犯著作权被起诉或被行政处罚。

（6）原告、被告之间存在其他涉嫌侵犯作品信息网络传播权系列纠纷。

案例三 【刘某某 诉 上海一条网络科技有限公司】

北京市海淀区人民法院（2018）京0108民初34939号【一审】

北京知识产权法院（2019）京73民终1663号【二审】（维持）

【涉案作品：短视频“与自驾和崇礼滑雪相关的视频”】（法院认定，构成“类电作品”）

侵权行为

被告未经原告许可，在其经营的“一条”微信公众号和新浪微博上将涉案视频作为广告投放，且未署名作者，侵害了原告依法享有的署名权及信息网络传播权。

原告诉求赔偿额：经济损失100万元

法院判赔额：经济损失50万元

判决摘要

【关于赔偿数额的认定理由阐述】 法院认为本案应按照《著作权法》法定赔偿的最高限额进行赔偿，故依法将经济损失酌定为50万元。

1. 涉案作品

涉案作品具有独创性和一定的商业价值。

2. 侵权行为

（1）侵权行为影响范围、被告获利：专门的广告宣传媒体，视频广告受众广泛、传播迅速、收益巨大，被告将涉案视频作为沃尔沃新款汽车的广告，通过微信和微博进行传播，直接获取商业利益；被告理应持有涉案视频的收益证据，但其拒不提交，依照其认可的××××年广告刊例报价，非定制视频的微博传播报价为 10 万元 / 条，微信传播报价为 10 万～15 万元 / 条，广告收费金额较高。

（2）侵权行为持续时间、主观恶意明显：被告于 ×××× 年 3 月 18 日分别在微博和微信发布涉案视频，至原告公证取证时，阅读量已累计 40 万以上，且被告在收到本案起诉材料后未及时删除涉案视频，致使侵权行为一直持续至 ×××× 年 9 月。

（五）适用惩罚性赔偿的案例

继《商标法》（2013 年修正）、《反不正当竞争法》（2019 年修正）引入“惩罚性赔偿”制度之后，《著作权法》（2020 年修正）、《专利法》（2020 年修正）均吸收借鉴了“惩罚性赔偿”制度。鉴于新修正的《著作权法》于 2021 年 6 月 1 日才正式实施，现阶段适用惩罚性赔偿的著作权相关案例相对较少，且主要涉及美术作品类似案例，如“小黄人”美术作品著作权侵权案［江苏省苏州市中级人民法院（2019）苏 05 知初 351 号一审民事判决书］、“圆圆”“入画”美术作品著作权侵权案［广州互联网法院（2019）粤 0192 民初 24307 号、24305 号一审民事判决书］。关于网络视听行业信息网络传播权侵权纠纷，目前我们尚未找到适用惩罚性赔偿的类似案例。

三、相关法律文件

（一）全国规范性法律文件

《民法典》

实施日期：2021 年 1 月 1 日

第一千一百七十三条　被侵权人对同一损害的发生或者扩大有过错

的，可以减轻侵权人的责任。

第一千一百八十四条　侵害他人财产的，财产损失按照损失发生时的市场价格或者其他合理方式计算。

第一千一百八十五条　故意侵害他人知识产权，情节严重的，被侵权人有权请求相应的惩罚性赔偿。

《著作权法》（2020修正）

实施日期：2021年6月1日

第五十四条　侵犯著作权或者与著作权有关的权利的，侵权人应当按照权利人因此受到的实际损失或者侵权人的违法所得给予赔偿；权利人的实际损失或者侵权人的违法所得难以计算的，可以参照该权利使用费给予赔偿。对故意侵犯著作权或者与著作权有关的权利，情节严重的，可以在按照上述方法确定数额的一倍以上五倍以下给予赔偿。

权利人的实际损失、侵权人的违法所得、权利使用费难以计算的，由人民法院根据侵权行为的情节，判决给予五百元以上五百万元以下的赔偿。

赔偿数额还应当包括权利人为制止侵权行为所支付的合理开支。

人民法院为确定赔偿数额，在权利人已经尽了必要举证责任，而与侵权行为相关的账簿、资料等主要由侵权人掌握的，可以责令侵权人提供与侵权行为相关的账簿、资料等；侵权人不提供，或者提供虚假的账簿、资料等的，人民法院可以参考权利人的主张和提供的证据确定赔偿数额。

《著作权法》（2010修正）

实施日期：2010年4月1日

第四十九条　侵犯著作权或者与著作权有关的权利的，侵权人应当按照权利人的实际损失给予赔偿；实际损失难以计算的，可以按照侵权人的违法所得给予赔偿。赔偿数额还应当包括权利人为制止侵权行为所支付的合理开支。

权利人的实际损失或者侵权人的违法所得不能确定的，由人民法院根据侵权行为的情节，判决给予五十万元以下的赔偿。

《最高人民法院关于审理著作权民事纠纷案件适用法律若干问题的解释（2020年修正）》

实施日期：2021年1月1日

第二十五条　权利人的实际损失或者侵权人的违法所得无法确定的，人民法院根据当事人的请求或者依职权适用著作权法第四十九条第二款的规定确定赔偿数额。

人民法院在确定赔偿数额时，应当考虑作品类型、合理使用费、侵权行为性质、后果等情节综合确定。

当事人按照本条第一款的规定就赔偿数额达成协议的，应当准许。

第二十七条　侵害著作权的诉讼时效为三年，自著作权人知道或者应当知道权利受到损害以及义务人之日起计算。

权利人超过三年起诉的，如果侵权行为在起诉时仍在持续，在该著作权保护期内，人民法院应当判决被告停止侵权行为；侵权损害赔偿数额应当自权利人向人民法院起诉之日起向前推算三年计算。

《最高人民法院关于加强著作权和与著作权有关的权利保护的意见》

实施日期：2020年11月16日

7. 权利人的实际损失、侵权人的违法所得、权利使用费难以计算的，应当综合考虑请求保护的权利类型、市场价值和侵权人主观过错、侵权行为性质和规模、损害后果严重程度等因素，依据著作权法及司法解释等相

关规定合理确定赔偿数额。侵权人故意侵权且情节严重，权利人请求适用惩罚性赔偿的，人民法院应当依法审查确定。权利人能够举证证明的合理维权费用，包括诉讼费用和律师费用等，人民法院应当予以支持并在确定赔偿数额时单独计算。

（二）地方制定的规范性法律文件

1. 北京市

《北京市高级人民法院关于侵害知识产权及不正当竞争案件确定损害赔偿的指导意见及法定赔偿的裁判标准》

实施日期：2020 年 4 月 21 日

第一章　基本规定

1.1【损害赔偿的确定原则】

确定损害赔偿坚持知识产权市场价值导向，遵循填平原则，体现补偿为主、惩罚为辅的损害赔偿司法认定机制。

被告因过错侵害他人知识产权或实施不正当竞争行为，且造成损害的，应当承担损害赔偿责任。

1.2【赔偿计算方法及顺序】

当事人应当按照权利人的实际损失、侵权人的获利、许可使用费、法定赔偿的顺序，提出具体的赔偿计算方法。

当事人选择后序赔偿计算方法的，可以推定前序赔偿计算方法难以确定赔偿数额，但有相反证据的除外。

当事人还可以依据协商一致的其他合理方式提出具体的赔偿计算方法。

1.3【赔偿计算方法的举证】

原告除明确具体赔偿数额、赔偿计算方法外，还应当按照提出的赔偿计算方法进行举证。被告对原告主张的赔偿数额和赔偿计算方法不予认可的，也可以提出具体的赔偿计算方法并进行相应举证。

当事人可以证明赔偿的具体数额，也可以证明赔偿数额的合理区间；既可以精确计算，也可以概括估算。

1.4【赔偿计算方法的种类】

同一案件中，当事人针对同一被诉行为可以同时提出多种赔偿计算方法，针对不同被诉行为也可以分别提出赔偿计算方法。

1.5【未明确赔偿计算方法的后果】

原告仅提出赔偿数额，经释明后仍未提出具体赔偿计算方法且未提供相应证据的，对于其举证责任转移的主张，一般不予支持。

上述原告不服一审判决赔偿数额提起上诉的，在无充分理由和证据时，二审法院对一审判决确定的赔偿数额一般不予调整。

1.6【赔偿数额的阐述】

当事人已提出具体赔偿计算方法和相应的证据，判决书中应当评述计算方法的合理性和证据的可信度，细化阐述判决采用的赔偿计算方法，并在此基础上确定赔偿数额。

1.7【实际损失和侵权获利的确定】

确定权利人的实际损失和侵权人的获利，应当运用证据规则，采取优势证据标准，考虑知识产权的市场价值、贡献率等合理因素。

确定侵权人的获利，一般以营业利润为准；被告完全以侵权为业的，可以销售利润为准。

原告确有必要自行修复商誉的，为修复商誉已实际支出的合理广告费可以作为确定实际损失的考量因素。

1.8【裁量性赔偿的适用】

裁量性赔偿不是法定赔偿，属于对权利人的实际损失或侵权人的获利的概括计算。

有证据证明权利人的实际损失或侵权人的获利明显在法定赔偿限额以外，综合全案证据情况，可以在法定限额以外合理确定赔偿数额。

1.9【合理的许可使用费】

参照许可使用费确定赔偿数额的，一般不低于可比较的合理许可使用费。

认定合理的许可使用费，可以综合考虑下列因素：

（1）许可使用合同是否实际履行，有无发票、付款凭证等相应证据。

（2）许可使用合同是否备案。

（3）许可使用的权项、方式、范围、期限等因素与被诉行为之间有无可比性。

（4）许可使用费是否为正常的商业许可费用而未受到诉讼、并购、破产、清算等外在因素的影响。

（5）许可人与被许可人之间是否存在亲属关系、投资或关联公司等利害关系。

（6）其他因素。

1.10【法定赔偿的适用】

在案证据难以确定权利人的实际损失、侵权人的获利、许可使用费，也难以采用其他合理方式确定赔偿数额的，可以适用法定赔偿。

原告明确请求适用法定赔偿，被告对此不予认可且提供一定证据证明权利人的实际损失、侵权人的获利、许可使用费等，被告提供的证据可以作为确定赔偿数额的参考。

1.11【法定赔偿的说明】

原告直接依据法定赔偿方法请求损害赔偿的，应当说明适用法定赔偿的理由及主张赔偿数额的相关因素。

1.12【法定赔偿数额的确定】

法定赔偿数额的确定，应当遵循裁判标准一致性原则，综合考虑权利、行为、过错、后果、因果关系等因素，体现案件之间的相同点和不同点，合理确定赔偿数额。

1.13【惩罚性赔偿的适用条件】

惩罚性赔偿的适用，应当依照法律的规定。

恶意实施侵害商标权或者侵犯商业秘密等行为，且情节严重的，适用惩罚性赔偿。

“恶意”一般为直接故意。“情节严重”一般是指被诉行为造成了严重损害后果。

1.14【惩罚性赔偿的适用方法】

惩罚性赔偿的适用，应当依据当事人的主张，但一般情况下当事人应当在一审法庭辩论终结前提出该主张。

1.15【惩罚性赔偿“恶意”的认定】

具有下列情形之一的，可以认定为被告具有恶意：

（1）被告或者其控股股东、法定代表人等在生效判决作出后，重复或变相重复实施相同侵权行为或不正当竞争行为。

（2）被告或者其控股股东、法定代表人等经权利人多次警告或受到行政机关处罚后，仍继续实施侵权行为或不正当竞争行为。

（3）假冒原告注册商标。

（4）攀附原告驰名商标声誉、抢注原告驰名商标。

（5）被告在相同或类似商品上使用原告驰名商标。

（6）原告与被告之间存在劳动、劳务关系，或者具有代理、许可、经销、合作等关系，或者进行过磋商，被告明知他人知识产权存在。

（7）被告存在掩盖被诉行为、伪造或毁灭侵权证据等行为。

（8）被告拒不履行行为保全裁定。

（9）其他情形。

……

1.18【惩罚性赔偿的“基数”】

惩罚性赔偿的“基数”包括权利人的实际损失、侵权人的获利以及许可使用费。

原告维权支出的合理开支，一般不纳入计算基数。

1.19【惩罚性赔偿的“倍数”】

惩罚性赔偿的数额，以前款确定的赔偿数额作为计算基数，在法定倍数范围内酌情确定。

惩罚性赔偿的“倍数”，可以不是整数。

1.20【惩罚性赔偿与行政罚款、刑事罚金的关系】

被告以其同一被诉行为已受到行政罚款或者刑事罚金处罚为由，请求抵销惩罚性赔偿相应数额的，一般不予支持。

1.21【约定赔偿的适用】

当事人依法约定赔偿数额或者赔偿计算方法，并在诉讼中主张依据该约定确定赔偿数额的，应当予以支持。

1.22【合理开支的确定原则】

确定合理开支的数额，应当综合考虑合同、发票、支付凭证等证据的真实性、关联性，以及相应开支的合理性、必要性。

被告应当赔偿原告为制止被诉行为支出的合理开支，该项内容单独列出。

1.23【合理开支中律师费的确定】

对于案情简单，诉讼标的不大，权利义务清楚的案件，原告主张较高数额律师费的，不宜全额支持。

对于专业性强、案情复杂、工作量大的案件，原告以计时收费方式主张律师费的，可以予以支持。

对于尚未实际支出但根据合同约定必然发生的律师费，且律师确已付出相应劳动并符合付款条件的，可以予以支持。

1.24【关联案件的合理开支】

在关联案件中，对于原告为制止被诉行为而共同支付的合理开支，已在其他案件中获得赔偿的，不再重复计算。

1.25【精神损害赔偿的适用】

侵害著作人身权及表演者人身权情节严重，且适用停止侵权、消除影响、赔礼道歉仍不足以抚慰原告所受精神损害的，应当判令支付精神损害抚慰金。精神损害抚慰金一般不低于5000元，不高于10万元。

1.26【举证妨碍的适用范围】

在侵害知识产权及不正当竞争案件中，均可以适用举证妨碍的有关规定分配举证责任、确定赔偿数额。

1.27【举证妨碍的适用条件】

权利人的损失难以确定，原告就侵权人的获利提供了初步证据，在与被诉行为相关的账簿、资料主要由被告掌握的情况下，可以责令被告提供与被诉行为相关的账簿、资料；被告无正当理由拒不提供的，可以根据原告的主张和提供的证据认定赔偿数额。

1.28【举证妨碍的释明及后果】

责令被告提供账簿、资料的，应当向其释明拒不提供或者提供虚假账簿、资料的法律后果。

被告在一审诉讼中无正当理由拒不提供或提供虚假账簿、资料，在二审诉讼中提交相应证据，用以推翻一审判决依法认定的事实的，不予采信。

1.29【赔偿证据的保全】

与赔偿数额有关的证据可能灭失或者以后难以取得的，当事人可以依法提出证据保全申请。

具有相应资质的金融机构以担保书或独立保函形式为证据保全提供担保的，一般应予准许。

1.30【赔偿证据的保密】

当事人提交的与赔偿数额有关的证据涉及国家秘密、商业秘密或者法律规定应当保密的情形的，可以请求责令对方当事人及其诉讼代理人保密。

经审查需要保密的，可以责令对方当事人及其诉讼代理人签署保密承诺书，并采取适当措施限定质证的范围和方式。

第六章　视频类作品、制品法定赔偿的裁判标准

6.1【视频的范围】

本章规定的视频类作品及制品，包括电影（微电影）、电视剧、动画

片、纪录片、短视频、MTV、综艺节目视频、体育赛事节目视频、连续的游戏画面等。

6.2【特别考量因素】

除一般考量因素外，视频类作品、制品的法定赔偿可以考虑的特别因素包括：

（1）视频的具体情况，如视频的类型、时长、票房收入、收视率、点击率、档期、是否属于国家行政主管部门发布的预警名单中的作品等。

（2）原告获得授权的具体范围及类型，如传播渠道、传播平台、是否可以转授权等。

（3）原告提供涉案视频的商业模式、收费标准等。

（4）被诉行为是否发生在热播期或热映期、被诉侵权视频的清晰程度、被诉侵权视频的影响力等。

（5）其他因素。

6.3【广播、放映的基本赔偿标准】

被告未经许可将涉案视频类作品进行广播或放映的，无其他参考因素时，电影、电视剧、纪录片、动画片类作品每部赔偿数额一般不少于2万元；微电影类作品每部赔偿数额一般不少于1万元；综艺节目视频类作品每期赔偿数额一般不少于3000元；其他短视频类作品每条赔偿数额一般不少于2000元。

6.4【参考在线播放收费的基本赔偿标准】

被告未经许可在线播放涉案视频类作品、制品，需付费观看的，可以参考单部计费标准、会员收费标准等不同收费方式以及收费标准，确定每部作品或制品的赔偿数额。

6.5【在线播放的基本赔偿标准】

被告未经许可在线播放涉案视频类作品、制品，无其他参考因素时，电影、电视剧、纪录片、动画片类作品每部赔偿数额一般不少于3万元；微电影类作品每部赔偿数额一般不少于1.5万元；综艺节目视频类作品每期赔偿数额一般不少于4000元；其他短视频类作品每条赔偿数额一般不少于2500元；录像制品每部赔偿数额一般不少于500元。

6.6【同时提供播放和下载的酌加标准】

被告未经许可在线播放涉案视频类作品、制品并提供下载的，可以比照前述在线播放的基本赔偿标准，酌情提高1～2倍确定赔偿数额。

6.7【网吧播放的基本赔偿标准】

被告未经许可将涉案影视作品上传至网吧局域网，或从第三方购买置有影视作品的软件安装到网吧局域网及接受网络更新服务，具有过错的，每部作品的赔偿数额一般为3000元至8000元。

6.8【VOD播放的基本赔偿标准】

被告未经许可在酒店、宾馆等场所通过VOD点播系统播放涉案影视作品的，每部作品的赔偿数额一般为1万元至3万元。

6.9【卡拉OK经营者的考量因素】

卡拉OK经营者未经许可使用涉案MTV的，可以综合考虑涉案歌曲的知名度、创作时间、点播次数、全行业点播报告、经营场所的规模、所处地理位置及各方主体的利益平衡等因素，确定赔偿数额。

6.10【卡拉OK经营者的基本赔偿标准】

卡拉OK经营者未经权利人许可，也未与著作权集体管理组织签订许可使用合同并支付费用的，每首歌曲赔偿数额一般为200元至800元。

卡拉OK经营者与著作权集体管理组织签订许可使用合同并支付费用，但著作权集体管理组织未获得涉案歌曲授权的，卡拉OK经营者仍应承担赔偿责任，每首歌曲赔偿数额一般不高于200元。

6.11【分割片段的基本赔偿标准】

被告未经许可将涉案电影、电视剧、综艺节目视频、体育赛事节目视频、连续的游戏画面等分割成若干片段，通过信息网络传播，能够替代或基本替代被分割视频的，可以按照前述在线播放的基本赔偿标准，确定赔偿数额。被诉侵权片段不能替代被分割视频的，每一片段的赔偿数额一般

不少于500元，但赔偿总额不应超过整部作品的基本赔偿标准。

6.12【知名度的酌加标准】

涉案视频具有获得国际或国内知名奖项、票房收入较高、收视率或点击率较高等情形的，可以比照前述基本赔偿标准，酌情提高1～5倍确定赔偿数额。

6.13【侵权情节严重的酌加标准】

有下列情形之一的，属于侵权情节严重，可以比照前述基本赔偿标准，酌情提高1～5倍确定赔偿数额：

（1）被诉行为发生在首次播映日之前或热播期、热映期。

（2）将涉案视频推荐至首页、热门栏目等用户关注度较高的页面。

（3）将涉案视频用于广告或截取画面制作成广告。

（4）其他情形。

6.14【酌减情形】

有下列情形之一的，可以比照前述基本赔偿标准，酌情降低赔偿数额：

（1）涉案视频的著作权保护期即将届满。

（2）涉案视频未获得审批许可即在我国境内公开传播。

（3）其他情形。

《北京市高级人民法院侵害著作权案件审理指南》

实施日期：2018年4月20日

第八章　法律责任的确定

8.1【停止侵害的例外】

如果被告停止被诉侵权行为可能有悖公序良俗，或者违反比例原则的，可以不判令停止侵害，宜根据案件情况从高确定赔偿数额或者判令被告支付相应的对价。

8.2 【过错原则】

被告承担损害赔偿责任，应当以被告存在过错为前提。

8.3 【赔偿数额的确定原则】

确定赔偿数额应当以能够弥补权利人因侵权而受到的损失为原则，但法律另有规定的除外。

被告仅侵害著作人身权的，一般不判令承担损害赔偿责任。

8.4 【赔偿数额的确定方法及适用顺序】

确定损害赔偿数额应当遵循权利人的实际损失、侵权人的违法所得、法定赔偿的顺序。

无法精确计算权利人的实际损失或者侵权人的违法所得时，可以根据在案证据裁量确定赔偿数额，该数额可以高于法定赔偿最高额。

无法精确计算权利人的实际损失或者侵权人的违法所得，也无法以合理方法裁量确定赔偿数额的，应适用法定赔偿确定数额。

8.5 【权利人的实际损失】

计算“权利人的实际损失”可以依据如下方法：

（1）侵权行为使权利人实际减少的正常情况下可以获得的利润，但权利人能够举证证明其获得更高利润的除外。

（2）侵权行为直接导致权利人的许可使用合同不能履行或者难以正常履行，从而产生的预期利润损失。

（3）参照国家有关稿酬规定计算实际损失。

（4）合理的许可使用费。

（5）权利人因侵权行为导致复制品销售减少的数量乘以单位利润之积。

（6）侵权复制品销售数量乘以权利人销售复制品单位利润之积。

（7）其他方法。

8.6 【侵权人的违法所得】

通常依据侵权人因侵权行为获得的利润计算“侵权人的违法所得”。若在案证据证明侵权人存在明显侵权恶意、侵权后果严重的，可以直接依

据因侵权行为所获得的营业收入计算其违法所得。

8.7 【举证妨碍】

权利人的实际损失难以确定，但权利人就侵权人的违法所得提供了初步证据，而在与侵权行为相关的账簿、资料主要由侵权人掌握的情况下，可以责令侵权人提供与侵权行为相关的账簿、资料：侵权人不提供或者提供虚假的账簿、资料的，可以根据权利人的主张和提供的证据认定侵权所得的数额。

8.8 【裁量确定赔偿数额】

按照权利人的实际损失、侵权人的违法所得均无法精确计算赔偿数额，裁量确定赔偿数额时，除根据当事人提交的证据外，还可以考虑如下因素：

（1）原告主张权利的作品市场价格、发行量、所在行业正常利润率。

（2）侵权商品的市场价格、销售数量、所在行业正常利润率以及作品对商品售价的贡献率。

（3）原告主张权利的作品类型、所在行业的经营主体盈利模式，如互联网流量、点击率、广告收入等对损害赔偿的影响。

（4）其他因素。

8.9 【法定赔偿的考量因素】

确定“法定赔偿”数额，一般考虑如下因素：

（1）作品的类型、作品知名度和市场价值、权利人的知名度、作品的独创性程度等。

（2）被告的主观过错、侵权方式、时间、范围、后果等。

（3）其他因素。

8.10 【恶意侵权】

适用法定赔偿时，被告具有下列情形之一的，可以在法定赔偿额限度内支持原告的赔偿请求或者从高确定赔偿数额：

（1）以同样的方式针对同一作品多次侵权。

（2）明知经营行为涉及大量侵权作品、表演、录音录像制品，仍实施、放任或者鼓励侵权行为。

（3）其他情形。

8.11 【合理开支】

合理开支包括：

（1）律师费。

（2）公证费及其他调查取证费。

（3）审计费。

（4）差旅费。

（5）诉讼材料印制费。

（6）原告为制止侵权支付的其他合理费用。

8.12 【合理开支的证明】

原告请求赔偿合理开支的，应当提交合同、票据等相应证据。经审查能够确定相关支出已经实际发生且具有合理性和必要性的，原告虽未能提交充分证据予以证明，也可以纳入赔偿范围。

8.13 【赔偿合理开支】

被告应当赔偿原告为制止侵权支出的合理开支，该项内容应在损失赔偿数额之外单独列出。

适用法定赔偿方法确定赔偿数额的，被告应当赔偿原告为制止侵权支出的合理开支，不计入法定赔偿数额之内。

8.14 【律师费】

确定律师费的支持数额，可以考虑实际支付的律师费数额、委托代理合同相关约定、案件专业性及难易程度、律师工作量、裁判结果等因素。

被告应当承担损害赔偿责任的，可以根据赔偿请求被支持的情况酌情确定计入合理开支的律师费数额。

被告不承担损害赔偿责任，但应承担停止侵害、赔礼道歉等民事责任的，可以根据原告诉讼请求被支持的情况酌情确定计入合理开支的律师费数额。

8.15 【赔礼道歉的适用条件】

侵害著作人身权或者表演者人身权的，可以判令被告承担赔礼道歉的民事责任。

确定赔礼道歉方式、范围，应当考虑著作人身权受侵害的方式、程度等因素，并应当与侵权行为造成损害的影响范围相适应。

侵权行为情节轻微的，可以判令被告书面道歉；被告在诉讼中已主动道歉并记录在案的，可以不再判令其赔礼道歉。

8.16 【精神损害赔偿的适用原则】

侵害著作人身权或者表演者人身权，造成严重精神损害，且适用停止侵害、消除影响、赔礼道歉仍不足以抚慰的，可以判令被告支付精神损害抚慰金。

法人或者非法人组织主张赔偿精神损害的，一般不予支持。

8.17 【精神损害抚慰金数额的确定】

被告应当承担精神损害赔偿责任的，可以根据原告遭受精神损害的程度、被告侵权的主观过错、侵权方式、侵权情节、影响范围等因素综合确定精神损害抚慰金数额。

《北京市高级人民法院关于确定著作权侵权损害赔偿责任的指导意见》

实施日期：2005 年 1 月 11 日（已失效）

损害赔偿责任的认定

第一条　被告因过错侵犯著作权人或者与著作权有关的权利人的合法权利且造成损害的，应当承担赔偿损失的民事责任。

原告应当提交被告侵权的相关证据。被告主张自己没有过错的，应当承担举证责任，否则须承担不利的法律后果。

第三条　被告虽无过错但侵犯著作权人或者与著作权有关的权利人的合法权利且造成损害的，不承担损害赔偿责任，但可判令其返还侵权所得利润。如果被告因其行为获利较大，或者给原告造成较大损失的，可以依据公平原则，酌情判令被告给予原告适当补偿。

损害赔偿的原则及方法

第五条　确定的侵权赔偿数额应当能够全面而充分地弥补原告因被侵权而受到的损失。

在原告诉讼请求数额的范围内，如有证据表明被告侵权所得高于原告实际损失的，可以将被告侵权所得作为赔偿数额。

第六条　确定著作权侵权损害赔偿数额的主要方法有：

（一）权利人的实际损失。

（二）侵权人的违法所得。

（三）法定赔偿。

适用上述计算方法时，应将原告为制止侵权所支付的合理开支列入赔偿范围，并与其他损失一并作为赔偿数额在判决主文中表述。

对权利人的实际损失和侵权人的违法所得可以基本查清，或者根据案件的具体情况，依据充分证据，运用市场规律，可以对赔偿数额予以确定的，不应直接适用法定赔偿方法。

第七条　本规定第六条第一款第（一）项所称“权利人的实际损失”可以依据以下方法计算：

（一）被告侵权使原告利润减少的数额。

（二）被告以报刊、图书出版或类似方式侵权的，可参照国家有关稿酬的规定。

（三）原告合理的许可使用费。

（四）原告复制品销量减少的数量乘以该复制品每件利润之积。

（五）被告侵权复制品数量乘以原告每件复制品利润之积。

（六）因被告侵权导致原告许可使用合同不能履行或难以正常履行产生的预期利润损失。

（七）因被告侵权导致原告作品价值下降产生的损失。

（八）其他确定权利人实际损失的方法。

第八条　本规定第六条第一款第（二）项所称“侵权人的违法所得”包括以下三种情况：

（一）产品销售利润。

（二）营业利润。

（三）净利润。

一般情况下，应当以被告营业利润作为赔偿数额。

被告侵权情节或者后果严重的，可以产品销售利润作为赔偿数额。

侵权情节轻微，且诉讼期间已经主动停止侵权的，可以净利润作为赔偿数额。

适用上述方法，应当由原告初步举证证明被告侵权所得，或者阐述合理理由后，由被告举证反驳；被告没有证据，或者证据不足以证明其事实主张的，可以支持原告的主张。

第九条　适用本规定第六条第一款第（三）项所称“法定赔偿”应当根据以下因素综合确定赔偿数额：

（一）通常情况下，原告可能的损失或被告可能的获利。

（二）作品的类型，合理许可使用费，作品的知名度和市场价值，权利人的知名度，作品的独创性程度等。

（三）侵权人的主观过错、侵权方式、时间、范围、后果等。

第十条　适用法定赔偿方法应当以每件作品作为计算单位。

第十一条　原告提出象征性索赔的，在认定侵权成立，并查明原告存在实际损失基本事实的情况下，应当予以支持。

第十二条　被控侵权行为在诉讼期间仍在持续，原告在一审法庭辩论终结前提出增加赔偿的请求并提供相应证据，应当将诉讼期间原告扩大的损失一并列入赔偿范围。

二审诉讼期间原告损失扩大需要列入赔偿范围的，二审法院应当就赔偿数额进行调解，调解不成的，可以就赔偿数额重新作出判决，并在判决书中说明理由。

2. 上海市

《上海市高级人民法院关于印发〈关于知识产权侵权纠纷中适用法定赔偿方法确定赔偿数额的若干问题的意见（试行）〉的通知》

实施日期：2010 年 8 月 20 日

一、适用法定赔偿的范围、原则与基本要求

1. 知识产权侵权诉讼中，确定侵权损害赔偿数额，有下列情形之一的，方可适用法定赔偿方法：

（1）根据案件现有证据，难以确定权利人损失数额、侵权人非法获利。

（2）经法院释明，权利人明确请求法院适用法定赔偿方法确定侵权损害赔偿数额，亦未提供相应证据证明权利人损失、侵权人非法获利。

对于难以证明权利人受损或者侵权人非法获利的具体数额，但有证据证明前述数额确已超过法定赔偿最高限额的，不应适用法定赔偿方法，而应综合全案的证据情况，在法定赔偿最高限额以上合理确定赔偿数额。

2. 适用法定赔偿方法确定的赔偿数额应公平合理，确保权利人损失获得充分赔偿。

3. 适用法定赔偿方法确定赔偿数额时，应根据案件具体情况在判决中分析和阐明权利价值、侵权情节、侵权恶意、侵权损害后果等方面具体情形与确定赔偿数额之间的联系。

4. 适用法定赔偿方法确定赔偿数额时，判决赔偿数额既应当保持同类案件之间的赔偿尺度协调，又应考虑不同案件之间的案情差异。

二、适用法定赔偿方法确定赔偿数额的酌定因素

5. 适用法定赔偿方法确定赔偿数额时，一般综合以下因素酌定赔偿数额：

（1）被侵犯知识产权的权利价值。

（2）侵权情节。

（3）侵权损害后果。

（4）侵权人过错程度。

（5）其他应予考虑的因素。

6. 著作权侵权诉讼中，可根据以下因素衡量著作权权利价值：

（1）作品的类型、独创性程度、创作投入、创作难度、创作周期、知名度、市场价值、获奖情况。

（2）侵权行为发生时的合理转让价格、合理许可费用、行业内的通常许可使用费或者国家规定的有关使用费标准。

（3）行业稿酬标准。

（4）著作权集体管理组织的许可使用费。

（5）其他可以衡量著作权权利价值的因素。

……

9. 知识产权侵权诉讼中，可根据以下因素衡量侵权情节：

（1）侵权行为方式，可区别直接侵权与间接侵权，生产过程中的侵权与销售过程中的侵权。

（2）侵权产品生产与销售规模、侵权作品传播范围。

（3）侵权行为持续时间。

（4）侵权次数，初次侵权或重复侵权。

（5）侵权行为的组织化程度。

（6）权利人发出侵权警告后侵权人的行为表现。

（7）其他可以衡量侵权情节的因素。

10. 知识产权侵权诉讼中，可根据侵权行为对权利人商业利润、商业声誉、社会评价的影响等衡量侵权损害后果。

四、侵犯著作权案件中赔偿数额的确定

18. 以网络传播的方式传播影视作品侵犯著作权的，应考虑主张权利的原告取得版权的对价，作品知名度，上映档期，网站传播时间与影视作品公映的时间之间的间隔，侵权网站的经营规模、传播范围，涉案作品的网上点击次数等因素。

3. 广东省

《广东省高级人民法院关于网络游戏知识产权民事纠纷案件的审判指引（试行）》

实施日期：2020 年 4 月 12 日

第三十六条 【先行判决】对案情较为复杂、案件标的额较高、审理周期可能较长的网络游戏知识产权案件，可对侵权事实是否成立先行作出判决。

【说明：部分重大、复杂的网络游戏案件往往涉及高额的侵权损害赔偿，而网络游戏具有时效性强的特点，查明实际损失或侵权获利费时长，影响案件审理效率，导致原告一方面希望能以实际损失或侵权获利确定赔偿数额，以弥补游戏开发和运营的高昂成本；另一方面又担心案件的审理周期过长，原告得不到永久禁令，维权效果难以得到保证。法院就已查明的侵权事实作出先行判决，不仅有利于原告及时获得停止侵害的救济，有力提升维权效果，也有利于在侵权判定已明确的情况下，发挥多元化纠纷化解机制，促使当事人协商解决赔偿问题，或者通过司法鉴定、审计等程序尽可能查明侵权损害赔偿事实，合理确定侵权损害赔偿数额。】

第三十七条 【证据披露与举证妨碍】原告有证据证明网络游戏开发商、运营商、平台商等被告或支付平台、第三方服务平台等案外人持有确定赔偿数额的关键性证据的，可以请求法院责令证据持有人提交该证据。

证据披露申请人应明确前款规定的主体掌握的相关证据的形式和范围。法院经审查认为该申请符合相关性、必要性的，可责令前款规定的主体在合理期限内提交相应证据。相关主体不得以涉及商业秘密为由拒绝提交。

被告掌握与案件损害赔偿相关的证据，经法院责令提交而无正当理由

拒不提交相应证据，构成举证妨碍的，可根据原告的主张和提交的证据确定赔偿数额。

【说明：本条规定了证据披露和举证妨碍规则。《中华人民共和国民事诉讼法》第 67 条第 1 款规定，人民法院有权向有关单位和个人调查取证，有关单位和个人不得拒绝。负有披露证据义务的主体既包括诉讼当事人，也包括持有证据的案外人。案外人在掌握了与侵权赔偿额相关的证据，如产品市场份额数据、行业利润率、许可使用费、转让费的一般标准、惯例和行情时，负有向法院披露的义务。网络游戏通过互联网平台销售时，产品的销售数量和价格属于平台服务器内后台存储的过往数据，相对较为稳定、可靠性高，互联网平台应为负有披露义务的主体。实践中，有的平台担心承担侵权责任，不愿意提供数据，本条进一步明确了平台具有披露相关证据的义务。持有相关证据的主体通过积极行为或消极行为不履行披露义务，或者故意造成披露的证据不真实、不完整，构成举证妨碍的，应承担相应的法律后果。但是，不能仅因被告构成举证妨碍，即简单全额支持原告的赔偿诉请，仍要结合现有证据和原告主张来确定赔偿数额。具体而言，可以在一些计算赔偿的关键数据中作出不利于被告的合理推定，也可以合理降低原告证明相关损害事实的证明标准。】

第三十八条　【确定损害赔偿数额的参考因素】原告请求保护的权利客体的知名度及影响力、原告游戏的下载数量、充值流水、玩家人数、市场份额的减少情况、利润的损失情况、侵权行为持续时间、同类型游戏的平均利润率、游戏软件的开发成本等，可作为确定原告因被侵权所受到的实际损失的参考因素。

被诉游戏的下载数量、充值流水、玩家人数、实际退费情况、侵权行为持续时间、同类型游戏的平均利润率、被诉侵权元素对被诉游戏获取利润的贡献程度等，可作为确定被告因侵权所获得的利益的参考因素。

游戏开发、运营、直播等领域的相关权利转让费用或者授权许可使用费用等，可以作为确定赔偿数额的参考因素。

【说明：本条列举了关于确定侵权损害赔偿数额的相关因素。应当注意的是，在审查这些相关因素时，应考虑网络游戏案件的特点，进行综合审查判断。如关于游戏的畅销榜排名，应审查排名的来源及真实性；关于游戏玩家数量，应区分免费玩家和付费玩家，不能简单依据被告游戏的销售数量、平台下载数据计算被告游戏的侵权获利；判断游戏的收入时，不仅要考虑充值流水，也要考虑退费情况。】

第三十九条 【直播侵权案件赔偿的参考因素】未经许可直播游戏构成侵权的，直播规模及获利、直播持续时间、被直播游戏的类型及知名度，以及相同类型、相近知名度的其他在先游戏直播授权许可费用等，可作为确定赔偿数额的参考因素。

确定游戏直播侵权案件的赔偿数额时，应根据游戏类型、直播行为特点综合考虑原告涉案权益以外的因素在被告获利中的贡献，不宜直接按照全部直播获利确定赔偿数额。

【说明：本条规定了网络游戏直播侵权案件赔偿的考虑因素。参照相同类型、相近知名度的其他在先网络游戏直播授权许可费用时，要区分电竞赛事直播情形和个人、直播平台或其他组织未经许可直播网络游戏的情形，两者商业模式不同，直播对象范围也有所不同，授权许可费用不可直接照搬，但在一定程度上可以作为考虑因素之一。在确定网络游戏直播侵权案件的赔偿数额时，应考虑网络游戏直播行为的特点，以及知名游戏主播个人能力、直播平台特定商业运营等涉案网络游戏以外的因素对于直播侵权获利的贡献，不应直接按照全部直播获利确定赔偿数额。】

第四十条 【惩罚性赔偿】在确定涉及网络游戏的侵权损害赔偿数额时，以补偿权利人损失为原则，但对于恶意侵犯他人知识产权且情节严重的，可以考虑根据实际损失、侵权获利、权利交易费用计算所得数额的合理倍数等方式确定赔偿数额。

【说明：本条规定了在网络游戏案件中可考虑适用惩罚性赔偿。国务院《关于完善产权保护制度依法保护产权的意见》第九条明确提出“加大

知识产权侵权行为惩治力度，提高知识产权侵权法定赔偿上限，探索建立对专利权、著作权等知识产权侵权惩罚性赔偿制度，对情节严重的恶意侵权行为实施惩罚性赔偿，并由侵权人承担权利人为制止侵权行为所支付的合理开支，提高知识产权侵权成本。”《关于加强知识产权审判领域改革创新若干问题的意见》提出了“以补偿为主、惩罚为辅”的侵权损害司法认定机制，着力破解知识产权侵权诉讼赔偿低的问题。同时提出，对于具有重复侵权、恶意侵权以及其他严重侵权情节的，依法加大赔偿力度，提高赔偿数额，由败诉方承担维权成本，让侵权者付出沉重代价，有效遏制和威慑侵犯知识产权行为。《中华人民共和国著作权法（修订草案送审稿）》（2014）第76条亦规定:“侵犯著作权或者相关权的，在计算损害赔偿数额时，权利人可以选择实际损失、侵权人的违法所得、权利交易费用的合理倍数或者一百万元以下数额请求赔偿。对于两次以上故意侵犯著作权或者相关权的，人民法院可以根据前款计算的赔偿数额的二至三倍确定赔偿数额。”修改后的商标法与反不正当竞争法也对惩罚性赔偿作出了规定。本条参考相关法律法规和司法政策，提出了在网络游戏案件中，可探索适用惩罚性赔偿，加大对恶意侵权的损害赔偿力度。】

《广东省高级人民法院关于审理侵害影视和音乐作品著作权纠纷案件若干问题的办案指引》

实施日期：2013年1月1日

三、关于影视作品等著作权纠纷案件的赔偿标准

《中华人民共和国著作权法》第四十九条规定，权利人的实际损失或者侵权人的违法所得不能确定的，由人民法院根据侵权行为的情节，判决给予五十万元以下的赔偿。《最高人民法院关于审理著作权民事纠纷案件适用法律若干问题的解释》第二十五条规定，人民法院在确定赔偿数额时，应当考虑作品类型、合理使用费、侵权行为性质、后果等情节综合确

定。根据以上法律、司法解释的相关规定，省法院依据各中院在其各自审结的案件中对各种作品类型所认定的法定赔偿数额的上下限数额，分别计算出平均值，作为各级人民法院确定法定赔偿额标准的参照，以防法定赔偿数额畸高畸低。在侵害著作权诉讼中，如果在确定侵权损害数额时，权利人的实际损失或者侵权人的违法所得不能确定的，人民法院可以根据具体侵权事实，参照下列标准执行。

			赔偿额下限	赔偿额上限
二、侵害电影作品著作权的赔偿标准	9. 网站在线提供电影作品播放或者下载服务的	每部作品	10000.00	100000.00
	12. 网站提供电视剧播放、下载或者电视台播放电视剧构成侵权的	每集作品	2000.00	7000.00

《深圳市中级人民法院关于知识产权侵权损害赔偿问题的裁判指引》

实施日期：2011 年 12 月 1 日

四、知识产权侵权损害赔偿数额的确定方法包括：

（一）权利人的实际损失。

（二）侵权人的违法所得。

（三）请求保护的权利许可使用费的合理倍数。

（四）法定赔偿。

五、权利人的实际损失的计算方法包括：

（一）权利人因被侵权导致减少的利润数额。

（二）权利人因被侵权导致产品销售减少的数量乘以权利人产品合理利润所得之积。

（三）侵权产品数量乘以权利人产品合理利润所得之积。

（四）因被侵权导致权利人许可使用合同不能履行或难以履行所导致

的损失。

（五）因侵权人侵权导致权利人权利价值减少或丧失部分。

（六）其他确定权利人实际损失的方法。

六、侵权人违法所得的计算方法包括：

（一）侵权人因侵权所获利润。侵权利润原则上应当按照侵权人的营业利润计算，对于完全以侵权为业的侵权人，可以按照其销售利润计算。

（二）侵权产品在市场上销售的总数乘以每件侵权产品的合理利润所得之积。

（三）其他确定侵权人违法所得的方法。

……

九、权利人应当在立案起诉时，最迟不晚于一审辩论终结前，明确选择侵权损害赔偿的计算方法。

权利人未能明确侵权损害赔偿的计算方法的，人民法院应当首先查明权利人因侵权所受的实际损失；权利人的实际损失难以查明的，人民法院应当进一步查明侵权人的违法所得。权利人的实际损失、侵权人的违法所得均难以查明的，人民法院可依职权适用法定赔偿确定侵权损害赔偿数额。

十、人民法院适用法定赔偿确定侵权损害赔偿数额时，应当考虑以下因素：

（一）权利价值情况，包括但不限于权利客体类型；权利性质（独占、排他或普通许可）；权利研发形成成本、具有资质的评估机构出具的权利价值评估报告；有证据证明的权利转让费、许可使用费、相关行业收费标准；正品的市场价格；权利的知名度、独创、复杂程度；权利被损害情况等。

（二）侵权情节，包括但不限于侵权行为人的主观过错程度（故意、重大过失或仅具轻微过失）；侵权行为的性质（简单模仿或故意抄袭、假冒；制造侵权、销售侵权或许诺销售侵权；偶发侵权或重复侵权；直接侵权或间接侵权）；侵权行为人的身份（法人或个体工商户、自然人）；侵权持续的时间、范围以及后果；侵权产品的单价、数量以及权利人的权利在该产品价值中的权重等。

（三）其他因素，包括但不限于侵权人在广告宣传等材料中对侵权及获利所作陈述；侵权人持有侵权获利证据但无正当理由拒绝提供；是否系列案件等。

十一、侵权人持有侵权获利证据但无正当理由拒绝提供，可酌情多赔；系列案件可酌情降低赔偿数额；仅实施间接侵权行为的可酌情降低赔偿数额。

十二、权利人请求按侵权人获利计算赔偿数额，并申请保全侵权人财务账册等证据，权利人对证据保全取得的财务账册等证据无异议，且通过审计确定了侵权人获利数额，权利人又要求按照法定赔偿确定赔偿数额的，一般不予准许。

4. 浙江省

《浙江省高级人民法院民事审判第三庭关于印发〈知识产权损害赔偿审理指南〉的通知》

实施日期：2017 年 12 月 25 日

二、确定知识产权损害赔偿数额的具体方法

第五条　确定知识产权损害赔偿数额的主要方法有：

（一）权利人因被侵权所受到的实际损失。

（二）侵权人因侵权所获得的利益。

（三）该知识产权许可使用费的倍数。

（四）当事人约定的赔偿数额或赔偿计算方式。

（五）法定赔偿。

赔偿数额应当包括权利人为制止侵权行为所支付的合理开支。

第六条　权利人因被侵权所受到的实际损失主要指利润损失，包括因侵权导致权利人相关产品的销售量流失以及价格受到侵蚀而造成的利润减少。

权利人因被侵权减少的销售量难以确定的，按照侵权产品的销售量确定。

第七条　权利人因被侵权所受到的实际损失除利润损失外，还可以包括商誉损失和恢复成本。

商誉损失是指因侵权使权利人的商业标识遭到丑化、淡化等不利影响，进而导致权利人未来销售能力或议价能力的降低，或者导致权利人的其他产品受到牵连而影响获利。

恢复成本是指权利人为消除因侵权带来的不利影响而额外支出的更正广告费等费用。

第八条　侵权人因侵权所获得的利益可以根据侵权产品销售量与该侵权产品单位利润乘积计算。

侵权产品利润一般按照侵权人的营业利润计算，但对于侵权故意明显、侵权情节及后果严重的，可以按照侵权人的销售利润计算。

侵权产品利润无法查明的，按照权利人产品利润或者该行业的平均单位利润计算。

第九条　在确定侵权人因侵权所获得的利益时，应当考虑侵害涉案知识产权的行为与所得利益之间的因果关系，合理界定该知识产权对实现侵权产品整体利润的贡献率；对因侵权人自身商誉、产品中的其他知识产权等因素而获取的利益，应当从侵权人整体获利中扣除。

权利人主张依据侵权人获利确定赔偿数额的，应当就侵权人因实施侵权行为所获得的总收益承担举证责任；侵权人主张扣除因其他因素而获取的利益的，应承担相应举证责任。

第十一条　“知识产权许可使用费”是指权利人在纠纷发生前许可侵权人或第三人使用涉案知识产权时已实际收取或依据合同可以收取的费用。

侵害著作权的赔偿数额，可以参照专利法第六十五条规定的许可使用费的倍数合理确定。

第十二条　在确定许可使用费的倍数时，应当考虑的主要因素有：

（一）侵权情形与许可使用的情形是否相似，包括许可使用的方式、期限、范围等。

（二）侵权人的过错程度。

（二）侵权人与权利人之间是否存在竞争关系。

第十三条　参照许可使用费的倍数确定的赔偿数额应当高于正常交易状态下的许可使用费。

第十五条　依照第五条第一款第一项、第二项、第三项均无法确定赔偿数额，当事人之间亦无约定的，人民法院可以根据当事人的请求或者依职权适用法定赔偿方法确定赔偿数额。

权利人因被侵权所受损失或侵权人因侵权所获利益的确切数额虽无法查实，但有证据证明已经超过法定赔偿最高限额或者低于法定赔偿最低限额的，人民法院应当适用第五条第一款第一项或第二项在法定赔偿数额之外酌情确定赔偿数额。

第十六条　在适用法定赔偿方法时，可以按照以下步骤确定赔偿数额或验证赔偿数额的恰当性：

（一）将专利法、著作权法或商标法规定的法定赔偿数额分为若干等级，如“高”“较高”“适中”“较低”“低”五等，每个等级对应一定幅度的赔偿数额。

（二）细化损害赔偿考量因素，设立两级指标层，第一级指标层包括权利信息和侵权信息。

权利信息之下的二级指标可包括：权利类型，创新程度或显著程度、知名度，权利稳定性，权利使用情况，市场价值，保护期限等。

侵权信息之下的二级指标可包括：主观过错，侵权行为的类型，侵权规模，侵权的持续时间、地域范围，侵权后果等。

（三）在按照立法目的及司法政策导向合理设置各项指标权重的基础上，根据二级指标评估一级指标的等级，再对一级指标中的权利信息和侵权信息进行综合评判、相互修正，确定法定赔偿数额的等级。

（四）结合区域经济发展水平，对经济发达地区、次发达地区、欠发

达地区分别设置不同的法定赔偿系数，确定最终的赔偿数额。

第三十条 符合下列条件的，人民法院一般应当责令侵权人提供与侵权行为相关的账簿、资料：

（一）权利人申请人民法院责令侵权人提供上述证据。

（二）权利人提供了证明侵权成立的有效证据。

（三）权利人已经尽力举证，但因客观原因无法自行收集上述证据。

（四）根据权利人提交的证据或者日常生活经验，可以认定侵权人有较为完备的会计制度和财务账簿、资料。

侵权人不提供或者提供虚假的账簿、资料的，人民法院可以参考权利人的主张和提供的证据确定赔偿数额。

《浙江省高级人民法院民事审判第三庭关于审理网络著作权侵权纠纷案件的若干解答意见》

实施日期：2009 年 10 月 20 日

34. 在网络环境中侵犯影视作品著作权的，适用法定赔偿方法确定赔偿数额应考虑哪些因素

对于在网络环境中侵犯影视作品著作权的，在适用法定赔偿方式确定赔偿数额时，通常要考虑影视作品的市场影响、知名度、上映档期、合理的许可使用费、侵权行为的性质、持续的时间、点击或下载数、地域范围、被告主观过错程度、被告网站的影响、规模以及广告收入情况，必要时还需考虑影视作品的投资成本、票房收益、被告的经济实力等因素。一般而言，每集电视剧在人民币 1 万元以下（整部电视剧一般不超过 10 万元）酌情确定赔偿额，每部电影在人民币 10 万元以下酌情确定赔偿数额。

5. 江苏省

《江苏省高级人民法院关于知识产权侵权损害适用定额赔偿办法若干问题的指导意见》

实施日期：2005年11月18日

第六条　适用定额赔偿办法时，应当根据以下因素综合确定赔偿数额：

1. 知识产权的种类。

2. 侵权行为的性质、持续时间、范围、后果等。

3. 原告可能遭受的损失、被告可能获得的利益。

4. 合理的转让费、许可使用费等收益、报酬。

5. 被告的过错程度。

6. 被告有无侵权史。

7. 被告有无对权利人侵权判决未予执行或完整执行的记录。

8. 其他应当考虑的因素。

原告应当对以上因素承担初步举证责任。

第九条　审理著作权侵权纠纷案件，可以根据以下因素按照国家规定稿酬或版税标准的2～8倍综合确定赔偿数额：

1. 被侵权作品的独创性程度、知名度和市场影响力。

2. 作者的知名度。

3. 作品受侵权部分在作品整体中的地位和作用。

商业性使用作品的，可以参考市场因素综合确定赔偿数额。

6. 湖南省

《湖南省高级人民法院关于审理涉及网络的著作权侵权案件若干问题的指导意见》

实施日期：2011 年 5 月 5 日

五、赔偿数额的确定

20. 确定著作权侵权损害赔偿数额的方法有：

（1）权利人的实际损失。

（2）侵权人的违法所得。

（3）法定赔偿。

适用上述方法时，一般应将原告为制止侵权所支付的合理开支单独列入判决主文表述，如果将合理开支列入赔偿范围一并作为赔偿数额在判决主文中表述的，应当注明包含合理开支的数额。

21. 本规定 20 条第一款第（1）项所称“权利人的实际损失”可以依据以下方法计算：

（1）被告侵权使原告利润减少的数额。

（2）被告以在网站刊登或以类似方式在网络上传播原告作品的，可参照国家有关稿酬的规定。

（3）原告合理的许可使用费。

（4）著作权集体管理组织提起诉讼的，参照许可使用费标准。

（5）因被告侵权导致原告作品价值下降产生的损失。

（6）其他确定权利人实际损失的方法。

22. 本规定 20 条第一款第（2）项所称“侵权人的违法所得”可以依据以下方法计算：

（1）被告因侵权行为获得的利润。

（2）被告的广告收入。

（3）其他确定侵权人违法所得的方法。

23. 把原告直接要求适用法定赔偿视为其无法举证证明损失或侵权获利的一种主张。

适用法定赔偿方法不能免除原告的举证责任，原告应当就其法定赔偿请求的数额提供与法定赔偿考虑的因素相关的证据，作为确定赔偿数额的依据。原告不提交相关证据的，则依公平原则给予原告法定赔偿数额以内较低数额的赔偿。

24. 适用本规定20条第一款第（3）项所称“法定赔偿”通常应当考虑以下因素综合确定赔偿数额：

（1）原告可能的损失或被告可能的获利。

（2）作品的类型，合理许可使用费，作品的知名度和市场价值，权利人的知名度，作品的独创性程度，网站的性质和规模等。

（3）侵权人的主观过错、侵权方式、持续时间、规模范围、后果等。

25. 文字作品还可以参照国家相关部门规定的稿酬标准，在该标准的5倍额度以上酌情确定赔偿额。

音乐作品还可以考虑点击率、音乐作品的流行程度等因素，原则上每首歌不低于500元，每部MV作品不低于800元（涉及KTV经营场所侵犯MV作品著作权的，参照此标准）。

美术或摄影作品还可以考虑作品的形成过程、制作成本，侵权人使用作品用途等因素，每幅作品不低于500元。

影视作品还可以考虑票房情况、市场影响、作品的发行时间或上映档期、点击或下载数等因素，原则上按如下标准确定赔偿额：

（1）在互联网上传播影视作品的，侵权行为发生在涉案作品公开放映之日起3个月内的，每部作品不低于5万元；发生在公开放映之日起9个月内的，每部作品不低于2万元；发生在公开放映之日起9个月后的，每部作品不低于1万元。涉及电视台播放影视作品的，参照此标准。

（2）在局域网上传播影视作品的，侵权行为发生在涉案作品公开放映

之日起3个月内的，每部作品不低于3000元；发生在公开放映之日起9个月内的，每部作品不低于2000元；发生在公开放映之日起9个月后的，每部作品不低于1000元。

26. 本规定20条第二款所称“合理开支”包括：

（1）律师费。

（2）公证费及其他调查取证费。

（3）审计费。

（4）交通食宿费。

（5）诉讼材料印制费。

（6）权利人为制止侵权或诉讼支付的其他合理开支。

对上述开支的合理性和必要性应当进行审查。

关联案中，对于原告为制止侵权行为而共同支的合理开支已在其他案件中获得赔偿的，不再重复赔偿。

27. 本规定26条第一款第（1）项所称“律师费”应当按照以下原则确定：

（1）律师费应是实际已经支付的费用，法院应将委托合同与律师费发票进行对照审查。

（2）符合国家有关部门对律师服务收费管理的规定。

（3）按照判决确定的赔偿数额及其他诉讼请求支持的情况，参照诉讼费的负担方法，考虑案件复杂程度、律师工作量等因素合理确定应由被告承担的律师费，其余部分则由原告自行承担。

（4）实行风险代理收费和计时收费的案件，参照正常律师服务收费标准确定律师费，但合同约定的收费标准低于正常律师服务收费时，则按照合同约定确定律师费。

（5）律师费一般不得高于原告获得的损害赔偿数额。

28. 当同一作品中有多项著作权及与著作权有关的权利的，根据该项权利在作品中所占的作用份额确定赔偿数额。

7. 安徽省

《安徽省高级人民法院关于审理商标、专利、著作权侵权纠纷案件适用法定赔偿的指导意见》

实施日期：2005 年 6 月 13 日

第一条　确定商标、专利、著作权侵权赔偿数额应当以能够弥补权利人因被侵权而受到的损失为限，不适用惩罚性赔偿。

第二条　对商标、著作权权利人的实际损失和侵权人的违法所得可以基本查清，或者根据案件的具体情况，依据证据规则和通过证据的采信可以对赔偿数额予以确定的，不应直接适用法定赔偿。

第三条　在适用法定赔偿的情况下，当事人应当依据证据规则，就有关待证事实积极举证，否则不应因此当然免除权利人的举证责任。

第四条　确定著作权侵权赔偿数额时，应当综合考虑权利人可能的损失或侵权人可能的获利；作品的类型、合理许可使用费，作品的知名度和市场价值，权利人的知名度，作品的独创性程度；侵权人的主观过错、侵权行为方式、时间、范围、后果等因素。

8. 天津市

《天津市高级人民法院关于侵害信息网络传播权纠纷案件审理指南（试行）》

发布日期：2018 年 1 月 3 日

七、民事责任的确定

5. 侵犯音乐作品及录音制品信息网络传播权的，适用法定赔偿方式确定赔偿数额时，可以综合考虑音乐作品及录音制品排行情况、知名程度、

获奖情况、合理许可使用费、侵权行为的性质、侵权的主观故意、侵权行为持续时间、网站的性质和规模、点击或者下载数等因素。

6. 侵犯电影作品或者以类似摄制电影的方法创作的作品信息网络传播权的，适用法定赔偿方式确定赔偿数额时，可以综合考虑作品的市场影响、知名度、播映期、合理的许可使用费、侵权行为的性质、侵权的主观故意、侵权行为持续时间、点击或者下载数、地域范围、被告网站的影响、规模及广告收入情况，必要时还需考虑作品的票房收益、被告的经济实力等因素。

9. 云南省

《云南省高级人民法院关于审理信息网络传播权纠纷案件若干问题的指导意见》

实施日期：2009 年 12 月 9 日

11. 确定信息网络传播权侵权损害赔偿数额的主要方法有：

（1）权利人的实际损失。

（2）侵权人的违法所得。

（3）许可使用费的合理倍数。

（4）法定赔偿。

权利人的实际损失、侵权人的违法所得或合理的许可使用费可以基本查清者，根据案件的具体情况，运用市场规律即可对赔偿数额予以确定的，不应直接适用法定赔偿。人民法院适用法定赔偿的具体理由应在判决书中充分阐述。

人民法院确定侵权赔偿数额时，应将权利人为制止侵权所支付的合理开支赔偿范围，在判决书中阐明认定的数额及具体理由，并与其他损失一并作为赔偿数额在判决主文中表述。

12. 本意见第11条第1款第（2）项所称“侵权人的违法所得”是指侵权人侵犯权利人的信息网络传播权所获得的利润，其中应当剔除侵权人因其他因素获得的利润。

侵权人不能证明其成本、必要费用或其他利润形成因素的，其因侵权行为所获收入即为侵权利润。

13. 本意见第11条第1款第（3）项所称“许可使用费”，是指权利人在纠纷发生前就涉案信息网络传播权许可他人使用已实际收取或依据合同可以收取的费用。

权利人应当就许可使用合同的真实性和实施情况进行举证。经审查发现许可使用合同不真实或许可使用费明显不合理的，不能作为计算依据。

14. 人民法院在参照许可使用费的合理倍数确定法定赔偿数额时，应当考虑权利人对涉案信息网络传播权的使用与许可使用的情况是否相同或相似，包括使用方式、时间、范围等因素。侵权人的侵权使用幅度小于许可使用幅度时，可以确定低的倍数；以侵权为业或多次侵权的，可以适用较高的倍数。许可使用费的倍数一般在1～3倍以内考虑。

15. 适用本意见第11条第1款第（4）项所称“法定赔偿”，应当综合考虑以下因素确定赔偿数额：

（1）作品类型、作品的知名度和市场价值、作品的独创性程度、作品的创作经营成本、作品面世时间长短、作品影响范围、权利人的知名度、使用作品的盈利情况等与作品本身具体情况有关的事实。

（2）侵权人的主观过错，侵权网站的性质，侵权方式、时间、范围等与侵权事实有关的因素。

（3）侵权行为是否给权利人造成经济损失、经济损失的范围等与侵权后果有关的事实。

（4）在通常情况下，权利人可能的损失或被告可能的获利。

（5）其他应当考虑的因素。

16. 人民法院根据本意见第15条适用法定赔偿时，应当要求权利人就

本意见第 15 条第（3）项规定的有关经济损失客观存在的事实进行举证，并就经济损失的范围作出合理说明。

17. 人民法院对于难以证明侵权受损或者侵权获利的具体数额，但有证据证明前述数额明显超过法定赔偿最高限额的，应当综合全案的证据情况，在法定最高限额以上合理确定赔偿数额。除法律另有规定外，在适用法定赔偿时，合理的维权成本应另行计赔。

18. 侵犯文字、美术、摄影等作品信息网络传播权的，根据作品类型、性质、市场价值、独创性程度及侵权使用目的，可以参照国家有关稿酬或版税的规定，在正常稿酬或税率的 2 ～ 5 倍以内确定赔偿数额。

权利人如能举证证明类似情况下收取的合理稿酬，应予考虑。

19. 同一侵权事实中存在数个可能承担连带责任的侵权人，权利人只起诉其中一方的，人民法院可以判决由该侵权人承担全部赔偿责任。该侵权人承担责任后，可依法向其他连带责任人追偿。

被诉侵权人如能证明权利人在另案中已就同一侵权事实获得连带责任人赔偿的，人民法院应当审查另案中的赔偿数额是否足以弥补权利人的损失，并判决本案被诉侵权人承担不足部分的赔偿责任。

20. 侵权人实施的同一侵权行为既侵犯权利人信息网络传播权，又侵犯同一权利人署名权、发表权、修改权、保护作品完整权等其他著作权的，根据当事人的诉讼选择，人民法院可以并案或分案审理，但应对不同权利被侵犯的事实分别进行认定，并不得判决侵权人重复赔偿。

本条第 1 款所列情形并案审理的，在确定损害赔偿额时，可以首先考虑侵权人的违法所得；也可以经权利人请求，以受到侵害最为严重的权利所遭受的损失为计算依据；以前述方法均无法确定损害赔偿额的，可根据本意见第 16 条之规定适用法定赔偿，但应充分考虑权利人因多项权利受到侵害的经济损失。

本条第 1 款所列情形分案审理的，侵权人应当就同一侵权行为在另案中已经进行赔偿的事实举证。权利人的损失在另案中没有得到全面赔偿的，可以在本案中判决赔偿不足部分，以弥补权利人因该侵权行为遭受的经济损失。

10. 重庆市

《重庆市高级人民法院关于印发〈关于确定知识产权侵权损害赔偿数额若干问题的指导意见〉的通知》

实施日期：2007 年 7 月 1 日

第一条　人民法院确定侵权损害赔偿数额可采取以下方法：

（1）当事人双方协商。

（2）依权利人的实际损失。

（3）依侵权人因侵权行为的实际获利。

（4）依权利许可使用费的合理倍数。

（5）采用法定赔偿。

第三条　本意见第一条第二项所称“权利人的实际损失”除指权利人现有财产的减少或丧失之外，还应包括权利人可得利益的减少或丧失，即如果不发生侵权行为时权利人可以得到的实际利益。

第四条　可得利益损失通常可以依据以下方法计算：

（1）权利人的知识产权在侵权行为发生前后价值的差额。但权利人应当证明价值的减少与侵权行为之间的因果关系。

（2）根据权利人因被侵权所造成的合法产品销售减少量或侵权产品销售量与合法产品的单位利润的乘积计算；合法产品的单位利润无法确定的，可以采用侵权产品的单位利润。

（3）著作权侵权案件中，侵权人以报刊、图书出版或类似方式侵权的，可参照国家有关稿酬或版税的规定，在正常稿酬或税率的 2 ～ 5 倍确定赔偿数额。

（4）侵权人侵权导致权利人许可使用合同或转让合同不能履行或难以正常履行产生的预期利润损失。

第五条　本意见第一条第三项所称“侵权人的实际获利”一般可以根据侵权产品销售量与侵权产品的单位利润的乘积计算；侵权产品的单位利润无法确定的，可以采用权利人合法产品的单位利润。

第六条　本意见第四条第二项、第五条所称“合法产品的单位利润”一般指净利润；如果以净利润计算不足以弥补权利人的损失，人民法院可以视案件具体情况选择适用营业利润或销售利润。所称“侵权产品的单位利润”一般指营业利润，侵权情节严重或给权利人造成较大损失的，也可以适用销售利润。

第七条　侵权人所获利润是因侵犯权利人的知识产权专有权利所获得的利润，对因其他因素形成的利润应当从侵权人整体获利中予以剔除。

侵权人不能证明其成本、必要费用或其他利润形成因素的，其因侵权行为所得收入即为侵权获利。

第十五条　本意见第一条第四项所称“许可使用费”是指权利人在纠纷发生前就涉案专利、商标、作品许可他人使用时已实际收取或依据合同可以收取的费用。权利人应该就许可使用合同的真实性和实施情况进行举证。对经审查发现许可使用合同不真实或许可使用费明显不合理的，不能以此作为计算依据。

第十六条　人民法院在确定许可使用费的倍数时，应该考虑侵权人的侵权使用是否与许可使用的情况相似，包括许可使用的方式、时间、范围以及侵权情节等因素。侵权人的侵权使用幅度小于许可使用幅度的，可以确定较低的倍数；对于以假冒为业或多次侵权等情节严重的行为可以适用较高倍数。许可使用费的倍数一般在1～3倍以内考虑。

第十七条　根据本意见第二条第四项，人民法院在适用法定赔偿方法确定赔偿数额时，应当要求权利人就有关损失客观存在的事实进行举证，并就损失的大致范围作出合理说明。

第十八条　人民法院在适用法定赔偿方法确定赔偿数额时，一般应当在法定赔偿的最高限额50万元以内加以考虑。如果确有证据证明权利人的损失或侵权人的获利已经超过50万元，只是具体数额难以确定，人民法院可以在50万元以上确定合理的赔偿数额。

第十九条　人民法院在确定赔偿数额或权利人在说明损失范围时可以参考以下因素：

（1）权利人可能的损失或侵权人可能的获利。

（2）同技术领域或同行业中类似的专利或商标的许可使用费、转让费，某一类作品一般情况下许可他人使用收取的费用或行业标准。

（3）市场上同类产品或服务通常的利润。

（4）专利、商标或作品的类型、知名度、市场价值，专利的新颖性和创造性、商标的显著性以及作品的独创性程度等。

（5）侵权人的主观过错、侵权方式、侵权持续时间、范围和后果。

（6）权利人因调查、制止侵权行为所支付的合理费用。

（7）其他可能影响权利人损失或侵权人获利的因素。

第二十八条　“权利人因著作权无法行使而可能遭受的损失”可以综合考虑下列因素，比照权利人正常行使著作权时可能获得的利益进行计算：

（1）作品所反映的内容能否再现、再现的难度。

（2）权利人为创作作品所付出的智力劳动和作品的独创性。

（3）作者在相关创作领域的成就和地位。

（4）作者同类作品的使用付费情况等。